广告

未见之路，与5同行

海天全新一代节能智慧型注塑解决方案

www.haitianinter.com

智能技术　　灵活集成　　可持续发展

LKIMM
力劲塑机

让世界 有「形」
Shape the future, shape the world

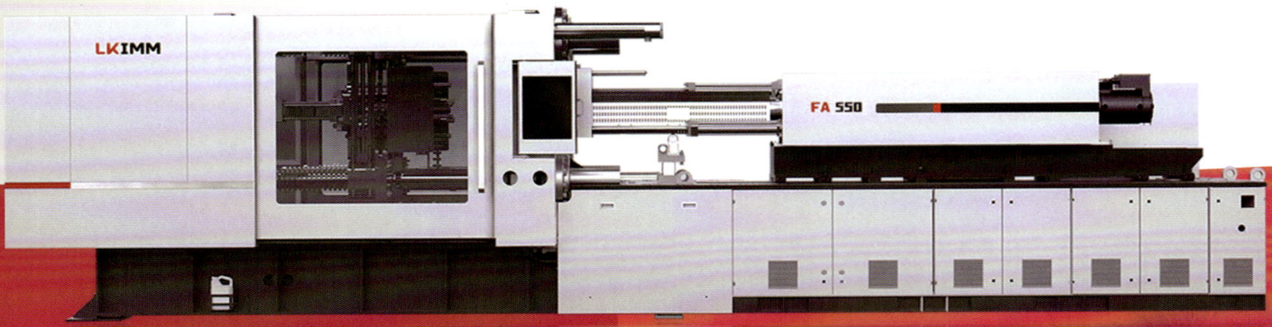

FORZA系列
两板式注塑机

应用行业：汽配、大家电、环卫桶、卡板、管件等

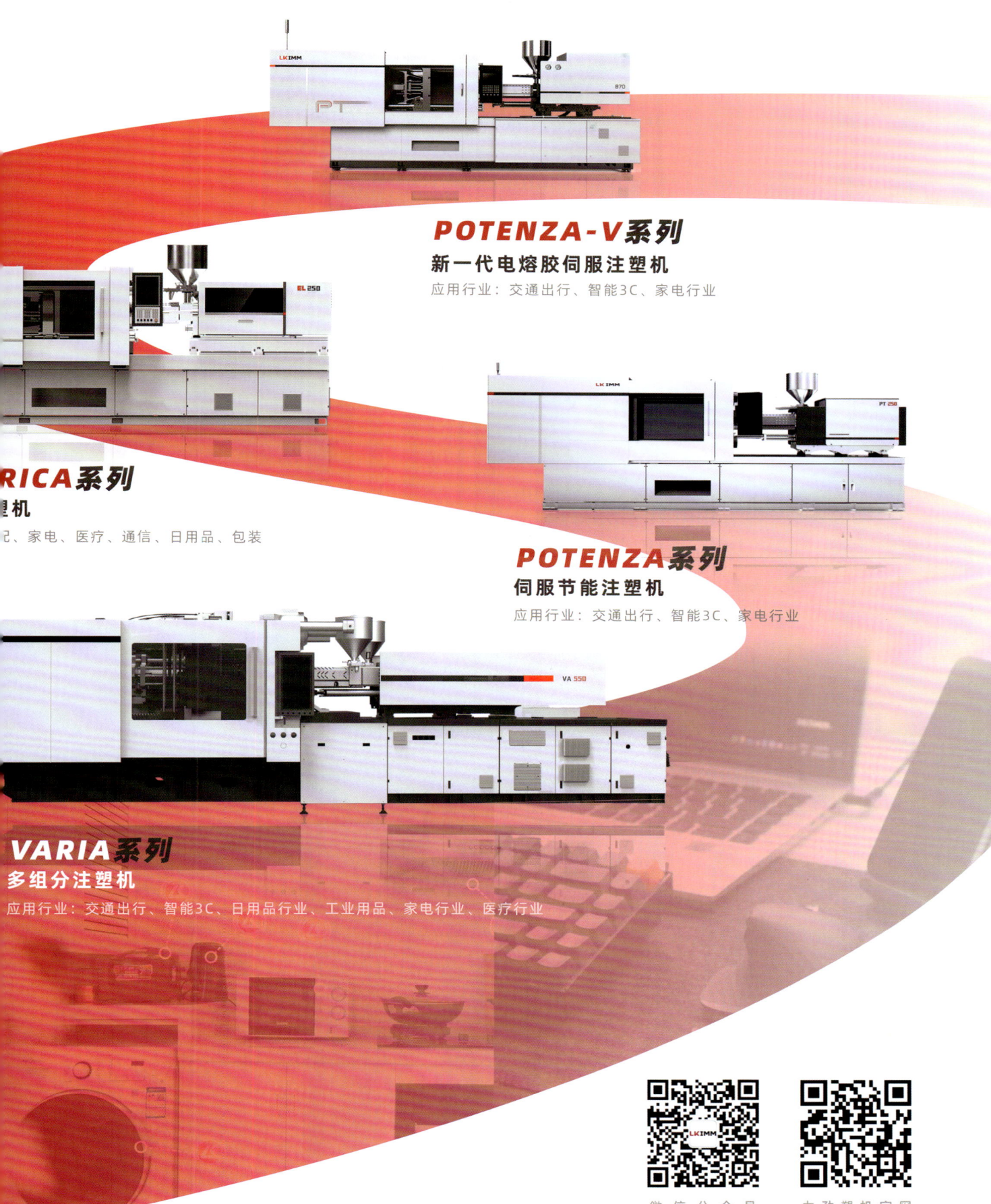

YIZUMI

技术　更进一步
THINK TECH FORWARD

数智高效　　　全球运营　　　绿色发展
Intelligent and Efficient　Global Operation　Green Development

伊之密医疗专用机

立式塑料成型机

FF系列电动注塑机

股票代码 Stock code：300415
www.yizumi.com

金明
深交所代码：300281

多层共挤薄膜吹塑机组带在线纵向拉伸(MDO)装置

● **更高效的生产效率**
产量可达：600-850kg/h

● **MDO纵向拉伸单元**
由预热辊组、S型拉伸辊组、定型辊组及冷却辊组构成，各辊采用独立温控，独立驱动控制，拉伸装置入口配套张力传感器实现张力闭环控制。

● **全自动操作系统**
整机采用模块化设计，放卷机、拉伸系统、牵引系统、收卷机系统均独立控制，采用德国西门子PLC控制器及变频器驱动。

● **优异的产品适应性**
适用于单一材质软包装复合基材、卫材膜、牧草膜等领域。

  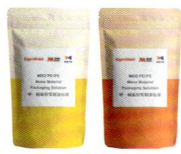 

金明·全系列薄膜装备知名品牌

广东金明精机股份有限公司（股票代码：300281），成立于1987年，是一家集研发、设计、生产和销售于一体的装备供应商，也是行业内少数具备实力提供全系列薄膜装备及方案的领导品牌，产品涵盖薄膜吹塑机组、薄膜流延机组和薄膜拉伸机组。截至2024年，金明已经为全球50多个国家和地区的用户提供数千台(套)专业的设备和服务，奠定金明成为行业内生产规模领先的薄膜装备生产企业之一。

中国塑料机械工业协会副会长单位、中国塑料加工工业协会副理事长单位

战略合作伙伴：埃克森美孚、陶氏化学、沙比克、西门子等

全系列薄膜装备解决方案

三十多年潜心探索，三十多年精益求精
金明精机秉持三十多年工匠之心，立足于产品创新
为您提供全球先进的薄膜装备解决方案

广告

● 上吹系列薄膜吹塑机组
高性能 / 高智能化

● 下吹系列薄膜吹塑机组
高效率 / 高定制化

● CPP/CPE薄膜流延机组
高效能 / 高定制化

● BOPP/BOPET双向拉伸机组
高性能 / 高智能化

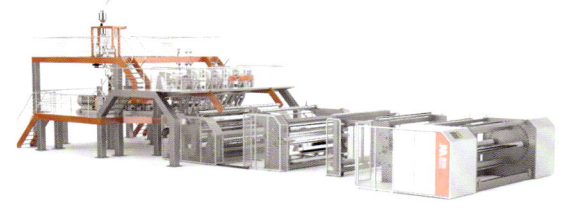

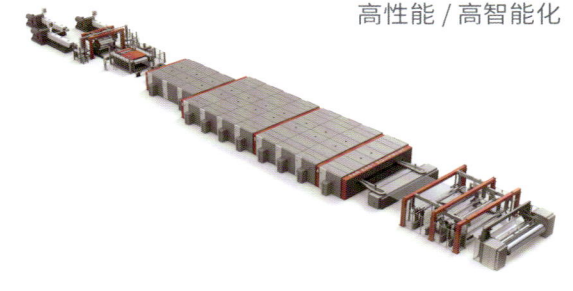

● 高精密涂布复合机组

● 高速淋膜机组

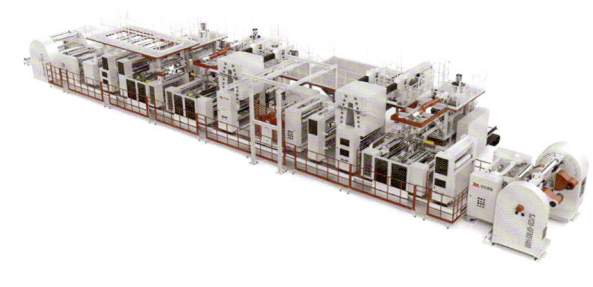

广东金明精机股份有限公司
JINMING MACHINERY (GUANGDONG) CO., LTD.

地址：广东省汕头市濠江区河浦大道（深汕高速路河浦出口）
电话：0754－8820 7788　　传真：0754－8820 6886
网址：www.jmjj.com　　Email：sales@jmjj.com

让我们一起行动,迎接未来的挑战
工程技术创造高效挤塑未来.

我们的创新解决方案:
- 允许使用回收材料,
- 以节能的方式生产,
- 保证您的持续投资.

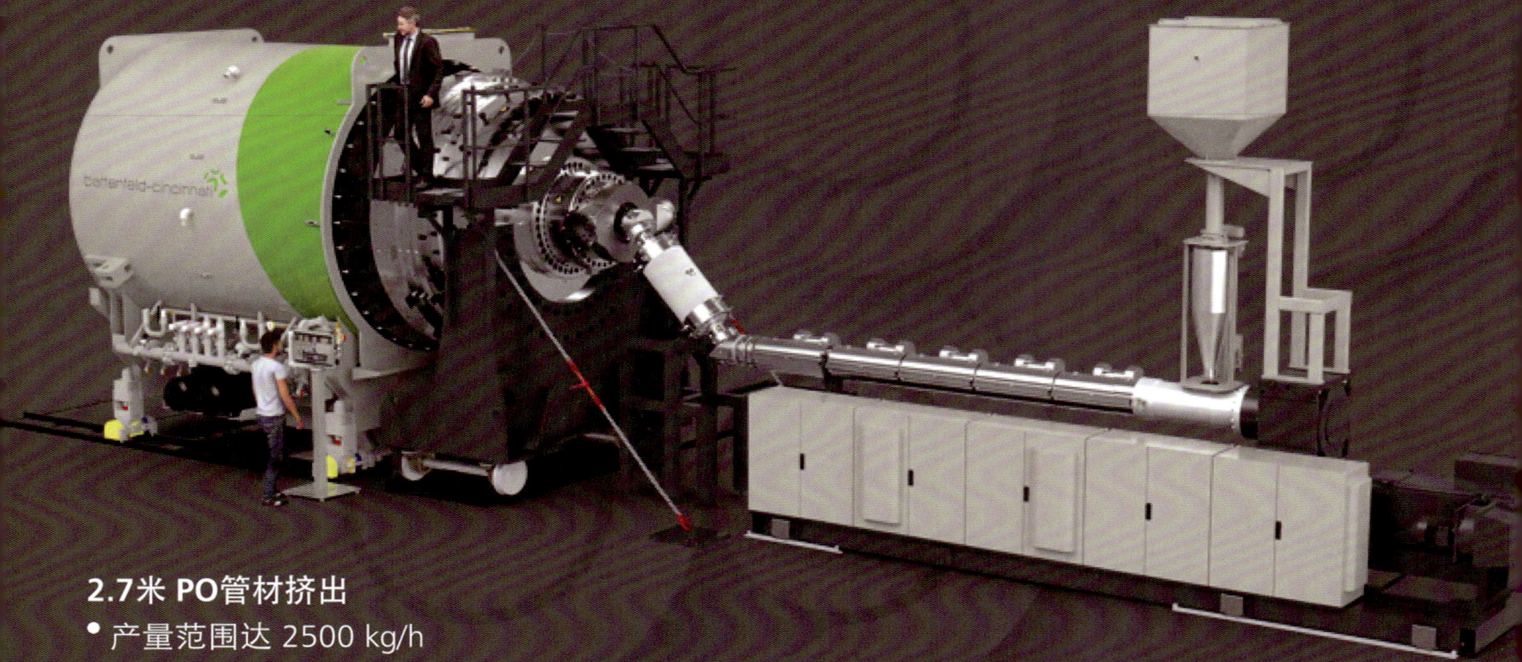

2.7米 PO管材挤出
- 产量范围达 2500 kg/h
- 模头带 Optimelt熔体冷却系统
- 全新设计的真空箱及冷却槽

佛山巴顿菲尔辛辛那提塑料设备有限公司
www.battenfeld-cincinnati.com/china

广告

battenfeld-cincinnati
a Davis-Standard Company

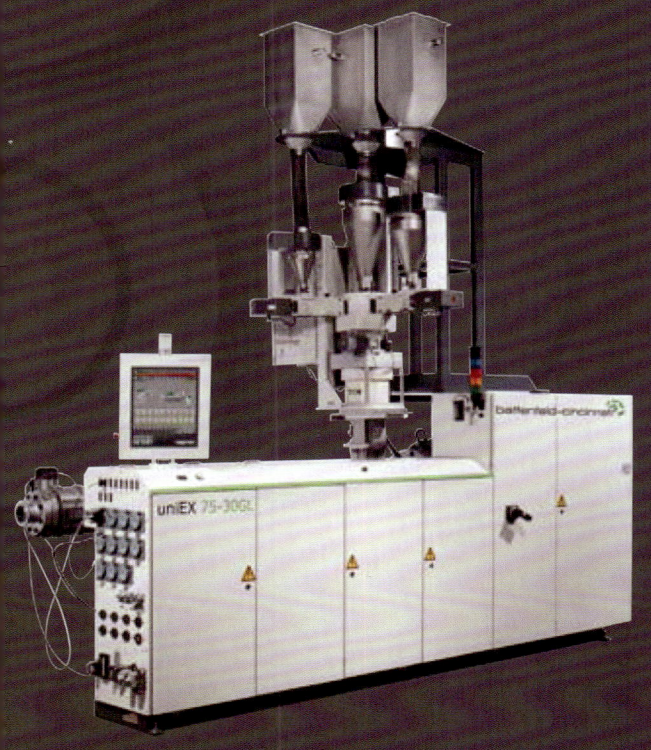
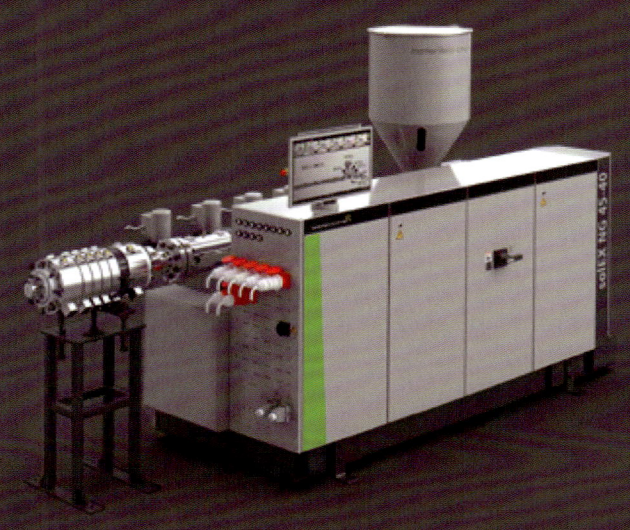

uniEX 挤出机
- 通过多种可选加工装置实现高度灵活性，例如可用于加工 PE、PP、PB、PA、TPE、ABS 等
- 用于加工不同聚合物的多种螺杆结构
- 使用交流电动机，降低能耗

solEX NG 75
- 温度降低10℃以上，提高能效
- 与标准同类型系列相比，能源成本降低幅度高达15%
- 每台挤出机的产量提高25%

Sustainable Solutions Worldwide.

挤出吹塑中空成型系统解决方案提供
Extrusion Blow Molding System Solution Prov

■ HSE II -12L

产量提高 10%-15% Output Raising

能耗节约 30%-50% Energy Saving

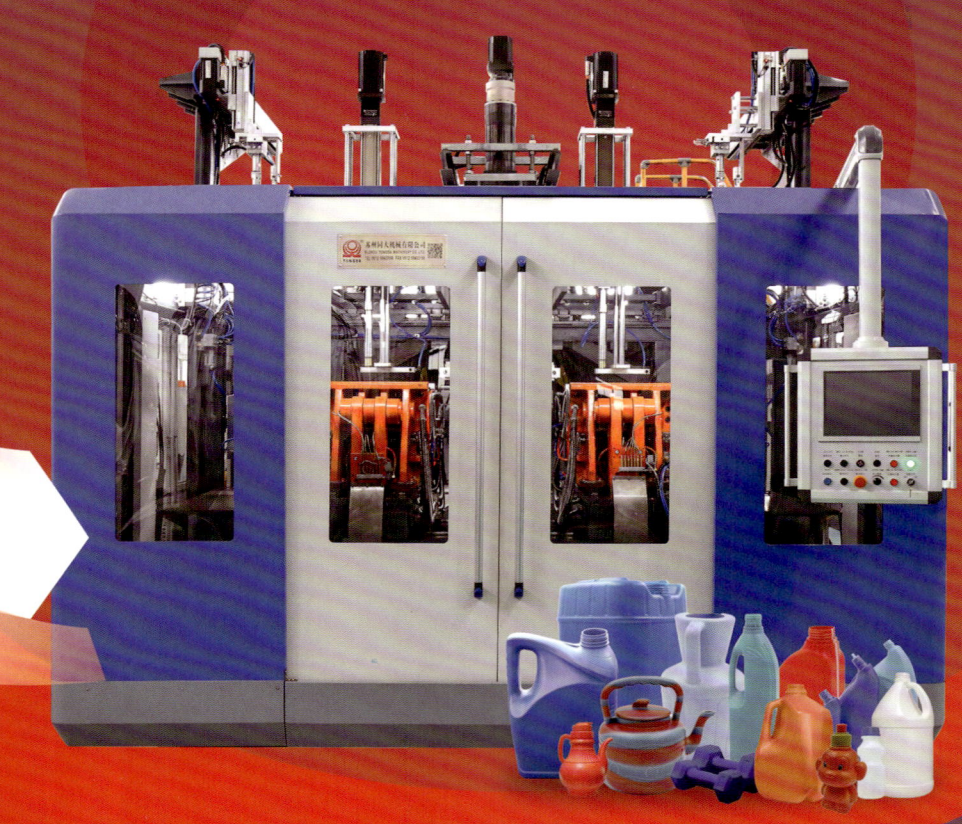

■ TDB-250FS

精准平稳

高效塑化

操作便捷

广告

26Y 行业经验 Industry Experience **100+** 国家和地区 Exporting Countries/Areas

9000+ Sets 销量 Total Sales **1200+** Sets 年产能 Annual Production Capacity

苏州同大机械股份有限公司，始创于1999年，是一家以生产塑料中空成型设备为核心的整厂智能制造解决方案提供商。公司连续十四年被评为塑料机械挤出吹塑中空成型装备行业前三强，是中国塑料机械工业协会副会长单位、国家专精特新"小巨人"企业。

26年来，同大机械的各类设备已应用于化工、日化、汽车、植保、食品包装、户外休闲、医疗、物流仓储、光伏、校具、交通设施等主要行业，并坚持以科技创新为驱动力，为全球客户创造价值。

Suzhou Tongda Machinery Co., Ltd., founded in 1999, is a comprehensive intelligent manufacturing solutions provider specializing in plastic hollow molding systems. Having been ranked among the top three enterprises in China's plastic machinery extrusion blow molding equipment industry for 14 consecutive years, the company serves as the Vice-Chairman Unit of China Plastics Machinery Industry Association and is recognized as a National Specialized, Sophisticated, and Innovative "Little Giant" Enterprise.

Over the past 26 years, Tongda Machinery's diverse range of equipment has been widely applied across major industries including chemical processing, daily chemicals, automotive manufacturing, plant protection, food packaging, outdoor recreation, medical sectors, logistics & warehousing, photovoltaic industry, educational furniture, transportation infrastructure, and more. Consistently driven by technological innovation, the company remains committed to creating value for global clients.

苏州同大机械股份有限公司
SUZHOU TONGDA MACHINERY CO.,LTD.

TEL： （外贸）+86-512-56370112　（内贸）+86-512-56370130
Email： info@tongdamachine.com
URL： www.tongdamachine.com
Add： 江苏省苏州市张家港市凤凰大道21号

官方抖音平台

官方微信公众平台

>挤出机　>喂料机　>部件　>气力输送　>成套方案

科倍隆双螺杆挤出机
为中国塑料加工业者提供定制化解决方案

+ 综合全面的工程技术和精湛的加工工艺
+ 久经验证的科倍隆高品质标准
+ 宽广的应用范围

STS 75 Mc PLUS

CTE 50 PLUS

科倍隆（南京）机械有限公司
中国南京江宁区吉印大道1296号　邮编：211106
电话：+86 25 5278 6288 | www.coperion.com

为您的梦想增色

Color your dreams

实现您多色
多材质的产品构想

转盘式多组分注塑机
Rotary Table Multi-Component
Injection Molding Machine

富强鑫集团 FCS Group

台湾富强鑫	东莞富强鑫	宁波富强鑫	杭州湾富强鑫	印度富强鑫
+886 6 5950688	+86 769 83313753	+86 574 56138688	+86 574 56138689	+91-99988-97768
fcsco@fcs.com.tw	cdg@fcs.com.tw	cnb@fcs.com.tw	chz@fcs.com.tw	fcsindia@fcs.com.tw

广告

您渴望的
超凡性能

The Extreme Performance You Desire

大型水平转盘双色注塑机
Large Horizontal Rotary Table Two-Component Injection Molding Machine

FCS HB-1400R

富强鑫集团 FCS Group

台湾富强鑫	东莞富强鑫	宁波富强鑫	杭州湾富强鑫	印度富强鑫
+886 6 5950688	+86 769 83313753	+86 574 56138688	+86 574 56138689	+91-99988-97768
fcsco@fcs.com.tw	cdg@fcs.com.tw	cnb@fcs.com.tw	chz@fcs.com.tw	fcsindia@fcs.com.tw

广告

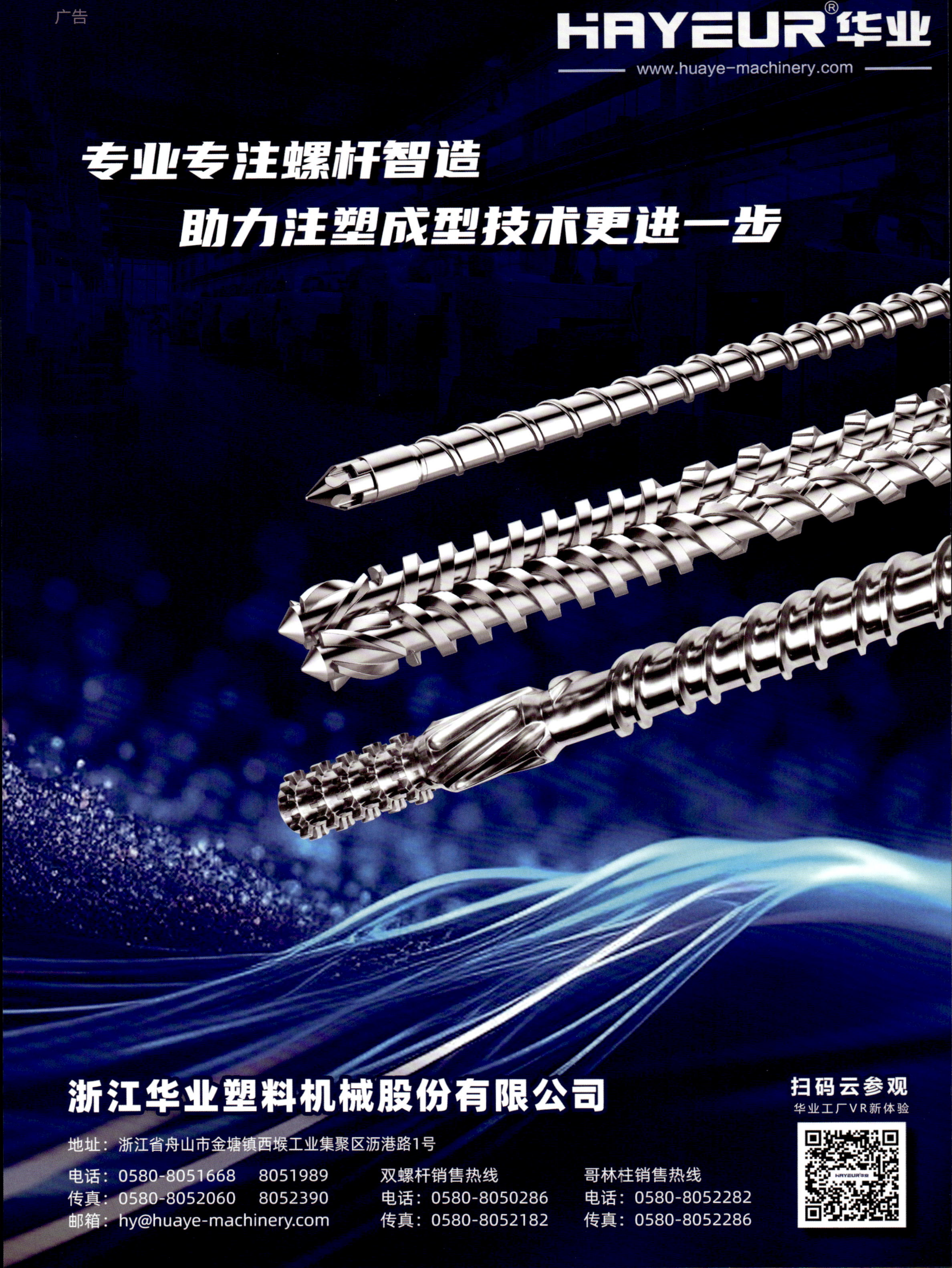

HAYEUR 华业
www.huaye-machinery.com

专业专注螺杆智造
助力注塑成型技术更进一步

浙江华业塑料机械股份有限公司

地址：浙江省舟山市金塘镇西堠工业集聚区沥港路1号

电话：0580-8051668　8051989
传真：0580-8052060　8052390
邮箱：hy@huaye-machinery.com

双螺杆销售热线
电话：0580-8050286
传真：0580-8052182

哥林柱销售热线
电话：0580-8052282
传真：0580-8052286

扫码云参观
华业工厂VR新体验

tederic 泰瑞

广告

精密 Precise
高效 Efficiency
节能 Energy-saving
洁净 Clean

NEO·EII 电动注塑机
600～14000kN

- 采用先进的能量回收系统
- 能耗等级符合Euromap9+
- 对比伺服油压机节电35%以上

泰瑞机器股份有限公司
股票代码：603289·SH
中国杭州银海街417号
T.+86-571-86733387
www.tedericglobal.com

扫码关注微信公众号
了解更多参展信息

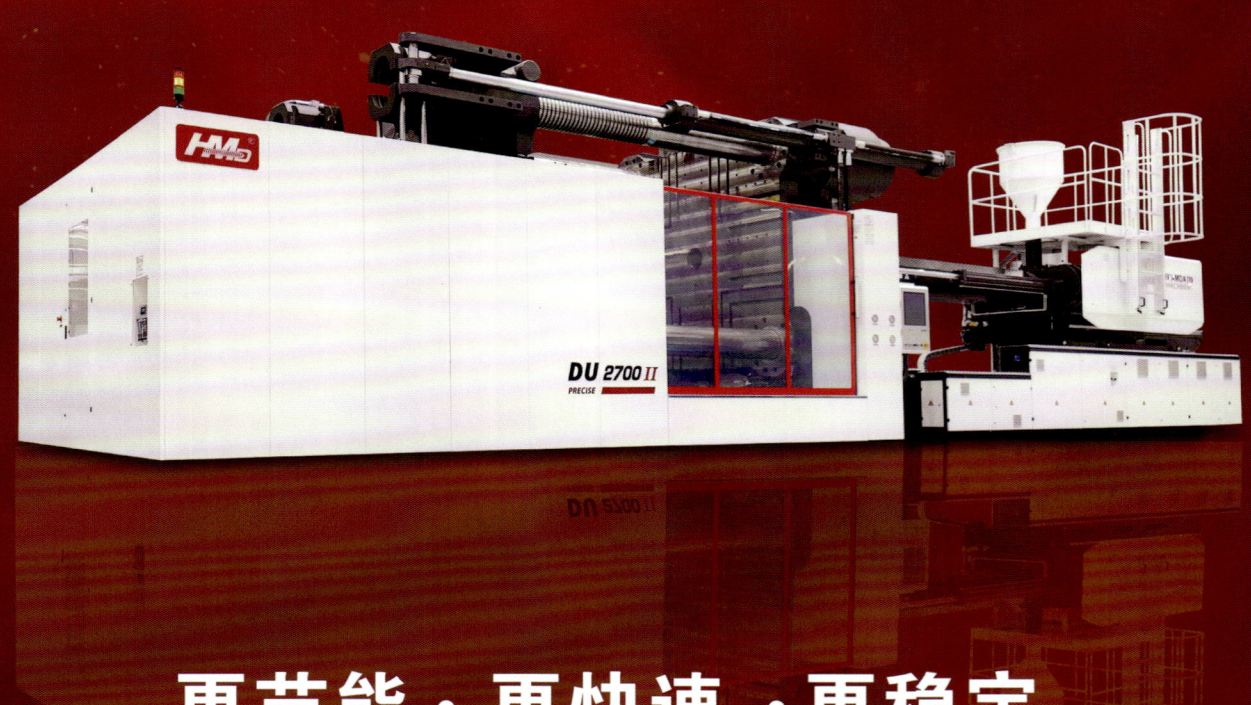

中国机械工业年鉴系列

中国塑料机械工业年鉴

2024

中国机械工业年鉴编辑委员会
中国塑料机械工业协会 编

机械工业出版社
CHINA MACHINE PRESS

《中国塑料机械工业年鉴 2024》设置了综述、专文、中国塑料机械工业协会成立 30 周年、市场专题、统计资料、企业概况、产品项目与技术、标准与专利、附录等栏目，系统地介绍我国塑料机械工业总体发展情况及发展趋势，直观地反映行业经济发展的新变化和新成就。

《中国塑料机械工业年鉴 2024》的主要发行对象为政府决策机构、塑料机械行业和塑料制品行业相关企业的决策者，从事市场规划、企业规划的中高层管理人员。

图书在版编目（CIP）数据

中国塑料机械工业年鉴 . 2024 / 中国机械工业年鉴编辑委员会，中国塑料机械工业协会编 . -- 北京：机械工业出版社，2025.8. -- （中国机械工业年鉴系列）.
ISBN 978-7-111-78897-3

Ⅰ．F426.45-54

中国国家版本馆 CIP 数据核字第 2025MT9342 号

机械工业出版社（北京市百万庄大街 22 号　邮政编码 100037）
策划编辑：董　蕾　　　　　责任编辑：董　蕾
责任校对：张昕妍　张　薇　责任印制：任维东
河北宝昌佳彩印刷有限公司印刷
2025 年 9 月第 1 版第 1 次印刷
210mm×285mm・23 印张・26 插页・514 千字
标准书号：ISBN 978-7-111-78897-3
定价：260.00 元

电话服务　　　　　　　　　网络服务
客服电话：010-88361066　　机　工　官　网：www.cmpbook.com
　　　　　010-88379838　　机　工　官　博：weibo.com/cmp1952
　　　　　010-68326294　　金　书　网：www.golden-book.com
封底无防伪标均为盗版　机工教育服务网：www.cmpedu.com

中国机械工业年鉴编辑委员会

名誉主任 于 珍、何光远、王瑞祥

主 任 徐念沙　中国机械工业联合会党委书记、会长

副 主 任 薛一平　中国机械工业联合会党委副书记、监事长
　　　　　 罗俊杰　中国机械工业联合会党委常委、执行副会长
　　　　　 宋晓刚　中国机械工业联合会党委常委、秘书长
　　　　　 李 奇　中国机械工业联合会副会长
　　　　　 张文宏　中国机械工业联合会副会长
　　　　　 宋志明　中国机械工业联合会副会长
　　　　　 叶定达　中国机械工业联合会副会长
　　　　　 郭 锐　机械工业信息研究院党委书记、机械工业出版社社长

委 员（按姓氏笔画排列）
　　　　　 于清笈　中国机械工业联合会党委常委
　　　　　 才 华　中国航天科技集团有限公司集团办公室党组工作处处长
　　　　　 杨学桐　中国机械工业联合会党委常委
　　　　　 张卫华　国家统计局工业统计司原副司长
　　　　　 张克林　中国机械工业联合会党委常委
　　　　　 陈 斌　中国机械工业联合会党委常委
　　　　　 周卫东　中国国际贸易促进委员会机械行业分会会长
　　　　　 周宝东　机械工业信息研究院党委副书记
　　　　　 赵 驰　中国机械工业联合会党委常委
　　　　　 洪方智　中国船舶集团有限公司政策法规部政策研究处处长
　　　　　 姚 平　中国航空工业集团有限公司航史办主任
　　　　　 粟东平　中国塑料机械工业协会常务副会长
　　　　　 蔡惟慈　中国机械工业联合会专家委员会专务委员

中国机械工业年鉴系列

作为『工业发展报告』记录企业成长的每一阶段

中国塑料机械工业年鉴执行编辑委员会

主　任　张剑鸣　中国塑料机械工业协会会长、海天塑机集团有限公司总裁

副主任　瞿金平　中国工程院院士、中国塑料机械行业专家委员会名誉主任、华南理工大学聚合物新型成型装备国家工程研究中心主任

　　　　　朱康建　中国塑料机械工业协会监事长、博创智能装备股份有限公司董事长

　　　　　粟东平　中国塑料机械工业协会常务副会长

　　　　　张　涛　中国塑料机械工业协会副会长，广东伊之密股份有限公司董事、副总经理

　　　　　张建群　中国塑料机械工业协会副会长、山东通佳机械有限公司董事长

　　　　　蒋忠定　中国塑料机械工业协会副会长、宁波市海达塑料机械有限公司总经理

　　　　　蒋丽婉　中国塑料机械工业协会副会长、震雄集团主席

　　　　　杜　江　中国塑料机械工业协会副会长、东华机械有限公司总经理

　　　　　何海潮　中国塑料机械工业协会副会长、上海金纬机械制造有限公司董事长

　　　　　何德方　中国塑料机械工业协会副会长、江苏贝尔机械股份有限公司董事长

　　　　　徐文良　中国塑料机械工业协会副会长、苏州同大机械有限公司董事长

　　　　　俞建模　中国塑料机械工业协会副会长、大连三垒科技有限公司执行董事

　　　　　俞田龙　中国塑料机械工业协会副会长、宁波弘讯科技股份有限公司总经理

　　　　　郑建国　中国塑料机械工业协会副会长、泰瑞机器股份有限公司董事长兼总经理

　　　　　马佳圳　中国塑料机械工业协会副会长、广东金明精机股份有限公司总经理

　　　　　叶如清　中国塑料机械工业协会副会长、浙江申达机器制造股份有限公司董事长兼总经理

　　　　　王元江　中国塑料机械工业协会副会长、大连橡胶塑料机械有限公司董事长

　　　　　王俊杰　中国塑料机械工业协会副会长、富强鑫（宁波）机器制造有限公司董事长

　　　　　吴峻睿　中国塑料机械工业协会副会长、信易电热机械股份有限公司总经理

　　　　　夏增富　中国塑料机械工业协会副会长、浙江华业塑料机械股份有限公司董事长

　　　　　刘　翔　中国塑料机械工业协会副会长、宁波华美达机械制造有限公司总经理

	孙　坚	中国塑料机械工业协会副会长、宁波海星机械制造有限公司总经理
	钱耀恩	中国塑料机械工业协会特别顾问
委　员	吴大鸣	中国塑料机械行业专家委员会主任委员、俄罗斯工程院外籍院士、北京化工大学塑料机械及塑料工程研究所教授
	何亚东	中国塑料机械行业专家委员会常务副主任委员兼秘书长、北京化工大学教授
	杨卫民	中国塑料机械行业专家委员会副主任委员、北京化工大学教授、教育部长江学者特聘教授
	何和智	中国塑料机械行业专家委员会副主任委员、华南理工大学教授
	傅南红	中国塑料机械行业专家委员会副主任委员、海天塑机集团有限公司技术总监
	陈栋栋	中国塑料机械工业协会秘书长
	陈　栋	宁波市塑料机械行业协会秘书长
	封　琴	张家港市塑料饮料机械协会秘书长
	吴东莹	大连市橡胶塑料机械协会秘书长
	郭一萍	中国塑料机械行业专家委员会委员、国家塑料机械产品质量监督检验中心教授级高工

中国塑料机械工业年鉴编辑出版工作人员

总　编　辑　周宝东
主　　　编　田付新
副　主　编　刘世博　常海波
责　任　编　辑　董　蕾
编　　　辑　曹春苗
地　　　址　北京市西城区百万庄大街22号（邮编100037）
编　辑　部　电话：010-88379828　传真：010-68997966
发　行　部　电话：010-88379838　传真：010-68994469

http://www.cmiy.com
E-mail:cmiy-cmp@163.com

中国塑料机械工业年鉴特约顾问单位特约顾问与特约编辑

（排名不分先后）

公司名称	特约顾问	特约编辑
博创智能装备股份有限公司	朱康建	饶启琛
海天国际控股有限公司	张静章	高世权
上海金纬机械制造有限公司	何海潮	刘惠明
力劲集团	邱 歌	刘婉华
广东伊之密股份有限公司	廖昌清	张 涛
广东金明精机股份有限公司	马佳圳	王童刚
佛山巴顿菲尔辛辛那提塑料设备有限公司	Toni Bernards	谭玉娟
苏州同大机械有限公司	徐文良	朱建新
科倍隆（南京）机械有限公司	沈 君	付 晓
富强鑫（宁波）机器制造有限公司	王俊杰	陈晓周
浙江华业塑料机械股份有限公司	夏增富	蒋静飞
泰瑞机器股份有限公司	郑建国	郑佳辰
宁波华美达集团有限公司	刘 翔	刘娟儿
宁波弘讯科技股份有限公司	俞田龙	郑 琴
信易集团	吴峻睿	陈彦良
大连橡胶塑料机械有限公司	王元江	迟文强
震雄集团	蒋丽婉	钟效良
广东乐善智能装备股份有限公司	郭锡南	李真梅
桂林格莱斯科技有限公司	罗春华	钟庆华
佛山市宝捷精密机械有限公司	杨伟杰	庚小军

前　言

塑料机械为塑料原料生产和制品加工提供装备，是工业母机（主要包括机床、塑料机械、铸造装备、锻压装备等），是"制器之器""强国之基"。塑料机械广泛应用于航空航天、汽车、电子电器、包装、信息通信、生物医疗、建筑材料、农业、轻工等关乎国计民生的各个领域，并对这些产业的转型升级、科技进步起到重要的保障作用。据中国塑料机械工业协会测算，塑料机械工业带动关联产业的年产值已超5万亿元，约占我国GDP的1/20，为国民经济的发展做出了巨大贡献。

2023年，我国塑料机械行业863家规模以上企业完成营业收入1 150亿元，同比增长2.1%；利润总额101亿元，同比增长2.6%；利润率9%。2024年我国塑料机械行业908家规模以上企业实现营业收入1 282亿元，同比增长9%；利润总额118亿元，同比增长16%；利润率9%。

进出口方面，中国大陆2023年塑料机械进出口总额111亿美元，同比增长10%；贸易顺差37亿美元，同比增长0.5%；进口增速快于出口增速。2024年进出口总额122亿美元，同比增长9.9%；贸易顺差58亿美元，同比增长56%。

我国塑料机械行业韧性强、活力足、潜力大，塑料机械产量连续23年位居世界第一，产量占全球的50%，销售收入占全球市场的1/3，向200多个国家和地区出口塑机产品及配附件，是名副其实的世界塑料机械生产大国、消费大国和出口大国，是世界塑机的主要和决定力量。近年来，行业创新能力显著增强，如半固态注射成型机、超大型压铸机服务于汽车产业，达到国际国内领先水平；全电动、智能化、精密注塑设备蓬勃发展，POE挤出造粒成套设备、高阻隔膜共挤设备国际领先。多个项目获机械工业科技进步奖，多项专利获国家专利优秀奖。

塑料机械是先进制造业及战略性新兴产业的重要组成部分，产业带动能力强、产品应用领域广泛，虽然当前面临一些问题，但行业长期向好的发展趋势没有变。面对日趋激烈的市场竞争，我们既要在技术和产品硬实力上进行比拼，还要注重发展模式等软实力。当前，人工智能、大数据等给全球生产力带来颠覆性影响，新一代信息技术将重塑经济结构、推动产业变革。要敬畏产业变化，不断探索新的业务领先模式，并在核心业务、成长业务、新兴业务三个方面开展研究和布局，"看十年、想三年、干一年"，根据自身情况匹配相应的人才资源体系，坚持差异化、品牌化发展道路。同时，继续在新能源汽车、大健康及低空经济等领域发力，借力《推动工业领域设备更新实施方案》等政策开拓国内外市场。

2023年是中国塑料机械工业协会成立30周年。过去的30年，我国塑料机械行业从崛起到蓬勃发展，1993—2023年行业销售额增长56.5倍、出口额增长147倍。我们要以此为动力，在新的历史起点上充分发挥协会的自身优势，引导行业坚持绿色、低碳、可持续高质量发展的理念，积极拓宽国际视野，促进国际合作与交流，进一步发挥桥梁纽带作用，做好服务会员、服务行业、服务政府、服务社会工作。

《中国塑料机械工业年鉴》是中国塑料机械工业协会与中国机械工业年鉴编辑委员会共同编撰的行业史料，记载行业发展及企业转型升级和高质量发展的过程。让我们携手保持战略定力，一起见证我国塑料机械行业在以科技创新推动产业创新，扎实推进高端化、智能化、绿色化的道路上稳健前行。

中国塑料机械工业协会会长

2024年10月

广告索引

序号	公司名称	版位及页码
1	博创智能装备股份有限公司	封面
2	海天国际控股有限公司	封底
3	上海金纬机械制造有限公司	封二
4	海天国际控股有限公司	扉页
5	力劲集团	前特联版
6	广东伊之密股份有限公司	前特联版
7	广东金明精机股份有限公司	前特联版
8	佛山巴顿菲尔辛辛那提塑料设备有限公司	前特联版
9	苏州同大机械有限公司	前特联版
10	科倍隆（南京）机械有限公司	前特联版
11	富强鑫（宁波）机器制造有限公司	前特联版
12	浙江华业塑料机械股份有限公司	前特页
13	泰瑞机器股份有限公司	前特页
14	宁波华美达集团有限公司	前特页
15	桂林格莱斯科技有限公司	后特页
16	佛山市宝捷精密机械有限公司	封三

中国塑机高端自主数控（智能）装备创新示范专栏

序号	公司名称	版位及页码
17	宁波弘讯科技股份有限公司	A2～A5
18	信易集团	A6～A7
19	海天国际控股有限公司	A8～A9
20	大连橡胶塑料机械有限公司	A10～A13
21	博创智能装备股份有限公司	A14～A17
22	震雄集团	A18～A21
23	广东乐善智能装备股份有限公司	A22

索引

记录历史
塑造品牌

中国塑机高端自主数控（智能）装备

创新示范专栏

聚焦优势企业科技创新
讲述中国塑机故事

证券代码
603015

电液伺服一体机
Electro-hydraulic Servo Integrated Machine

电液伺服一体机

适用于橡胶机、液压机、折弯机、立式注塑机、液压站等多款机型。

Our electro-hydraulic servo integrated machine is suitable for various models such as rubber machines, hydraulic presses, bending machines, vertical injection molding machines, and hydraulic units.

微信公众号

宁波弘讯科技股份有限公司
NINGBO TECHMATION CO., LTD.
邮编：315800 / PC:315800
地址：中国浙江省宁波市北仑区大港五路88号
Add：No.88 Dagang Fifth Road, Beilun, Ningbo, Zhejiang, China.

广告

- **低噪声，低油温**
  Low noise and low oil temperature

- **高性价比，更省电**
  Highly cost-effective with more power saving

- **IP 防护等级高，适应更严苛环境**
  High IP protection level for working in harsh environments

- **安装无缝衔接，即插即用**
  Seamless connection to achieve Plug-and-Play

橡胶机
Rubber Machine

液压机
Hydraulic Press

折弯机
Bending Machine

立式注塑机
Vertical Injection Molding Machine

液压站
Hydraulic Unit

更多
MORE

Yearbook A3
China Plastic Machinery Industry

证券代码
603015

电预塑解决方案
Electric Plasticizing Solutions

30%
节能
Energy conservation

5%
降噪
Noise reduction

提升储料工作效率，降低成型周期
Raise the working efficiency and shorten the molding cycle.

储料精度高，转速波动小
High accuracy with small rotational speed fluctuations.

较原液压马达系统节能≥30%
Energy saving ≥30% compared to the hydraulic motor system.

维护更换方便
Easy maintenance and replacement.

使用寿命长，可应对各种生产材料
Long service life; capable of handling a wide range of industrial materials.

塑机控制系统
Control System for Injection Molding Machine

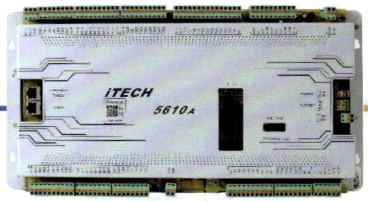

传动模组
Transmission Module

伺服电动机
Servo Motor

伺服驱动
Servo Drive

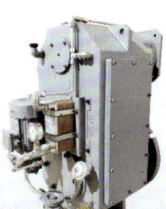

减速箱
Gearbox

带轮模组
Belt & Pulley

宁波弘讯科技股份有限公司
NINGBO TECHMATION CO., LTD.
邮编:315800 / PC:315800
地址:中国浙江省宁波市北仑区大港五路88号
Add: No.88 Dagang Fifth Road, Beilun, Ningbo, Zhejiang, China.

微信公众号

信易为您提供塑胶成型整厂辅

如塑胶原料储存、干燥、输送及计量，模具控温、成型
自动化机械手及废料粉碎回收系统等设备。

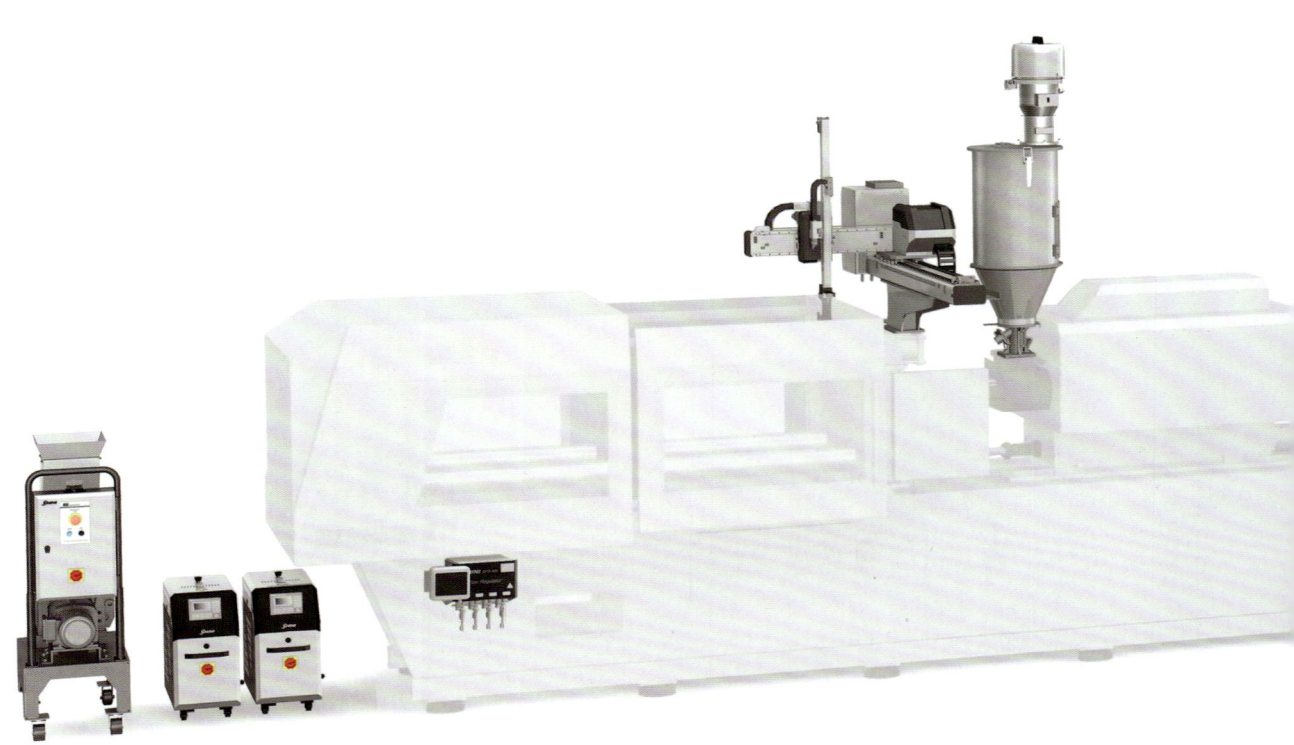

Shini Group

Tel: +86 769 8111 6600   shini@shini.com   www.shini.com

SHINI 信易

广告

及备

系统，

shini.com

wechat

广告

MA

海天全新系列
智能伺服液压解决方案

节能 高效 灵智 MA5全系列性能突破进阶，从注射部件到塑化部件、合模结构，优化提升MA5硬件配置持续进化，并带来全新外观升级，树立性能与品质的行业标杆，轻松应对未来技术挑战。

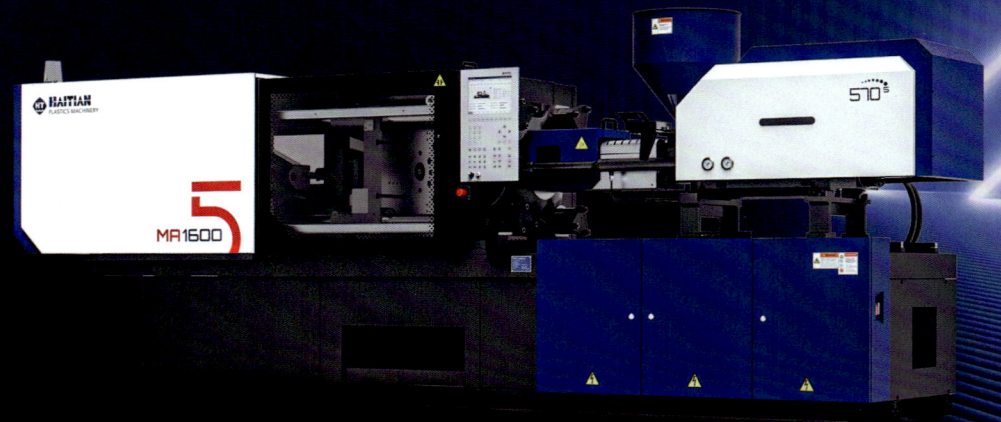

 智能技术　 灵活集成　 可持续发展

www.haitianinter.com

广告

JU

海天全新系列
二板式注塑机

节能 高效 灵智 JU5配置灵活的开放式集成功能,全系列搭载"管工厂 2.0"数智化管理软件,可全方位满足客户对自动化、数智化生产的一站式需求。

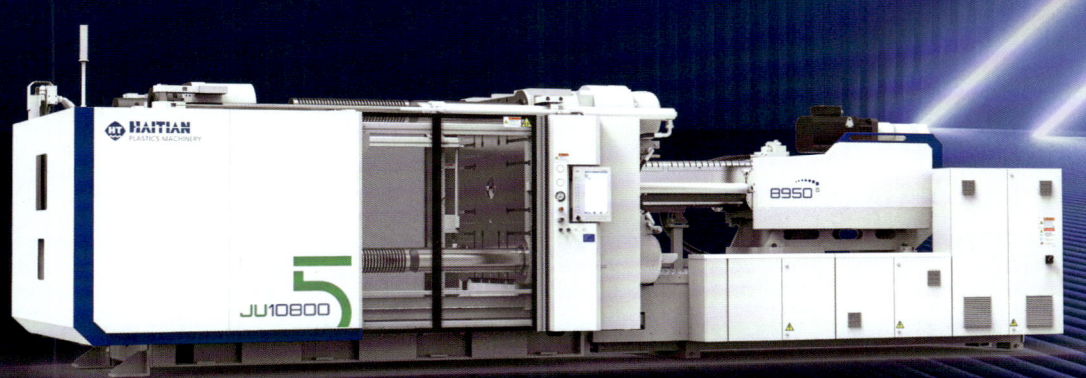

 智能技术　 灵活集成　 可持续发展

www.haitianinter.com

大连橡胶塑料机械有限公司
DALIAN RUBBER & PLASTICS MACHINERY CO., LTD.

■ 企业概况

大连重工装备集团下属大连橡胶塑料机械有限公司（以下简称"大橡塑"）是我国橡胶塑料机械装备研制领域的重点企业，始建于1907年，被誉为中国"橡塑机械摇篮"。公司主要为汽车工业、石油化工、农业、环保、新能源、新材料等领域提供大型高端装备、工程总包服务和全生命周期智能服务解决方案，具备国际化的产品研发、制造、营销和服务能力。大橡塑公司先后获"中国机械工业科学技术奖""国家绿色工厂""化工行业突出贡献单位""塑料行业科技创新型单位""辽宁省省长质量奖""大连市市长质量奖"等荣誉，并蝉联全球橡胶机械企业10强和中国塑机制造业综合实力10强企业。

公司建有2个国内研制基地和2个海外研制基地，作为橡胶塑料机械设备专业供应商，大橡塑多次完成国家重大技术装备攻关任务，破解"卡脖子"难题，开创国内该领域先河，获得国家、省、部级科学技术奖近百项，为国家经济发展和民族装备制造业腾飞做出了重要贡献。

■ 组织架构

```
                  大连橡胶塑料机械有限公司
    ┌──────────────────┬──────────────────┐
大连大橡机械制造有限责任公司   大连大橡工程技术有限公司   加拿大麦克罗工程科技有限公司
        大连大橡塑工程服务有限公司      捷克共和国布祖卢科股份有限公司
```

■ 企业文化

核心价值观	成就客户　务实创新　团队合作　至诚守信
使　　命	聚焦客户需求，提供具有国际竞争力的重工装备解决方案，为客户创造更大价值
愿　　景	创建国际一流重工企业集团

广告

四大研制基地

大连营城子研制基地

公司主厂区，占地面积15万平方米，是大型挤压造粒机组、密炼机、压延机、膜装备等大型设备的生产研制基地。

长兴岛研制基地

位于大连市长兴岛经济技术开发区，占地面积25万平方米，是开炼机、减速机、核心零部件的生产研制基地。

北美加拿大研制基地

位于加拿大密西沙加市，重点研发高端塑料薄膜工业领域中的系统和设备。

欧洲捷克研制基地

位于捷克共和国境内，是密炼机系列、压延机系列、开炼机系列以及轮胎实验机等多种产品的生产研制基地。

大连橡胶塑料机械有限公司
DALIAN RUBBER & PLASTICS MACHINERY CO., LTD.

■ 同向机组

同向双螺杆挤压造粒机组型号及主要参数

同向双螺杆 SJSH 系列						
型号	可选	可选	可选	可选	可选	可选
产能/(万吨/年)	4~5	7~10	10~20	20~30	30~40	40~60
熔体齿轮泵	177	250	300	320	350	380

20万吨/年PP挤压造粒机组

30万吨/年PP挤压造粒机组

35万吨/年PP挤压造粒机组

广告

■ 异向机组

异向双支撑挤压造粒机组型号及主要参数

异向双支撑 CME 系列

型号	配置	配置	配置	配置	配置	配置	配置
产能/(万吨/年)	4~7	7~10	10~15	15~20	20~25	25~40	40~60
熔体齿轮泵	250	280	330	360	400	450	500

7万吨/年LLDPE挤压造粒机组

25万吨/年HDPE挤压造粒机组

35万吨/年LLDPE挤压造粒机组

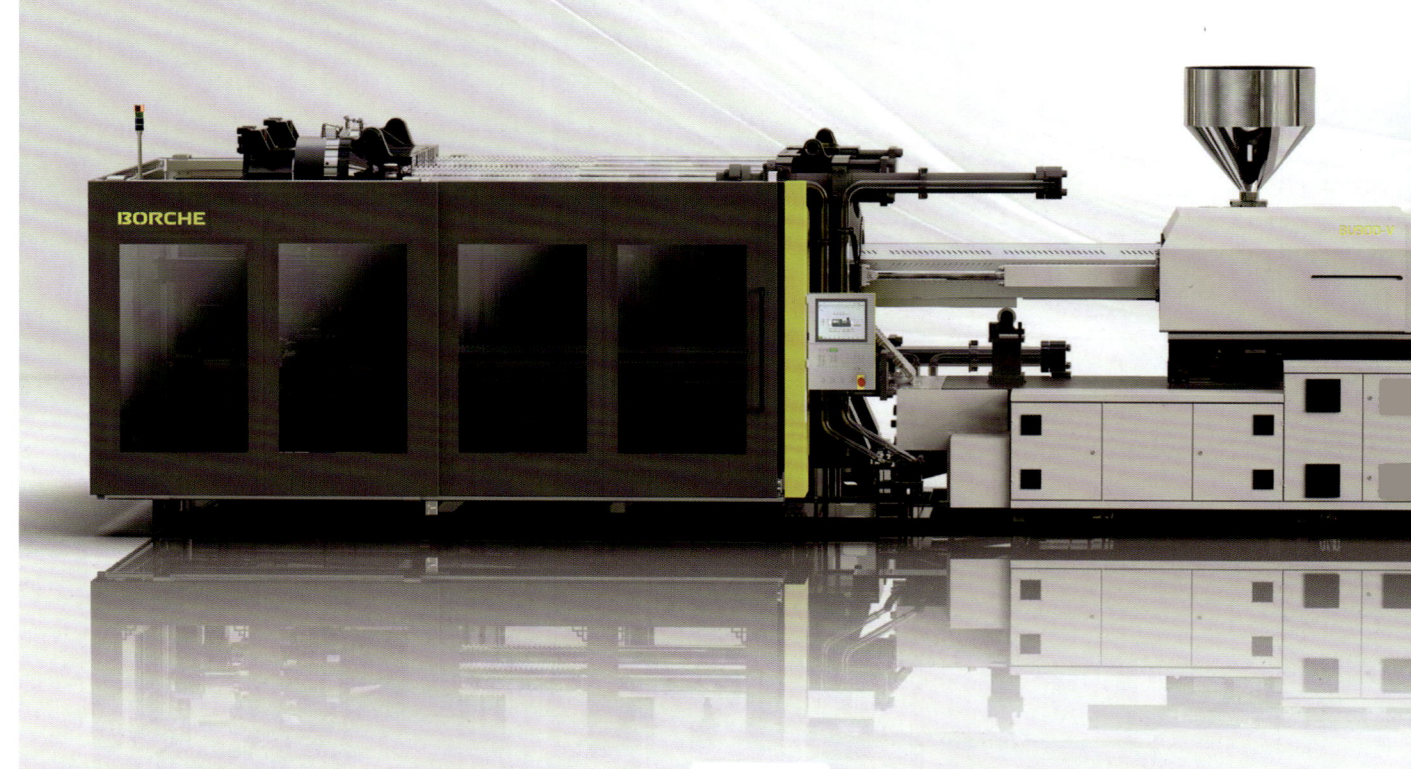

广告

全新一代
二板智能注塑机

深耕二板技术十八年 规格全 规模大

- 智能互联
- 结构优势
- 稳定可靠

全新一代
直驱电动注塑机

真正掌握核心科技　　国际先进水平

- 智能互联
- 精准高效
- 绿色低碳

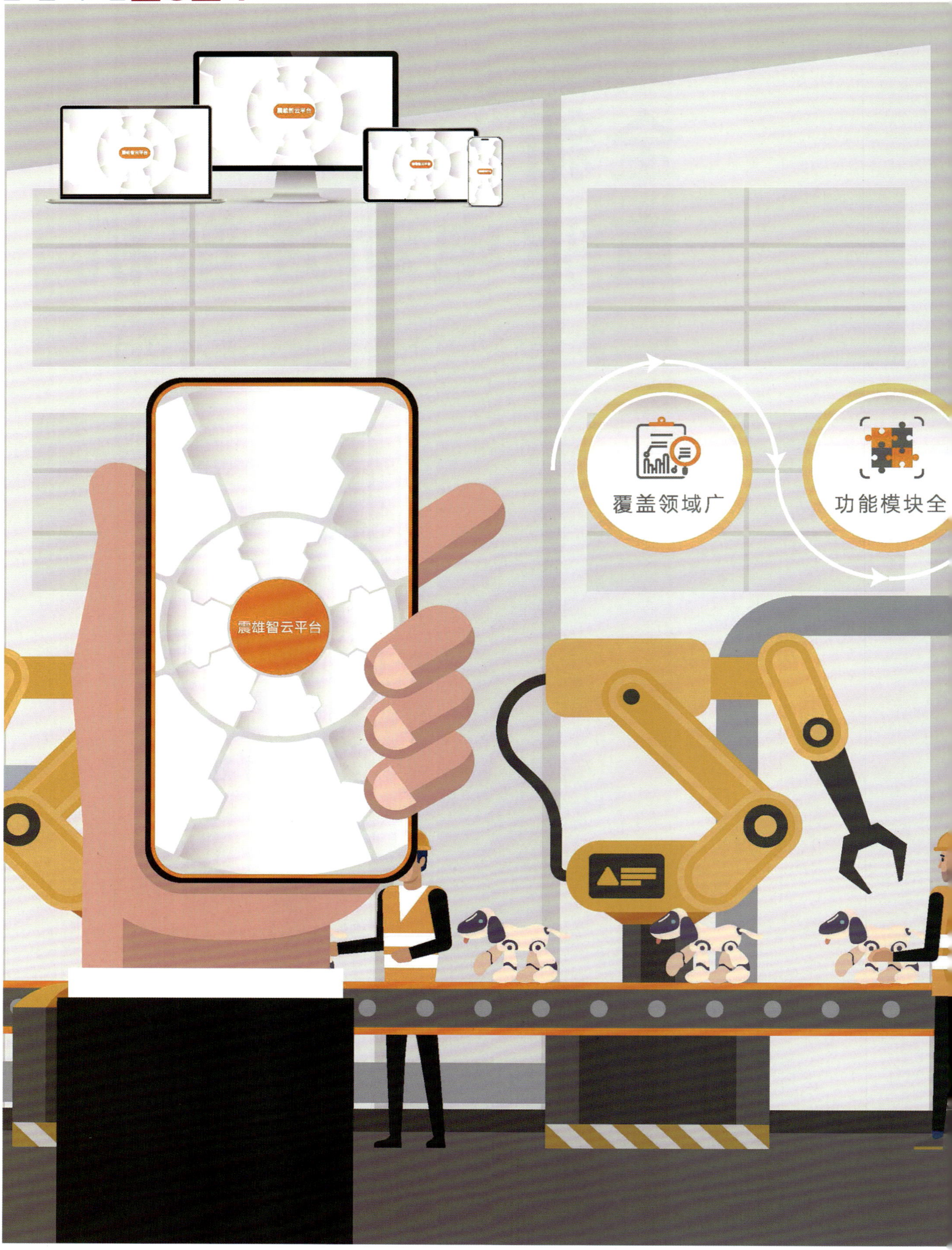

产品优势

1. 覆盖领域广
- 不仅为注塑机行业服务，还支持电子、缝纫、裁剪、组装、包装等多工序，提供"交钥匙工程"全套解决方案。
- 行业推广：塑胶、装配机加工、电子组装、3C汽车零部件等

2. 功能模块全
- 集成APS、MES、EAM、QMS、WMS、EMS、IoT、BigData等八大产品体系，实现平台化管理。
- 接入设备覆盖主流注塑机、辅机、AGV、电表水表等各类设备。

3. 智能决策准
- 针对生产效率、设备OEE、水电气能耗等智能分析。
- 针对制造、仓储、质量等大数据驾驶舱智能分析。

4. 部署方式多
- 支持公有云、私有云（本地化）、混合云三种部署方式，节省数据接入成本。
- 套餐多样化，多语言支持。

5. 维护诊断快
- 业内资深咨询顾问，一流本地售后服务，能快速响应客户，提高服务效率，降低服务成本，赋能客户全员生产保全体系。

广告

震雄 | 震雄智云平台

八大模块

- Big Data 大数据分析
- APS 智能排产
- EAM 设备管理
- MES 生产管理
- QMS 质量管理
- WMS+WCS 仓储物流
- EMS 能源管理
- IoT 设备联网

中心：震雄智云平台

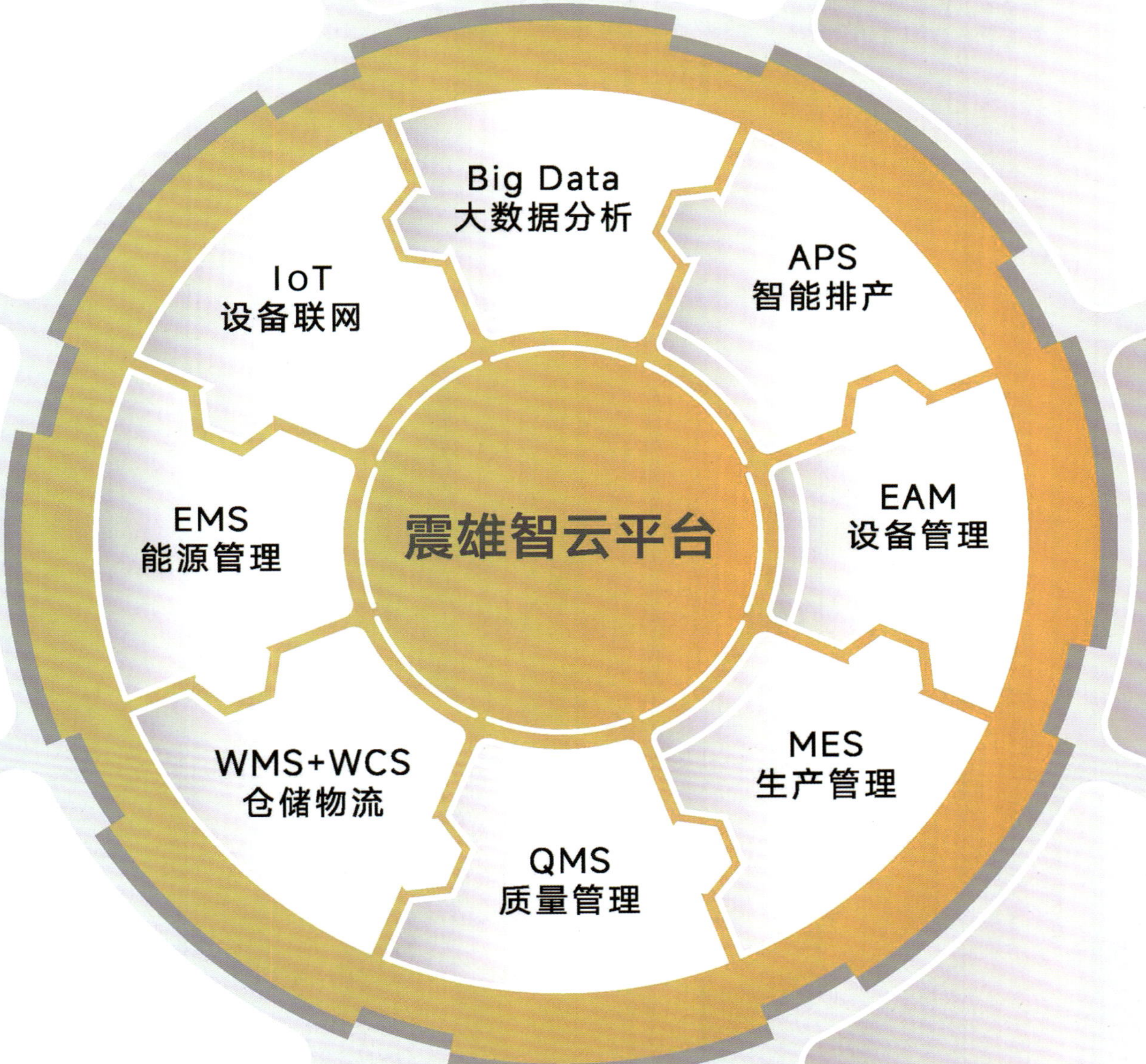

震雄智云平台

震雄智云平台是一套专门针对制造车间管理的系统解决方案，通过自主研发的智能数据采集器（工业网关）进行数据采集，能够实时、精确地捕捉生产车间内的设备状态、人员活动、在制品流转、物料库存、订单进度及品质状况等关键信息，构建完整的制造信息数据库，并依托此构建了集生产管控与质量管理于一体的综合平台。

该平台不仅实现了车间生产现场的透明化管理，还满足了生产制程的追溯和管控需要。更重要的是，智云平台能够无缝对接ERP、PLM等核心信息系统，打破信息壁垒，促进生产相关职能部门间的信息共享与高效协同，助力客户构建出一个透明、高效、智能的智慧工厂。

综合索引

记录历史　塑造品牌

以宏观视角，分析 2022 年至 2023 年我国塑料机械工业的经济运行情况，记录对塑料机械工业产生重要影响的事件

P3～14

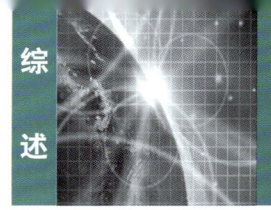
综述

展示塑料机械地区及行业技术发展，分析塑料机械在用户行业中的应用状况

P17～51

专文

记录中国塑料机械工业协会成立 30 周年重要资料

P55～130

中国塑料机械工业协会成立 30 周年

记录 2022 年至 2024 年上半年塑料机械行业在市场各层面较为重要的事件、国外技术发展趋势、国外市场发展情况以及产品的进展

P133～160

市场专题

记录 2022—2024 年塑料机械进出口情况

P163～253

统计资料

行业优势企业名单及其运行分析，塑料机械行业上市公司情况分析，企业管理人士访谈

P257～333

企业概况

介绍获得国家及机械工业奖项的产品项目、2022—2024 年塑料机械行业进入国家各类目录的产品

P337～344

产品项目与技术

列举塑料机械行业现行标准，展示塑料机械相关专利获奖情况

P347～351

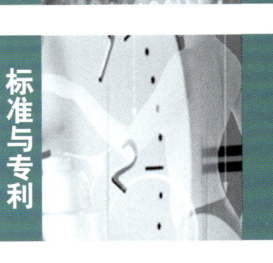
标准与专利

介绍与塑料机械行业相关的政策，以及行业主要出口市场的基本情况

P355～364

附录

中国机械工业年鉴系列

《中国机械工业年鉴》
《中国电器工业年鉴》
《中国工程机械工业年鉴》
《中国机床工具工业年鉴》
《中国通用机械工业年鉴》
《中国机械通用零部件工业年鉴》
《中国模具工业年鉴》
《中国液压气动密封工业年鉴》
《中国重型机械工业年鉴》
《中国农业机械工业年鉴》
《中国石油石化设备工业年鉴》
《中国塑料机械工业年鉴》
《中国齿轮工业年鉴》
《中国磨料磨具工业年鉴》
《中国机电产品市场年鉴》
《中国热处理行业年鉴》
《中国电池工业年鉴》
《中国机器人工业年鉴》
《中国工业车辆年鉴》
《中国机械工业集团有限公司年鉴》

编辑说明

一、《中国机械工业年鉴》是由中国机械工业联合会主管、机械工业信息研究院主办、机械工业出版社出版的大型资料性、工具性年刊，创刊于1984年。

二、根据行业需要，1998年中国机械工业年鉴编辑委员会开始出版分行业年鉴，逐步形成了中国机械工业年鉴系列。该系列现已出版了《中国电器工业年鉴》《中国工程机械工业年鉴》《中国机床工具工业年鉴》《中国通用机械工业年鉴》《中国机械通用零部件工业年鉴》《中国模具工业年鉴》《中国液压气动密封工业年鉴》《中国重型机械工业年鉴》《中国农业机械工业年鉴》《中国石油石化设备工业年鉴》《中国塑料机械工业年鉴》《中国齿轮工业年鉴》《中国磨料磨具工业年鉴》《中国机电产品市场年鉴》《中国热处理行业年鉴》《中国电池工业年鉴》《中国机器人工业年鉴》《中国工业车辆年鉴》和《中国机械工业集团有限公司年鉴》。

三、《中国塑料机械工业年鉴》由中国机械工业年鉴编辑委员会和中国塑料机械工业协会共同编撰，于2009年首次出版。《中国塑料机械工业年鉴2024》由综述、专文、中国塑料机械工业协会成立30周年、市场专题、统计资料、企业概况、产品项目与技术、标准与专利、附录9个栏目构成，集中反映了塑料机械行业2021—2023年的发展情况及发展趋势，记录了行业发生的大事及产品发展方向，直观反映了行业经济发展的新变化和新成就。部分数据因四舍五入的原因，分项之和与总项略有出入。书中未署名的文章均由中国塑料机械工业协会提供。

四、《中国塑料机械工业年鉴2024》主要发行对象为政府决策机构、塑料机械行业和塑料制品相关企业的决策者、从事市场规划与企业规划的中高层管理人员。

五、《中国塑料机械工业年鉴2024》在编撰过程中得到了中国塑料机械工业协会及行业内众多专家、学者、工程技术人员和企业的大力支持和帮助，在此表示衷心感谢。

六、未经中国机械工业年鉴编辑部的书面许可，《中国塑料机械工业年鉴2024》内容不允许以任何形式转载。

目 录

综 述

2023 年中国塑料机械行业运行报告 ……………………… 3

2022 年中国塑料机械行业运行报告 ……………………… 5

2022—2023 年中国塑料机械工业大事记 ………………… 8

专 文

宁波市塑料机械行业经济运行概况 ……………………… 17

国内外大型注塑机技术发展动态综述 …………………… 25

高聚物注射成型工艺过程智能化技术进展 ……………… 34

汽车轻量化中的塑料机械 ………………………………… 41

塑料机械在医疗领域的应用 ……………………………… 50

中国塑料机械工业协会成立 30 周年

中国塑料机械工业协会成立 30 周年重要照片 ………… 55

激荡三十年 ………………………………………………… 97

中国塑料机械工业协会历届理事会领导成员 …………… 113

中国塑料机械行业发展 30 周年先进人物 ……………… 115

2013—2023 年塑料机械行业企业"新技术、新产品、新工艺"情况 ……………………………………………… 119

2022 年中国塑料机械行业企业人才培养情况 ………… 128

市 场 专 题

2022—2024 年我国塑料机械工业要事 ………………… 133

从德国 K 展 2022 看注塑产业发展新趋势 ……………… 151

统 计 资 料

2022 年中国塑料机械整机出口情况 …………………… 163

2022 年中国塑料机械零件出口情况 …………………… 185

2022 年中国塑料机械整机进口情况 …………………… 188

2022 年中国塑料机械零件进口情况 …………………… 191

2023 年中国塑料机械整机出口情况 …………………… 192

2023 年中国塑料机械零件出口情况 …………………… 215

2023 年中国塑料机械整机进口情况 …………………… 218

2023 年中国塑料机械零件进口情况 …………………… 222

2024 年中国塑料机械整机出口情况 …………………… 223

2024 年中国塑料机械零件出口情况 …………………… 246

2024 年中国塑料机械整机进口情况 …………………… 249

2024 年中国塑料机械零件进口情况 …………………… 252

企 业 概 况

2022 中国塑料机械行业优势企业名单 ………………… 257

2023 中国塑料机械行业优势企业名单 ………………… 263

2024 中国塑料机械行业优势企业名单 ………………… 269

2022—2024 中国塑料机械行业优势企业经济运行分析 … 275

2022—2024 年塑料机械行业企业运营情况 …………… 278

 2023 年塑料机械行业上市公司主要指标 …………… 278

 我国塑料机械行业上市公司 2022—2024 年发展情况 … 281

企业访谈 …………………………………………………… 312

 加大原创技术研发投入 力争实现跨越式发展 ……… 312

砥砺奋进三十载　携手同行向未来……………314

震雄65年　启航百年征程…………………316

宝捷　为你我塑造美好………………………319

打造海天机械产业生态链　为客户提供全方位一站式解

　　决方案………………………………………322

笃行40载　厚植向新　前无止境……………324

精业机器：以技术创新驱动发展………………328

数智化，赢未来…………………………………329

力劲塑机：以精密注塑技术驱动汽车产业升级………331

产品项目与技术

2023年度国家科学技术奖………………………337

2022年度机械工业科学技术奖（塑料机械）……………337

　超临界流体挤出发泡系列成套装备技术………………337

　多源塑料固废再生压嵌增强建筑模板工艺及其成套生产

　　装备……………………………………………338

国家工业和信息化领域节能技术装备推荐目录

　（2022年版）……………………………………339

国家工业和信息化领域节能降碳技术装备推荐目录

　（2024年版）……………………………………340

产业结构调整指导目录（2024年本）（摘录）…………340

标准与专利

塑料机械行业标准目录……………………………347

专利奖获奖项目（塑料机械）………………………351

附　　录

塑料机械行业相关政策……………………………355

中国塑料机械出口市场基本情况……………………358

　印度尼西亚………………………………………358

　印　　度…………………………………………359

　墨西哥……………………………………………360

　非　　洲…………………………………………362

Catalog

Summary

Economic Performance of China Plastics Machinery Industry
 (2023) ···3
Economic Performance of China Plastics Machinery Industry
 (2022) ···5
Events of China Plastics Machinery Industry (2022-2023) ······8

Features

Economic Performance Overview of Ningbo Plastics Machinery
 Industry ··17
Overview of Development Trends of Large Injection Molding
 Machine Technology at Home and Abroad ·················25
Progress in Intelligent Technology of Polymer Injection
 Molding Process ··34
Plastic Machinery in Automotive Light-weighting ············41
The Application of Plastic Machinery in the Medical Field ···50

30th Anniversary of CPMIA

Important Photos of 30th Anniversary of Establishment of
 CPMIA ··55
30 Years of Glory and Turns ···97
Previous Council Leaders and Members of CPMIA ·········113
Advanced Figures in the 30th Anniversary of the Development
 of China Plastic Machinery Industry ·····························115
"New Technologies, New Products, and New Processes" of
 Plastic Machinery Industry (2013-2023) ······················119
Talent Cultivation of China Plastic Machinery Industry in 2022 ···128

Market Focus

Major Market Events of China Plastics Machinery Industry
 (2022-2024) ··133

New Development Trends of Injection Molding Industry from
 K2022, Germany ··151

Statistical Data

Export Statistics of Complete Plastic Machinery in China in
 2022 ···163
Export Statistics of Plastic Machinery Parts in China in 2022
 ··185
Import Statistics of Complete Plastic Machinery in China in
 2022 ···188
Import Statistics of Plastic Machinery Parts in China in 2022
 ··191
Export Statistics of Complete Plastic Machinery in China in
 2023 ···192
Export Statistics of Plastic Machinery Parts in China in 2023
 ··215
Import Statistics of Complete Plastic Machinery in China in
 2023 ···218
Import Statistics of Plastic Machinery Parts in China in 2023
 ··222
Export Statistics of Complete Plastic Machinery in China in
 2024 ···223
Export Statistics of Plastic Machinery Parts in China in 2024
 ··246
Import Statistics of Complete Plastic Machinery in China in
 2024 ···249
Import Statistics of Plastic Machinery Parts in China in 2024
 ··252

Enterprises Overview

China Plastics Machinery Competitive Enterprises in 2022···257
China Plastics Machinery Competitive Enterprises in 2023···263

China Plastics Machinery Competitive Enterprises in 2024···269
Economic Operation Analysis of Competitive Enterprises
　(2022-2024)···275
Operation Situation of Plastic Machinery Industry Enterprises
　(2022-2024)···278
　Main Indicators of Listed Companies of Plastic
　　Machinery Industry in 2023 ···278
　Development of Listed Companies of China Plastic
　　Machinery Industry (2022-2024) ···281
Enterprises Glamour ···312
　Increasing Investment in Original Technology R&D,
　　Striving to Achieve Leapfrog Development ···312
　30 Years of Forging ahead with determination, Walking
　　Hand in Hand towards the Future···314
　Chenhsong Group Embarking on Century-long Journey
　　after 65 Years Glory ···316
　Powerjet Shapes Beauty for You and Me ···319
　Building Haitian Machinery Industry Ecological Chain,
　　Providing Comprehensive one-stop Solution for
　　Customers ···322
　40 Years of Diligence and Endless Progress towards
　　New Era ···324
　Jingye Machinery: Driven by Technological Innovation
　　···328
　Being Digital and Intelligent to Win the Future ···329
　Upgrading Automotive Industry with Precision
　　Injection Molding Technology ···331

Products & Technology

The State Science and Technology Award in 2023···337
Machinery Industry Science and Technology Award in 2022
　(Plastic Machinery)···337
Complete Set of Equipment Technology for Supercritical
　Fluid Extrusion Foaming Series···337
Multi-source Plastic Solid Waste Recycling and Embedding
　Reinforced Building Template Process and its Complete
　Production Equipment ···338
Recommended Directory of Energy-saving Equipment in
　the National Industrial and Information Technology Fields
　(2022) ···339
Recommended Directory of Energy-saving and Carbon
　Reducing Technology and Equipment in the National
　Industrial and Information Technology Fields (2024) ···340
Guiding Catalogue for Industrial Structure Adjustment
　(2024 Edition, Excerpt) ···340

Standards & Patents

Plastics Machinery Industrial Standards Catalog ···347
National Outstanding Patent Award (Plastics Machinery) ···351

Appendix

Policies Related to Plastic Machinery Industry ···355
Basics of Major Export Markets for Chinese Plastic
　Machinery ···358
　Indonesia ···358
　India ···359
　Mexico···360
　Africa ···362

中国塑料机械工业年鉴 2024

综述

以宏观视角，分析2022年至2023年我国塑料机械工业的经济运行情况，记录对塑料机械工业产生重要影响的事件

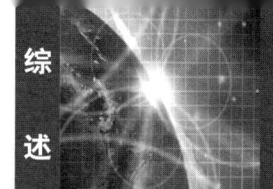
综述

专文

中国塑料机械工业协会成立30周年

市场专题

统计资料

企业概况

产品项目与技术

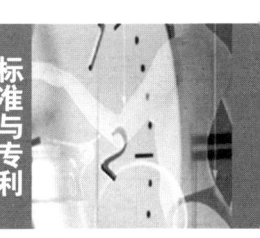
标准与专利

附录

综述

专文

协会成立30周年中国塑料机械工业

市场专题

统计资料

企业概况

产品项目与技术

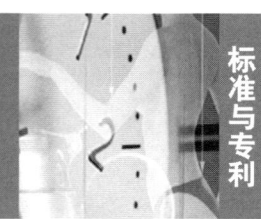标准与专利

附录

2023年中国塑料机械行业运行报告
2022年中国塑料机械行业运行报告
2022—2023年中国塑料机械工业大事记

中国塑料机械工业年鉴2024

综述

2023年中国塑料机械行业运行报告

2023年，我国塑料机械行业680家规模以上企业完成产量29万台，同比下降0.7%；营业收入941亿元，同比增长1.8%；利润总额92亿元，同比增长4.6%；利润率9.8%。其中亏损企业122家，累计亏损4亿元，同比增长25%，亏损面近18%。另外，181家橡胶机械规模以上企业营业收入210亿元，同比增长3.4%；利润总额9亿元，同比下降14%；利润率约4%。

2023年，中国大陆塑料机械进出口总额111亿美元，同比增长10%。其中，进口额37亿美元，同比增长16%；出口额74亿美元，同比增长8%；贸易顺差37亿美元，同比增长0.5%。进口增速快于出口增速。2023年1—12月中国大陆塑料机械主要税号产品进出口见表1。

表1 2023年1—12月中国大陆塑料机械主要税号产品进出口

序号	税号	名称	进口				出口				同比增长（%）			
			数量/台	金额/万美元	金额占比（%）	单价/（万美元/台）	数量/台	金额/万美元	金额占比（%）	单价/（万美元/台）	进口量	进口额	出口量	出口额
1	84771010	注塑机	4 748	44 564	11.97	9.39	64 833	173 294	23.43	2.67	-31.97	-26.70	7.37	7.26
2	84771090	其他注射机	97	2 098	0.56	21.63	39 710	4 784	0.65	0.12	-41.57	-7.64	58.04	-14.99
3	84772010	塑料造粒机	255	32 747	8.80	128.42	123 971	19 150	2.59	0.15	-6.59	39.16	58.96	-3.45
4	84772090	其他挤出机	1 608	53 623	14.41	33.35	30 242	57 616	7.79	1.91	11.36	28.77	-23.08	2.16
5	84773010	挤出吹塑机	61	8 895	2.39	145.83	26 329	12 813	1.73	0.49	-4.69	39.44	-58.31	-3.24
6	84773020	注射吹塑机	62	1 774	0.48	28.61	478	1 742	0.24	3.64	-25.30	-25.28	25.46	17.69
7	84773090	其他吹塑机	34	3 345	0.90	98.38	21 522	17 324	2.34	0.80	-41.38	-47.17	-30.59	13.28
8	84774010	塑料中空成型机	42	807	0.22	19.22	7 626	8 268	1.12	1.08	-19.23	-15.59	111.66	5.30
9	84774020	塑料压延成型机	56	557	0.15	9.94	5 240	2 879	0.39	0.55	-22.22	-55.63	128.52	32.32
10	84774090	其他真空模塑机及其他热成型机器	512	56 966	15.30	111.26	75 963	18 922	2.56	0.25	-24.48	20.99	74.26	16.16
11	84775100	用于充气轮胎模塑或翻新的机器及内胎模塑或用其他方法成型的机器	88	721	0.19	8.19	4 251	14 017	1.89	3.30	29.41	375.38	36.16	23.92
12	84775900	其他模塑或成型机器	787	6 150	1.65	7.82	64 556	23 452	3.17	0.36	-31.45	7.35	-79.98	-10.29

(续)

序号	税号	名称	进口				出口				同比增长（%）			
			数量/台	金额/万美元	金额占比（%）	单价/（万美元/台）	数量/台	金额/万美元	金额占比（%）	单价/（万美元/台）	进口量	进口额	出口量	出口额
13	84778000	其他橡胶或塑料及其产品的加工机器		106 848	28.71		1 974 003	189 364	25.60	0.10		26.81	-11.67	9.11
14	84779000	品目8477所列机器的零件		49 962	13.42			116 552	15.76			41.01		-7.56
15	84852000	用塑料或橡胶材料的增材制造设备	4 611	3 159	0.85	0.69	3 748 031	79 597	10.76	0.02	27.94	-3.42	67.27	58.23
		合计		372 217	100.00			739 776	100.00			15.79		7.66

从进口来源地看，2023年1—12月，中国大陆有71个塑料机械进口来源地，前10位进口来源地进口额占同期塑料机械进口额的96.39%，其中日本、德国、意大利列前3位，进口额分别占同期塑料机械进口额的37.73%、36.55%、4.22%。2023年1—12月中国大陆塑料机械前10位进口来源地见表2。

表2　2023年1—12月中国大陆塑料机械前10位进口来源地

序号	进口来源地	进口额/万美元	占比（%）	同比增长（%）
1	日本	141 817	37.73	16.78
2	德国	137 394	36.55	28.42
3	意大利	15 849	4.22	12.32
4	美国	15 391	4.09	51.67
5	奥地利	14 564	3.87	26.62
6	韩国	11 873	3.16	-20.18
7	法国	10 262	2.73	212.71
8	中国台湾	7 937	2.11	-49.18
9	瑞士	3 859	1.03	-2.24
10	加拿大	3 391	0.90	-20.13
	合计	362 337	96.39	18.35

从出口去向看，2023年1—12月中国大陆向212个国家和地区出口塑料机械，前10位出口目的地的出口额占同期塑料机械出口额的53.46%。其中，向越南、印度、美国的出口额列前3位；向俄罗斯出口额增幅最大，达62.27%；向泰国出口额降幅最大，达14.23%。2023年1—12月中国大陆塑料机械前10位出口目的地见表3。2023年1—12月中国大陆塑料机械对各大洲出口情况见表4。

表3 2023年1—12月中国大陆塑料机械前10位出口目的地

序号	出口目的地	出口额/万美元	占比（%）	同比增长（%）
1	越南	63 455	8.68	-6.76
2	印度	57 952	7.93	17.41
3	美国	57 816	7.91	9.01
4	俄罗斯	40 285	5.51	62.27
5	土耳其	31 963	4.37	26.71
6	泰国	30 348	4.15	-14.23
7	墨西哥	29 642	4.06	11.84
8	印度尼西亚	28 511	3.90	-2.83
9	日本	25 464	3.48	0.04
10	德国	25 308	3.46	31.09
	合计	390 743	53.46	9.61

表4 2023年1—12月中国大陆塑料机械对各大洲出口情况

序号	名称	出口额/万美元	占比（%）
1	亚洲	384 374	52.59
2	非洲	63 098	8.63
3	欧洲	136 723	18.71
4	拉丁美洲	70 305	9.62
5	北美洲	68 011	9.31
6	大洋洲	8 390	1.15
	合计	730 901	100.00

2022年中国塑料机械行业运行报告

一、整体发展情况

2022年，面对新冠疫情蔓延、大宗商品价格高位波动、俄乌冲突延宕发酵等超预期因素冲击，以及需求收缩、供给冲击、预期转弱三重压力夹击，塑料机械行业克服下行压力影响，保障供应链畅通，抢抓新能源、大健康等领域的发展机遇，营业收入和利润总额同比分别下降7%、11%；利润率10%，高于同期机械工业（6%）；行业亏损面18%；产量同比下降19%。

海关总署数据显示，2022年中国大陆塑料机械进出口总额为101亿美元，其中，进口额32亿美元、出口额69亿美元［2022年中国大陆塑料机械出口额按海关公布的15个税号产品（包括零部件、3D打印设备以及橡胶机械等）总计483亿元］，贸易顺差为37亿美元。进口来源地前10位占同期塑料机械进口额的95.7%，为306 154万美元；前10大市场出口额占同期出口总额的52%，为358 829万美元。2022年1—12月中国大陆塑料机械进出口分税号统计见表1。2022年1—12月中国大陆塑料机械进口来源地前10位见表2。2022年1—12月中国大陆塑料机械出口市场前10位见表3。

表1 2022年1—12月中国大陆塑料机械进出口分税号统计

税号	产品名称	进口					出口				
		数量/台	同比增长(%)	金额/万美元	同比增长(%)	平均单价/(万美元/台)	数量/台	同比增长(%)	金额/万美元	同比增长(%)	平均单价/(万美元/台)
84771010	注塑机	6 979	−10	60 795	−18	8.71	60 385	22	161 560	−5	2.68
84771090	其他注射机	166	−3	2 272	−50	13.69	25 126	4	5 628	−13	0.22
84772010	塑料造粒机	273	−10	23 532	−17	86.20	77 987	−1	19 835	23	0.25
84772090	其他挤出机	1 444	49	41 642	3	28.84	39 317	−3	56 399	9	1.43
84773010	挤出吹塑机	64	−7	6 379	4	99.68	63 148	30	13 242	4	0.21
84773020	注射吹塑机	83	−36	2 373	−37	28.60	381	8	1 480	−8	3.89
84773090	其他吹塑机	58	53	6 332	96	109.18	31 007	113	15 293	5	0.49
84774010	塑料中空成型机	52	−59	956	−81	18.39	3 603	112	7 852	5	2.18
84774020	塑料压延成型机	72	33	1 255	−3	17.43	2 293	−11	2 176	−33	0.95
84774090	其他真空模塑机及其他热成型机器	678	—	47 083	—	69.44	43 591	—	16 289	—	0.37
84775100	用于充气轮胎模塑或翻新的机器及内胎模塑或用其他方法成型的机器	68	—	152	—	2.23	3 122	—	11 311	—	3.62
84775900	其他模塑或成型机器	1 148	—	5 729	—	4.99	322 392	—	26 143	—	0.08
84778000	其他橡胶或塑料及其产品的加工机器	620 035	—	84 258	—	0.14	2 234 775	—	173 553	—	0.08
84779000	品目8477所列机器的零件	6 894 805	—	35 432	—	0.01	235 713 547	—	126 084	—	0.000 5
84852000	用塑料或橡胶材料的增材制造设备	3 604	—	3 271	—	0.91	2 240 689	—	50 306	—	0.02

表2 2022年1—12月中国大陆塑料机械进口来源地前10位

序号	进口来源地	进口额/万美元	占比(%)
1	日本	121 441	38.0
2	德国	106 985	33.4
3	中国台湾	15 618	4.9
4	韩国	14 875	4.6
5	意大利	14 111	4.4
6	奥地利	11 503	3.6
7	美国	10 148	3.2
8	加拿大	4 245	1.3
9	瑞士	3 947	1.2
10	法国	3 282	1.0

表3 2022年1—12月中国大陆塑料机械出口市场前10位

序号	出口市场	出口额/万美元	占比(%)
1	越南	68 055	9.8
2	美国	53 038	7.7
3	印度	49 360	7.1
4	泰国	35 384	5.1
5	印度尼西亚	29 340	4.2
6	墨西哥	26 505	3.8
7	日本	25 453	3.7
8	土耳其	25 225	3.6
9	俄罗斯	24 827	3.6
10	马来西亚	21 641	3.1

2022年2月16日，印度商工部对原产于或进口自中国的塑料加工机械或注射成型机做出反倾销肯定性终裁，建议对中国涉案产品基于到岸价（CIF）征收43.59%的反倾销税，有效期为5年。涉案产品为夹紧力大于或等于400kN且小于或等于32 000kN的塑料加工机械，涉及的印度海关编码为84771000。吹塑机（海关编码为847730）、立式注塑机、电动注塑机、多色/多模制鞋机、用于制造鞋及鞋底/鞋带/鞋后跟的旋转注塑机（海关编码为8453）、二手塑料加工机械不在征税范围。

2022年5月26日，印度商工部发布公告称，接收到财政部于同日发布的办公室备忘录，财政部未接受其于2022年2月16日对原产于或进口自中国的塑料加工机械或注射成型机做出的反倾销终裁结果，决定不对中国涉案产品征收反倾销税。

二、科技成果及新产品

北京化工大学、南京创博机械设备有限公司、河北格瑞尔斯塑机制造有限公司联合研发的超临界流体挤出发泡系列成套装备技术项目获得2022年度机械工业科学技术奖一等奖，江苏贝尔机械有限公司、江苏科技大学、张家港江苏科技大学产业技术研究院联合研发的多源塑料固废再生压嵌增强建筑模板工艺及其成套生产装备项目获得2022年度机械工业科学技术奖二等奖。

伊之密研制出85 000kN超大型注塑机，实现了国产超大型两板式注塑机关键技术的突破，也创造了我国超大型精密注塑机新纪录。该机额定锁模力为85 000kN，最大锁模力可达90 000kN，采用精密微开控制技术、双射台同步塑化及注射技术、注射压缩控制技术等先进技术，满足了客户的产品成型工艺要求。

苏州同大机械有限公司的高速多腔全电动吹塑生产线智能装备通过中国塑料机械工业协会组织的新产品鉴定。鉴定结果为：技术先进、创新性强，总体技术达到国际先进、国内同类产品领先水平。

常州长浪齿轮箱有限公司的HES系列特高扭矩同向平行双螺杆挤出机齿轮箱通过中国塑料机械工业协会组织的新技术新产品成果鉴定。鉴定委员会一致认为，该产品整体技术达到国际先进水平，部分指标达到国际领先水平。该产品具有高比扭矩、大推力、长寿命、高精相位差等优势，比扭矩$15 \sim 18\text{N}\cdot\text{m}/\text{cm}^3$，轴向推力高于25MPa，设计寿命10万h，A/B两根输出轴相位小于0.1°。

2022年，信易电热机械有限公司、东莞信易电热机械有限公司的"一种风机送料粉尘分离器"专利，广东金明精机股份有限公司的"同心套筒式多层共挤吹膜机头"专利被评为第二十三届中国专利优秀奖。

三、优质企业梯度培养

2022年，江苏贝尔机械有限公司、江门市润玉传感器科技有限公司、中国化学工业桂林工程有限公司、宁波伊士通技术股份有限公司入选通过审核的第三批重点"小巨人"企业。宁波华热机械制造有限公司入选第四批国家级专精特新"小巨人"企业。富强鑫（宁波）机器制造有限公司被认定为2021年度浙江省"专精特新"中小企业。

2023年中国塑料机械行业优势企业评选，以2022年度主营业务收入/净利润为依据，共评选出中国塑料机械制造业综合实力35强企业、中国塑料注射成型机行业18强企业、中国塑料挤出成型机行业12强企业、中国塑料中空成型机行业5强企业、中国立式塑料注射成型机行业5强企业、中国塑料机械辅机及配套件行业7强企业，涉及46家企业。46家企业的主要经济指标占行业同期规模以上企业（644家）主营业务收入的43.11%，资产总额的56.01%，利润总额的60.92%，出口额的19.67%，优势企业已成为塑料机械行业发展进程中名副其实的重要支柱。

四、标准制修订情况

2022年，中国塑料机械工业协会团体标准工作委员会（简称团标委）组织制定的T/CPMIA 0201—2022《聚丙烯熔喷料制备用同向平行双螺杆挤出机》和T/CPMIA 0202—2022《熔喷法非织造布生产线》标准发布实施。

2022年2月18日，团标委组织召开《二板式塑料注射成型机》团体标准第一次起草工作（视频）会。会议对标准草案的范围、中心孔位置偏差等主要技术指标的检测方法及技术要求等内容作进一步讨论，对各单位提出的建议形成处理意见，对有分歧的地方协商出解决办法。会议要求各起草单位会后对标准的技术要求进行检测核实，于3月31日之前将检测数据反馈至秘书处。第一起草单位根据会议讨论结果补充完善标准内容和征求意见汇总处理表的处理意见，于4月20日前反馈至团标委秘书处。

2022年5月17日，团标委组织召开《全电动塑料挤出中空吹塑成型机》《高效单螺杆塑料挤出机》两项团体标准启动工作（视频）会。会议认为，两项标准涉及的技术水平和标准制定条件都已成熟，立项非常及时和必要，可及时规范和引领行业发展，填补该领域标准空白。各起草人就本单位的产品和市场情况、标准应包含的新技术指标以及在生产、销售等环节遇到的问题提出建议，在标准应包含的范围方面达成共识。会议要求，主要起草单位于1个月内起草好标准草案。

五、智能制造情况

2022年2月18日，《2021年度智能制造试点示范工厂揭榜单位和优秀场景名单》发布。博创智能装备股份有限公司的注塑成型装备智能制造示范工厂、广东金明精机股份有限公司的高端多功能膜智能制造示范工厂入选2021年度智能制造试点示范工厂揭榜单位。广东伊之密精密机械股份有限公司的产品数字化设计与仿真、深圳领威科技有限公司的能耗数据监测入选2021年度智能制造优秀场景。

2022—2023年中国塑料机械工业大事记

30周年庆典

中国塑料机械工业协会于1993年6月15日在大连成立。2023年陆续举行了一系列庆祝活动。9月9日，发布成立30周年专辑视频。9月15日，在重庆举行成立30周年庆典，表彰中国塑料机械行业发展30周年先进人物，发布《中国塑料机械工业协会30周年纪念册》《中国塑机之歌》。11月23日，发布《中国塑机之歌》音乐短片（MV）。

团体标准

起草 2022年2月，中国塑料机械工业协会团体标准工作委员会（简称团标委）公开征集《高效单螺杆塑料挤出机》《全电动塑料挤出中空吹塑成型机》《废塑料再生回收生产线》《塑料机械用电热圈》和《失重式计量秤》5项团体标准的主要起草单位和参加单位，组成标准起草小组。

2022年5月17日，团标委通过视频形式组织召开《全电动塑料挤出中空吹塑成型机》《高效单螺杆塑料挤出机》两项团体标准启动工作会。中空辅机组组长、苏州同大机械有限公司董事长徐文良主持《全电动塑料挤出中空吹塑成型机》标准讨论环节，挤出机组组长、山东通佳机械有限公司总经理李勇主持《高效单螺杆塑料挤出机》标准讨论环节。会议认为，因两项标准涉及的技术水平和标准制定条件都已成熟，两项标准的立项非常及时和必要，可及时规范和引领行业发展，填补该领域标准空白。会议指出，标准的制定应站在行业的高度，从积极促进行业整体健康发展的角度，秉持包容开放精神，广泛听取意见，制定出真正能规范和引领行业发展的好标准。标准中涉及专利的应说明专利具体情况，并同意共享标准中所涉及专利内容和成果。会议要求，主要起草单位根据大家提出的建议，于1个月内起草好标准草案。

2023年2月16日，团标委组织召开《高效单螺杆塑料挤出机》团体标准第一次起草工作（视频）会。挤出机组组长、山东通佳机械有限公司总经理李勇主持讨论环节。与会代表对汇总意见表中的26项建议进行讨论并确定了修改内容。会议认为：内容应增加高效单螺杆塑料挤出机术语等内容，会后第一起草单位苏州金纬机械制造有限公司应按照讨论结果及时修改，并于3月底前将修改好的标准文本、意见处理表和编制说明反馈至团标委秘书处。

发布 2022年4月，T/CPMIA 0201—2022《聚丙烯熔喷料制备用同向平行双螺杆挤出机》和T/CPMIA 0202—2022《熔喷法非织造布生产线》团体标准正式对外发布。

《二板式塑料注射成型机》团体标准 该标准于2021年5月立项并召开启动会议，海天塑机集团有限公司为第一起草单位。2022年2月18日，团标委组织召开《二板式塑料注射成型机》团体标准第一次起草工作（视频）会，对标准草案的范围、中心孔位置偏差等主要技术指标的检测方法及技术要求等内容作进一步讨论，对各单位提出的建议形成处理意见，对有分歧的地方协商出解决办法。9月8日，团标委组织召开《二板式塑料注射成型机》团体标准第二次起草工作（视频）会，注塑机组组长、海天塑机集团有限公司研究院院长高世权主持讨论环节，对汇总意见表中的74项建议进行讨论并确定了修改内容。12月8日，该标准送审稿公示。2023年7月21日发布。

优势企业评选

中国塑料机械工业协会自2011年以来连续推出中国塑料机械行业优势企业榜单。2022年、2023年中国塑料机械行业优势企业评选结果分别于2022年8月24日、2023年8月15日公示。2023年中国塑料机械行业优势企业评选范围扩大至中国塑料机械制造业综合实力35强企业、中国塑料注射成型机行业18强企业、中国塑料挤出成型机行业12强企业、中国塑料中空成型机行业5强企业、中国立式塑料注射成型机行业5强企业和中国塑料机械辅机及配套件行业7强企业，共有46家企业上榜。

第四届中国塑料机械行业专家委员会

中国塑料机械行业专家委员会（简称专委会）是中国塑料机械工业协会的技术顾问咨询性机构。成员由全国塑料机械行业及相关行业内具有较高学术造诣、较强技术创新能力、良好职业精神和职业道德的专家、学者和企业技术人员组成。第三届中国塑料机械行业专家委员会2023年届满。中国塑料机械工业协会2022年开始筹备换届工作，经多方征集行业专家、学者的意见，2023年4月正式面向行业公开征选第四届中国塑料机械行业专家委员会推荐名单（中塑机协〔2023〕4号），最终确定瞿金平、吴大鸣等119位为第四届中国塑料机械行业专家委员会成员。2023年9月15日，中国塑料机械工业协会在重庆召开第四届中国塑料机械行业专家委员会换届大会。

第四届中国塑料机械行业专家委员会专家名单

名誉主任

瞿金平　中国工程院院士，华南理工大学聚合物新型成型装备国家工程研究中心主任、教授、博导

主任委员

吴大鸣　俄罗斯工程院外籍院士，北京化工大学塑料机械及塑料工程研究所教授、博导

特别顾问

王　琪　中国工程院院士，四川大学高分子材料工程国家重点实验室高分子研究所教授、博导

张立群　中国工程院院士，华南理工大学校长、教授、博导

王占杰　中国塑料加工工业协会理事长、高级工程师

郑　恺　中国合成树脂协会理事长、高级工程师

于　建　清华大学教授

刘春太　郑州大学副校长、橡塑模具国家工程研究中心执行主任、教授、博导

常务副主任委员兼秘书长

何亚东　北京化工大学塑料机械及塑料工程研究所教授、博导

副主任委员（按姓氏笔画排序）

杨卫民　教育部长江学者特聘教授，北京化工大学机电工程学院教授、博导

杨宥人　大连橡胶塑料机械有限公司总经理兼总工程师、教授级高级工程师

何和智　华南理工大学机械与汽车工程学院教授、博导

傅南红　海天塑机集团有限公司技术总监、正高级工程师

副秘书长（按姓氏笔画排序）

李　勇　山东通佳机械有限公司总经理、高级工程师

周宏伟　泰瑞机器股份有限公司总工程师、正高级工程师

蒋小军　广东伊之密精密注压科技有限公司

	副总经理、高级工程师		技术部部长、高级工程师
谢鹏程	北京化工大学高新技术研究院院长、教授、博导	刘玉鹏	宁波双马机械工业有限公司研发总监、高级工程师

委　员（按姓氏笔画排序）

王　建	北京化工大学教授	刘旭华	机械工业价格研究中心高级工程师
王　琪	江苏科技大学机电与汽车工程学院院长、教授	刘军强	秦川机床技术研究院塑机高级工程师
王舟挺	宁波华美达机械制造有限公司技术副总、高级工程师	齐明超	伊之密精密机械（苏州）有限公司高级经理、高级工程师
王多勇	四川中旺科技有限公司总工程师、高级工程师	关晓春	南京科亚化工成套装备有限公司副总经理、高级工程师
王克俭	北京化工大学成型制造研究中心副教授	江　波	北京化工大学教授、博导
王尚锋	宁波方力科技股份有限公司副总工程师、高级工程师	孙晓波	博创智能装备股份有限公司技术总监
王树林	江苏大学机械工程学院精密加工技术研究所所长、教授	孙锋林	苏州金韦尔机械有限公司总工程师、高级工程师
文　澜	柳州市精业机器有限公司总经理	杜呈表	博创智能装备股份有限公司执行总裁
邓建江	中蓝晨光化工研究设计院有限公司生产办副总工程师、高级工程师	李世通	无锡灵鸽机械科技股份有限公司首席专家顾问、教授级高级工程师
邓朝群	东华机械有限公司工程部经理、高级工程师	李　浩	广东金明精机股份有限公司技术副总经理、正高级工程师
田跃宏	恩格尔机械（上海）有限公司技术总监、高级工程师	李东生	南京创博机械设备有限公司总经理、高级工程师
白燕涛	东莞信易电热机械有限公司企业技术中心主任、高级工程师	李庆春	北京化工大学塑料机械及塑料工程研究所教授
兰海涛	广东拓斯达科技股份有限公司注塑装备事业部总经理	李崇德	博创智能装备股份有限公司副总工程师
冯彦洪	华南理工大学机械与汽车工程学院副院长、教授、博导	杨　红	大连橡胶塑料机械有限公司副总工程师、教授级高级工程师
吕建忠	大连三垒科技有限公司高级工程师	杨智韬	华南理工大学聚合物新型成型装备国家工程研究中心副主任、副教授
吕柏源	青岛科技大学高分子机械研究所教授	吴王平	常州大学机械与轨道交通学院副主任、副教授
任忠恩	大连三垒科技有限公司总工程师、高级工程师	吴依贫	东华机械有限公司工程部总监
刘　维	宁波市海达塑料机械有限公司工程	吴洪涛	南京航空航天大学教授

吴峻睿	东莞信易电热机械有限公司总经理兼研发总监、高级工程师	陈辉殿	南京艺工电工设备有限公司正高级工程师
何建领	苏州同大机械有限公司工程部经理、高级工程师	陈静波	郑州大学教授
何海潮	上海金纬机械制造有限公司董事长	陈鹤忠	张家港市亿利机械有限公司董事长、高级工程师
汪发兵	江苏塑之源机械制造有限公司总经理	林增荣	德清申达机器制造有限公司总工程师、高级工程师
沙 金	华东理工大学智能制造工程系副主任、副教授	罗宝树	余姚华泰橡塑机械有限公司副总经理、高级工程师
沈加明	宁波华美达机械制造有限公司研发部经理、高级工程师	周 刚	宁波力劲智能装备有限公司工程技术中心经理
张 涛	伊之密股份有限公司副总经理兼注塑机事业部总经理、高级工程师	赵建华	南京橡塑机械厂有限公司总工程师、高级机械工程师
张卫东	宁波海雄塑料机械有限公司技术副总、高级工程师	胡 刚	江苏大道机电科技有限公司副总经理、高级工程师
张玉澎	江苏贝尔机械有限公司回收事业部总工程师、高级工程师	柳洪涛	江苏越升科技股份有限公司副总经理、高级工程师
张亚军	北京化工大学机电工程学院教授、博导	段庆生	深圳市塑讯科技有限公司总经理
张建群	山东通佳机械有限公司董事长、工程技术应用研究员	侯永平	伊之密精密机械（苏州）有限公司产品线总监、高级工程师
张效林	机械汽车展览联合会高级工程师	姚益江	宁波创基机械有限公司高级工程师
陈 伟	南通三信塑胶装备科技股份有限公司董事长、高级工程师	袁卫明	德清申达机器制造有限公司副总工程师、正高级工程师
陈 猛	震雄集团研发总监、高级工程师	袁清珂	广东工业大学机电工程学院副院长、教授、博导
陈义园	震雄集团制造技术中心总监兼质量总监	贾明印	北京化工大学副教授
陈兴良	宁波海星机械制造有限公司董事长、高级工程师	贾润礼	中北大学塑料研究所所长、教授
陈志强	江苏越升科技股份有限公司董事长兼总经理、高级工程师	贾朝阳	大连橡胶塑料机械有限公司副总经理兼技术中心主任、教授级高级工程师
陈明华	上海锦珂塑胶科技有限公司董事长兼总工程师、高级工程师	顾建华	海天塑机集团有限公司技术副总监、高级工程师
陈凯定	宁波海星机械制造有限公司办公室主任、注册质量工程师	徐 丰	宁波力松注塑科技有限公司常务副总经理、高级工程师
陈晓周	富强鑫（宁波）机器制造有限公司技术中心总监、高级工程师	徐文良	苏州同大机械有限公司董事长、正高级工程师

殷小春	华南理工大学聚合物成型加工工程教育部重点实验室副主任、教授		工控系主任、教授
高世权	海天塑机集团有限公司研究院院长、正高级工程师	蒋炳炎	中南大学机电工程学院常务副院长、教授
高学飞	江苏维达机械有限公司董事长、高级工程师	程　杰	四川中旺科技有限公司技术总监
		焦志伟	北京化工大学教授
高福荣	香港科技大学霍英东研究院先进制造与自动化研究所高分子成型过程及系统中心主任、教授	焦晓龙	海天塑机集团有限公司技术副总监、高级工程师
		曾庆军	江苏科技大学电子信息学院教授
郭一萍	国家塑料机械产品质量监督检验中心教授级高级工程师	谢林生	华东理工大学橡塑机械工程研究中心副主任、教授
陶永亮	重庆川仪工程塑料有限公司正高级工程师	谢雄飞	东华机械有限公司研发经理、高级工程师
黄大青	宁波创基机械有限公司技术总监、高级工程师	蔡建臣	衢州学院机械工程学院教授、博导
		蔡恒志	力劲科技集团有限公司项目总监、正高级工程师
黄汉雄	华南理工大学教授		
梅振新	中国机电工业价格协会名誉会长、高级工程师	潘玉军	广东三庆智能科技有限公司总经理、正高级工程师
曹中强	北京化学工业集团有限责任公司企业运行副部长、高级工程师	潘志荣	高级工程师
		薛　平	北京化工大学塑料机械及塑料工程研究所所长、研究员
彭响方	福建理工大学材料学院院长、教授		
蒋　果	华南理工大学机械与汽车工程学院	Frank Lechner	科倍隆有限公司工艺技术部总经理

K 展

德国杜塞尔多夫国际塑料橡胶工业展览会（简称K展）是全球公认的国际塑料橡胶工业展览会第一大品牌，每三年一届，为全球塑料橡胶企业展示新设备、新技术、新产品提供展示舞台和交流平台，每届展会都吸引世界各地知名厂商和专业买家前来参展、参观。

2022年10月11日，中国塑料机械工业协会致信祝贺K展70周年。贺信指出，70年来，K展由小到大，汇集了行业新产品、新技术、新变革，促进了全球塑料工业技术进步和产业发展，也推动了中国塑料机械"走出去"。希望双方加强沟通，共同推动世界塑料行业发展。K展主办方杜塞尔多夫展览（中国）有限公司董事、总经理马睿博复函感谢。他表示，期盼与中国塑料机械工业协会开展更多合作交流，愿双方充分发挥各自专业优势，为行业打造更美好的明天。

K2022于2022年10月19—26日举办。其间，中国塑料机械工业协会拜会了意大利塑料橡胶机械设备和模具制造厂商协会（AMAPLAST）、保加利亚塑料协会、西班牙塑料机械协会、墨西哥塑料机械协会、全印度塑料制造协会（AIPMA）、土耳其 PAGEV 基金会等行业相关组织，介绍了中国塑料机械行业情况和协会工作内容，将 2022 中国塑料机械行业优势企业宣传册赠予相关协会，希望对方协会能多关注中国好塑机、行业优势企业，促进行业交流良性发展。

迁址

中国塑料机械工业协会于 2022 年 6 月 16 日正式迁入北京市西城区宣武门外大街 6 号庄胜北办公楼西翼 1308 新址办公。

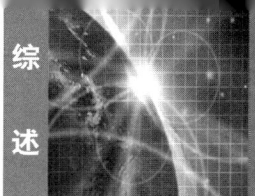

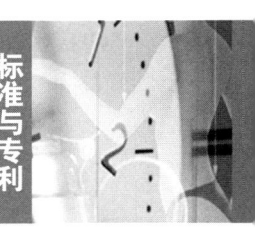

展示塑料机械地区及行业技术发展，分析塑料机械在用户行业中的应用状况

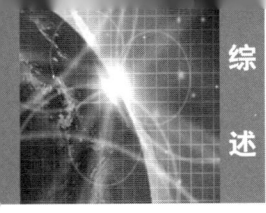
综述

专文

协会成立30周年中国塑料机械工业

市场专题

统计资料

企业概况

产品项目与技术

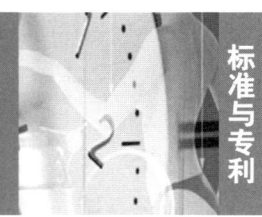
标准与专利

附录

宁波市塑料机械行业经济运行概况
国内外大型注塑机技术发展动态综述
高聚物注射成型工艺过程智能化技术进展
汽车轻量化中的塑料机械
塑料机械在医疗领域的应用

中国塑料机械工业年鉴2024

专文

宁波市塑料机械行业经济运行概况

2021年经济运行概况

2021年，面对全球疫情蔓延、经济压力下行的双重影响，面对原材料涨价、出口货运成本高等种种困难，宁波市塑料机械行业积极践行新发展理念，苦练内功、稳中求进、创新突变，实现了行业经济指标稳步增长。2021年前10个月，宁波塑料机械行业整体继续保持增长态势，但进入第三季度后下行压力增大，且由于原材料、零部件和能源价格上涨，成本上升幅度超过营业收入的增长幅度，利润空间被压缩。

一、宁波市塑料机械行业概况

2021年，宁波市塑料机械行业整体保持快速增长态势，高质量发展取得新成效，实现了"十四五"良好开局。2020—2021年宁波塑料机械行业十大指标对比见表1。2017—2021年宁波塑料机械行业产销增长情况见表2。

表1 2020—2021年宁波塑料机械行业十大指标对比

指标名称	2021年	2020年	同比增长（%）
工业总产值/万元	2 918 292	2 252 584	29.55
新产品产值/万元	1 273 932	1 011 477	25.95
工业销售产值/万元	3 108 554	2 419 791	28.46
出口交货值/万元	191 203	138 858	37.70
资产总计/万元	5 572 740	4 977 714	11.95
负债总计/万元	1 737 570	1 682 907	3.25
主营业务收入/万元	3 027 996	2 283 191	32.62
利税总额/万元	807 800	595 446	35.66
利润总额/万元	601 408	462 533	30.02
从业人员/人	19 811	17 815	11.20

表2 2017—2021年宁波塑料机械行业产销增长情况

指标名称	2017年	2018年	2019年	2020年	2021年
主营业务收入增长率（%）	21.49	6.39	-13.20	26.85	32.62
工业总产值增长率（%）	31.34	6.92	-5.13	19.52	29.55

2021年行业新产品产值127.39亿元，产值率为43.65%，比上年略有减少，结构调整仍在积极推进中，仍需要不断加大对塑料机械产品创新投入的力度。2017—2021年宁波塑料机械行业新产品产值率变化见图1。

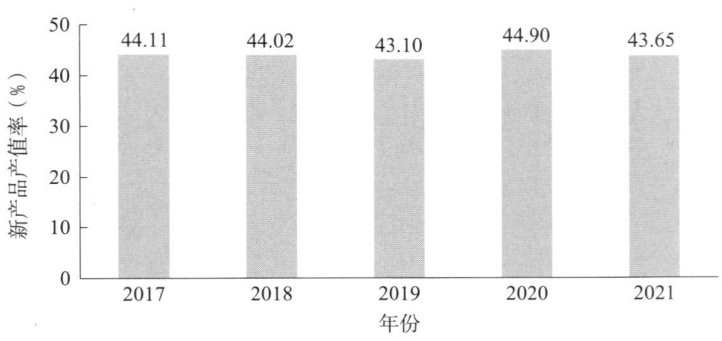

图 1　2017—2021 年宁波塑料机械行业新产品产值率变化

2021 年，宁波塑机行业完成出口交货值 19.12 亿元，同比增长 37.70%，增幅转正且幅度很大。海关数据显示，2021 年出口交货值占销售产值的 6.15%，比上年同期略有增加。虽然 2021 年塑机行业出口态势比较乐观，但当前面临的不确定、不稳定、不平衡因素也在增多，外贸基础并不牢固，2022 年需要进一步扩大开放，做好跨周期调节。2017—2021 年宁波塑料机械行业出口交货值增幅及比重变化见图 2。

图 2　2017—2021 年宁波塑料机械行业出口交货值增幅及比重变化

2021 年，宁波塑料机械行业资产总计 557.27 亿元，同比增长 11.95%。实现利润总额 60.14 亿元，同比增长 30.02%，增幅比上年同期减少。原材料、零部件和能源价格上涨导致行业成本上升，利润压缩，下行压力增大。2017—2021 年宁波塑料机械行业利润增幅及主营业务利润率变化见图 3。

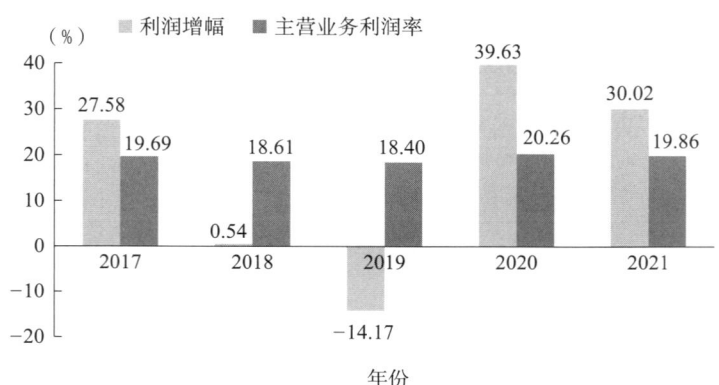

图 3　2017—2021 年宁波塑料机械行业利润增幅及主营业务利润率变化

二、协会企业情况

宁波市塑料机械行业协会秘书处 2022 年 1 月向协会企业发送宁波市塑机行业整机生产企业主要指标统计表，2 月开始对重点追踪的 51 家企业进行梳理分析。

统计的企业 2021 年共实现工业总产值 253.78 亿元，占宁波市塑料机械行业工业总产值的 86.96%。工业总产值、新产品产值、工业销售产值、出口交货值、负债总计、主营业务收入、利润总额 7 项指标均占宁波市塑料机械行业的 70% 以上，利税总额和从业人员指标占宁波市塑料机械行业的 60% 以上，资产总计指标占宁波市塑料机械行业的 50% 以上，其中出口交货值占比最高，达 96.34%。2021 年协会企业主要经济指标及占比情况见表 3。

表 3　2021 年协会企业主要经济指标及占比情况

序号	指标名称	2021 年数值	占宁波市塑料机械行业份额（%）
1	工业总产值 / 万元	2 537 839	86.96
2	新产品产值 / 万元	981 974	77.08
3	工业销售产值 / 万元	2 508 577	80.70
4	出口交货值 / 万元	184 201	96.34
5	资产总计 / 万元	2 964 354	53.19
6	负债总计 / 万元	1 239 757	71.35
7	主营业务收入 / 万元	2 465 929	81.44
8	利税总额 / 万元	516 913	63.99
9	利润总额 / 万元	444 217	73.86
10	从业人员 / 人	13 290	67.08

协会重点追踪的 51 家企业总体运行情况趋紧，2021 年骨干企业共完成产品产量 92 671 台，同比增长 21.07%，40 家企业的产量增加。在大环境不利于发展的情况下，资产负债率同比减少 2.63 个百分点，负债率较为合理。调研发现，骨干企业在转型升级，做好节能减排、绿色发展，推动制造业高端化智能化绿色化发展。2021 年协会重点追踪的 51 家企业资产状况见表 4。

表 4　2021 年协会重点追踪的 51 家企业资产状况

指标名称	2021 年	2020 年	同比增长
净资产 / 万元	3 835 170	3 294 807	16.40%
资产负债率（%）	31.18	33.81	-2.63 个百分点

〔供稿单位：宁波市塑料机械行业协会〕

2022 年经济运行概况

2022 年，在国际环境更趋复杂、国内疫情多地散发、整体经济下行压力增大、超预期突发因素冲击等困难局面下，塑机行业承压前行。近年来，塑机行业受市场需求结构转变冲击较大，在疫情连续影响及不稳定、不确定因素明显增多的大背景下，人工成本增加、原材料价格波动大、中低端产能结构性过剩、企业技术研发投入强度与人才不足等困难和问题，使行业进一步发展遭受了重重挑战。

一、宁波市塑料机械行业概况

2022年，宁波市塑料机械行业整体经济呈现下滑趋势。2021—2022年宁波塑料机械行业十大指标对比见表1。2018—2022年宁波塑料机械行业产销增长情况见表2。

表1 2021—2022年宁波塑料机械行业十大指标对比

指标名称	2022年	2021年	同比增长（%）
工业总产值/万元	2 343 623	2 918 292	-19.69
新产品产值/万元	1 070 165	1 273 932	-16.00
工业销售产值/万元	2 497 434	3 108 554	-19.66
出口交货值/万元	172 326	191 203	-9.87
资产总计/万元	5 023 499	5 572 740	-9.86
负债总计/万元	1 638 979	1 737 570	-5.67
主营业务收入/万元	2 390 854	3 027 996	-21.04
利税总额/万元	602 649	807 800	-25.40
利润总额/万元	401 751	601 408	-33.20
从业人员/人	19 812	19 811	0.01

表2 2018—2022年宁波塑料机械行业产销增长情况

指标名称	2018年	2019年	2020年	2021年	2022年
主营业务收入增长率（%）	6.39	-13.20	26.85	32.62	-21.04
工业总产值增长率（%）	6.92	-5.13	19.52	29.55	-19.69

2022年宁波塑料机械行业新产品产值107.02亿元，产值率为45.66%，比上年略有增加。企业结构调整仍在积极推进中，对塑料机械产品技术的创新投入仍需要不断加大力度。2018—2022年宁波塑料机械行业新产品产值率变化见图1。

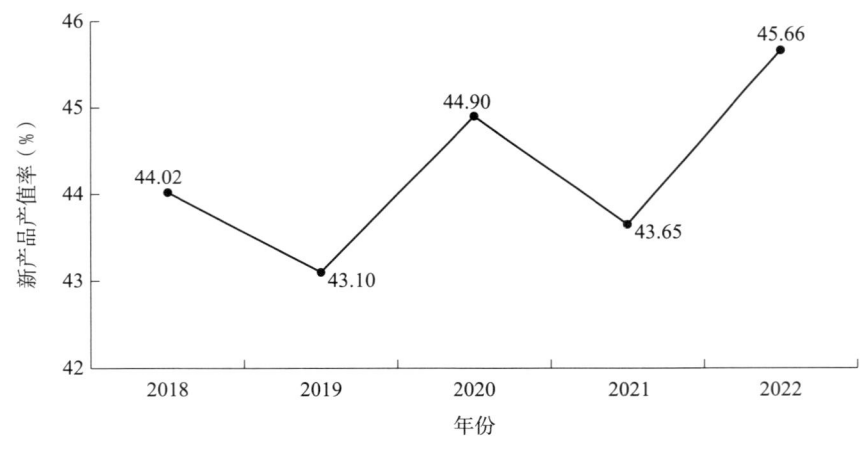

图1 2018—2022年宁波塑料机械行业新产品产值率变化

2022年宁波塑料机械行业完成出口交货值17.23亿元，同比下降9.87%，与上年同期相比明显减少；出口交货值占销售产值的6.90%，略高于上年同期。国际贸易形势复杂，发展环境日趋严峻，随着全球经济走势不确定性因素增多，外需收缩进一步显现，贸易摩擦冲击市场信心、价格及投资，出口态势不乐观，影响行业发展。2018—2022年宁波塑料机械行业出口交货值增幅及比重变化见图2。

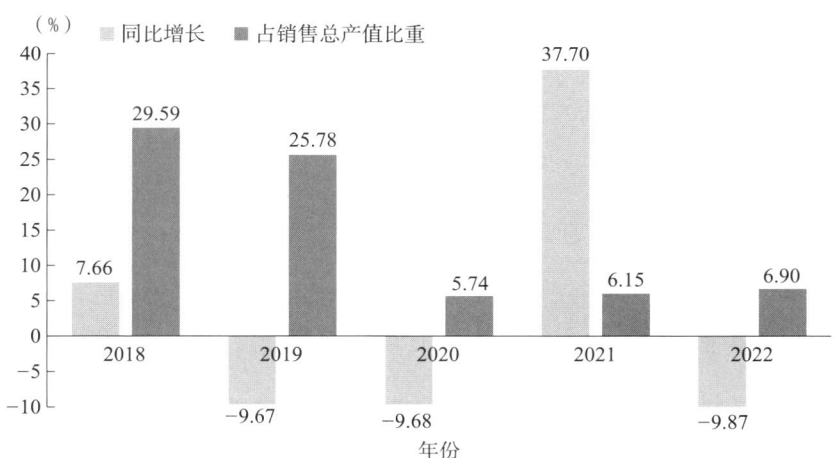

图2　2018—2022年宁波塑料机械行业出口交货值增幅及比重变化

2022年，宁波塑料机械行业资产总计502.35亿元，同比下降9.86%。实现利润总额40.18亿元，同比下降33.20%，比上年同期大幅减少。主营业务利润率16.80%，比上年同期有所减少。由于人工成本增加，以及原材料、零部件和能源价格上涨，行业成本上升、利润压缩，下行压力增大。2018—2022年宁波塑料机械行业利润增幅及主营业务利润率变化见图3。

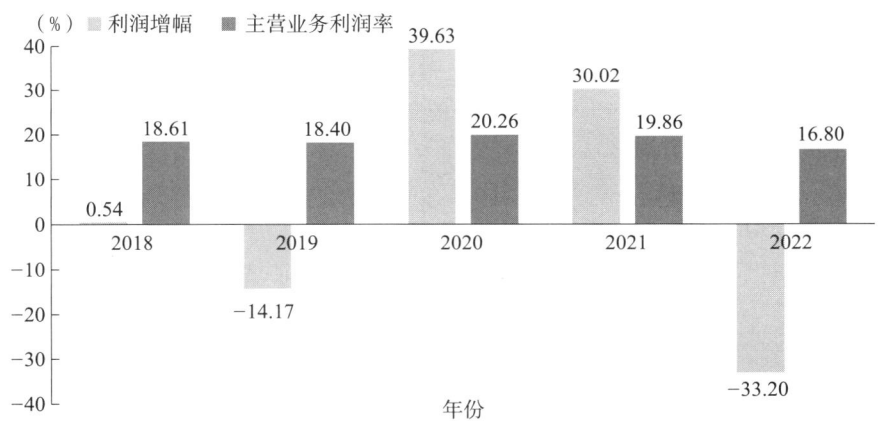

图3　2018—2022年宁波塑料机械行业利润增幅及主营业务利润率变化

二、协会企业情况

宁波市塑料机械行业协会秘书处2023年1月向协会企业发送宁波市塑机行业整机生产企业主要指标统计表，2月开始对重点追踪的51家企业进行梳理分析。

统计的企业2022年共实现工业总产值205.18亿元，占宁波市塑料机械行业工业总产值的87.55%。工业总产值、新产品产值、工业销售产值、出口交货值、主营业务收入、利润总额6项指标均占宁波市塑料机械行业的70%以上，负债总计、利税总额和从业人员指标占宁波市塑料机械行业的60%以上，资产总计指标占宁波市塑料机械行业的55%以上，其中出口交货值占比最高，达97.78%。2022年协会企业主要经济指标及占比情况见表3。

表3 2022年协会企业主要经济指标及占比情况

序号	指标名称	2022年数值	占宁波市塑机行业份额（%）
1	工业总产值/万元	2 051 770	87.55
2	新产品产值/万元	835 507	78.07
3	工业销售产值/万元	2 025 618	81.11
4	出口交货值/万元	168 497	97.78
5	资产总计/万元	2 964 400	59.01
6	负债总计/万元	1 133 648	69.17
7	主营业务收入/万元	1 957 572	81.88
8	利税总额/万元	385 950	64.04
9	利润总额/万元	297 377	74.02
10	从业人员/人	13 420	67.74

协会重点追踪的51家企业总体运行情况趋紧，2022年骨干企业共完成产品产量66 288台，45家企业产量减少。汇总数据显示，39家企业出口呈现下滑趋势，在大环境不利于发展的情况下，资产负债率同比增加1.69个百分点，负债率较为合理。调研发现，骨干企业一方面进行技术创新与产品升级；另一方面优化用工支出，控制原材料成本，做好节能减排，推动制造业数字化智能化绿色化发展。2022年协会重点追踪的51家企业资产状况见表4。

表4 2022年协会重点追踪的51家企业资产状况

指标名称	2022年	2021年	同比增长
净资产/万元	1 830 752	2 086 670	-12.26%
资产负债率（%）	38.24	36.55	1.69个百分点

〔供稿单位：宁波市塑料机械行业协会〕

2023年经济运行概况

2023年，面对错综复杂的外部环境，面对多重挑战叠加的严峻考验，塑料机械行业克服种种困难精准施策，发展持续恢复向好，各项经济运行指标普遍好于预期，塑料机械产量持续回升，出口呈上升趋势，利润率同比降幅收窄。综合分析，我国塑料机械行业潜力大、韧性强、发展稳，长期向好的基本面依然稳固。

一、宁波市塑料机械行业概况

2023年，宁波市塑料机械行业整体经济呈现上升趋势。2022—2023年宁波塑料机械行业十大指标对比见表1。2019—2023年宁波塑料机械行业产销增长情况见表2。

表1 2022—2023年宁波塑料机械行业十大指标对比

指标名称	2023年	2022年	同比增长（%）
工业总产值/万元	2 539 867	2 343 623	8.37
新产品产值/万元	1 120 027	1 070 165	4.66

（续）

指标名称	2023年	2022年	同比增长（%）
工业销售产值/万元	2 698 711	2 497 434	8.06
出口交货值/万元	187 741	172 326	8.95
资产总计/万元	5 152 302	5 023 499	2.56
负债总计/万元	1 999 961	1 638 979	22.02
主营业务收入/万元	2 501 449	2 390 854	4.63
利税总额/万元	629 868	602 649	4.52
利润总额/万元	395 775	401 751	-1.49
从业人员/人	20 525	19 812	3.60

表2 2019—2023年宁波塑料机械行业产销增长情况

指标名称	2019年	2020年	2021年	2022年	2023年
主营业务收入增长率（%）	-13.20	26.85	32.62	-21.04	4.63
工业总产值增长率（%）	-5.13	19.52	29.55	-19.69	8.37

2023年，宁波塑料机械行业新产品产值112亿元，产值率为44.1%，比上年略有减少。塑机行业新产品对行业增长的贡献率需要进一步提升，并对行业技术和产品结构进行调整和优化。2019—2023年宁波塑料机械行业新产品产值率变化见图1。

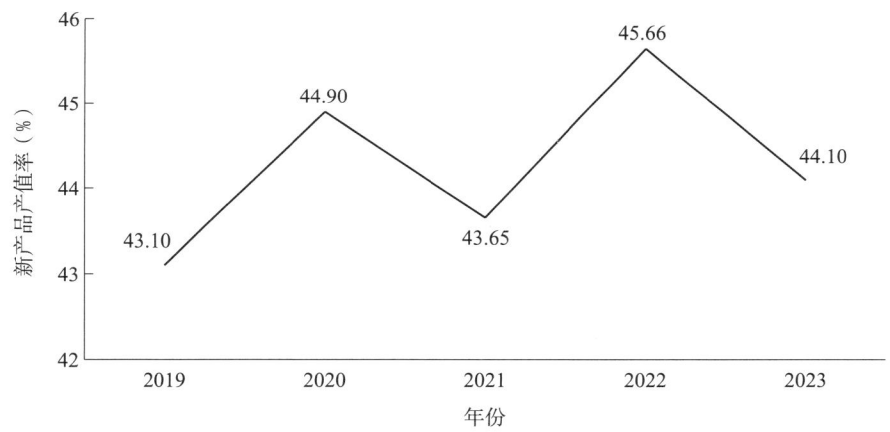

图1 2019—2023年宁波塑料机械行业新产品产值率变化

2023年宁波塑料机械行业完成出口交货值18.77亿元，同比增长8.95%，与上年同期相比有所增长；出口交货值占销售产值的6.96%，与上年同期持平。塑机行业出口有所上升，面对国际贸易形势复杂、全球经济走势不确定性因素增多的情况，仍要提振信心，抓住新机遇。2019—2023年宁波塑料机械行业出口交货值增幅及比重变化见图2。

2023年，宁波塑料机械行业资产总计515.23亿元，同比增长2.56%。实现利润总额39.58亿元，同比下降1.49%，降幅收窄。主营业务利润率15.82%，比上年同期略有减少。人工成本增加，以及原材料、零部件和能源价格上涨，使得行业成本上升、利润压缩，下行压力增大。2019—2023年宁波塑料机械行业利润增幅及主营业务利润率变化见图3。

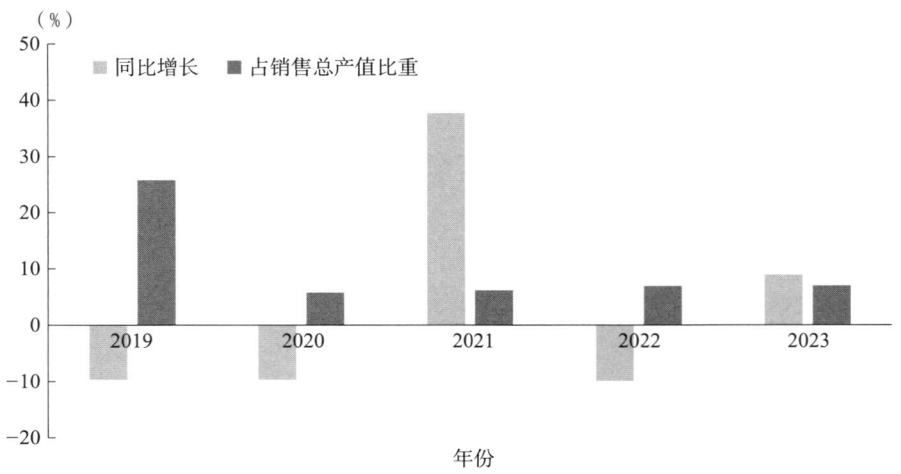

图2　2019—2023年宁波塑料机械行业出口交货值增幅及比重变化

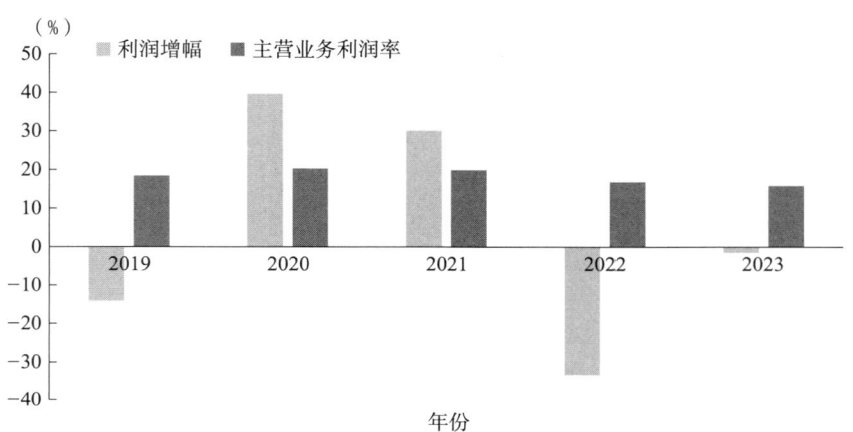

图3　2019—2023年宁波塑料机械行业利润增幅及主营业务利润率变化

二、协会企业情况

宁波市塑料机械行业协会秘书处2023年1月向协会企业发送宁波市塑机行业整机生产企业主要指标统计表，2月开始对重点追踪的56家企业进行梳理分析。

统计的企业2023年共实现工业总产值222.41亿元，占宁波市塑机行业工业总产值的87.57%。工业总产值、新产品产值、工业销售产值、出口交货值、主营业务收入、利润总额6项指标均占宁波市塑机行业的70%以上，资产总计、负债总额、利税总额和从业人员指标占宁波市塑机行业的55%以上，其中出口交货值占比最高，达97.75%。2023年协会企业主要经济指标及占比情况见表3。

表3　2023年协会企业主要经济指标及占比情况

序号	指标名称	2023年数值	占宁波市塑料机械行业份额（%）
1	工业总产值／万元	2 224 052	87.57
2	新产品产值／万元	874 338	78.06
3	工业销售产值／万元	2 188 736	81.10
4	出口交货值／万元	183 520	97.75
5	资产总计／万元	3 039 706	59.00

（续）

序号	指标名称	2023年数值	占宁波市塑料机械行业份额（%）
6	负债总计/万元	1 383 099	69.16
7	主营业务收入/万元	2 048 689	81.90
8	利税总额/万元	403 503	64.06
9	利润总额/万元	292 950	74.02
10	从业人员/人	13 906	67.75

2023年协会骨干企业共完成产品产量72 326台，同比增长9.9%，20家企业产量减少。汇总数据显示，11家企业出口呈现下滑趋势；在大环境不利于发展的情况下，资产负债率同比上年增加7.26个百分点，负债率较为合理。调研发现，骨干企业一方面进行技术创新与产品升级；另一方面优化用工支出，控制原材料成本，做好节能减排，推动制造业数字化智能化绿色化发展。2023年协会重点追踪的53家企业资产状况见表4。

表4 2023年协会重点追踪的53家企业资产状况

指标名称	2023年	2022年	同比增长
净资产/万元	1 656 607	1 830 752	-9.51%
资产负债率（%）	45.50	38.24	7.26个百分点

〔供稿单位：宁波市塑料机械行业协会〕

国内外大型注塑机技术发展动态综述

塑料以其轻质、耐用、易加工等优点，被广泛应用在国防、航空、输运、建筑、农业、文教及卫生各个领域。我国塑料制品总产量从1989年的352.3万t增长到2021年的8 003.98万t，增加21.72倍，年利润总额增至1 295.8亿元，塑料加工行业充满活力[1,2]。其中，约83%的塑料制品通过注射加工成型[3]。作为塑料加工的主要方法之一，注射成型不仅生产效率高、尺寸精确，而且对不同特性的材料物表现出较强的适应性[4]，所依赖的加工设备注塑机，是塑料加工工业中十分重要的基础成型设备之一，被视为现代制造业的"生产母机"。一个国家注塑机技术的发展水平与速度很大程度上反映出其在机械制造、液压装备和自动化控制等基础工业领域的综合实力[5-7]。

注塑机最初是借助金属压铸机原理发展而来的。随着螺杆作为聚合物塑化核心部件的大规模使用，1956年世界上首台液压驱动的往复式螺杆注塑机问世，奠定了当代注塑机的基础特征[8]。随后，借助大规模集成电子技术和微处理器系统的发展，搭载微机闭环自适应控制功能的高附加值注塑机应运而生。自问世起，中小机型就占据了注塑机研发与应用的绝大部分领域。直到20世纪70年代后期，工程塑料在汽车、船舶、宇航、通信、机械以及大型家用电器等方面广泛应用，大型注塑机才相应地迅速发展起来。

一、大型注塑机的国内外发展水平

1. 大型注塑机的定义

按照额定容量及所需锁模力的大小，注塑机被划分为微型至特型几个级别，大型注塑机是指额定容量 4 000 ~ 24 000cm^3，且锁模力超过 10 000kN 的机型。通常，一台大型注塑机主要包括注射系统、合模系统、液压传动系统、电气控制系统等主要功能单元，以及机身、加热冷却装置和加/取料等辅助功能单元[9]。注塑机的级别划分见表 1。注塑机的各组成部分见图 1。

表 1 注塑机的级别划分[10]

序号	级别	锁模力/kN	额定容量/cm^3
1	微型注塑机	< 300	< 10
2	小型注塑机	≤ 1 500	15/30/60/80/125/250
3	中型注塑机	≤ 7 500	350/500/1 000/2 000/3 000
4	大型注塑机	≥ 10 000	4 000/6 000/8 000/16 000/24 000
5	特型注塑机	≥ 30 000	32 000/48 000/64 000/80 000/95 000

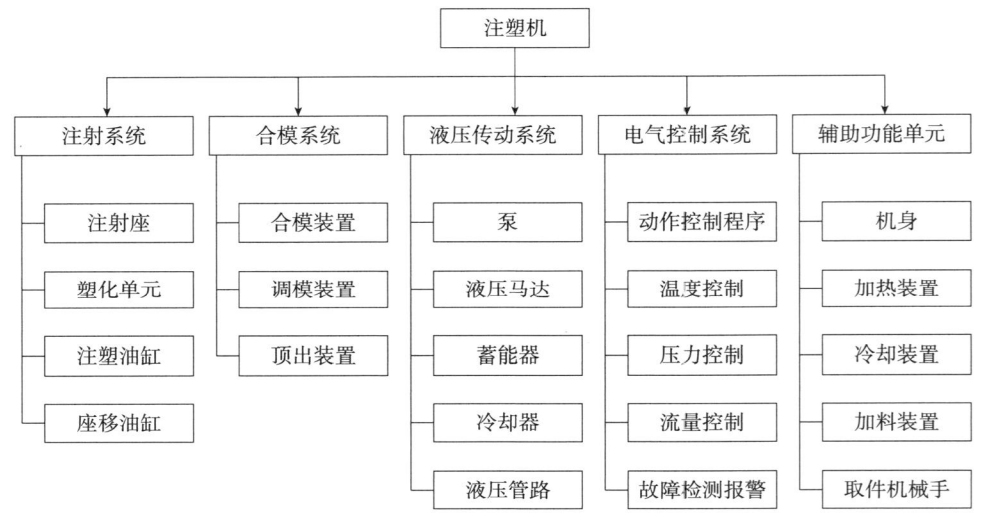

图 1 注塑机的各组成部分

2. 大型注塑机的国内外发展趋势

大型注塑机具有物料适应范围广、生产模具更换便捷以及生产效率高等独特优势。德国、奥地利和美国等国家在大型注塑机的生产与研制方面积累了大量经验，日本名机公司已生产出锁模力 120 000kN、注射量 92 000g 的超大型注塑机[11]。我国注塑机行业虽发展起步较晚，但已进入自主创新、探索阶段，基本满足国内外市场的需求，我国稳步成长为注塑机制造大国。

震雄集团与顺德新力集团合资创办的震德塑料机械厂在国内首批引入卧式加工中心与震雄全套技术，开创了我国注塑机行业向高档、大型变革的先河。海天塑机集团有限公司目前已成为我国最大的塑料机械生产基地，其 MARS 系列机型（锁模力 600 ~ 33 000kN）的产品畅销全球，JUPITER 系列机型（锁模力 4 500 ~ 66 000kN）和 IAPETUS 系列机型（锁模力 1 200 ~ 18 500kN）的开发丰富了我国大型注塑机自行研发的经验，提升了自主创新的能力。2022 年，广东伊之密精密机械股份有限公司研制出最大锁模力 90 000kN 的超大型注塑机，不仅在设备吨位上创造了国内之最，还集成了精密微开控制、双射台同步塑化及注射、注射压缩控制等先进技术，对大型注塑机行业的技术开发起到引领作用[12]。此外，浙江塑料机械总厂、利源公司以及山东震华塑料机械生产的系列注塑机均具备可靠的加工能力与使用寿命。

大型注塑机的开发投资成本通常较高，且设备能耗高而控制水平低，因此为了进一步推广与应用，轻量化、节能化和智能化逐渐成为当下大型注塑机的主流改造方向。

二、大型注塑机的轻量化进展

合模装置的类型及性能直接影响注塑制品的精度、质量及注塑机的惯性、寿命、效率等。一套性能良好的合模装置需能够提供额定的锁模力，模板具有足够的机械强度、刚度及平行度，合模响应高效、平稳、噪声小，并能够保持较高的位置精度和重复精度[13, 14]。

1. 合模装置的分类与特点

目前合模装置的类型繁多，可以按照模板数目、驱动力源以及传动方式等不同标准分类[15]。例如，按照传动方式可分为全液压式、液压肘杆式、电动式等；按照模板数目可分为二板式和三板式。合模装置按照模板数目分类见图2。

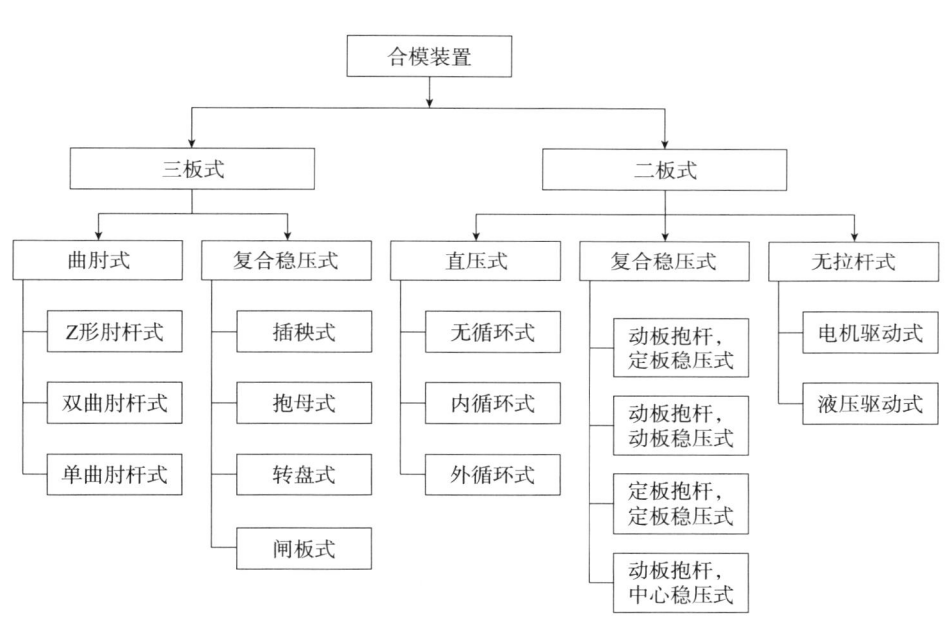

图 2　合模装置按照模板数目分类

一般地，三板式合模装置分为三板曲肘式和复合稳压式。三板肘杆式合模装置结构复杂，锁模时肘杆机构的动作误差直接反应在锁模力上，易导致模具弹性变形，形成制品缺陷。大型注塑机中三板式合模装置的应用整体较少，日精NS系列注塑机目前仍少量使用闸板稳压式三板合模装置。

2. 大型注塑机中二板式合模装置的应用

目前绝大多数大型注塑机采用结构简单、锁模精度高、性能稳定可靠且洁净度高的二板式合模装置，在医疗卫生、食品包装和精密制造等领域这已逐渐成为主流应用。

二板式合模装置去掉了后部支撑四根拉杆的模板，利用导轨作为动模板的导向支撑，锁模时主要通过对角布置的两个锁模液压缸产生锁模力，直接作用在定模板和动模板上。由于这种合模装置液压缸内活塞结构复杂，若尺寸过小则无法安装液压阀，故一般不应用于中小型注塑机。目前工业中常用的二板式合模装置有直压式和复合式两类，在大型注塑机上普遍采用的是后者[16]。直压式二板合模装置可划分为无循环式、内循环式和外循环式三种，无须机械转换直接高压锁模；复合式二板合模装置则须通过机械转换二次动作进行锁模。

二板式合模装置主要具有以下特点：①拉杆无径向载荷，直径加粗且长度大大缩短，整体机构刚性高；②结构紧凑，仅约为肘杆式合模机构长度的2/3，制造成本较低；③锁模效率高，无二次复合动作，空循环时间短；④合模精度高，对各模板或模具之间的平行度误差能自适应调节并消除熔体溢料和胀模时产生的尺寸误差；⑤调模方便，低压模保功能和移模速度控制功能更强；⑥四个液压缸均衡提供锁模力，避免了合模装置受力偏载损坏；⑦合模行程增减操作便捷，通过增减合模缸尺寸及拉杆长度即可实现一机多用；⑧直压式合模装置能够在锁模液压缸行程的任意位置建立锁模压力，适合成型深腔制品。

搭载二板式合模装置的大型注塑机，生产周期大大缩短，关键零件受力均匀，设备灵活易操控，整机减重可达20%，机身总长减少约25%，容模量同比增长可超过10%[17]。上述综合性特点使得二板式合模装置在大型、超大型注塑机领域具备得天独厚的开发潜力。

首先研发推出大型二板式注塑机的主要是欧洲及日本企业[18]，如克劳斯玛菲的MC系列机型（锁模力400～40 000kN），宇部兴产的大型注塑机（锁模力20 000～40 000kN）以及意大利MIR公司的Compact系列机型（锁模力11 000～60 000kN）。

我国已逐渐发展成以海天、伊之密、博创、东华、泰瑞、震雄等在内的二板式注塑机制造企业群体规模，可媲美国际领先水平的同类机型。2016年伊之密已自主研发出最大锁模力超过40 000kN而循环周期不超过8s的高效节能大型二板式注塑机，注塑制品的重复精度误差不超过±3‰，且设备的一级能耗低于0.4kW·h/kg[19]。

这台大型注塑机搭载的内循环二板式合模装置，四个锁模液压缸进出油口相互连通，锁模时各缸活塞两侧的压力能保持一致，大大提高了制品的合格率。伊之密最新研制的里程碑式85 000kN超大型注塑机，开合模定位精度0.3mm，搭配射出重量超过80kg的注射系统，能够一次性成型外形复杂、透光率高、尺寸精确、质地紧密且可带有金属嵌件的超大型透明塑料零件，不仅解决了国内超大型透明塑件的成型难题，也创下了国内超大型精密注塑机的纪录。这台超大型二板式注塑机的诞生实现了我国大型注塑机制造关键技术的突破，在全球同行中也处于领先地位。至此，我国注塑机制造厂商已研发并稳定制备了锁模力为4 500～85 000kN的高性价比系列机型。伊之密生产的DP8500超大型二板式注塑机见图3。

图3 伊之密生产的DP8500超大型二板式注塑机

3. 大型注塑机中无拉杆合模装置的应用

无拉杆合模装置采用无拉杆结构，降低了应力分布，容模空间大，模板面积利用率高，锁模力大小易于调节，模板平行度保持良好，模板形变大大降低[20]。恩格尔公司率先推出"e-motion"首台无拉杆电动注塑机（锁模力600kN、1 100kN和1 650kN），标志着无拉杆合模装置的发展。2014年，推出为无尘室设计的无拉杆ENGEL e-victory 160 combi型油电混合注塑机，展示出无拉杆合模装置大幅提高生产效率的独特优势。目前无拉杆式注塑机已从中型吨位向大型吨位领域发展。

三、大型注塑机的节能化进展

注射成型装备的节能化，是对二板式注塑机与全电动注塑机的探索。以锁模力40 000kN的注塑机为例，机器长度缩短25%～30%，整机重量减轻500kN，是符合国家产业政策的节能型注塑机[21]。

1. 大型注塑机的全电动化研究

全电动注塑机表现出杰出的节能性[22]。全电动注塑机利用永磁式或感应式交流伺服电动机作动力源，驱动滚珠丝杠副、齿形带以及齿轮等机械元件以实现注射、塑化及合模等各个功能装置单元的精密配合运动。

相比于液压式注塑机，全电动注塑机更加节省能源、清洁环保，不仅能够将注塑循环中的减速运动阶段释放的能量转化为电能再次利用，还可以避免液压注塑机中普遍存在的液压油泄漏和污染问题。基于伺服电动机速度控制范围宽、响应性好的特点，通过料量微调能够使最终制品尺寸满足公差要求，生产成本低、效率高、制品精度与重复性好。如生产LED灯罩，全电动注塑机可比同类型的伺服液压注塑机节能43%～65%[23]。全电动注塑机与液压注塑机的性能对比见表2。

目前全电动注塑机在国际市场上的占有率大幅提升，日本企业主要发展以精密注射与高循环速度（短循环周期）技术为主的全电动注塑机，欧美企业则致力于研发液压计量与电动组合的混合式机型。我国对于全电动式注塑机的研究仍处于初级阶段。

表2 全电动注塑机与液压注塑机的性能对比[24]

机型	效率	反应时间/ms	耗电（以液压注塑机耗电为参考）	耗水（以液压注塑机耗水为参考）
全电动注塑机	0.84	30	0.2～0.75	0.1～0.2
液压注塑机	0.6	80	1	1

如何实现全电动注塑机的大型化是注塑机节能发展的一个关键课题。整体而言，目前大型全电动注塑机的发展较缓慢。若要在全电动注塑机中实现较高的锁模力，合模装置的丝杆与电机负荷均需相应增大，往往需要两台电机来共同完成，这就要求两台工作电机之间实现高度同步，即起动、运转、停止必须一致，否则将导致机器运行不稳定与部件损坏。因此，针对双电机的同步控制理论仍需发展完善。

郭小龙等人[24]基于现有伺服电机驱动技术，提出了双电机复合驱动注射系统的设计方案。虽然双伺服电动机能够顺利完成指定的加、减速运动，保持良好的信号跟随性能，但仍存在拉扯导致同步性能下降的现象。周长攀[25]对双三相永磁同步电机进行数学建模、谐波电流抑制及容错控制等方法进行深入的理论研究，为双电机驱动提供充足的理论支撑。李方俊等人[26]针对大惯量运动平台刚度不足，无法实现系统快速运行与稳定控制之间平衡的问题，研究并提出了基于速度曲线规划的双电机同步消隙控制策略，有效抑制了大惯性挠性结构的快速运行抖动问题，为大惯量运动平台的快速稳定控制提供依据。此外，电机控制系统、大功率电机定制、装配工艺及工作惯性等对成型精度和工艺重复性的干扰，削弱了大型全电动注塑机的节能优势，目前投入商业化应用的全电动注塑机的锁模力较小，一般在10 000kN以下。

日本的宇部兴产率先突破了型的限制，造出了首台锁模力可达20 000kN的全电动成型机[27]。该设备用一台交流伺服电动机驱动塑化，两台电机驱动肘杆锁紧，三台电机驱动注射，一台电机驱动顶出。随后，三菱重工研制出世界首台

30 000kN锁模力的大型化电动注塑机[28]，实现了世界上最快的大型塑料零件（如汽车保险杠）高循环生产。该大型设备搭载三菱重工特有的二板式合模结构及混合电力系统，所配备的中心压板能够利用电气控制模具内的压力波形，具有空间占用率低、生产节能化程度高、制品飞边与毛刺少以及运行成本低的优势。日本三菱重工研制的30 000kN锁模力大型全电动注塑机见图4。

图4　日本三菱重工研制的30 000kN锁模力大型全电动注塑机[29]

全电动塑机目前以智能化和超高速化作为发展的新方向。除了设备单元自动控制、参数闭环控制、过程联运在线反馈控制等技术外，基于PC的开放式、模块化控制技术越来越被各大制造商青睐[29]。同时，虚拟实现技术的高速发展也为注塑机生产厂家实行虚拟合作设计与制造提供了技术保障[30]。虽然全电动注塑机市场发展迅速，但是国内全电动注塑机的主要配件（如伺服电动机、滚珠丝杠等）与核心技术（如专用控制系统等）均依赖进口，再加上与欧美日相近甚至更高的零件成本，国内全电动注塑机的自主研发及其大型化技术仍亟待探索。

2. 大型注塑机中节能液压系统的应用

注塑机节能的重点是提高驱动系统的能耗效率，即驱动系统输出功率与执行机构动作功率实现自适应调节，二者之间的能量利用率越高，系统越节能。在传统的液压式注塑机中，液压系统的能耗可高达加工耗能的70%，因此如何合理设计与选配液压系统是注塑机节能化的又一关键课题。由于注塑机在工作循环中大部分处于部分负载或待机状态，若能实现液压系统对压力与流量的快速响应和灵活调控将能有效促进注塑机的节能化发展。目前，广泛应用于注塑机的液压系统按照不同的控制实现方式可划分为四种类型，其组成及特点见表3。显然，组合使用定量泵或变量泵能够同时兼顾成本和节能的要求。

表3　不同类型液压系统的组成及特点[31-38]

类型	组成	特点
定量泵搭配比例阀	定量泵、比例阀和比例流量阀	比例阀自身能够无级调节，满足注塑机对速度、压力及转矩的动作控制要求；减少元件数量，简化结构，减少管路能耗损失与节流损失，达到节能效果
变量泵搭配比例阀	负载敏感的变量泵、压力位置传感器、具备位置闭环的高速阀	具有反馈环节的比例伺服系统，实现动力源与执行机构间的自适应调节
变频电机驱动定量泵	变频电机、定量泵	通过变频调速技术控制泵的转速，也可实现动力源与执行机构间的自适应调节
伺服电动机驱动定量泵	伺服电动机、定量泵	先进的高性能液压系统，利用伺服电动机高响应的优点，相较于变频电机提高了响应速度和控制的精密性

液压系统从过去利用流量和压力比例控制的原理发展到利用上述的变量或定量控制、变频调速以及伺服控制技术，整机能耗降低到传统机型的30%。采用变频伺服技术的注塑机，能耗仅为传

统机型的50%，制品周期缩短，生产效率普遍提高24%以上。液压元件集成化、机电液一体化、控制系统自动化与智能化、环保清洁、密封良好等特性将成为注塑机液压系统节能技术的发展目标。

四、大型注塑机的智能化进展

自20世纪60年代末美国费洛斯公司首先应用计算机控制技术开始，注塑机的控制技术高速发展，形成包括熔体温度、注射压力、注射速度、保压时间、冷却过程及液压回路参数等在内的多因素集成微处理器控制系统。智能化成为注塑机控制技术发展的必然追求。

智能化表现在多个方面：

1. 高精度化

注塑机的控制系统需实现对温度、压力、流量以及位置的高精度闭环控制，以满足对精密产品生产过程参数的严格控制。现阶段半闭环的位置控制已在国内使用，而全闭环控制器仍需进口。

2. 全自动化

人工智能理论与实践的丰富能够实现注塑生产过程的柔性化和自动化，降低操作的人力成本，提高管理的自动化与信息化程度，同时配备辅助性功能部件，如自动加料机和取件机械手等，能够基本实现注塑过程的全自动化。

3. 网络化

通过网络来实现单台注塑机的在线诊断、下载升级等功能，或多台注塑机的集中控制、程序调用等功能，能够保障生产计划的及时调度安排与反馈，也大大节省了人力成本。

4. 一体化与复合化

一体化是指将从加入原料到取出制品之间的所有工序尽可能安排在同一系统中协调完成。复合化是指一台注塑机在进行简单调整后能够满足多种加工需求，减少设备调换产生的浪费与误差，提高控制精度和生产效率，缩短注塑工期。

在物联网、大数据、云制造的发展背景下，注塑行业的智能化发展日益强劲。2014年，威猛巴顿菲尔以"走向智能化"为主旨，通过Smart Power注塑机呈现了智能注塑与现代工艺之间的协作生产[39]。欧洲塑料与橡胶机械制造商协会提出面向工业4.0的新工业规范EUROMAP77，帮助注塑机与计算机或MES系统进行数据交换。恩格尔从智能机器（smart machine）、智能生产（smart production）和智能服务（smart service）3个层面开发了"Inject 4.0"智能成型方案[40]。阿博格展现了多种工业4.0的应用新方式，2016年利用空间分割技术制造了个性化的"智能"行李箱标牌，即把客户的个人信息与从云端获取的制造过程信息同步写入NFC芯片，再对标牌激光加工；2019年提出AR辅助售后功能[40]。

伊之密基于其精密的I-factory4.0技术，推出搭载SmartClamp智能锁模系统的UN500DP二板式注塑机，同时集成PUR设备和InPUR"1+2"模具技术，实现了一步法成型带局部高光表面的汽车发动机盖板零件，见图5。海天为每台注塑机安装了用于搭建注塑智能系统的智能化模块，同步采集注塑生产车间内机器的信息后汇聚到网关并传送到云端，以此搭建注塑云平台。泰瑞机械自主研发了基于Linux系统的多协议多功能控制平台，同时使用分流集流阀简化了抱闸液压机构的液压油回路，打造了基于纯二板注塑机的智能化升级产品。博创的工业4.0主要以其新一代大型二板智能注塑机BU900-II为主体，强调交钥匙与智能化方案，采用了国内首创的电动熔胶新技术，搭配横走式机械手、视觉检测、自动称重以及输送等功能性辅助模块，助力生产线智能化。博创提出的注塑系统智能交钥匙解决方案见图6。力劲研发出节能表现优异的二板式注塑生产系统，集成了伺服节能技术、单杠设胶技术、强力锁模技术、模具保护技术及大数据存储分析技术，在生产大型垃圾桶、水桶等深腔容器类产品中表现优异。震雄的iChen4.0系统则主要关注制造流程中的监视、管理与智能化服务等。

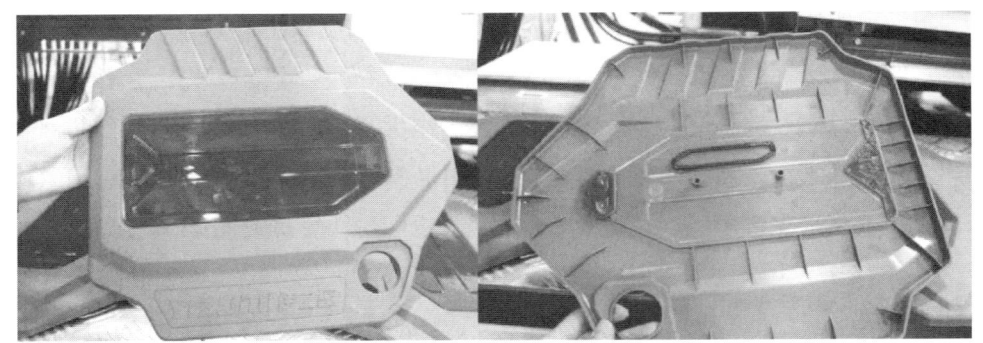

图 5　伊之密研制的 UN500DP 二板式注塑机成型汽车发动机盖板

图 6　博创提出的注塑系统智能交钥匙解决方案

广东工业大学[41]提出一种基于云制造的区块链技术，为系统提供在不信任环境中的安全性标准与协议，使存储在私有云中的注塑模具设计制造知识得以安全共享，对于模具的再设计具有重要的现实意义。德国亚琛工业大学[42]利用计算机断层扫描技术（Computed Tomogtaphy，CT）实现了注塑模具的自动校正，通过网络实现 CAD 模型与点云的数据交换，同样丰富了工业 4.0 的发展。

整体而言，可靠的网络控制平台、高精度的硬件配置与合理的软件控制方案是实现注塑过程优化的必要元素，注塑控制系统正朝着高精度化、高可靠性、信息交互网络化、一体化、复合化与开放化的智能化控制迈进[29]。将来的注塑工厂应当是设备、制造与服务多位一体的智能化注塑。

五、结论

大型注塑机作为当代国际高端注塑机型而备受各大制造商青睐，其主流发展趋势主要集中在轻量化、节能化与智能化三个方面。轻量化主要通过采用二板式合模结构或无拉杆合模结构以简化设备，节省空间，提高生产效率。节能化方面，一边致力于突破全电动注塑机大型化的瓶颈，尤其是双电机驱动的同步性问题，另一边针对目前市场占比高的液压式注塑机，降低整机能耗中占比最大的液压系统的能耗。随着工业 4.0 的发展与电子信息技术的不断升级，注塑机的控制系统不断更迭，智能化注塑已成为各种类型注塑机集成化管理与改进的新方向。

参考文献

[1] 塑料加工业确立"三化一微 + 智能化"绿色发展新方向[J]. 塑料科技, 2019, 47（10）: 122.

[2] 马占峰, 牛国强. 中国塑料加工业（2021）[J]. 中国塑料, 2022, 36（6）: 7.

[3] 中国塑料加工工业协会. 中国塑料工业年鉴[M]. 中国轻工业出版社, 2021.

[4] 徐柯. 注塑机模板的有限元分析及优化设计[D]. 北京化工大学, 2009.

[5] 杨卫民. 高分子材料先进制造的微积分思想[J]. 中国塑料, 2010, 24（7）: 1-6.

[6] PUN K F, HUI I K, LEWIS W G, et al. A multiple-criteria environmental impact assessment for the plastic injection molding process: a methodology[J]. Journal of Cleaner Production, 2003, 11(1): 41-49.

[7] 王兴天. 国内注塑机发展概述[J]. 塑料科技, 2000（2）: 28.

[8] 北京化工大学, 华南理工大学. 塑料机械设计（第二版）[M]. 中国轻工业出版社, 1995.

[9] 陈世煌. 塑料成型机械[M]. 化学工业出版社, 2006.

[10] 唐志玉. 大型注塑模具设计技术原理与应用[M]. 化学工业出版社, 2004.

[11] 赵延召. 高精密注塑机合模机构的有限元分析与拓扑优化[D]. 华东交通大学, 2012.

[12] 广东伊之密精密机械股份有限公司. 伊之密8500吨超大型高精度注塑成型机露出"真面目"[EB/OL]. [2022-02-24]. https://www.ggdzhj.com/information/detail?id=3a5df7e689604cd594316cdc490d5978.

[13] 赵攀峰. 二板式全液压型注塑机关键技术研究[D]. 浙江大学, 2012.

[14] 刘晓彬. 1 300kN全电动注塑机合模机构设计及其优化分析[D]. 北京化工大学, 2016.

[15] 尹辉, 陆国栋, 王进, 等. 注塑机合模机构分析及其发展趋势[J]. 中国塑料, 2009, 23（11）: 1-6.

[16] 高世权, 韩忠忠, 谢鹏程, 等. 大型二板式注塑机技术发展浅论[J]. 塑料, 2016, 45（4）: 73-76, 80.

[17] 焦志伟, 谢鹏程, 严志云, 等. 全液压内循环二板式注塑机[J]. 橡塑技术与装备, 2010（1）: 4.

[18] Kelly A, Woodhead M, Coates P J P E, et al. Comparison of injection molding machine performance[J]. Polymer Engineering & Science, 2005, 45(6): 857-865.

[19] 侯永平. 智能数字化大型二板式注射成型机[Z]. 伊之密精密机械, 2016.

[20] 刘泽宇, 张志洪. 注塑成型技术进展[J]. 塑料制造, 2009（4）: 3.

[21] 焦志伟. 内循环二板式精密注塑机关键技术的研究[D]. 北京化工大学, 2012.

[22] 胡静. 新型全电动注塑机合模机构的设计及性能分析[D]. 北京化工大学, 2011.

[23] 叶巴丁, 陆晨风, 储能奎, 等. 全电动注塑机研究进展及在汽配电子行业中的应用[J]. 中国塑料, 2020, 34（10）: 6.

[24] 郭小龙, 陈邦锋, 傅南红, 等. 双电机驱动在全电动注塑机中的应用[J]. 塑料, 2013, 42（5）: 3.

[25] 周长攀. 双三相永磁同步电机驱动及容错控制技术研究[D]. 哈尔滨工业大学, 2016.

[26] 李方俊, 王生捷, 李俊峰, 等. 车载大惯量运动平台双电机驱动控制策略[J]. 兵工学报, 2022, 5: 1-11.

[27] 张友根. 功能化注塑机的科学发展研究及自主创新[J]. 橡塑技术与装备, 2015, 41（16）: 10-33.

[28] Matsuo S, Bessho M, Kato N, et al. World's First 3,000 ton Mold Clamping Force Electric Injection Molding Machine[J]. Technical Review, 2006, 43(3): 1-6.

[29] 张友根. 注塑设备智能化的研究（上）[J]. 橡塑技术与装备, 2013, 39（9）: 13-19.

[30] 金波, 宁德胜, 许明, 等. 注塑机控制系统的现状及发展趋势[J]. 液压气动与密封, 2006（1）: 4.

[31] 刘海丽. 基于AMESim的液压系统建模与仿真技术研究[D]. 西北工业大学, 2006.

[32] 吴根茂. 新编实用电液比例技术[M]. 浙江大学出版社, 2006.

[33] 张弓, 于兰英, 吴文海, 等. 电液比例阀的研究综述[J]. 流体传动与控制, 2008（6）: 5.

[34] 黄新年, 张志生, 陈忠强. 负载敏感技术在液压系统中的应用[J]. 流体传动与控制, 2007（5）: 31-33.

[35] 张友根. 注塑机节能技术的分析研究（上）[J]. 橡塑技术与装备, 2008（3）: 52-60.

[36] 张友根. 注塑机节能技术的分析研究（下）[J]. 橡塑技术与装备, 2008, 34（4）: 9.

[37] 马俊彪. 伺服电机液压单元在微发泡注塑机上的应用[J]. 黑龙江科技信息, 2008（26）: 8.

[38] Wang Y. The investigation of hydraulic servo system design for high-speed injection molding[D]. MS thesis, Chung

Yuan University, 2001.
[39] 新型注塑机走向智能化[J]. 塑料制造, 2014（11）：1.
[40] 艾邦团队. 2019年德国K展总结精华版[EB/OL]. [2019-11-01]. https://mp.weixin.qq.com/s?search_click_id=6929429902646065306-1726210613013-8616430440&__biz=MjM5NTc4NTIzMg==&mid=2659506674&idx=1&sn=704301acf94135870e65710408f9d928&chksm=bd83468d8af4cf9b6f60f1f1aa4f1861f9cd4d597e30226057fd5b568c2202d955f83c0abe04&clicktime=1726210613&enterid=1726210613&subscene=0&ascene=65&devicetype=iOS17.6.1&version=1800323d&nettype=WIFI&abtest_cookie=AACAA%3D%3D&lang=zh_CN&countrycode=CN&fontScale=100&exportkey=n_ChQIAhIQr2qqrhgY5VjKnQTI9lMr%2BRLhAQIE97dBBAEAAAAAAg%2FDl6RVnYAAAAOpnltbLcz9gKNyK89dVj04kQy2o8wBHXjH9hhISsSX8NtL0fD%2BhYw3G2CwnsYHVRb3tLSP2sc4AxElThYLaN%2FZxoof5US2Ry1MMLQ%2FaQWl3CSphfYstw1nKqk9FqXE3nSKOklbgFcOGGS2LFnpk7%2FxgpdlFwcXaS%2BPrxZX4l9Ugong6cAkLjkVIo1qw%2FWjdArJa5CeSN0SiQbd8QHPGwSqVPafL98PQcg4OFskvWrxZo6RDAtYULvKygOoJsFtd7EEfgpuC6ilxmv6A%3D%3D&pass_ticket=5rbupyaQsedNQXQx23arFJL0mt%2FChCtQlPaxqnmZeyLgFPwAW9DCOSd8g1soyx2x&wx_header=3.
[41] Li Z, Liu L, Barenji A V, et al. Cloud-based manufacturing blockchain:Secure knowledge sharing for injection mould redesign[J]. Procedia Cirp, 2018, 72: 961-966.
[42] RICHTER K, PETEREK M, SCHMITT R H.Use the computed tomography for the automatic tool correction of the mould injection process[C]// International Conference of the European Society for Precision Engineering and Nanotechnology, 2019: 352-355.

〔撰稿人：华南理工大学机械与汽车工程学院、聚合物成型加工工程教育部重点实验室、广东省高分子先进制造技术及装备重点实验室何和智、高琦，广东伊之密精密注压科技有限公司张涛〕

高聚物注射成型工艺过程智能化技术进展

随着材料科学的发展，高分子材料因具备轻量化、易成型和功能化的优势，已在航空航天、电子通信和高铁交通等领域获得了广泛的应用。当前约有40%的高聚物采用注射成型加工[1]，注射成型装备也被称为现代制造业的重要工业母机。

在注射成型工艺参数设定方面，当前仍采用依托经验的试凑法来寻找最优工艺参数，导致大量试模成本的产生，在大型复杂结构制品生产时尤其明显，直接影响产品的投产周期。在注塑生产过程工艺稳定性方面，由于传统控制技术基于固定和刚性控制逻辑，当生产过程中出现原料黏度波动、环境湿度变化等外界扰动时，装备无法实现在线监测和工艺补偿响应，最终影响产品质量重复精度。注射成型过程中工艺参数和制品质量之间存在明显的强耦合、非线性和时变性特征关系[2,3]，而传统工艺参数的设定方法和生产过程的控制逻辑在投产周期、生产成本和质量控制等方面缺乏精准优化策略，因此，针对注塑工艺参数的智能设定和自适应补偿成为国内外学者和注塑机厂商的研究热点。

一、注射成型工艺参数的智能设定

当前，注射成型过程变量主要分为三级：设备参数、过程参数和质量参数[4]，设备参数和过程参数共同影响最终的制品质量参数。设备参数即注射成型工艺参数，在注塑工艺开始前完成设定。传统流程下，新产品需要由经验丰富的工程人员反复调试才能确定最优工艺参数，造成较大的试模成本。因此，研究人员采用人工智能算法与模拟仿真技术，致力于通过数字化技术有效降低甚至消除试模成本。注射成型过程变量见图1。

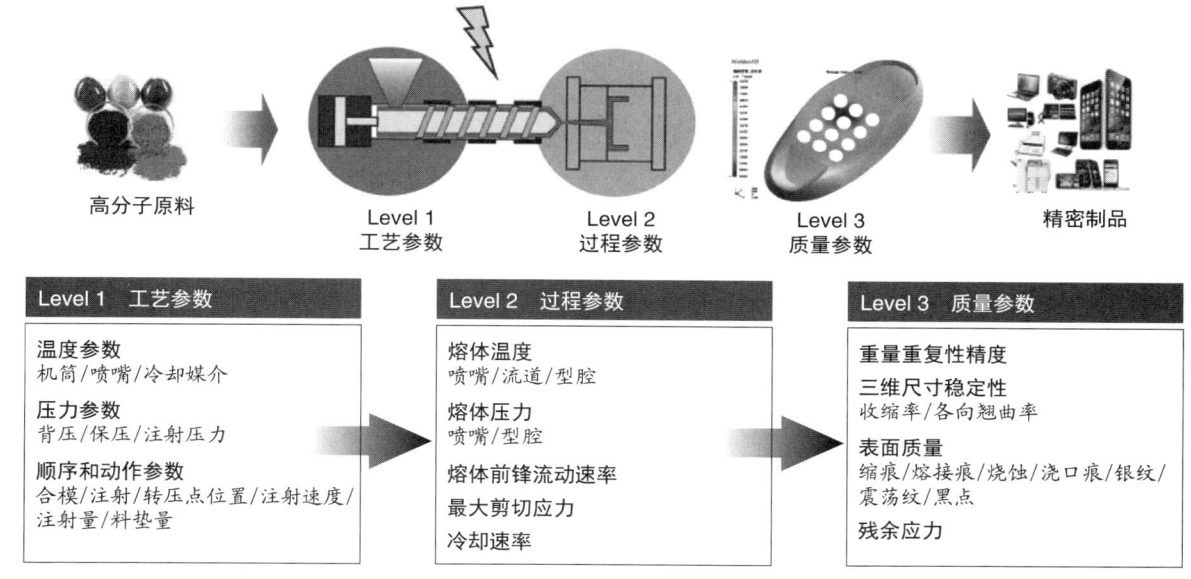

图1 注射成型过程变量

当前，人工智能技术在注射成型工艺参数智能设定方面主要分为专家系统、实例推理和机器学习三大类别。

1. 专家系统

专家系统主要采用知识表达和知识推理技术来解决复杂问题，其核心由知识库和推理机组成。根据知识的表征方式可以将专家系统分为基于知识推理、基于规则推理和模糊推理三大类。

Pandelidis[5]提出的基于知识推理的专家系统通过模糊矩阵的方式来分析注塑缺陷的产生原因，实现了对多种缺陷的近似推理并提出不同优先级的解决方案。Jan[6]开发的专家系统可以使用户通过交互式操作来解决制品缺陷，系统逻辑以解决缺陷方法的简易性为第一优先级，最终通过分层次的专家系统来实现制品缺陷的逐步修复。Kameoka[7]通过多维矩阵构建了一个基于知识的专家系统，可以实现熔接纹、缩痕、翘曲等缺陷的修正。Shelesh-Nezhad[8]提出了基于案例推理和规则推理的混合专家系统，先基于案例推理获得初始工艺参数的设定，再利用基于规则推理的子系统实现工艺参数的优化，有效提升了注射成型工艺参数设定的效率和准确性。

基于知识和基于规则推理算法都缺乏对制品缺陷程度的描述，只是提供工艺参数的调整方向，无法对参数进行精确量化调整，因此研究人员通过模糊推理中的模糊语义值对制品缺陷进行定义，实现工艺参数的精确修正。吕永锋[9]提出的模糊推理方法通过把复杂的多种性能特性转化为单一的灰色模糊推理，大大简化了多特征优化过程的复杂性。周华民等[10]建立了集成实例推理和模糊推理的工艺参数优化系统，先通过实例推理实现初始工艺参数的设定，再利用模糊推理解决制品短射和收缩痕等缺陷。Chaves等[11]提出的模糊推理专家系统能够将制品缺陷的定性表征转化为定量表征并实现工艺参数的优化，比传统人工节约用时40%。

2. 实例推理

实例推理亦称为案例推理，是以实例作为知识单元，根据目标问题特征在实例库中检索相似案例，通过修改相似实例来获得目标案例的解决方案[12]。实例推理系统的工作逻辑与人工调模的工作思路类似。Kwong[13]最早尝试将实例推理技术应用于注射成型工艺参数的设定,并作为专家系统的补充来实现更高效的参数预测。周华民等[14]提出的基于成型特征案例推理的注射成型工艺参数智能设定系统,通过计算案例库中目标案例与源案例注射压力曲线的相似性,找出相似度最大的案例并根据修改策略将其过程参数作为目标案例的解,其检索精度和灵敏度均高于传统工艺参数优化方法。随着实例库中案例的增加,实例推理法的推理效率和正确性不断提升,但其效果同时也受到实例库样本数量和检索算法的制约。

3. 机器学习

机器学习是包含决策树[15]、随机森林[16]、支持向量机[17]、高斯过程[18]和人工神经网络[19,20]等多种人工智能算法的数据拟合优化技术,主要分为对样本数据的采样、数据模型的拟合以及数据关系模型迭代寻优三个过程。

人工神经网络在映射复杂数据关系方面的优势使其可以用来表征注射成型工艺参数与制品质量参数之间的耦合效应。目前,业内一般采用计算机数值模拟和现场实验的方式来获得预训练数据用以神经网络学习,并搭配优化算法对数据模型进行迭代优化,最终实现工艺参数智能预测。Kwong等[21]通过C-MOLD模流软件验证了其构建的神经网络和遗传算法混合系统能有效减少初始工艺参数的调整时间,并将该系统成功应用于手机外壳的生产,证明神经网络在注塑工艺参数初始设定领域具有应用前景。Lee等[22]将神经网络和随机搜索相结合,以数值模拟结果和实验结果作为模型训练数据,引入迁移学习来降低模型预测误差,最终预测系统的制品重量预测相对误差仅为0.662%。粒子群优化算法(PSO)因其更快的收敛速度和更广泛的检索维度,也被应用于神经网络模型的迭代寻优过程。Xu等[23]构建了BP-PSO预测模型,该模型可根据工艺需求预测最优组合解,有效帮助工艺人员在多响应条件下确定最优注塑工艺参数。Chen等[24]构建了ANOVA-BP-PSO混合预测模型,首先通过田口实验和信噪比确定初始工艺预测模型,利用BP神经网络和PSO将质量预测器和信噪比预测器相结合得到最优工艺参数。郑方莉[25]在构建的工艺窗口内对长短期记忆(LSTM)神经网络进行预测模型的训练,验证了LSTM神经网络在注塑制品质量预测方面的可靠性和准确性,并利用科学试模工艺避免了无效训练数据,提升了模型的训练效率和准确率。然而,由于神经网络的最终预测结果受到训练数据集、模型节点数和超参数等限制,同时其"黑匣"结构伴随的可解性差也使得预测结果缺乏科学理论的支撑。研究人员通过引入迁移学习来解决实验样本数据不足的问题。Hopmann等[26]采用诱导网络迁移学习对零件结构相似度进行分析,通过整体迁移的方法使训练数据量最高减少88%,有效提高了神经网络的实用价值。

相比人工神经网络,支持向量机中的径向基函数(RBF)可以实现连续函数的最佳逼近,逼近精度和收敛速度都优于传统BP神经网络。Hashimoto等[27]通过径向基函数网络对注射速度进行优化,最终在产品熔接痕和生产循环周期之间实现了平衡。Kitayama等[28]通过RBF对高相似度数值模拟结果进行分析,以循环周期和制品翘曲为优化目标,获得了随形冷却流道预测数值,有效降低了生产周期和产品翘曲变形。Yang等[29]在水辅注射成型工艺中建立了工艺参数和制品质量的RBF预测模型,实现了制品空心率和壁厚差的精确预测,平均误差均小于5%。然而由于RBF的预测结果与基函数中心选取密切相关,导致模型效果在工业应用中受到较大的人工干预影响。

相比人工神经网络,高斯过程回归更适合处理小样本复杂数据。Turng等[18]首次将高斯过程用于注塑工艺参数的优化,该方法可以同时进行结果预测和置信度评估,为模型训练提供明确方向，证实了高斯预测在注塑工艺优化领域的适用性。许方敏等[30]利用高斯过程回归建立代理模型，结合多目标优化方法实现了注射成型工艺参数的快速预测，成功应用于车灯导光条生产质量的调控。马俊燕等[31]采用高斯过程建立了注塑过程代理模型并结合遗传算法进行工艺预测和优化，实现了塑料齿轮翘曲变形的注塑工艺优化。高斯过程主要适用于处理高维、小样本数据，对大规模数据的处理能力较差，这也限制了其在注塑工艺参数预测领域的工业化应用。

二、注射成型工艺参数的自适应补偿

由于设备响应状态波动、零件磨损程度变化、环境湿度温度变化和原料批次波动等外界扰动的存在，即使在最优工艺参数设定的条件下，大批量、连续化注塑生产过程中制品质量仍然会出现波动，对精密零件的高性能服役产生了极大的影响。根据聚合物pVT理论，模塑加工能场中压力、温度、速度的变化将直接影响成型制品的比容积；工艺环境波动和原料含水量变化会引起熔体黏度波动进而影响制品重量、翘曲率及机械强度等服役性能[32]。由于传统注塑机闭环控制系统无法对非工艺参数扰动进行即时监测和在线响应，工艺人员通常采用停机调试参数的方式来改善制品质量，严重影响了生产效率和良品率。因此，非工艺扰动下注塑制品高重复精度成型成为当前高性能模塑成型领域向智能化、高端化转型需要解决的关键技术问题。建立工艺过程参数与制品质量参数的映射关系是实现聚合物熔体一致性充填的前提，目前研究人员主要通过基于机器学习的代理模型和基于在线检测的物理模型来进行熔体质量参数的定量表征。

1. 基于机器学习的代理模型

基于机器学习的代理模型指利用大量的模拟和实验数据构建"黑匣"式代理模型来反映过程参数和质量参数之间复杂的映射关系，研究人员通过构建模型进行工艺预测控制进而确保在外部扰动下工艺轨迹的高重复执行精度。根据非牛顿流体流动规律，熔体充模速度与加工场压力、温度和熔体黏度存在直接关联，进而影响注塑制品成型质量，因此注射速度的工艺轨迹一致性和响应性成为提升制品质量一致性的关键因素。梁宏伟等[33]通过模型预测算法得到当前采样时刻注射速度控制量以及下一时刻的控制量，实现了注射速度的精确跟踪控制。Gao等[34]建立了基于广义预测控制的自适应控制器来实现注射速度的跟踪控制，结果显示射速调控稳定性良好。李茜等[35]提出了模型预测和迭代学习的复合控制算法，对注射速度的控制性能优于传统PID控制系统。王茂霖[36]提出了基于修正项自适应实时优化的注射速度迭代学习控制方法，该方法可以利用历史批次数据对下一批次的射速控制进行指导，有效解决不确定性对控制效果的影响。代理模型虽然可以通过控制注塑装备过程参数的一致性确保设备执行的高重复精度，但是大量的训练数据需求也限制了其工业化应用。

2. 基于在线检测的物理模型

非工艺扰动或原料批次变化均会引起熔体黏度波动，进而导致在预设工艺参数下设备响应状态发生变化。研究人员通过设置高精度传感器检测温度、压力、形变等信号变化来建立软测量物理模型，实现成型过程扰动监测和工艺自适应补偿。ZHAO P等[37]通过超声波技术构建了型腔压力无损检测方法，通过调节锁模力控制型腔压力从而提升制品质量一致性，通过磁悬浮技术[38]实现聚合物熔体密度的检测，为成型过程熔体质量监测提供了新的表征方法。Ricardo等[39]提出通过调控模具温度以补偿注射压力变化的方法，该方法可以明显提升产品表面质量的稳定性。因此，研究人员提出了充模过程中设备响应参数的调控策略。Hopmann等[40]考虑到充模速度和充模压力的相关性，研究发现注射速度和制品重量存在明显的相关性，并结合聚合物pVT特性提出了注射速度补偿产品重量的调控策略。由于注射速度的实时调节和高精度响应给设备控制和能耗平衡带来了极大的挑战，转保压调控策略逐渐成为业内更具应用前景的研究方向。

TURNG 等[41]利用注塑过程的胀模特性，通过监测模具分型面微米级胀模信号建立了胀模量和制品重量的表征模型，并在成型过程依据胀模信号动态调节转压点位置进而有效提高制品重量的稳定性。WANG J 等[42]建立了注塑过程熔体 pVT 在线监测系统并更新了引入冷却速率因子的双域 Tait 方程，通过监测熔体充模时的温度和压力数据调整转压点和保压压力，有效提高了产品重量和尺寸的稳定性。Hwang 等[43]在喷嘴和拉杆上设置传感器，通过监测注塑过程峰值压力和峰值锁模力动态调整转压点位置和锁模力，该方法可以在材料黏度变化时有效提高产品重量的稳定性。Huang 等[44]建立了拉杆应变率和产品重量的关系模型，通过在成型过程中监测拉杆形变信号实时调整转压点位置，有效实现了制品重量的一致性控制。此外，Huang 等[45]详细研究了转压点位置、注射速度和保压压力对零件质量稳定性的影响规律，通过在型腔内设置压力传感器的方式，提出了调节保压压力以提升产品质量一致性的方法。然而，外置传感器一定程度上限制了以上方法的大规模产业应用，因此研究人员通过建立螺杆注射压力和制品成型质量关系模型，实现了无外置传感器情况下制品质量的一致性控制。周循道[46]通过螺杆压力-位置积分建立了外界扰动下的注射量表征模型，通过调节转压点位置和保压压力实现了注射物量的动态补偿，制品重量波动由1.2%下降至0.19%。XU Y X 等[47]提出基于泊肃叶流动规律的注射成型熔体黏度定量表征及在线补偿方法，依托构建的多子时段下熔体黏度和充填量表征模型实现了转压点和保压压力的成型周期内实时调控，制品重量重复精度可提升50%～70%。皮尔韦恩等[48]基于螺杆压力-位置曲线提出了注射压力动态调整策略，通过调控注射压力提升成型周期压力轨迹高重复执行精度来实现熔体充填量的一致性调节，该技术在恩格尔公司实现全球首次量产化应用。

三、结语

随着航天军工、交通电子等重点关注领域技术的逐步发展，相关塑料制品的制造要求、服役性能将不断提升，对注射成型装备与工艺提出更高的智能化、数字化技术要求，面向复杂塑料零件的高精度、高效率、低成本和零缺陷的注射成型技术及装备将成为市场的核心竞争要素。未来研究人员可以开展生产过程中注塑装备关键零件耗损或动作失准等故障的在线监测识别以及预维护、自治愈等技术开发，进一步提升装备运维的高效化和智能化水平，最终推动我国智能制造产业的整体腾飞。

参考文献

[1] 马艺涛，谢金钊，武高健，等.电磁屏蔽特种工程塑料制备及应用研究进展[J].高分子材料科学与工程，2021，37（10）：8.

[2] 傅厦龙，胡夏夏.基于响应曲面和遗传算法的工艺参数优化[J].高分子材料科学与工程，2014，30（4）：123-126.

[3] 王梦寒，董晶晶，周杰，等.基于响应面法的异型腔模具顺序注塑成型工艺参数优化[J].高分子材料科学与工程，2013，29（2）：4.

[4] CHEN Z, TURNG L S. A review of current developments in process and quality control for injection molding [J]. Advances in Polymer Technology: Journal of the Polymer Processing Institute, 2005, 24(3): 165-182.

[5] PANDELIDIS I O, KAO J F. DETECTOR: A knowledge-based system for injection molding diagnostics [J]. Journal of Intelligent Manufacturing, 1990, 1(1): 49-58.

[6] JAN T C, O'BRIEN K T. A user-friendly, interactive expert system for the injection moulding of engineering

thermoplastics [J]. The International Journal of Advanced Manufacturing Technology, 1993, 8(1): 42-51.

[7] KAMEOKA S, HARAMOTO N, SAKAI T. Development of an expert system for injection molding operations [J]. Advances in Polymer Technology: Journal of the Polymer Processing Institute, 1993, 12(4): 403-418.

[8] A S N, B E S. An intelligent system for plastic injection molding process design [J]. Journal of Materials Processing Technology, 1997, 63(1-3): 458-462.

[9] 吕永锋. 基于模糊推理的薄壁类零件注射模工艺优化设计 [J]. 机械设计与研究, 2013, 29（3）：77-79.

[10] ZHOU H, ZHAO P, FENG W. An integrated intelligent system for injection molding process determination [J]. Advances in Polymer Technology: Journal of the Polymer Processing Institute, 2007, 26(3):191-205.

[11] CHAVES M L, MáRQUEZ J J, PéREZ H, et al. Intelligent decision system based on fuzzy logic expert system to improve plastic injection molding process[C]// International Joint Conference SOCO'17-CISIS'17-ICEUTE'17 León. Springer, 2017.

[12] HSIAO C C, CHUANG C C, JENG J T. A hybrid case base reasoning system for forecasting[C]// Annual Conference of the Society of Instrument and Control Engineers of Japan. IEEE, 2017.

[13] KWONG C K, SMITH G. A computational system for process design of injection moulding: Combining a blackboard-based expert system and a case-based reasoning approach [J]. The International Journal of Advanced Manufacturing Technology, 1998, 14(5): 350-357.

[14] YU S, ZHANG T, ZHANG Y, et al. Intelligent setting of process parameters for injection molding based on case-based reasoning of molding features [J]. Journal of Intelligent Manufacturing, 2020(13).

[15] 崔亚华. B 公司保险杠注塑质量控制研究 [D]. 辽宁工程技术大学，2022.

[16] 余炳圳. 基于数值模拟的注塑机能耗与制品质量多目标优化研究 [D]. 广东工业大学，2022.

[17] SILVA B, SOUSA J, ALENYA G. Machine learning methods for quality prediction in thermoplastics injection molding[C]//2021 International Conference on Electrical, Computer and Energy Technologies. IEEE, 2021.

[18] ZHOU J, TURNG L S. Process optimization of injection molding using an adaptive surrogate model with Gaussian process approach [J]. Polymer Engineering & Science, 2007, 47(5): 684-694.

[19] YANG D, LEE J, YOON K, et al. A study on the prediction of optimized injection molding condition using artificial neural network (ANN)[J]. Transactions of Materials Processing, 2020, 29(4): 218-228.

[20] CHEN J C, GUO G, WANG W-N. Artificial neural network-based online defect detection system with in-mold temperature and pressure sensors for high precision injection molding [J]. The International Journal of Advanced Manufacturing Technology, 2020, 110(7): 2023-2033.

[21] MOK S, KWONG C K, LAU W. A hybrid neural network and genetic algorithm approach to the determination of initial process parameters for injection moulding [J]. The International Journal of Advanced Manufacturing Technology, 2001, 18(6): 404-409.

[22] LEE C, NA J, PARK K, et al. Development of artificial neural network system to recommend process conditions of injection molding for various geometries [J]. Advanced Intelligent Systems, 2020, 2(10).

[23] XU G, YANG Z T, LONG G D. Multi-objective optimization of MIMO plastic injection molding process conditions based on particle swarm optimization [J]. The International Journal of Advanced Manufacturing Technology, 2012, 58(5): 521-531.

[24] CHEN W C, LIOU P H, CHOU S C. An integrated parameter optimization system for MIMO plastic injection molding using soft computing [J]. The International Journal of Advanced Manufacturing Technology, 2014, 73(9): 1465-1474.

[25] 郑方莉. 注塑成型工艺参数智能设置及优化 [D]. 北京化工大学，2022.

[26] LOCKNER Y, HOPMANN C. Induced network-based transfer learning in injection molding for process modelling and optimization with artificial neural networks [J]. The International Journal of Advanced Manufacturing Technology, 2021, 112:3501-3513.

[27] HASHIMOTO S, KITAYAMA S, TAKANO M, et al. Simultaneous optimization of variable injection velocity profile and process parameters in plastic injection molding for minimizing weldline and cycle time [J]. Journal of

[28] KITAYAMA S, MIYAKAWA H, TAKANO M, et al. Multi-objective optimization of injection molding process parameters for short cycle time and warpage reduction using conformal cooling channel [J]. The International Journal of Advanced Manufacturing Technology, 2017, 88(5): 1735-1744.

[29] YANG J, YU S. Prediction of process parameters of water-assisted injection molding based on inverse radial basis function neural network [J]. Polymer Engineering & Science, 2020, 60(12): 3159-3169.

[30] 许方敏, 许忠斌, 朱科, 等. 基于高斯过程回归的注塑质量多目标优化方法 [J]. 塑料工业, 2022, 50 (4): 94-98, 122.

[31] 马俊燕, 廖小平, 夏薇, 等. 基于高斯过程机器学习的注塑过程建模及工艺参数优化设计 [J]. 机械设计与制造, 2013, (3): 17-19.

[32] KURAM E, TIMUR G, OZCELIK B, et al. Influences of injection conditions on strength properties of recycled and virgin PBT/PC/ABS [J]. Materials and Manufacturing Processes, 2014, 29(10): 1260-1268.

[33] 梁宏伟, 刘海燕. 注塑机注射速度的模型预测控制及其仿真 [J]. 合成树脂及塑料, 2020, 37 (1): 77-80.

[34] YANG Y, GAO F. Adaptive control of the filling velocity of thermoplastics injection molding [J]. Control Engineering Practice, 2000, 8(11): 1285-1296.

[35] 李茜, 夏伯锴. 注塑机注射速度的模型预测迭代学习控制 [J]. 控制工程, 2009, 16 (4): 429-431.

[36] 王茂霖. 注塑机注射速度迭代学习控制研究 [D]. 沈阳工业大学, 2021.

[37] ZHANG J, ZHAO P, ZHAO Y, et al. On-line measurement of cavity pressure during injection molding via ultrasonic investigation of tie bar [J]. Sensors and Actuators A:Physical, 2019, 285: 118-126.

[38] ZHANG C, ZHAO P, XIE J, et al. Enlarging density measurement range for polymers by horizontal magneto-Archimedes levitation [J]. Polymer Testing, 2018, 67:177-182.

[39] CORREIA L, BRITO A M, FARIA L, et al. Dynamic temperature control influence on pressure during injection molding of plastic parts to improve part quality [J]. International Journal for Quality Research, 2020, 14(2).

[40] Theunissen M, Hopmann C, Heinisch J .Compensating Viscosity Fluctuations in Injection Moulding[C]//PPS-32: the International Conference of the Polymer Processing Society-conference Papers.2016.DOI:10.1063/1.5016748.

[41] CHEN Z, TURNG L S, WANG K K. Adaptive online quality control for injection-molding by monitoring and controlling mold separation [J]. Polymer Engineering & Science, 2006, 46(5): 569-580.

[42] WANG J, MAO Q. A novel process control methodology based on the PVT behavior of polymer for injection molding [J]. Advances in Polymer Technology, 2013, 32(S1): E474-E485.

[43] SU C W, SU W J, CHENG F J, et al. Optimization process parameters and adaptive quality monitoring injection molding process for materials with different viscosity [J]. Polymer Testing, 2022, 109.

[44] CHEN J Y, LIU C Y, HUANG M S. Tie-bar elongation based filling-to-packing switchover control and prediction of injection molding quality [J]. Polymers, 2019, 11(7): 1168.

[45] HUANG M S, NIAN S C, LIN G T. Influence of V/P switchover point, injection speed, and holding pressure on quality consistency of injection-molded parts [J]. Journal of Applied Polymer Science, 2021, 138(41): 51223.

[46] 周循道. 塑料注射成形过程动态补偿与产品一致性控制 [D]. 华中科技大学, 2018.

[47] XU Y X, XIE P C, FU N H, et al. Self-optimization of the V/P switchover and packing pressure for online viscosity compensation during injection molding [J]. Polymer Engineering & Science, 2022, 62(4): 1114-1123.

[48] 皮尔韦恩 G. 量化注塑机的喷射过程中的过程波动的方法和注塑机：CN103112138[P].2015-04-08.

〔撰稿人：北京化工大学机电工程学院马艺涛、李景，宁波长飞亚塑料机械制造有限公司傅南红，海天塑机集团有限公司焦晓龙，北京化工大学机电工程学院、有机无机复合材料国家重点实验室、人工智能交叉研究中心谢鹏程，北京化工大学机电工程学院、有机无机复合材料国家重点实验室杨卫民〕

汽车轻量化中的塑料机械

汽车行业产销概况

根据国家统计局数据，2023年，汽车制造业完成营业收入100 975.8亿元，同比增长11.9%，占规模以上工业企业营业收入总额的7.6%。

根据中国汽车工业协会的统计，2023年，我国汽车产销突破3 000万辆，分别完成3 016.1万辆和3 009.4万辆，同比分别增长11.6%和12%。新能源汽车产销分别完成958.7万辆和949.5万辆，同比分别增长35.8%和37.9%；市场占有率31.6%，比上年增加6个百分点。

汽车整车出口522.1万辆，同比增长57.2%；整车出口金额1 016.1亿美元，同比增长68.9%。在汽车主要出口品种中，纯电动机动车、客车、轿车和载货车四大类主要出口量保持不同程度增长，合计出口471.7万辆，占汽车出口总量的90.3%。轿车和纯电动机动车增速显著。

汽车整车进口79.9万辆，同比下降9%；整车进口金额470.5亿美元，同比下降11.6%。在汽车主要进口品种中，轿车、越野车和小型客车进口量均有所下降，合计进口72.9万辆，占汽车进口总量的91.2%。

汽车轻量化发展态势

"双碳"政策下，汽车轻量化是有效实现汽车节能减排的途径之一，成为汽车行业碳减排的发展重点。

2021年6月，工业和信息化部发布《汽车产品生产者责任延伸试点实施方案》，提出"加强绿色产品研发，增加低油耗、低排放及新能源汽车生产比例，加快推进整车及零部件轻量化技术研究与应用"。

2022年，《国务院关于支持贵州在新时代西部大开发上闯新路的意见》中提出，支持贵州培育壮大战略性新兴产业，加快新能源动力电池及材料研发生产基地建设，有序发展轻量化材料、电机电控、充换电设备等新能源汽车配套产业。

依据《节能与新能源汽车技术路线图2.0》的轻量化总体目标，2025年、2030年、2035年燃油乘用车轻量化系数分别降低10%、18%、25%，纯电动乘用车轻量化系数分别降低15%、25%、35%。

汽车轻量化涉及冶金、化工、材料、装备、设计、维修、回收再利用等多个相关产业，需要原材料等基础产业的支撑，并实现与汽车的融合创新。汽车轻量化对装备提出高精度、高可靠性的要求，对材料要求高稳定性、低成本，将带动上下游产业转型升级。我国节能、新能源与智能网联汽车技术重点发展方向见图1。

塑料及复合材料在汽车中的应用逐渐增多，微发泡塑料、低密度材料、薄壁化材料等为汽车轻量化做出了重要贡献，也带动了纤维复合材料的增长。当前，玻璃纤维增强复合材料产业化应用相对成熟，玄武岩纤维增强复合材料和生物基可降解纤维增强复合材料处于研发阶段。我国纤维增强复合材料成型工艺主要采用高压-树脂传递模塑（HP-RTM）、缠绕工艺，采用的注塑工艺、模压工艺、拉挤工艺相对成熟。汽车轻量化总体技术路线图见图2。

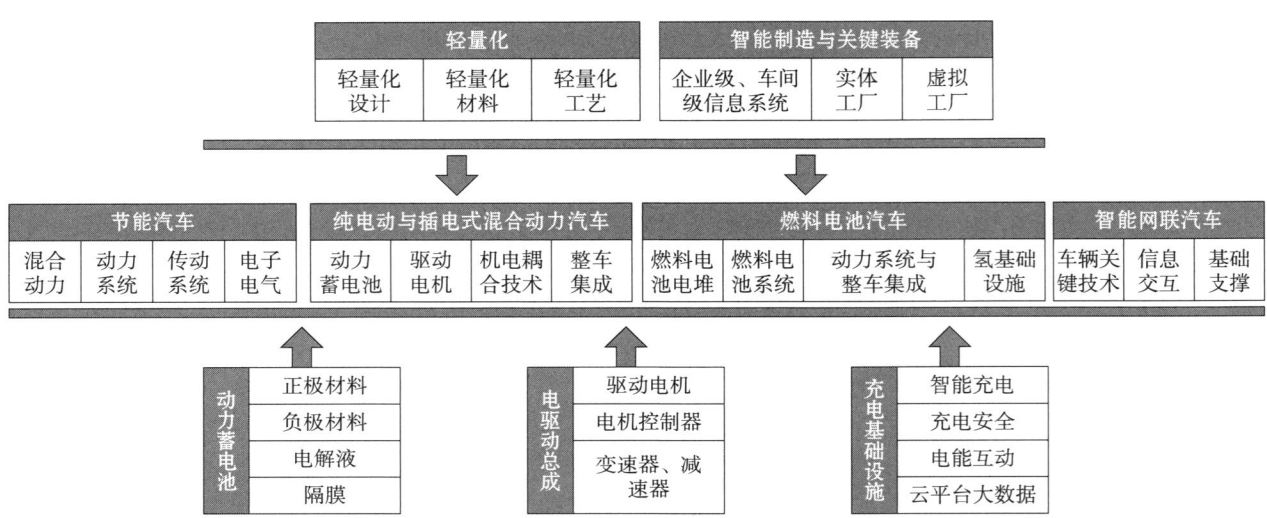

图 1　我国节能、新能源与智能网联汽车技术重点发展方向

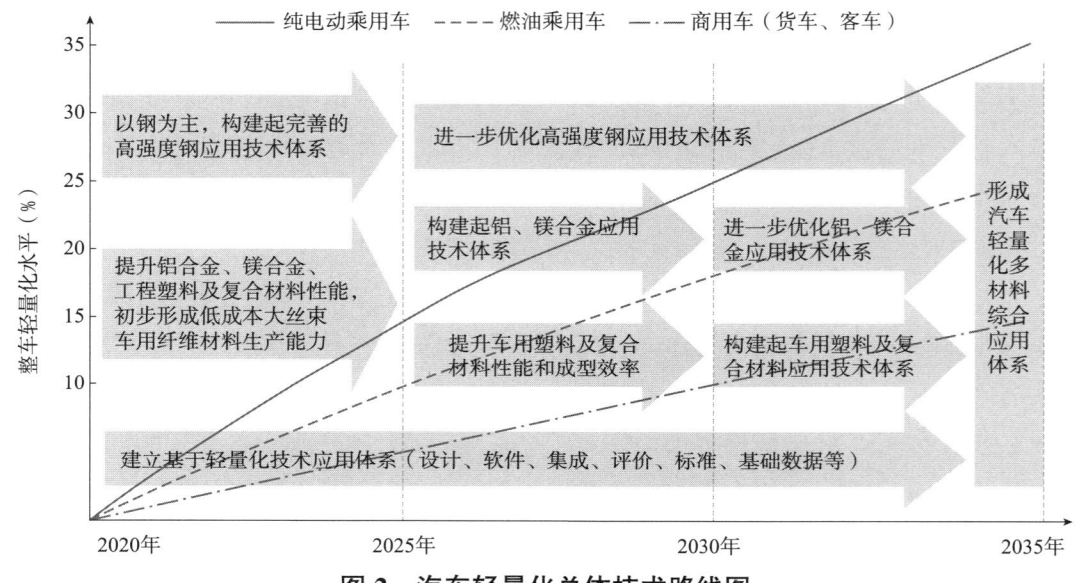

图 2　汽车轻量化总体技术路线图

注：来自《节能与新能源汽车技术路线图 2.0》。

汽车轻量化的重点是车身轻量化，实现车身轻量化主要有材料、结构和工艺三种途径。轻量化车身结构的优化设计是前提，高强度轻质材料的应用是手段，先进轻量化成型和连接技术是保障，三者之间相互联系、相互影响。2023 年，多家汽车企业发布了新材料、新工艺及再生材料使用目标，联合产业链加速低碳材料研究与开发，免热处理铝合金大型复杂一体化压铸技术集中进入量产阶段，"一体化"设计成型理念引发汽车用钢、铝合金和镁合金等领域的技术革新。车身轻量化技术应用超越同级别国外车型，发展方向之一是纤维复合材料车身，最终走向多材料复合车身。

按照《节能与新能源汽车技术路线图 2.0》的部署，2030—2035 年，乘用车车身实现覆盖件以铝合金、高性能塑料和复合材料为主，底盘的高性能复合材料应用进一步增加；载货汽车车身重点发展碳纤维复合材料顶盖外板、超塑性成型一体化顶盖外板，复合材料货箱；公交客车采用高强度钢、铝合金、复合材料多材料车身结构。

其次是底盘的轻量化。当前的热点是以铝镁

合金件替代钢制件，碳纤维制作螺旋弹簧、减振器储油缸、横向稳定杆摆臂、前滑柱总成、控制臂和车轮已取得进展。2025—2030 年，载货汽车批量采用铝合金和复合材料，产品结构深度优化；客车重点发展复合材料板簧、碳纤维传动轴。2030—2035 年，载货汽车大量采用铝合金和复合材料，采用新型产品结构。

第三是发动机的轻量化。主流趋势是发动机零件的轻金属化和塑料化，塑料进气歧管和玻璃纤维增强复合材料油底壳已应用在部分车型上。

第四是汽车内外饰。主要选用 PA6T、PA9T、热塑性聚酯弹性体（TPEE）等先进工程塑料，未来向着结构薄壁化、材料低密度化和金属树脂化方向发展，大丝束、低成本和可降解是纤维增强复合材料的发展趋势。

2025—2030 年，乘用车内外装饰件以高性能塑料为主，部分零件采用生物基材料；内饰结构件主要采用镁铝合金和复合材料，降低高强度钢比例。载货汽车的内饰、护板护面中，PU 发泡、PP/ 尼龙 + 玻璃纤维增强塑料、蜂窝板、低密度内衬等轻质材料用量占比 40%～60%；外饰中，低密度玻璃钢、聚双环戊二烯（PDCPD）、玻璃纤维增强及镁铝合金支架占比 40%～60%；仪表板、座椅等结构支架中尼龙 + 玻璃纤维、镁铝合金占比 30%～50%。客车地板采用 PP 蜂窝材料。

2030—2035 年，乘用车内外饰以低密度塑料、微发泡材料为主，生物基复合材料应用比例进一步增加。载货汽车内饰、护板护面中，PU 发泡、PP/ 尼龙 + 玻纤增强塑料、蜂窝板、低密度内衬等轻质材料用量占比 60%～80%；外饰中，PDCPD、碳纤维及玄武岩纤维复合材料装饰件与支架占比 60%～80%；仪表板、座椅等结构支架中，镁铝合金应用比例为 20%～40%，碳纤维及玄武岩纤维复合材料支架应用比例为 60%～80%。客车外覆盖件大量采用非金属材料，车内地板集成承载地板和装饰地板革，舱门应用镁合金轻量化。

而对于新能源汽车来说，蓄电池壳体轻量化和系统结构优化，以及车载储氢系统的轻量化也是需要着重关注的地方。玻璃纤维增强材料、塑料注塑、片状模塑料（SMC）、热固性复合材料及碳纤维增强复合材料等多种非金属复合材料大多应用于动力蓄电池系统箱体上盖。锂离子蓄电池隔膜以聚烯烃基膜为主，其表面涂覆技术在持续进步；芳纶、聚对苯二甲酸乙二酯（PET）、聚偏二氟乙烯（PVDF）、聚酰亚胺（PI）等耐高温、机械强度高、薄型化的新型隔膜材料，已经进入中试阶段。此外，玻璃纤维膜及耐高温聚合物纤维/纳米陶瓷材料复合隔膜技术和产业化进程将开始加速。我国车载储氢系统主要以 35MPa Ⅲ 型瓶为主，将向 70MPa、Ⅳ型瓶、低温、大容积发展。

汽车轻量化相关政策

政策名称	发文时间	发文主体	主要内容
汽车产品生产者责任延伸试点实施方案	2021-06	工业和信息化部	加强绿色产品研发，增加低油耗、低排放及新能源汽车生产比例，加快推进整车及零部件轻量化技术研究与应用
天津市制造业高质量发展"十四五"规划	2021-07	天津市工业和信息化局	开展镁铝合金薄板产业化制备技术攻关，加快轻量化镁铝合金材料在汽车车身、底盘、轮毂等领域的应用。重点发展整车设计、控制、节能、安全技术，着力推动发动机高效化、变速器多挡化、车身轻量化等技术研发应用。大力推动纯电动汽车、插电式混合动力汽车、燃料电池车等新能源汽车发展，加强高强度、轻量化、高安全、低成本、长寿命动力电池和燃料电池系统的技术攻关和产业化。实施北特汽车轻量化铝合金精密成型自动化制造等先进基础工艺项目

(续)

政策名称	发文时间	发文主体	主要内容
2030年前碳达峰行动方案	2021-10	工业和信息化部	大力推广新能源汽车，逐步降低传统燃油汽车在新车产销和汽车保有量中的占比，推动城市公共服务车辆电动化替代，推广电力、氢燃料、液化天然气动力重型货运车辆
黑龙江省中长期科学和技术发展规划（2021—2035年）	2021-11	黑龙江省人民政府	在新能源汽车领域，开展增程式发动机高速驱动系统、氢燃料为主的发动机及发电装置与动力系统、轮毂电机驱动系统等动力装置的研制，推进智能无人驾驶、新能源汽车轻量化、电驱动车载系统、纯电动汽车无线充电等关键技术研究和系统开发
国务院关于支持贵州在新时代西部大开发上闯新路的意见	2022-01	国务院	加快新能源动力电池及材料研发生产基地建设，有序发展轻量化材料、电机电控、充换电设备等新能源汽车配套产业
山西省有色金属企业改造提升2022年行动计划	2022-03	山西省工业和信息化厅	以现有产业为基础，以技术研发为引领，市场需求为导向，引进培育有色金属加工及精深加工企业，推动产业链向高端、终端迈进，着力发展节能环保建筑铝材、工业铝型材、汽车轻量化零部件、轨道交通用铝镁合金型材、家用电器用箔以及高导材料等产品
吉林省碳达峰实施方案	2022-08	吉林省人民政府	支持新能源汽车产业发展，构建以新能源智能网联汽车产业链为核心，融合智能绿色交通出行链、新型消费链、智慧能源链、新基建链等"五链"一体的汽车生态系统
黑龙江省科技振兴行动计划（2022—2026年）	2022-08	黑龙江省人民政府	推动新材料产业向轻量化、智能化、极端化方向发展。开展智能无人驾驶、新能源汽车轻量化、电驱动车载系统装备、高速驱动系统、轻型电磁离合器、电动汽车低温管理系统、混动专用高效发动机、智能化特种货车、新能源特种汽车动力系统等关键技术的研究及装备研制，支撑汽车先进制造产业集群建设
重庆市建设智能网联新能源汽车零部件供应链体系行动计划（2022—2025年）	2022-10	重庆市人民政府	加快铝合金底盘系统及轻量化车身应用，推动纤维复合材料在汽车内饰及车身上应用，增强汽车轻量化材料供应能力
关于支持新能源汽车产业发展的若干政策（试行）	2023-08	苏州高新区	加快传统零部件企业转型升级。加大电驱、电控等核心产品创新化，加快车身、底盘等构件部件轻量化，带动汽车内外饰、座椅等关联产品智能化
重庆智能网联新能源汽车零部件产业集群提升专项行动方案（2023—2027年）	2023-11	重庆市人民政府办公厅	鼓励和支持电子信息制造业、先进材料等有关行业企业积极融入智能网联新能源汽车产业发展，加强与整车和零部件企业、科研院校的跨界合作，研发生产智能座舱、汽车芯片、轻量化车身、动力电池原材料、水性涂料及涂装等智能网联新能源汽车关键系统和零部件。聚焦动力电池、智能座舱、热管理系统、轻量化零部件等细分领域，建成一批全国领先的特色产业园。支持万州区、涪陵区、长寿区、綦江区、万盛经开区、南川区等围绕动力电池及原材料、轻量化零部件及先进材料等方向，发展智能网联新能源汽车特色零部件，打造产业协同发展区
关于巩固和增强经济回升向好态势若干政策举措	2024-02	安徽省人民政府	重点围绕轻量化材料、车规级芯片、下一代动力电池、新型充换电技术、智能驾驶体系等关键领域，支持组建创新联合体，最高可按研发和设备投入的50%予以补助

2022—2024年塑料机械企业合作车企

2022—2024年，塑料机械行业多家企业的注塑机、压铸机获得汽车行业订单，并陆续交付。

2022年，富强鑫获比亚迪集团订单近2亿元，其中HB-R和FB系列多组分注塑机占比超过70%；震雄集团获得比亚迪集团约3.5亿元的注塑机采购订单，同年交付近百台二板机及MK6系列注塑机；伊之密获比亚迪含税中标金额3亿元以上订单。

除比亚迪外，伊之密压铸机还获得多个其他汽车企业订单：中国长安重庆底盘系统分公司车身一体化压铸能力建设项目中铸造专业压铸机；云海金属集团LEAP系列70 000kN超大型智能压铸机；襄阳长源朗弘科技有限公司8台DM3500HII、2台LEAP系列70 000kN超大型压铸机，用于新能源混动车缸体及压铸一体化生产。

2023年，伊之密与中亚长安、中亚一汽合作，交付4台机器，年底有2台投产；交付1台当时全世界最大的85 000kN注塑机；年底成功试制了32 000kN镁合金半固态注射机。4月18日，伊之密在顺德启动"一体化压铸"产业链协同创新联盟，一汽、长安、宝钢等12家企业和高校代表参加。

泰瑞智能注塑交钥匙工程推向美国市场。"汽车前置托架结构件注塑嵌件自动化集成系统"智能注塑交钥匙工程顺利交付，完成国内量产验证后发往全球知名新能源汽车制造商美国总部。一站式整体交付项目集成了泰瑞NEO·H680二板式注塑机、金属嵌件振动上料、SCARA机器人快速分拣定位、6轴工业机器人模内嵌件与成品取件、多台机器人交互协作完成产品复杂嵌件工艺自动生产。泰瑞注塑自动化系统集成生产全过程搭载视觉检测系统。

2024年，震雄集团与比亚迪集团达成新一轮亿元级战略合作项目。泰瑞机器股份有限公司与广东鸿图科技股份有限公司、太仓南丰汽车零部件有限公司、营口华峰动力发展股份有限公司、珠海市润星泰电器有限公司签订战略合作协议，签约涵盖90 000kN以上超大型压铸岛的合作。

力劲集团向敏实集团交付70 000kN超大型智能压铸单元。该设备为敏实集团特别定制，主要用于量产新能源汽车一体化压铸电池盒及车身结构件，以满足欧洲新能源汽车品牌客户的发展需求。

赛力斯汽车、文灿集团、力劲集团、发那科强强联合，第三代IDRA万吨超级压铸机正式投产应用并启动机器人一体化铸件加工技术应用，共同推进压铸工艺在汽车领域的应用与突破。此次投产的万吨级超级智能压铸单元是目前全球首台、全球最大的两板式压铸单元，采用两板式锁模机构设计，配备力劲自主开发的实时控制智能压铸，应用了最新的数字孪生技术，缩短产能爬坡时间。

注塑机及周边配套

电动汽车内部部件较少，需要的连通性更高，市场对用于电动汽车的新部件产品存在需求。新组件由精密零件组成，如连接器、光接口、光相机和光传感器，这类零件需要更高的精度和加工能力。

海天 2022年3月，海天塑机集团与比亚迪集团再次合作，向比亚迪提供一批大型多组分注塑机JU18500M，应用于常规尾灯系列、贯穿式灯系列、常规双色大灯系列、大型厚壁光导系列等车灯行业多色/多工位制品生产。整机配置垂直多工位转盘合模结构，组合平行+直角的注射单元，搭配比亚迪专属定制功能模块，可同时实现三工位三色类工艺。

伊之密 2018年与比亚迪开展合作。2022年

7月，18台伊之密二板式注塑机入驻比亚迪合肥工厂，用于生产各类新能源车型的车灯、空调等内外饰件。2022年伊之密成功中标比亚迪订单，含税中标金额逾3亿元，中标机型以全电动注塑机为主，锁模力900～5 500kN，服务于新能源车型内不同尺寸的内外饰件。2023年5月10日，伊之密与科世达（上海）管理有限公司签订战略合作协议，共同合作开发伊之密聚氨酯与注塑一体化成型技术（ReactPro）注塑机及配套的产品生产解决方案。

震雄 2022年5月，总价值约3.5亿元的注塑机交付比亚迪，包括震雄TP二板机及MK6系列注塑机600多台，锁模力1 000～20 000kN。

泰瑞 比亚迪与泰瑞开展战略合作，陆续引进近700台泰瑞NEO全系列产品，锁模力850～19 200kN。全电动及大型两板多色多物料等中高端机型切入新能源汽车供应链。其中，大型多组分注塑设备服务于汽车视觉系统等多色产品的生产，如大灯面罩、贯穿式尾灯及各类汽车内外饰件；电动注塑机应用于贯穿式导光条、大灯导光条及厚壁透镜等光学级塑料零件生产。

富强鑫 截至2023年底，富强鑫中大型多色机累计向汽车行业销售1 003台，总锁模力超1 030万 kN，销售额21.5亿元。截至2022年底，富强鑫集团多组分注塑机累计销售金额38.5亿元，总锁模力1 825万 kN，其中锁模力7 000kN以上的大型多色机及超大型水平对射机累计出货超过615台。2023年，GW-2200R大型二板转盘式四射精密注塑机获国家首台（套）认定。

信易 信易与比亚迪在欧化除湿干燥送料组合SCD、高温模温机STM、机械手、工业冷水机SIC、中央原料处理系统、大型粉碎回收系统等塑料成型配套装备方面达成深度协作。2022年2月，信易与比亚迪就注射成型周边配套装备方面达成多项合作，总金额约1.2亿元。

博创 2023年，与比亚迪签订订单，博创注塑机用于汽车内外饰件、大灯面罩、装饰框等汽车零部件的生产。

一体化压铸技术

一体化压铸技术和相关的铸造机器设计由特斯拉首次提出。该技术具有轻量化、提高生产效率、节约生产成本等优势，从材料端、制造端有效解决汽车轻量化需求。

力劲 2021—2023年，力劲科技共销售超大型压铸机70台，汽车业占收入的65%。

2021年力劲集团投资的智能超大型压铸装备生产基地项目落户合肥市肥西县，主要生产力劲智能压铸岛、精密压铸机、压铸工业机器人、自动化辅助设备等先进装备制造，设计产能为年产压铸装备约1 000台（套）。

2022年11月，极氪009正式发布上市。力劲72 000kN大型智能压铸单元顺利实现纯电MPV车型一体式后端铝车身的商用化量产，标志着全球最大一体式压铸后端铝车身量产下线。

2023年10月26日，力劲发布160 000kN超大型压铸单元。压铸单元应广东鸿图科技股份有限公司需求定向研制，拥有先进的铸造工艺和更强的模板结构。

2023年12月15日，哪吒汽车与力劲集团签署战略合作协议，共同研发全球最大的超20 000t压铸设备，实现B级车底盘制造等更大尺寸领域的一体化压铸。

2023年12月23日，奇瑞与力劲集团全球首个超万吨双压射工艺发布暨技术签约仪式于安徽芜湖举行。

伊之密 2021年7月发布LEAP系列压铸机；2022年5月26日，伊之密LEAP系列70 000kN超大型智能压铸机全球首发，与一汽铸造建立90 000kN压铸整体解决方案战略合作关系。

2022年8月，获得长安汽车多台（套）70 000kN

压铸机的采购合同；2023年，伊之密2台LEAP系列70 000kN超大型压铸机发往长安汽车，用于生产长安新一代新能源汽车的前舱和后底板。2022年9月，云海金属向伊之密采购2台70 000kN超大型压铸机；襄阳长源朗弘科技有限公司与伊之密签署10台大型压铸机采购协议，其中包含2台70 000kN超大型压铸机，用于生产新能源混动车缸体及压铸一体化生产。

海天 2015年组建海天金属公司，从事HDC型冷室压铸机设计与制造，可生产锁模力1 800～45 000kN全系列冷室压铸机。2019年开始设计HDC8800超大型压铸机，可实现包括新能源汽车在内的车身、底盘等大型结构件一体化、集成化压铸成型，有力提升了产品竞争力。2021年，HDC8800压铸机全球首发。

泰瑞 2022年10月18日，泰瑞一体化压铸成型高端装备项目在浙江桐乡开工。

2022年以来应用于汽车行业中的塑料机械新产品

东华HD系列大型肘杆式电动注塑机 该机于2022年设计并推出，锁模力4 500～14 000kN，应用于汽车、家电、光学照明等行业，适用大型模具及制品的高精度及高难度生产。HD系列电动注塑机采用高性能伺服电动机及精密滚珠丝杆，搭配精准的动态过程控制，实现0.01mm精度的精密注射，产品重量重复精度可至1‰；符合国家一级节能标准。

案例：1100HD汽车门板精密生产解决方案
原料：PP
周期：60s
成品质量：1 450g
特点：

（1）大型高刚性电动精密注射单元，射胶位置精度≤±0.03mm；制品重量偏差≤0.1%，实现高精密生产。

（2）高刚性合模结构，通过CAE软件最优化设计，减少从模板传递到模具的变形。

（3）动模板配大型滚柱型线性导轨，导向精度更高，支撑力更强，运行更平稳，阻力更低。

（4）多轴伺服单元共直流母线设计，相比传统技术再节能5%～30%，简化了电器零件安装与维护，可减少50%的电柜内安装体积。

（5）驱动器内置运动控制算法及EtherCAT高速总线连接，满足高响应高精度运动控制，容易实现与周边辅助设备的互联互通。

案例：550HD车灯生产

采用PC/PMMA专用塑化组件，满足导光能力要求，提高产品透光率；针对厚壁产品需要长时间注射及保压，加大注射电机及驱动功率，通过最优化程序运算，提高电机低转速时的稳定性，可持续稳定输出数分钟，确保产品外观平整无凹陷无缩痕。550HD针对部分光学件使用压缩注射功能，可降低生产周期，并可降低产品的内应力，提高产品质量。

伊之密85 000kN超大型注塑机 2023年3月，该机出机交付。85 000kN超大型注塑机是伊之密里程碑式的产品，额定锁模力85 000kN，最大锁模力90 000kN，实现了国产超大型二板式注塑机关键技术的突破，创造了我国超大型精密注塑机行业新纪录。

该机采用精密微开控制技术、双射台同步塑化、大型厚壁透明件成型技术及注射技术、注射压缩控制技术等先进技术，开合模定位精度0.3mm，搭配2套射出总重量超过140kg的射出系统，能一次成型外形复杂、透光要求高且尺寸精确或带有金属嵌件的质地密致的超大型透明塑料零件，解决了国内超大型透明塑料件成型难的问题。该机采用低压注射成型工艺、智能锁模平行度控制技术、超大型精密二板式锁模结构、光学产品专用伺服闭环动力控制技术，整机具有高精密、高速、节能、智能的特点，较传统的三板机节能30%以上。

2023年2月，该机通过中国塑料机械工业协会组织的专家鉴定，鉴定结论为：项目技术和设备各项指标和性能达到国际先进水平。

富强鑫大型第五代多组分注塑机 大型第五代多组分注塑机设计引入X型的四色结构，首台GW-1600R大型二板式多组分注塑机（四射机）已顺利交付大型车灯供应商并量产。2023年GW-2200R大型二板转盘式四射精密注塑机获国家首台（套）认定。

相比之前的L型四注塑方案，X型四角四射集中式注塑单元布局，占地空间小；四组注塑单元上下平行排列于定模侧，注塑结构更为集中；无须进行注塑单元移动或更换，四组注塑单元可适应多种模具的需求，进行双色、三色、四色产品的效率化弹性生产；转盘采用精密电动伺服控制，可进行多角度、多工位旋转，定位精准、运转高速。

泰瑞OptiSure^{TM}多层注射成型方案 采用分层注塑和外部冷却方式，利用转模芯技术，减少单层收缩量，解决了普通单层注射成型加工无法高效精密生产的技术难题。NEO·H500b转模芯注塑机搭载TLRE12-1400自动化集成高效精密化生产车灯光透镜，提升30%生产效率，该机2023年通过浙江省级工业新产品鉴定。

产品：光透镜

穴位：4

原料：PMMA

产品重量：65g

周期：200s

机型：NEO·H500b

NEO·H500b转模芯多层注塑机拥有模块化精密转模芯机构，实现电动角式双射台与二板锁模式注塑机的组合应用。转轴多工位精密旋转控制系统，搭配OptiSure^{TM}多层注射成型技术，实现汽车光学透镜制品注射成型效率重大突破。注射速度波动控制在0.2mm/s以内，有效规避厚壁光学件的流痕与应力不均等缺陷。采用电液复合技术，产品生产能耗低于0.32kW·h/kg。

泰瑞CoinSure^{TM}注射压缩成型工艺 该工艺提升产品光学性能，可以使塑料产品达到光学件质量要求。一体化成型，在确保制品尺寸精度完美的同时，降低模具损耗及注塑机能耗。适用于要求高精度、高品质的产品成型，如汽车上的透明件、车灯、透镜及国防军工、航空航天和深海探测用高精密光学零件。

特点：

（1）通过降低注射压力，减小光学制品内应力，提升产品光学性能，满足光学件高质量要求，降低后续的模具保养维护成本。

（2）四根拉杆独立控制，注射压缩成型过程中，拉杆位置控制精度±0.01mm（静态），确保制品的尺寸精度完美。

（3）一体化成型，满足复杂曲面等特殊生产需求，助力新能源汽车品牌实现产品设计自由。

海天第五代伺服液压二板式注塑机 JU五代机节能、高效、智能。通过优化整机结构、提升控制技术、提高传动效率、灵智化应用等方式，最高实现20%～40%节能效果。配备灵智开合模、灵智储料、灵智能耗管理、灵智诊断及帮助、灵智集成交互、灵智润滑、灵智注射等多重智能化技术，干周期达到国际先进水平，开合模反应灵敏。搭载物理发泡装置和微开功能，可大幅提升良品率，实现汽车行业制品的轻量化高效生产。

JU33000M转盘式多组分注塑机2024年5月9日交付，主要用于贯穿式尾灯的生产制造。锁模力33 000kN，转盘最大容模直径3.1m，转盘最大承重28t，是迄今为止国内市场交付的最大的转盘式多组分注塑机，刷新全球转盘式多组分注塑机纪录。双伺服电动机控制，转盘水油输送能力强，设备运行平稳高速；采用数字控制和注射全闭环控制技术，实现注射动作的高精度控制；自主研发直立双缸注射结构，注射压力高，可同时实现710mm中心距平行布置，最大限度满足大型贯穿式车灯的生产要求。

案例：汽车下底板（1出1）生产解决方案

制品：PP+碳酸钙20%

质量：360g

周期：48s

微开重复精度：0.02mm

锁模力：350t

机型：JU5500V/3450

特点：微开注射工艺+物理发泡

德科摩多层尼龙管生产线 该生产线实现多层汽车管路的百分百国产化，经过多次迭代，性能达到国际水平。

多层波纹管挤出生产线专为新能源汽车波纹管路生产设计，可用于生产尼龙（PA）与PP/PE等材料的复合管路，广泛应用于新能源汽车三电（电机、电控、电池）冷却系统。

（1）挤出材料稳定：挤出机采用精密伺服驱动，定向设计的专业螺杆确保整个挤出过程熔体压力、流量的稳定性。

（2）管材分层精准、稳定：采用拥有专利技术的多层复合模头，配合优化设计的成型机，实现生产稳定、分层精准，提高生产效率。

（3）模头拆装维护方便：高效拆装式模头，单人可快速拆装维护模头、调整口芯模同轴度，提高生产效率。

（4）安全可靠的控制系统：自主开发控制系统，采用触摸屏人机界面，模块化温度控制，实现精确温控、全面监测和保护。

（5）精确稳定的下游设备：该生产线配备了超声波壁厚检测系统和激光测径仪，还配备了高速稳定的牵引机和精密的伺服飞刀切割系统。

阿博格Golden Electric Evo黄金版电动机

Allrounder 470E Golden Electric Evo黄金版电动机在Chinaplas 2024上首次亮相，是面向亚洲市场推出的入门级电动注塑机。锁模力1 000kN，配备液态硅橡胶机筒模块和真空装备，用于生产汽车用液体硅橡胶阀门。约55s的循环时间内生产8个LSR组件，每个组件重0.8g。注射是无浇口的，直接通过气动冷流道系统进行。配置Flexlift10线性机械手系统，适用于空间狭小的生产车间。与液压机相比，可缩短干循环时间2s，单次注射量可低至0.5g，节能50%。

震雄TP-SMART大型二板式伺服驱动注塑机

Chinaplas 2024首发。锁模力7 500~19 000kN，搭载CORTEX-M4处理器、四代伺服驱动系统、全新优化的合模单元，射台单元采用震雄专利技术，配备智能控制器，整机更精密、更智能、更高效，满足汽配、家电、物流、市政、环保等行业对大型、深腔制品的注射成型需求。

产品：汽车发动机罩装饰条

原料：ABS

腔数：一出一

制品重量：350g

成型周期：50s

震雄MK6 PRO系列注塑机 锁模力880~6 680kN，高配内核芯片，搭载专利圆形模板，采用高刚性加强机架设计，高兼容材料成型工艺，精准控制射胶压力（±50kPa）、速度及温度。

产品：汽车导光板

原料：PC

腔数：一出二

制品重量：175g

成型周期：300s

塑料机械在医疗领域的应用

市场规模

《2023中国医疗器械产业发展报告》显示，2022年我国医疗器械产业营业收入1.3万亿元，同比增长12%，2017—2022年整体营收年均复合增长率为12%。国家药监局指导编发的《2023医疗器械蓝皮书》显示，截至2023年1月，我国医疗器械生产企业数量已达3.27万余家。

根据中国物流与采购联合会医疗器械供应链分会发布的行业发展报告，2023年我国医疗器械市场规模预计达1.25万亿元，同比增长16%；流通市场规模预计达1.45万亿元，同比增长13%。

根据Fortune Business Insights咨询公司发布的市场分析报告，全球医疗器械及耗材市场规模有望从2023年的5 361.2亿美元增至2030年的7 996.7亿美元，复合年均增长率为5.9%。全球2023年医疗包装市场营收规模有望达到124亿美元，并将以6.1%的复合年均增长率稳步增长，到2033年可达到209亿美元，其中中国市场占127亿美元。

精密成型加工

我国医用耗材产品结构正从低附加值向中、高附加值转变。体外诊断IVD、骨科及心血管医疗产品、医学影像设备等高端医疗设备，高值耗材（血管介入耗材、非血管介入类、骨科植入等产品）成为国家政策鼓励发展和行业投资重点对象。医用耗材及器械的高端化转型，将促成塑料精密成型技术与装备研发及产业化的实现。如聚合物微尺度制造（即微成型）技术正处于高速增长期，并且增长趋势稳定。同时，随着循环经济的发展，医用塑料行业也将加大对创新材料的研发和应用，提升包装安全性、可回收性。

大橡塑PVC四辊压延医用薄膜生产线　新型 $\phi 400 \times 1\,100$ 塑料（PVC）四辊压延医用薄膜生产线2022年交付。该生产线包括挤出机、压延主机、压延辅机及电气控制系统。其中，挤出机为单螺杆形式，压延主机四个辊筒成Γ型排列，制品最大宽度达800mm，厚度为0.1～0.5mm，精度±0.015mm。

长飞亚VE1900V全电动医疗行业专机　长飞亚电动技术全面升级至第五代。针对多腔精密医疗制品的注射成型，优化升级整机结构、控制性能，集成海天智联自动化解决方案，实现洁净的高腔精密注塑和自动化、无人化高效生产。

产品：采血管盖子

产品质量：0.7g

原材料：PE

周期：5.5s

机型：VE1900V-430h

富强鑫SA-290h采血管专用机　2023年发布。该机在注塑单元加入全电动结构，成型周期7s。标配高性能伺服动力系统，响应时间最快至40ms。标配红外纳米加热圈，节能30%以上。射台及座移采用双线轨设计，中惯量单缸射出结构，起速快，重复精度高。

富强鑫CT-280R全电动式多组分注塑机　注塑部分有两组或多组独立料管组同步注塑，成型周期大幅缩短。电动转盘高速稳定，转盘速度有效提升30%～50%，定位系统精度0.005°。射座配备线轨，使加料背压趋近0，有效减少射嘴或热流道熔胶溢流。射出速度200mm/s，注塑控制精度0.01mm。

泰瑞NEO E160 Ⅱ 电动注塑机 空循环时间较上一代产品缩短10%，实现注射压缩功能；注射位置重复精度0.01mm，可实现0.1%的制品质量重复精度；具有智能低压模保自学功能、丝杠运行异常监测功能及断电自保护功能；采用先进能量回收系统，能效等级达到Euromap9+，比传统电动注塑机再节能8%～15%。

产品：医疗微量移液吸头

原料：PP

制品质量：0.11g

周期：7s

伊之密PAC250M医疗专用机 Chinaplas 2023发布。专门为生产短周期、高射速要求的医疗产品设计，适合生产采血管、离心管、培养皿等产品，可以为客户提供一站式的解决方案。该机具有周期快、射速高、洁净、占地面积小四个特点：机器采用高刚性设计，大斜角内翻式曲臂，高响应控制，适合短周期生产；根据生产需求配置不同的注射速度，最高射速可达500mm/s；采用多项适合洁净室的设计，适合10万级洁净车间生产；占地面积仅为5.7m×1.8m×2.1m。

案例：培养皿一站式解决方案

方案：注塑机+模具+自动化+辅机

成型周期：6s

壁厚偏差：±0.1mm

东华360HD全电机 Chinaplas 2023首次展出，并展示90CC培养皿生产一站式解决方案。

赫斯基ICHOR注射成型系统 该系统基于PET瓶坯技术，具有集成的机器人和辅助设备，以及单个HMI和集成控制注射成型系统。循环时间5.3s，效率97%。

中国塑料机械工业协会成立 30 周年重要照片

激荡三十年

中国塑料机械工业协会历届理事会领导成员

中国塑料机械行业发展 30 周年先进人物

2013—2023 年塑料机械行业企业"新技术、新产品、新工艺"情况

2022 年中国塑料机械行业企业人才培养情况

筹 备
PREPARATION

筹备

中国塑料机械工业协会成立30周年专栏

中国塑料机械工业协会文件

1992～1993年
筹建协会工作等
文件

中国塑料机械工业协会文件

一九九二年

协会筹建文件

机械电子部司局文件

机石[1992]040号

关于召开筹建中国塑料机械工业协会座谈会的通知

各有关单位：

随着我国体制改革的深入发展，政府职能正逐步向宏观管理方向转变，在行业管理上充分发挥行业协会的作用将越来越重要。根据塑料机械制造行业一些单位的要求，经研究，定于一九九二年九月七至八日在北京召开筹建中国塑料机械工业协会座谈会。会议主要内容为：讨论筹建中国塑料机械工业协会有关问题；协商产生筹备委员会和筹备工作组；商定下步工作计划。请你单位按附表派一名负责同志准时参加会议。请各主管部门负责同志届时到会指导。

报到时间：九月六日
报到地点：北京宣武区北纬饭店
乘车路线：首都机场班车至西单民航营业大楼乘路汽车往南到福长街下。

北京站乘地铁到前门转59路汽车往南在北纬路站下，或由北京站直接乘20路、54路汽车至天桥（即北纬路口）下。

附件：参加会议代表名单

一九九二年八月二十二日

抄送：民政部社团司，轻工部装备司，化工部中国化工装备总公司，航空航天部民品司，中国兵器工业总公司，中国电子工业总公司，中国船舶工业总公司，本部政策法规体改司。

机械电子部司局文件

机石〔1992〕043号

关于发送中国塑料机械工业协会
筹建座谈会会议纪要的通知

各有关单位:

一九九二年九月七日至八日,由我司牵头,会同有关主管部门在北京召开了由十二个企业、院所参加的筹建中国塑料机械工业协会座谈会。会议通过协商产生了由大连橡胶塑料机械厂等十六个单位组成的筹备委员会。现将会议纪要发给你们,请筹备委员会按会议精神立即开展筹建中国塑料机械工业协会的工作。

附件:中国塑料机械工业协会筹建座谈会会议纪要

主送:大连橡胶塑料机械厂,上海塑料机械厂,扬子石化总公司研究院,三明化工机械厂,大连塑料机械研究所,华西通用机器公司,海天塑料机械有限公司,无锡塑料机械厂,浙江塑料机械厂,湖北轻工机械厂,杭州轻工机械研究所,山东塑料机械厂,南京塑料机械厂,苏州长风机械厂,济南塑料机械厂,山西东方化工机械厂,西南高峰机械厂,湛江机械厂,淮海机械厂,江峡机械厂,航空航天部十一所

附件:

参加会议代表名单

单位	名额
1．大连橡胶塑料机械研究所	自定
2．上海塑料机械厂	1
3．三明化工机械厂	1
4．华西通用机器厂	1
5．海天机械制造有限公司	1
6．无锡塑料机械厂	1
7．浙江塑料机械厂	1
8．湖北轻工机械厂	1
9．杭州轻工机械研究所	1
10．山东塑料机械厂	1
11．大连橡胶塑料机械厂	1
12．南京橡塑机械厂	1
13．扬子石油化工总公司研究院	1
14．苏州长风机械厂	1
15．济南无线电专业设备厂	1
16．西南高峰机械厂	1
17．东方机械厂	1

(此页无正文)

一九九二年九月十六日

抄送:民政部社团司,轻工部装备司,化工部中国化工装备总公司,航空航天部民品司,中国船舶总公司生产经营局,兵器工业总公司生产经营局,中国电子工业总公司,本部政策法规体改司。

附件：

中国塑料机械工业协会筹建座谈会
会议纪要

一九九二年九月七日，由机械电子工业部第三装备司牵头，会同化工部中国化工装备总公司、航空航天部民品司、中国船舶工业总公司生产经营局、中国兵器工业总公司生产经营局等共同主持，在北京组织召开了筹建中国塑料机械工业协会座谈会。塑料机械制造行业跨七个部门的十二个单位的17名代表参加了会议（见附件一）。轻工部装备司和轻工系统的五个企业，未按通知出席会议。

会议始终在团结、热烈、友好、协商的气氛中进行。

与会代表在发言中回顾了筹建塑机协会所走过的历程，深感成立协会的必要性和紧迫性。

代表们一致认为：由于轻工、化工、电子、交通、建筑以及机械、电工、仪器仪表工业对日用塑料和工程用塑料的需求迅猛增长，推动了塑料机械行业的高速发展，已形成了具有主要企业和院所170余家，职工11万余人，横跨9个部门的产业大军。

代表们一致认为：政府职能的转变，企业经营机制的转换和我国关贸总协定缔约国地位即将恢复的新形势，将把企业推向国际大市场。我们必须迅速组织起来，成立跨部门、跨地区的全国性协会，协同研究行业发展战略，维护企业合法权益，促进对外合作与交流，配合政府推动企业进一步加快改革开放步伐，为国民经济各部门提供先进技术装备，为开拓国际市场做出应有的贡献。

代表们一致认为：筹建塑料机械制造行业大行业协会的条件已经成熟，希望尽快开展筹备工作，早日成立协会。

会议期间，还邀请中国制冷空调工业协会秘书长介绍了该协会的工作经验。

与会代表对于筹备委员会和筹备工作小组的组成进行了协商。产生了由大连橡胶塑料机械厂等十六个单位组成的筹备委员会（见附件二），进行协会的筹建工作。

一九九二年九月八日于北京

附件一

参加会议人员名单

代表名单

单位	姓名	性别	职务
大连橡胶塑料机械厂	王亚伦	男	副厂长
南京橡塑机械厂	陈烈	男	副厂长
上海塑料机械厂	歌雄虎	男	厂长
上海塑料机械厂	陈伟大	男	科长
三明化工机械厂	刘庆荣	男	高工
三明化工机械厂	彭益群	男	工程师
华西通用机器公司	马龙书	男	总师办主任
大连塑料机械研究所	刘梦华	男	副所长
大连塑料机械研究所	尤仲林	男	副所长
大连塑料机械研究所	王学真	女	高工
扬子石化公司研究院	潘志荣	男	高工
航空航天部长风机械厂	陈永泰	男	主任
航空航天部长风机械厂	梅芝仙	女	高工
山东东方化工机械厂	石秉钧	男	副总
西南高峰机械厂	乔锋	男	工会主席
宁波海天机械有限公司	张静章	男	总经理
济南塑料机械厂	朱赋安	男	副厂长

主管部门出席名单

单位	姓名	性别	职务
机电部第三装备司	隋永滨	男	副司长
机电部第三装备司	魏世元	男	处长
机电部第三装备司	高世national	男	副处长
机电部体改司	马俊明	女	副处长
航空航天部民品司	段铭宏	男	处长
中国船舶总公司生产经营局	李志强	男	工程师
兵器工业总公司生产经营局	童彦琳	女	工程师
中国化工装备总公司	曲方	女	处长

附件二

筹备委员会成员单位：

大连橡胶塑料机械厂

上海塑料机械厂

扬子石化总公司研究院

三明化工机械厂

大连塑料机械研究所

华西通用机器公司

海天机械制造有限公司

南京塑料机械厂

苏州长风机械厂

济南塑料机械厂

山西东方化工机械厂

西南高峰机械厂

湛江机械厂

淮海机械厂

江峡机械厂

航空航天部十一所

关于转发中国塑料机械工业协会
筹建座谈会会议纪要的通知

各有关单位：

现将机械电子工业部机石（1992）043号《关于发送中国塑料机械工业协会筹建座谈会会议纪要的通知》文件转发给你们，希遵照执行。

附件：中国塑料机械工业协会筹建座谈会会议纪要

中国塑料机械工业协会筹委会
一九九二年九月十九日

关于发送中国塑料机械工业协会
筹备委员会第一次工作会议纪要的通知

有关单位：

根据中国塑料机械工业协会筹建座谈会会议精神，中国塑料机械工业协会筹委员会于一九九二年九月八日在北京举行了第一次工作会议。会议推选了正副主任单位，成立了由大连塑料机械研究所等八个单位组成的筹备工作小组，并对下步工作做了安排。现将会议纪要发给你们。请筹备工作小组按会议精神立即开展筹建工作。请各企事业单位填写基本情况调查表和会员入会申请书，并于十月二十五日前寄回大连塑料机械研究所。

地　址：大连市周水子广场一号，邮编 116034
联系人：王学真

附件：1. 中国塑料机械工业协会筹备委员会第一次工作会议纪要
　　　2. 塑机行业一九九一年度情况调查统计表
　　　3. 中国塑料机械工业协会团体会员入会申请书

中国塑料机械工业协会筹委会
一九九二年九月十九日

附件一

中国塑料机械工业协会筹备委员会
第一次工作会议纪要

中国塑料机械工业协会筹备委员会，一九九二年九月八日在北京举行了第一次工作会议。筹委会的十六个筹备委员单位参加了会议。经过民主协商讨论，会议推举大连橡胶塑料机械厂为主任单位，上海塑料机械厂和扬子石化公司研究院为副主任单位，并产生了筹备工作小组，由大连塑料机械研究所尤仲林任工作组组长，上海塑料机械厂陈伟大和扬子石化公司潘志荣任副组长，南京橡胶塑料机械厂、苏州长风机械厂、西南高峰机械厂、山西东方化工机械厂和营济南塑料机械厂（原无线电专用设备厂）分别派人参加。会议还对下一步工作做了安排：（1）会后立即提出关于成立塑机协会筹备委员会申请报告，报机电部审批；（2）调查企业基本情况，作好会员的征询工作，并于10月15日完成。（3）起草协会章程、组织条例和经营管理办法，酝酿理事会组成方案，并于10月底前完成。（4）第二次筹备委员会初步定于11月上旬在宁波召开。

一九九二年九月八日于北京

机械电子部司局文件

机政[1992]155号

关于同意成立中国塑料机械工业协会筹备组
的批复

中国塑料机械工业协会筹备组：

你们关于申请成立中国塑料机械工业协会筹备组的报告收悉。经研究，同意由大连橡胶塑料机械厂等单位发起成立中国塑料机械工业协会筹备组。

筹备组成立后，要遵照国家有关政策法令，积极做好成立协会的各项筹备工作。在贯彻党的十四大精神，政府转变职能，企业转换经营机制，建立社会主义市场经济中，为推动行业的发展，作出更大的贡献。

待成立行业协会的各项筹备工作完成，即按《社会团体登记管理条例》的规定程序，报请民政部审查

筹备

中国塑料机械工业协会成立30周年专栏

中华人民共和国机械电子工业部

机石行便(1992)013号

中国塑料机械工业协会筹备委员会：

你们申请成立中国塑料机械工业协会筹备委员会的报告，部已经以机改[1992]155号文批准。为开展工作方便，同意启用"中国塑料机械工业协会筹备委员会"章。请你们积极做好协会的筹备工作，争取早日成立协会。

一九九二年十月二十八日

登记。

一九九二年十月二十八日

抄送：民政部。
本部第三装备司、办公厅、人劳司、经调司

关于申请成立中国塑料机械工业协会筹备委员会的报告

机械电子工业部政策法规体改司：

我们是机械、化工、航空航天、船舶、电子、石化、兵器等部门的塑料机械行业的十二家单位，一九九二年九月七日至八日，参加了由机电部三司牵头会同有关主管部门在北京召开的筹建中国塑料机械工业协会座谈会，对当前改革形势及行业现状进行了讨论和研究，一致认为，塑机行业成立中国塑料机械工业协会的条件已经成熟，希望尽快开展工作，争取早日成立。

座谈会通过协商，产生了由十六个单位组成的筹备委员会，推举大连橡胶塑料机械厂为主任单位、上海塑料机械厂、扬子石化公司研究院为副主任单位。并以大连塑料机械研究所尤仲林副所长为组长，上海塑料机械厂陈伟大、扬子石化公司研究院潘志荣为副组长，南京橡胶塑料机械厂等其他五家厂各派一名工作人员组成筹备工作小组，负责今后筹备具体工作。

特此报告，请予审查批示。

大连橡胶塑料机械厂副厂长　　王亚伦
上海塑料机械厂厂长　　　　　　杨焕虎
扬子石化公司研究院高工　　　　潘志荣
三明化工机械厂高工　　　　　　刘庆华
大连塑料机械研究所副所长　　　尤仲林
华西通用机器公司总师办主任　　马龙书
海天机械制造有限公司总经理　　张静章
南京橡塑机械厂副厂长　　　　　陈　
苏州busy机械厂副厂长　　　　　朱永
济南塑料机械厂副厂长　　　　　柴宗
广西东方化工机械厂副总师　　　石
西南高等机械厂

1992年9月8日 于北京

抄报：第三装备司

中国塑料机械工业协会筹备委员会征询会员通知书

中国塑料机械工业协会筹备委员会经有关部门批准正式成立。现征询团体会员，特将《中国塑料机械工业协会团体会员申请表》发给你们，请填好后于1993年1月31日前寄回大连塑料机械研究所转塑机协会筹委会。

地　址：辽宁省大连市周水子广场1号
联系人：尤仲林、王学真
电　话：(0411) 6641861转796或270
电　挂：大连（4222）
邮　编：116034

2 成立
ESTABLISHMENT

中国塑料机械工业协会成立30周年专栏

中国塑料机械工业协会文件

一九九三年度
发文

中国塑料机械工业协会文件

(93)塑机协字第1号

中国塑料机械工业协会成立大会暨
第一次会员大会决议

中国塑料机械工业协会成立大会暨第一次会员大会于1993年6月14日至15日在大连市召开。参加这次大会的有机械部第三装备司、计划司、体改司、化工部中国化工装备总公司、兵器工业总公司生产经营局、中国船舶工业总公司生产经营局、大连市机械工业管理局等主管部门领导和121个行业成员单位,共152名代表。机械部隋永滨副司长、大连市机械工业管理局李学勤局长到会讲了话。

筹备委员会主任委员大连橡胶塑料机械厂王义丰厂长作了协会筹备工作报告和理事会成员单位推荐说明,筹备委员会工作组副组长上海塑料机械厂陈伟大主任作了《章程》、《组织工作条例》、《财务收支管理办法》三个协会的文件说明,筹备委员会工作组组长大连塑料机械厂研究所尤仲林副所长作了协会近期工作要点和1993年工作计划说明。

与会代表经过认真热烈地讨论,通过决议如下:

一、大会选举产生了由37个会员单位组成的第一届理事会单位(见附件)。

二、大会原则通过了中国塑料机械工业协会章程、组织工作条例和财

1

务收支管理办法等文件,由秘书处根据大会提出的意见,进行修改后实施。

三、大会原则通过了中国塑料机械工业协会近期工作要点和1993年工作计划,由秘书处根据大会提出的意见,进行修改补充后实施。

大会要求,理事会应按照协会章程,建立领导机构,选举正副理事长和正副秘书长,抓紧协会组织建设和工作建设,积极开展协会工作,为开创我国塑机行业新局面而奋斗!

一九九三年六月十五日

2

附件:

中国塑料机械工业协会理事单位名单

大连橡胶塑料机械厂	上海第一塑料机械厂
上海塑料机械厂	上海轻机股份有限公司
山东塑料机械厂	陕西包装塑料机械厂
宁波海天机械制造有限公司	南京工艺装备制造厂
大连塑料机械研究所	柳州力乃塑料成型机厂
震德塑料机械厂有限公司	东北塑料机械总厂
东华机械有限公司	上海轻工机械技术研究所
南京橡胶塑料机械厂	湖北鄂城通用机械厂
苏州长风机械厂	四川亚西机器厂
云南西南高等机械厂	甘肃省轻工机械厂
山东东方化工机械厂	阜新红旗塑料机械厂
济南塑料机械厂	成都塑料机械模具厂
福建三明化工机械厂	哈尔滨塑料机械模具厂
四川华西通用机器公司	化工部化工机械研究院
山西淮海机械厂	华南理工大学
国营404工厂	北京化工学院
航天工业总公司第11研究所	无锡格兰机械有限公司
上海挤出机械厂	北京液压件六厂
中国北方设备工程公司	

中国塑料机械工业协会文件

(93) 塑机协字第 2 号

中国塑料机械工业协会首届理事会第一次会议决议

中国塑料机械工业协会首届理事会第一次会议，于1993年6月14日在大连召开。应到理事单位37个，实到理事单位36个。机械部三司、计划司、体改司、中国化工装备总公司、中国船舶工业总公司、兵器工业总公司等部门的领导应邀出席了会议。与会代表经过认真热烈的讨论通过决议如下：

一、会议决定聘请全国人大财经委员、机械部常务副部长陆燕荪为协会名誉理事长，聘请机械部三司隋永滨、戴仲尧，中国化工装备总公司曲方，中国轻工业机械总公司李家琳，航空工业总公司段铭宏，中国船舶工业总公司生产经营局沈仪，兵器工业总公司生产经营局由长戈为协会顾问。

二、会议按照协会章程选举产生了常务理事、正副理事长和正副秘书长。

  理 事 长：王义丰（大连橡胶塑料机械厂厂长）
  副理事长：耿雄虎（上海塑料机械厂厂长）
       王士范（山东塑料机械厂厂长）
       张静章（宁波海天机械制造有限公司总经理）
  秘 书 长：尤仲林（大连塑料机械研究所副所长）
  副秘书长：陈伟大（上海塑料机械厂主任）

常务理事单位名单：（21名）
- 大连橡胶塑料机械厂
- 济南塑料机械厂
- 上海塑料机械厂
- 福建三明化工机械厂
- 山东塑料机械厂
- 华西通用机器公司
- 宁波海天机械制造有限公司
- 山西准海机械厂
- 大连塑料机械研究所
- 国营404工厂
- 震德塑料机械厂有限公司
- 航天工业总公司第11研究所
- 东华机械有限公司
- 上海轻机股份有限公司
- 南京橡胶塑料机械厂
- 陕西包装塑料机械厂
- 苏州长风机械厂
- 南京工艺装备制造厂
- 西南高峰机械厂
- 无锡格兰机械有限公司
- 山西东方化工机械厂

会议要求：应尽快成立协会常设办事机构，按照协会近期工作要求和1993年工作计划，积极开展协会工作，争取用较短的时间，在3～5年内，为把协会办成在国内外具有一定影响和地位的企业家和塑机行业中心而努力奋斗。

一九九三年六月十五日

中国塑料机械工业协会文件

(93) 塑机协字第 3 号

关于开展专题调查的通知

各会员单位：

为适应企业发展需要，根据协会工作计划，现进行书面专题调查，题目是：

1. 如何适应市场经济发展；
2. 贯彻转换企业经营机制"条例"的想法和做法；
3. "入关"的对策建议；
4. 有关新产品开发，技术改造，工艺交流，提高产品质量水平等。

请各单位按上述题目，结合实践，将你单位的想法和做法，经验和问题，意见和建议，写成材料，于7月底前寄送大连塑讯研究所转协会秘书处。

联 系 人：尤仲林 王学真
邮政编码：116034
通讯地址：大连市周水子广场1号 大连塑料机械研究所
电 话：(0411) 6641832
电 挂：大连4222

一九九三年六月十五日

中国塑料机械工业协会文件

(93) 塑机协字第 05 号

关于编辑《中国塑料机械工业协会通讯录》的通知

各会员单位：

中国塑料机械工业协会已正式成立，这标志着我国塑料机械工业进入了一个新的发展阶段。为了利于协会今后各项工作的顺利开展，更好地为行业单位服务，同时便于会员单位之间互通信息，加强联系与协作，共同促进塑机行业的发展和进步。根据协会近期工作要点和1993年工作计划的安排，协会与大连塑料机械研究所将负责编辑出版《中国塑料机械工业协会通讯录》。

为了确保《通讯录》的正确无误，现将《通讯录》具体要求内容表格寄去，请协助在表格内认真填写清楚（电话请注明地区直拨号）。同时将由机场、码头、火车站前往贵单位的乘车路线填在备注栏内。《通讯录》计划于三季度编辑出版完成，烦请贵单位将表格尽快填好，务于7月25日前寄返，望各会员单位给予大力支持与协助为盼！

通讯地址：大连市周水子广场1号
      大连塑料机械研究所转协会办公室
邮政编码：116034
联系电话：(0411) 6641832、6641861-270
联 系 人：李峰英

中国塑料机械工业协会办公室
一九九三年六月二十五日

中国塑料机械工业协会文件

(93) 塑机协字第 06 号

关于举办塑料机械产品展销会意向调查的通知

各会员单位：

中国塑料机械工业协会已正式成立，为了充分发挥协会的桥梁和纽带作用，发挥行业整体优势，扩大影响、开拓市场，协会计划举办塑料机械产品展销会。为了确保展销会达到满意效果，现将展销参展意向书发给贵单位，望认真填写，并请于7月25日前寄返。

通讯地址：大连市周水子广场1号
大连塑料机械研究所转协会办公室

邮政编码：116034

联系电话：(0411) 6641832、6641861-270

联系人：李 峰 英

中国塑料机械工业协会办公室
一九九三年六月二十五日

中国塑料机械工业协会文件

(93) 塑机协字第 9 号

关于编制《塑料机械产品目录》的通知

各会员单位、有关单位：

《塑料机械产品目录》是由国家物资部、机电部、化工部、轻工业部、中国石油天然气总公司和中国石油化工总公司等六部有关司局共同组织编制。我协会受委托，负责汇集整理等具体工作。

此文以前，我们曾转发了六部文件和应填写的目录表格，现已返回不少厂家。为加快目录编制出版进度，我们进一步统一了目录表格式，并根据你单位已有产品资料初步填写了目录表。现寄给你们，请核对、修改、补充后，务于8月底前寄回大连塑料机械研究所转协会。望大力支持。

我们的想法和具体要求是：
（一）为求目录内容较全面、完整地反映我国塑料机械的产品面貌，我们打破部门、地区、所有制界限，以行业协会的企业产品为基础，兼收一些企业的特点产品。据此，我们已按已有资料、填写了目录表，请核对已填项，补写未填和未列项。
（二）为求目录格式统一，对于目录表中的"技术规格参数"一项，规定凡为已有标准的产品，则按标准规定列表填写，凡无标准的产品，则此项可叙述性表达。据此，我们已在寄给的目录表中划出表格，请按项填写，来列表的请自行填写。未列表的请自行填写。表中的"用途"项也请认真填写清楚。
（三）为我目录标准规范，目录中的名称、型号等项，我们将贯彻执行JB/T5438-91《塑料机械名词术语》和GB/T12783-91《橡胶塑料机械型号编制方法》标准，也请支持。
（四）编制产品目录的费用，按六件文件规定，面收工本费。
（五）联系人：尤仲林 蔡素珍
地 址：大连周水子街1号 大连塑机所转协会
邮 编：116034 电 话：6641861-796

一九九三年七月二十五日

中国塑料机械工业协会文件

(93) 塑机协字第 07 号

关于中国塑料机械工业协会"会标"征稿的通知

各会员单位：

中国塑料机械工业协会应该有自己的会标，为了使会标能较准确地代表我协会，并能表达出我行业的特征及会员单位的心愿，特向各会员单位征集协会会标，欢迎大家踊跃投稿。

会标要求：
1. 会标需突出"中国塑料机械工业协会"这个名称的涵意；
2. 会标图案要新颖、简练形象地反映塑料机械行业的特征；
3. 会标图案要求用白纸或绘图纸绘制，不要照片及复印件；
4. 为了便于评审，会标图案需附上简明扼要的会标文字说明；
5. 会标设计者请写上单位名称和姓名，截止时间为8月15日。

来稿请寄大连塑料机械研究所转协会办公室。

会标来稿一经采纳，协会将给设计者一定的奖励，未被采纳者将给予一定的纪念品。

中国塑料机械工业协会办公室
一九九三年六月二十五日

1993年《大连橡塑机报》对中国塑料机械工业协会成立的报道

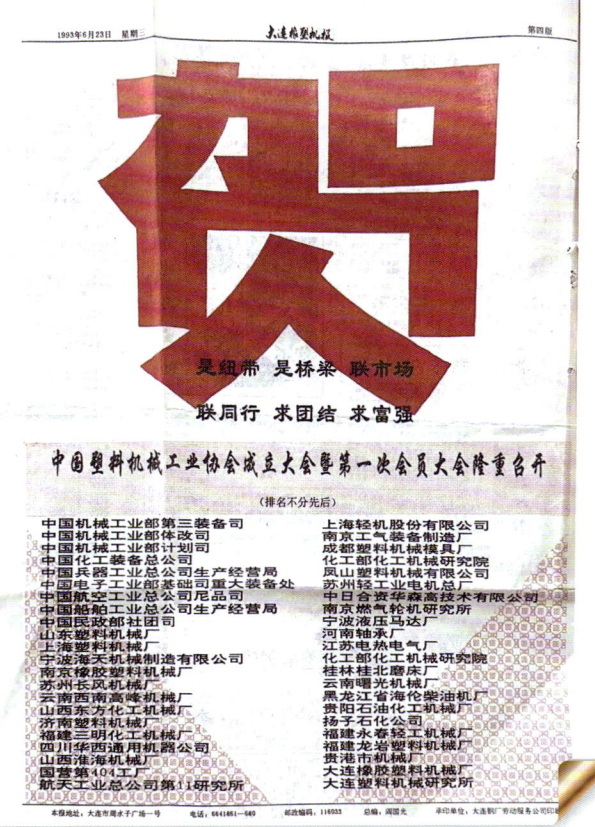

·中国塑料机械工业协会成立暨第一次会员大会·

3 发展
DEVELOPMENT

发展 中国塑料机械工业协会成立30周年专栏

2009年5月，中国塑料机械工业协会第四届会员代表大会在南京召开

2009年11月，《中国塑料机械工业年鉴》首次出版并举行首发仪式

2009年12月1日，推进中国塑料机械产业发展振兴专题座谈会在北京召开

2011年，中国塑料机械工业协会首次推出中国塑料机械行业优势企业榜单

2012年，中国塑料机械工业协会首次赴美参观 NPE 展

2014年，中国塑料机械工业协会秘书长粟东平赴印度协调应对反倾销事宜

2016年，中国塑料机械工业协会第六届理事会负责人就职宣誓

2017年，中国塑料机械工业协会团体标准工作委员会成立

2018年，与中国塑机援助的小学师生合影

产业命运共同体签约仪式

中国塑料机械工业协会
中国塑料加工工业协会
中国模具工业协会
中国铸造协会

2018年，产业命运共同体签约

发展

中国塑料机械工业协会成立30周年专栏

2018年9月12日，中国塑料机械工业协会与北京化工大学联合发起的中国塑机创新人才培养基地揭幕

2019年，参与《中国工业史》编纂工作，获机械工业卷优秀组织奖

2023年，中国塑料机械工业协会购置办公用房

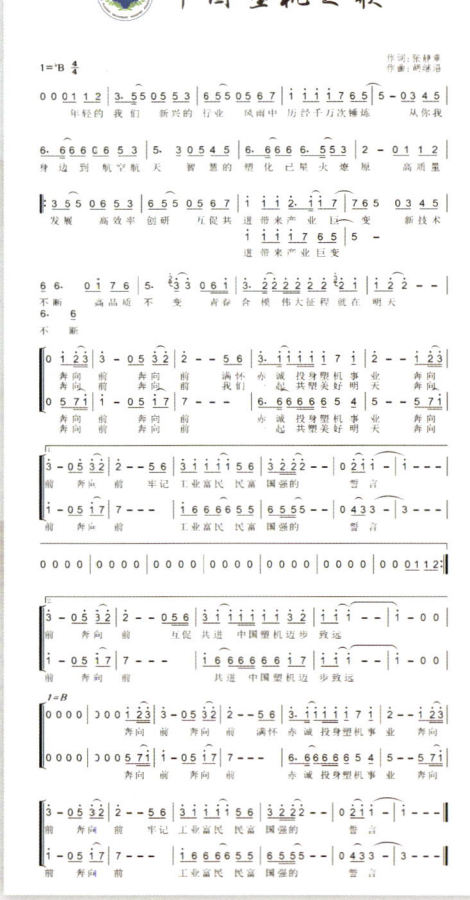

2023年，《中国塑机之歌》创作完成

4 EVENT PHOTOS

30周年庆典活动照片

2023 中国国际塑料机械技术创新论坛

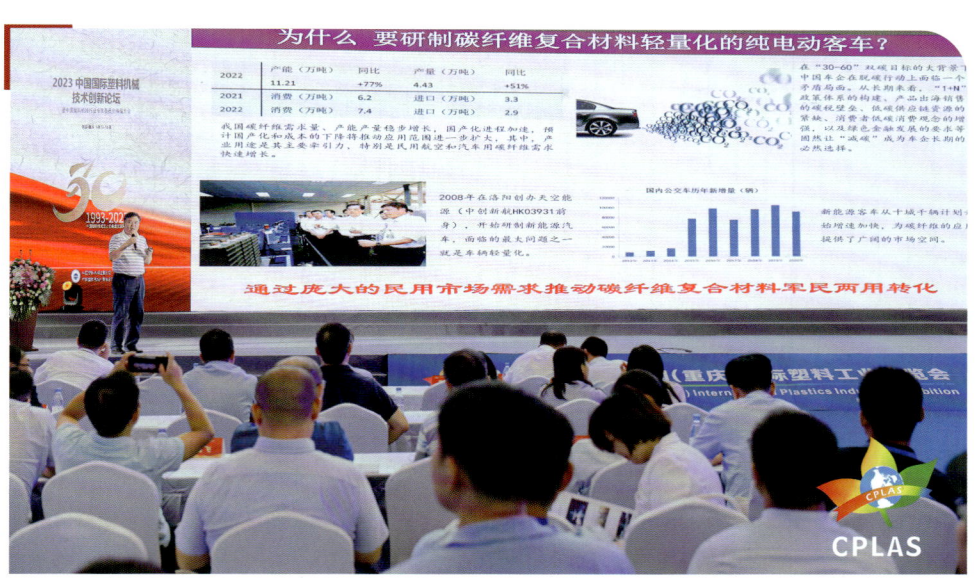

2023 中国国际塑料机械技术创新论坛

2023 中国国际塑料机械技术创新论坛

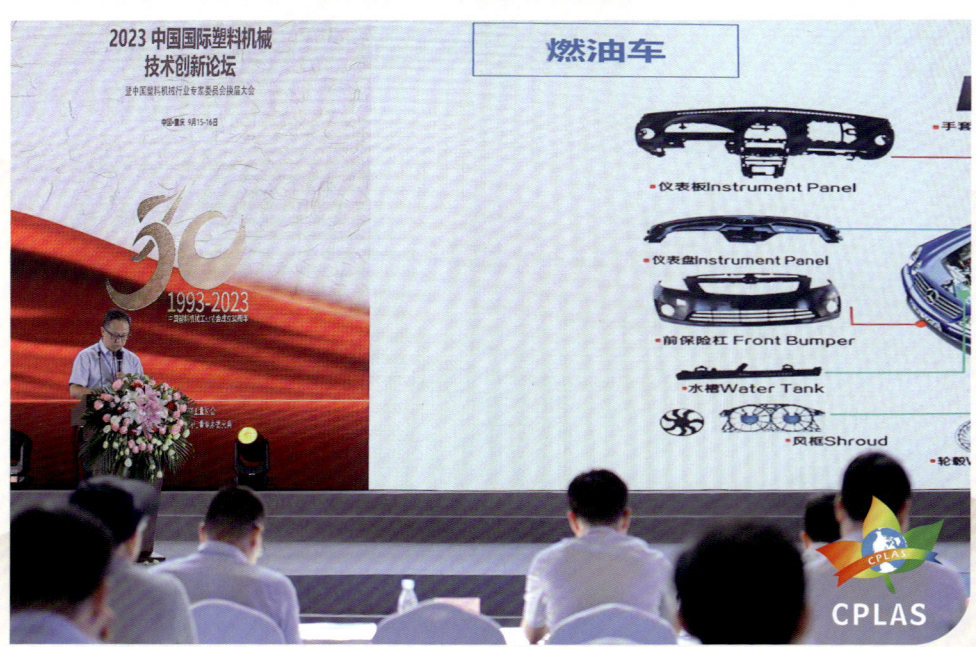

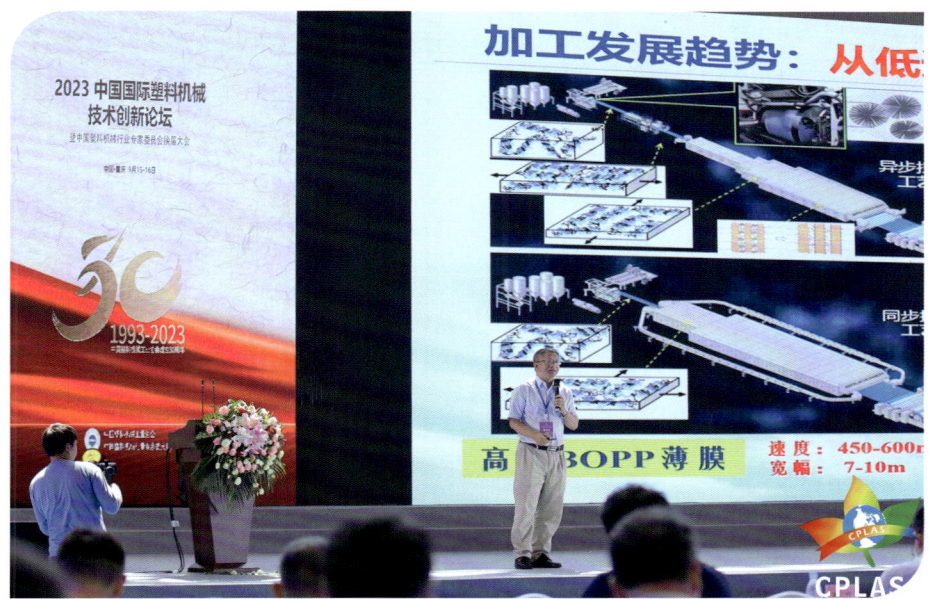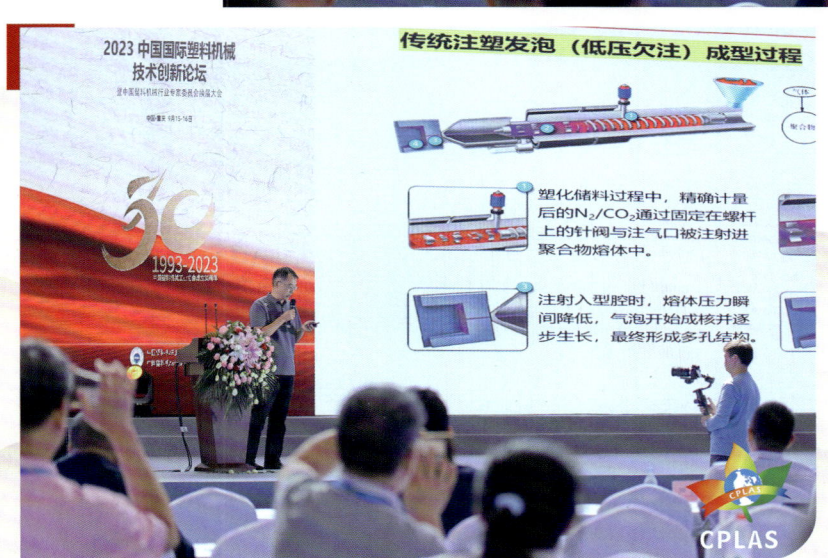

30周年庆典活动照片

中国塑料机械工业协会成立30周年专栏

2023中国国际塑料机械技术创新论坛

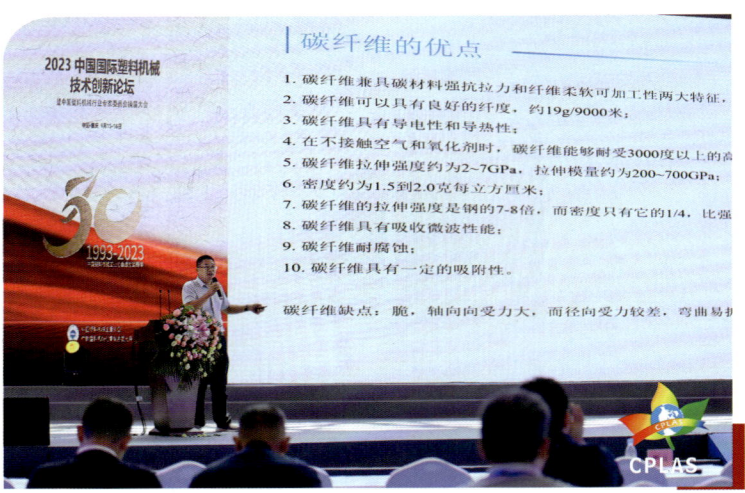

· 2023 中国国际塑料机械技术创新论坛 ·

CPLAS

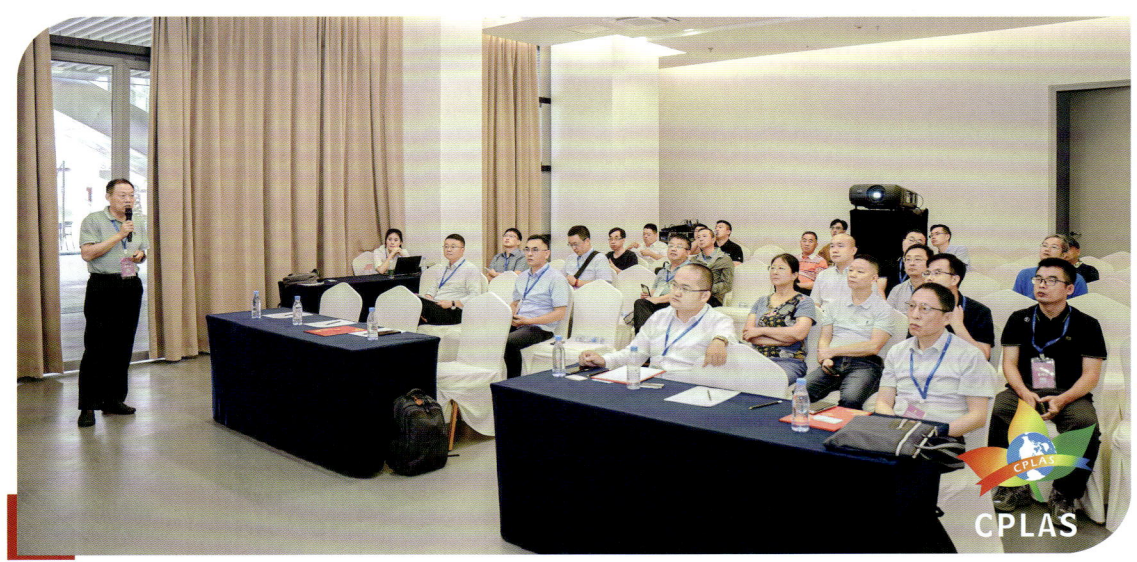

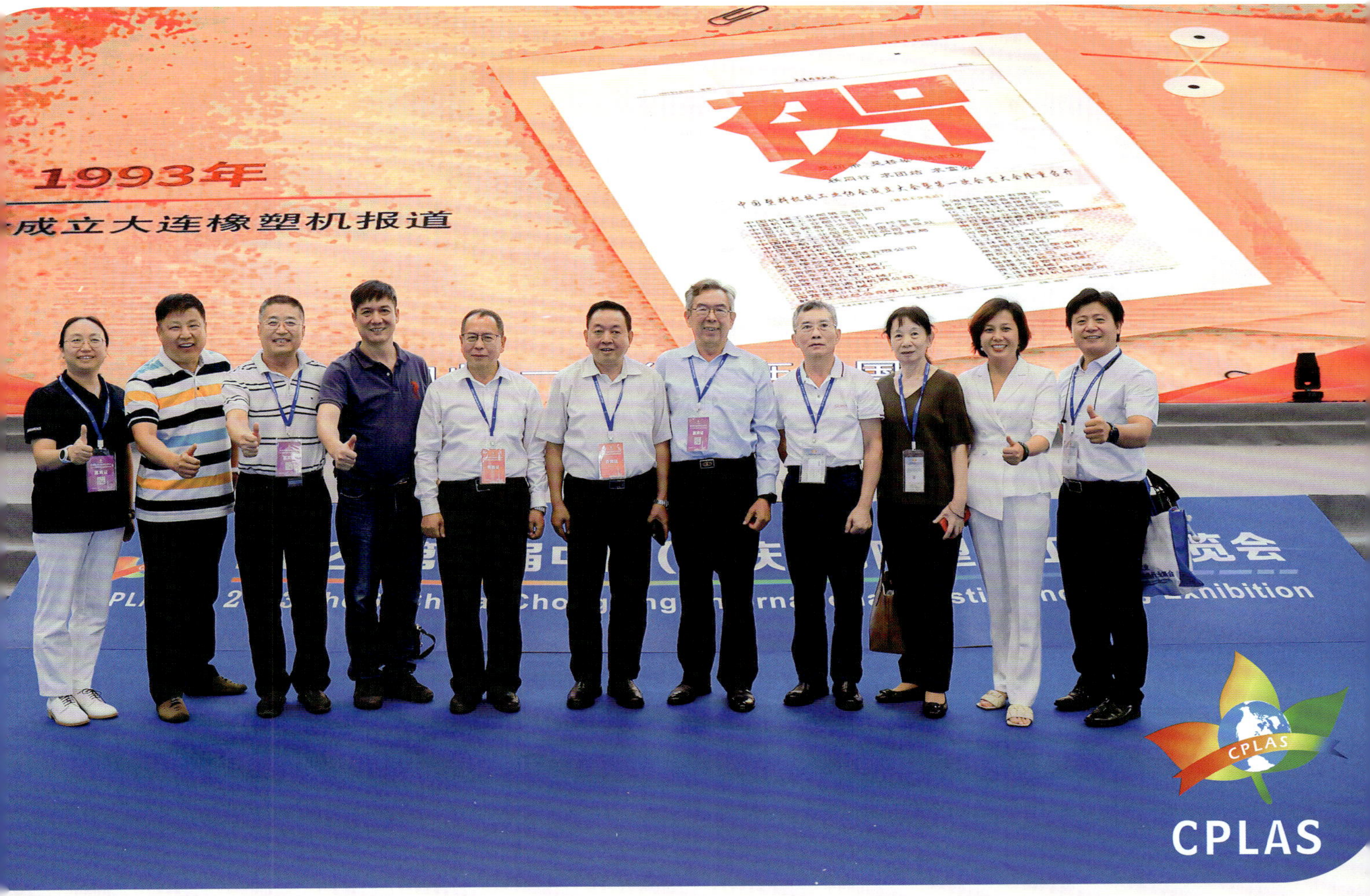
1993年
成立大连橡塑机报道
贺
CPLAS

中国塑料机械行业专家委员会换届会

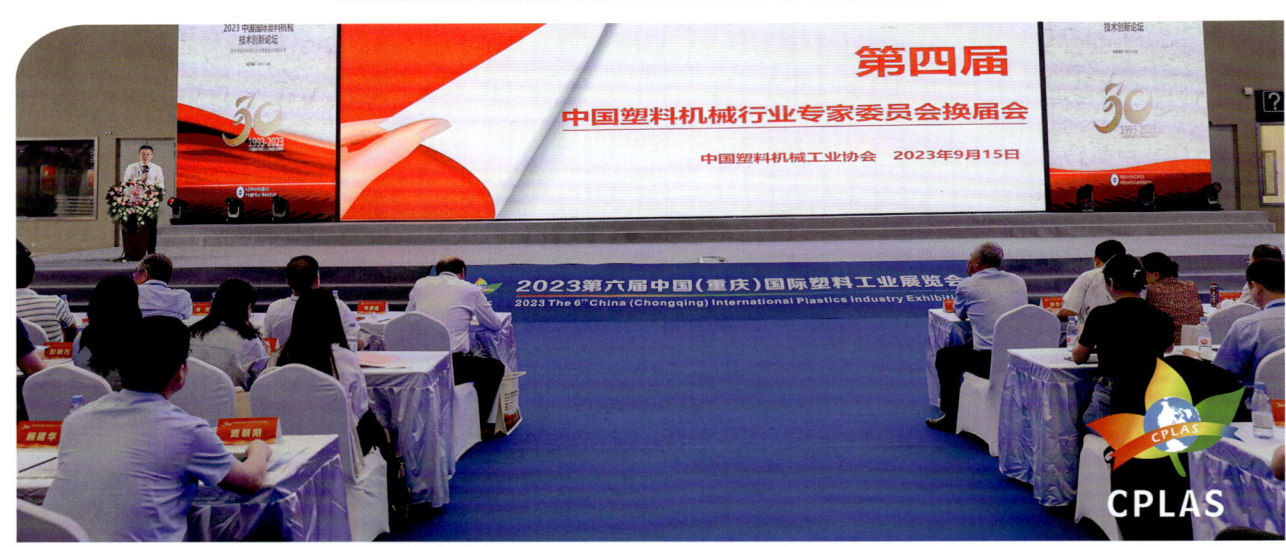

第四届中国塑料机械行业专家委员会专家名单

名誉主任：
瞿金平 中国工程院院士、华南理工大学聚合物新型成型装备国家工程研究中心主任、教授、博导

主任委员：
吴大鸣 俄罗斯工程院外籍院士、北京化工大学塑料机械及塑料工程研究所教授、博导

· 中国塑料机械行业专家委员会换届大会 ·

第四届中国塑料机械行业专家委员会颁证仪式

中国塑料机械工业协会云平台上线仪式

2023 第六届中国(重庆)国际塑料工业展览会

2023 第六届中国（重庆）国际塑料工业展览会

中国塑料机械工业协会成立30周年专栏

30周年庆典活动照片

中国塑料机械工业协会成立30周年庆祝晚宴

功勋人物

王义丰	大连橡胶塑料机械有限公司原厂长
张静章	海天集团有限公司董事长
何世钧	舟山金纬螺杆制造有限公司创始人
蒋 震	震雄集团有限公司创办人兼荣誉主席
瞿金平	中国工程院院士、华南理工大学教授

中国塑料机械工业协会成立30周年庆祝晚宴

中国塑料机械工业协会成立30周年庆祝晚宴

激荡三十年

20世纪90年代初，在国务院有关部门的协调下，分散在十多个国家部委的塑料企业整合进入当时的机械工业部。1993年6月15日，中国塑料机械工业协会在大连正式成立，自此，一个分布在全国、涉及多种所有制企业以及相关高校和科研院所的塑料机械行业，第一次以独立的工业行业出现在市场经济的大舞台，不断谋求行业自身地位，发挥应有价值。特别是2009年以来，塑料机械以塑料行业"工业母机"之名跻身我国战略性新兴产业，得到国家智能制造、技术改造、首台（套）重大技术装备保险补偿、节能技术装备推荐目录、单项冠军培育和小巨人认定等相关产业政策的关注和支持。

从1958年上海塑料机械厂生产第一台60g注塑机开始，我国塑料机械行业走过了从无到有、从小到大、逐步做强的65年历程。特别是1993年以来，历经一代又一代塑机人的接力奋斗，我国塑料机械行业实现了跨越式发展，取得了举世瞩目的巨大成就，为我国经济社会发展和科技进步做出了突出的贡献。据统计，1993年行业年销售额只有20多亿元，2022年销售额已达950多亿元，增长约46.5倍；1993年出口0.5亿美元，2022年出口达到70多亿美元，增长约139倍。

1993—2022年中国塑料机械行业营业收入见图1。1993—2022年中国塑料机械行业利润总额见图2。

三十年来，中国塑料机械工业已经形成了具有世界最大规模和先进水平的产业体系，从产品档次看，中国塑料机械有60%的产品处于世界二流水平，30%的产品处于世界一流水平，还有10%的产品已开始引领世界。这些数字凝聚了企业家、科学家以及十多万产业工人的热血和青春。

三十年，放在历史长河中，不过白驹过隙。而于中国塑机来说，已然发生了翻天覆地的变化。三十年来，中国塑机肩负着从小到大的期待，一路披荆斩棘、奋勇向前，坚定不移走好发展的每一步，诞生了一大批优秀的企业和企业家。百舸争流、百家争鸣，他们不畏艰险、敢于担当，为行业发展立下了汗马功劳，并不断带领中国塑机走向世界。

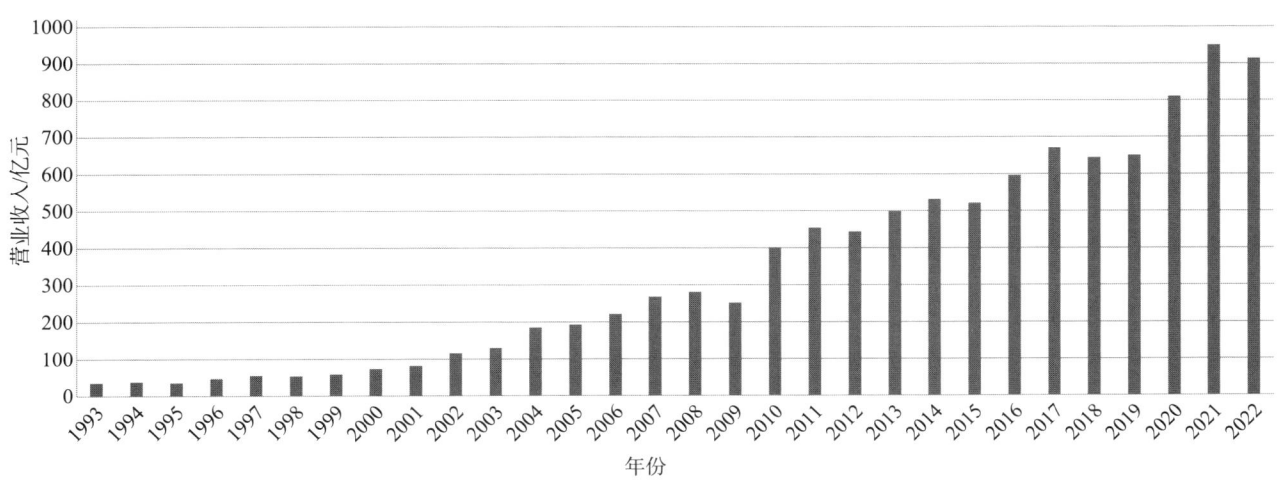

图1 1993—2022年中国塑料机械行业营业收入

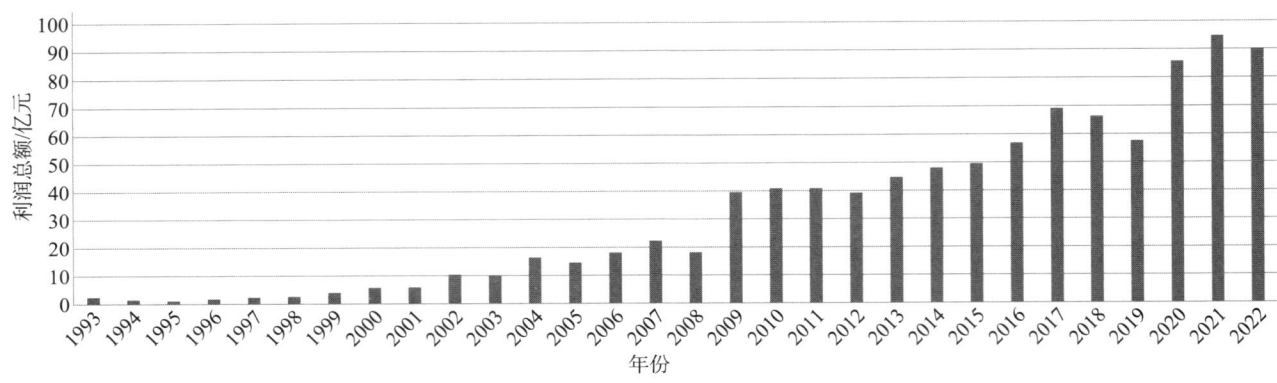

图 2　1993—2022 年中国塑料机械行业利润总额

大江流日夜，慷慨歌未央。中国塑机正以一个更加开放、创新、包容的姿态，在世界经济中扮演越来越重要的角色。

一、中国塑料机械工业概述

塑料机械工业既为塑料原料生产、又为将塑料原料加工成各种成品或半成品提供工作母机，是塑料工业实现现代化生产的前提和基础。按塑料制品生产过程分为原料准备和预混合设备（包括捏合机、开炼机、密炼机、切粒机、筛选机、研磨机、多组分加料机等）；塑料配混改性设备（包括双螺杆、双转子、往复式成套挤出造粒机组）；塑料成型机械（包括注塑机、挤出机、吹塑机、模压机、滚塑机、压延机、3D 打印设备、反应注射成型机等）；塑料/纤维复合材料加工机械（包括单向/织物热塑性纤维预浸料成型机、塑料拉挤成型机、长纤维增强塑料原料 LFT-G 加工设备、长纤维增强塑料制品成型 LFT-D 加工设备、长纤维增强注塑成型机、三明治结构热复合机、GMT 成型设备等）；塑料二次加工机械（包括热成型机、焊接机、热合机、烫印机、真空蒸镀机、植绒机、印刷机等）和塑料加工辅助机械与装置（包括原材料输送与贮存设备、自动计量供料装置、边角料自动回收装置、塑料分选机、破碎机、拉伸成型机、真空干燥/脱挥设备、注塑制品自动取出装置、注塑模具快速更换装置、模具冷却/加热机、自动测厚装置、自动质量检测装置等）。

中华人民共和国成立以前，塑料机械行业在中国基本属于空白，20 世纪 20 年代当时还只是萌芽状态的塑料工业能够生产出一些简陋的热模塑设备，其他设备和配件全部从国外进口，国内企业只能进行简单的修理。20 世纪 50 年代中后期，中国塑料机械工业开始起步，改革开放后得以快速发展，2008 年后进入持续高速发展期。经过 60 多年的发展，中国塑料机械工业已形成以科技创新为先导、门类齐全、具有世界最大规模和较先进水平的产业体系，生产集群主要分布在环渤海、长三角和珠三角三大区域。

塑料机械作为先进制造业的重要组成部分，符合科技革命发展方向，具有良好的经济技术效益；产品应用领域广泛，拥有广阔的市场前景。塑料机械行业为航空航天、国防、石化、汽车及交通、电子电器、包装、光电通信、生物医疗、新能源、建筑材料、农业、轻工业等国民经济各领域提供重要技术装备，是进入 21 世纪以后中国机械工业增长最快、利润率最高的行业之一。据中国塑料机械工业协会测算，中国塑料机械产量占世界比重超过 50%，销售收入占比约为 35%，我国成为名副其实的塑料机械制造大国和出口大国，在全球塑料机械市场上具有重要地位。

二、中国塑料机械工业稳步发展（1978—2008 年）

改革开放后，通过有针对性、有计划、有步骤地引进和消化吸收发达国家塑料机械的先进技术，以合资合作及自主开发、创新等方式，中国塑料机械的生产技术水平和产品档次有了明显提高，涌现出一批有一定实力的生产制造企业和科研院所，形成了品种规格系列化、门类相对齐全的塑料机械工业体系。

（一）行业管理体制改革

随着塑料机械对国民经济的作用显现，全国范围内机械、造船、航天、军工、化工和轻工等多个工业部门都参与塑料机械制造，但由于行业归口多且相互之间存在一定的界限，在某种程度上又制约了行业的进一步发展。为此，从中央到地方开始积极探索塑料机械的管理体制改革。

1984年，上海市机电一局轻机公司成立塑料机械事业部，负责分管上海地区塑料机械的技术开发和生产经营，提出了"塑料原料—塑料机械—塑料制品"产业链一条龙管理的构想。1985年，是国民经济进行全面经济体制改革的重要一年。机械工业部与轻工业部联合编制了《全国塑料机械行业"七五"发展规划》，塑料机械行业第一次有了行业发展的纲领性文件，也使塑料机械行业打破部门约束和地区、行业界限，由封闭式生产经营向开放型的生产经营转变。加强横向联合，共同推进行业发展，有了一个良好的开端。

塑料机械行业打破条块分割、部门割据和军民分家局面的第一批合作内容体现在：以航空工业部625所为基础，组织有关航空企业和塑料机械企业相互配合，承接大型塑料注射模具的攻关和制造任务。

南方塑料机械联营公司和北方塑料机械联营公司则合作开展科研和成套设计、成套制造，为用户提供成套装备和成套技术服务。

20世纪80年代末至90年代初，塑料机械行业相关委员会和专业协会的成立及其相关工作的开展，对于进一步打破部门界限、加强塑料机械行业的统一规划和协调发展，起到了一定的推动作用。特别是1993年5月，中国塑料机械工业协会正式成立，使得横跨十多个行业、分布于全国各地、涉及多种所有制的塑料机械企业以及相关高校和科研院所的塑料机械行业，第一次实现了产业资源的大整合，第一次以独立的工业行业出现在市场经济的大舞台。

（二）行业布局特点

这一阶段，中国塑料机械行业的布局呈现地域分布区域性、所有制形式多样性的发展特点。

1. 企业分布情况

20世纪90年代末到21世纪初，中国从事塑料机械制造的企业已达到600家以上，其中以中小型企业为主、产值在百万元以上的约300家。另有近20家各种级别科研院所和近10所设置塑料机械专业的高等院校。机械工业塑料机械科技信息网和大连塑料机械研究所编制的《塑料机械行业年度基本情况统计汇编》的调查统计结果显示，中国1998年度的124家主要塑料机械企业工业总产值达到38.7亿元。这些被统计的企业按所有制性质分类：国有企业约占38%，集体企业约占27%，三资企业约占11%，私有企业约占3.2%，股份制企业约占17%。按主营业务分类：注塑机生产企业约占30%，挤出机生产企业约占62%，中空成型机生产企业约占8.9%，兼业企业约占14%。

因为与塑料加工行业有着密切的依存关系，主要塑机企业集中在加工行业发达地区，具有明显的区域性：主要聚集在以顺德、东莞、汕头为核心的广东南部地区，以上海、宁波、杭州、无锡、南京、莱芜、青岛为核心的华东地区，以大连为核心的辽东地区，以京、豫、鄂为核心的区域和以陕、甘为核心的西部区。在所统计的124家塑料机械企业中，东南沿海区域的塑料机械企业占70%以上。2006年12月和2007年1月，中国机械工业联合会分别授予浙江省宁波市"中国塑机之都"称号和浙江省舟山市定海区"中国塑机螺杆之都"称号。

2. 企业所有制情况

经过改革开放，中国塑料机械行业逐渐形成

较先进的装备条件和较完善的国内市场，向国际市场延伸扩大营销网络，具备了与国际接轨的基础条件。

20世纪80年代末和90年代初，主要是港台地区同行进入内地（大陆）。在20世纪90年代塑料机械行业的合资企业里，与香港合资占比约为80%；与台湾合资占比约为13%。这些合资企业在推动注塑机制造技术、开拓国际市场等方面发挥了重要作用。

1997年，党的十五大报告首次提出："公有制为主体、多种所有制经济共同发展，是我国社会主义初级阶段的一项基本经济制度。"塑料机械行业里的民营企业开始涌现。《中共中央关于国有企业改革和发展若干重大问题的决定》发布后，塑料机械行业国有企业纷纷改制，国有企业中的管理者、技术骨干力量开始接手企业的生产运营，塑料机械行业民营企业队伍进一步发展壮大，同时也加快了竞争机制的形成，为中国塑料机械工业的发展和进步带来了活力。

2000年前后，国外同行，如德国的巴顿菲尔、克劳斯玛菲、科倍隆公司，日本的东芝、宇部公司等，带来了国际先进水平的制造技术，提供了很好的学习消化吸收条件。

（三）行业技术进步

"六五"以前，中国生产的塑料机械与发达国家的差距有20年。"六五"期间，中国引进了大量先进的塑料加工机械和制造技术，包括平行双螺杆挤出机组、锥形双螺杆挤出机组、单螺杆挤出吹塑机组、中空成型机和注射成型机等。这些技术的引进以及大量新设备的研制使中国塑料机械制造水平有了较大的提高。许多产品与国外的差距缩小了10年，个别产品仅有3～5年的差距。

1.重点产品种类增加、性能改进

在挤出机方面，不少企业大量采用新型螺杆，并且拥有了先进的加工螺杆的机床，大大地改进了挤出机的性能。同时也充分注意到，塑料工业大量使用高密度聚乙烯（HDPE）和线性低密度聚乙烯（LLDPE）后，增强了螺杆及减速机的适应性。挤出辅机的品种相应增加，质量也有所提高。工艺、设备较复杂的无纺布、交叉复杂薄膜、多层共挤出薄膜的辅机都已投入生产。

在注塑机方面，除继续扩大规格范围外，各主要企业都在致力于提高注塑机水平以适应精密制品生产。控制系统已从传统的继电器控制转向程序控制。可编程控制器及微处理机控制的注塑机在总产量中的比例逐年加大。在国内钟表、电子行业需求的推动下，小型精密注塑机的发展加快。

除了上述两类产量最大、应用最广的塑料机械外，二次加工及废料回收设备的新产品也陆续问世，制袋机的型式品种增加，曲面印刷设备的种类及产量也与日俱增。当时开发的几种废膜回收装置可以对工厂生产过程中的废膜及社会废膜进行回收造粒，对塑料工业的开源节流起了重要的作用。

2.关键技术指标提升

进入20世纪90年代，特别是进入21世纪以后，中国塑料机械制造技术进步速度加快，产品在关键技术指标上取得了突破性进展。总体上说，国产塑料机械制造技术已经接近国际先进水平。

这里的关键技术指标包括温度控制精度、单位质量原料成型能源消耗、塑料成型精度和机器的生产效率。这些指标的先进与否和塑料原料、生产工艺、加工设备及模具密切相关。就设备而言，还与其生产线的每一项配置技术有关。这些指标影响到节能、省料、制品的市场竞争力等，是设备为用户制造效益最大化的必备条件。

温控精度包括挤出注射塑化及各种加热冷却等温度控制。国产设备在20世纪80年代中期前，温控精度为±5℃，90年代中期为±3℃，21世纪初普遍达到±1℃，部分已达到±0.5℃，与国际先进技术在同一水平线上。

降低单位质量塑料成型能耗是中国塑料机械制造行业一直在努力追求的目标。总体上说，国产设备能耗相比于国际先进设备，20世纪80年代相差3倍，90年代中期相差1.5～2倍，21世纪初已基本相同。如加工包括聚酰胺（PA）、乙烯/乙烯醇共聚物（EVOH）等高阻隔材料在内的多层共挤吹塑薄膜生产线，当时塑料成型能耗的国际先进水平在0.4kW/kg左右，而广东金明塑胶设备有限公司制造的同类设备已达到0.31～0.37kW/kg。

从塑料成型精度看，提高塑料成型精度不仅意味着塑料制品品质的提升，也意味着节省原材料和降低产品生产成本。在成型精度上，国产设备与国际先进水平比较仍有一定的差距。但是，中国越来越多的企业制造的设备成型精度进入国际先进行列。如国际先进设备生产的0.015～0.2mm共挤吹塑薄膜，厚度精度在±5%以内；而广东金明塑胶设备有限公司制造的同类设备，薄膜厚度精度为±3%～±4%。

在生产能力方面，高速、高效、高产能是国际塑料机械制造发展的趋势，如小型精密注塑机空循环时间<2s，螺杆直径45mm的单螺杆挤出机最大塑化能力>200kg/h。

3. 大型、精密塑料成型设备制造取得突破性进展

宁波海天2002年推出的锁模力为3.6万kN的注塑机是当时最大型的国产注塑机。震雄集团在2006年首先推出真正的二板注塑机，产品锁模力从7 000kN到6.5万kN；青岛德意利机械有限公司、宁波方力实业有限公司、上海金纬机械制造有限公司和广东金明精机股份有限公司推出了制品管径为8 000mm的双壁波纹管和上水/供气PE管、管径为2 000mm的缠绕管的加工设备。国产设备加工的吹塑薄膜幅宽达20m，挤出吹塑中空制品容积达1 000L，滚塑中空容积达10 000L。

宁波海天集团股份有限公司、东华机械有限公司等成功试制了全电动注塑机并推广完善。广东泓利塑料机械有限公司研制的数码光盘注塑机拥有7件专利，其中1件获得了欧、美、日及中国等7个国家和地区发明专利的授权。其制品成型周期≤4.5s，制品质量精度为±0.5%。正如专家所说，数码光盘注塑机的研究成功是精密注塑机制造顶级技术的标志，也是中国注塑机制造已经从普通注塑机向超精密注塑机跨越的标志。

4. 共挤出复合技术走向成熟

不同材料加工条件上的差异给共挤出复合生产带来了困难。20世纪末，挤出技术在我国被广泛应用在建筑管材上，包括铝塑、钢塑、铜塑和不锈钢涂塑管等。以青岛德意利机械有限责任公司、宁波方力实业有限公司、张家港联冠科技发展有限公司等为代表的企业制造的铝塑复合管生产线技术性能已接近国际先进水平，对国内市场的回升起到了积极的作用。由于市场对各种功能膜的需求旺盛，复合薄膜特别是共挤吹塑复合薄膜生产设备的制造技术取得了重大进展。叠加机头是具有真正意义上的模块单元化结构，和螺旋机头相比，克服了熔体与金属接触面随着共挤膜层数的增加而急剧增大的缺陷，湿润面小，降低了物料流动阻力；层次之间隔热性能好，在温差50℃时，仍然保证了良好的共挤复合成型效果，这对于带有PA、EVOH等夹层的薄膜生产具有重要意义。共挤出复合技术在流延、中空吹塑成型中也得到了成功的应用。秦川发展股份有限公司制造的6层2 000L汽车塑料油箱生产设备得到了推广应用。

5. 生产线配置技术不断提高完善并与国际接轨

国产塑料机械的控制和自动化技术与国际接轨最早，程度也较高。电器、液压、气动和各种仪器仪表普遍国产与进口件并用，通过各种方式引进系统的设计技术，有的甚至采用委托配置，最大限度地满足国内外用户需求。当时最新研制的设备普遍配置了现场控制网络系统并留有接口，

为实现远程控制、建立无人车间打下了基础。在生产线中许多关键装置也加快了向国际先进水平靠拢的速度。宁波方力实业有限公司研制并应用在PE管生产上的篮式机头、无屑切割装置、测控技术，广东金明共挤复合薄膜应用的叠加机头、IBC内冷装置、自动配料系统、在线纵/横向厚度监控技术都具有国际先进水平。

6. 专业化生产形成规模经济并向着"专而精"的方向发展

配混设备及机组中的各种辅助装置、螺杆机筒分别是张家港地区和舟山地区的传统产品。经过多年的发展，规模进一步扩大，制造技术取得显著进步。以螺杆机筒为主导产品的舟山地区为例，2003年塑料机械产值超过20亿元，生产螺杆机筒近5万套，满足国内塑料机械（主要是注塑机）配套需求的80%左右，同时20%左右出口，出口市场包括塑料机械工业发达的国家和地区，如日本、加拿大和美国等。开发能力的不断提高是舟山螺杆机筒制造持续发展的关键。浙江华业、浙江金湖、上海金纬、宁波金星和舟山精业等主要螺杆机筒制造企业普遍应用了国内外先进的加工检测设备，如进口的螺杆加工专用铣床、立式机筒珩磨机、双金属机筒离心浇铸和螺杆喷涂合金装置等。除了大批量生产注塑机用螺杆机筒外，还可以生产适用不同原料、工艺条件的各类型挤出机螺杆机筒，如单螺杆挤出机、平行或锥形双螺杆挤出机、混炼双螺杆挤出机等的专用或通用螺杆机开槽加套机筒。舟山地区与北京化工大学共建了舟山北化聚合物加工技术研究所有限公司，通过产学研结合，在提高螺杆机筒乃至塑料成型设备的制造技术上又走出了坚实的一步。

7. 国内空白或高新技术含量的塑料加工设备研制开端良好

双向拉伸聚丙烯（BOPP）、双向拉伸聚对苯二甲酸乙二醇酯（BOPET）、双向拉伸聚苯乙烯（BOPS）等双向拉伸薄膜加工设备的研制多年来一直是中国塑料机械制造中的难题。国内BOPP和BOPET薄膜加工设备的研制最早是为电器工业行业生产绝缘材料，早在20世纪60年代初期，化工部北京化工研究院、桂林电器科学研究所和有关绝缘材料厂进行聚酯一次或两次拉伸。1975年在桂林电器科学研究所研制成功中国第一台BOPP薄膜加工设备。尽管中国研制工作较早，但是受当时国内工业基础和配套技术限制以及制造该类设备投资大、风险大、企业资金不足的影响，研制进度缓慢，甚至停滞，国内旺盛的市场需求基本依靠进口满足。2004年前后，中国一些企业在研制双向拉伸薄膜加工设备上迈出了可喜的一步。汕头远东轻化装备有限公司分别于2002年和2004年成功研制了带有国际先进水平配置的BOPP、BOPET生产线；桂林电器科学研究所成功研制了带有国际先进水平配置的8.2m BOPP薄膜加工设备和4.6m BOPS薄膜加工设备，可部分满足塑料加工企业对双向拉伸薄膜加工设备的需求。

山东华冠、广东金明精机分别制造的共挤流延和共挤吹塑透气薄膜生产线，北京化工大学、清华大学和中国科学院化学研究所各自与相关企业研制的不同工艺路线的超高分子量聚乙烯挤出管材生产线均在此阶段推向了市场。

江苏省沙洲县橡塑机械厂还研发成功了SJ-45全视窗科研挤出机并通过了当时轻工业部的技术鉴定，填补了国内空白，为中国塑料挤出理论研究做出了贡献。该厂与北京塑料研究所合作研发的SFFD-400聚四氟乙烯螺纹密封带生产线获部级科技进步奖。

江苏省张家港橡胶塑料机械厂（江苏维达机械有限公司前身）承接国家"八五"重点技术开发项目，成功研发了三工位注吹成型机，1993年经鉴定，该机填补了国内空白，为中国医药包装从玻璃瓶向塑料瓶转型提供了装备支持；该厂与台湾企业合资成立的张家港华丰塑料机械有限公司，研发生产出0.1～200L中空吹瓶吹桶成型机。

华南理工大学瞿金平教授发明的电磁动态挤出机,不仅在理论上取得了进展,而且在应用领域上也取得了突破,在连续混炼、反应挤出加工上进一步显示出独特优势。

(四)行业规模增长

从20世纪80年代起,塑料制品在农业、建筑、包装等行业的需求量不断增大,带动了塑料机械行业的发展,自1983年下半年起,塑料机械产品开始出现供不应求的局面。注塑机与挤出机仍为塑料机械的主导产品,中空吹塑成型机产销呈上升趋势,辅机生产引起重视,塑料机械配套程度有所提高,产品结构趋向合理。

1. 行业体量增长

1983—2008年,塑料机械工业总产值从3.47亿元增加到280.43亿元,年均增长19.21%,行业就业人数为4万~6万人。2002年,行业工业总产值首次突破100亿元达到116.4亿元,2006年突破200亿元达到221.33亿元。至此,中国塑料机械工业从无到有、到工业总产值突破100亿元,用了50年左右的时间,而从100亿元到突破200亿元,仅用了不到5年的时间。

工业销售产值由1996年的43.86亿元增加到2008年的262.98亿元,年均增长16.10%。

利润总额由1996年的1.82亿元增加到2008年约25亿元,年均增长24.40%。

全员劳动生产率由1996年的1.92万元/人增加到2008年约15万元/人,年均增长18.69%。

2. 进出口贸易增长

这一阶段,就行业整体而言,中国塑料机械工业与世界先进水平仍然存在较大差距,特别是一些超大型和精密型高档产品国内还是空白,仍需进口,并且进口量逐年上升,进口额远大于出口额,塑料机械贸易常年处于逆差状态。

(1)进口情况。中国从国外进口的塑料机械主要有注塑机、挤出机、吹塑机、真空模塑机和塑料造粒机等,据1995—2000年的数据统计,塑料机械进口量和进口额不断上升,由1995年的2.72亿美元上升到2000年的13.16亿美元,年均增长37.07%。

2001—2008年,中国塑料机械进口额从15.54亿美元增长到28.63亿美元,在此期间除2005年和2006年同比下降外,其余各年均呈现逐年上升走势。

(2)出口情况。20世纪70年代末至80年代,中国塑料机械的出口规模很小。根据1981—1984年的数据统计,机械工业部系统的塑料机械企业出口合计517台,出口额仅为178.9万美元。进入20世纪90年代,随着塑料机械产品生产规模的扩大和产品质量的提升,出口贸易也得到了快速增长。

1991年,浙江塑料机械总厂、柳州塑料机械总厂等25家塑料机械企业生产的29个塑料机械产品进入第一批国家鼓励生产和使用的先进技术装备产品名单,当年中国塑料机械出口总额突破1亿元,达到1.3亿元,约合0.25亿美元;1992年出口额将近翻番增长,达到2.45亿元,约合0.44亿美元;1993年出口额直接突破4亿元,约合0.69亿美元。

1995年,在国内外塑料制品行业不景气的影响下,全国塑料机械行业出口减缓,但在1996年和1997年,出口额呈现回升态势,同比增速分别为17.21%、17.76%。

1998年,由于受东南亚经济危机的影响,全国塑料机械产品出口再次明显下降。同时,由于国内产品与国外相比在质量、性能上尚存在一定的差距,因而出口产品价格仅是国外同类产品的25%~33%。

1999—2008年,全国塑料机械行业出口额保持连续10年的上升态势,特别是进入21世纪后,出口额大幅上升。2008年出口额由2000年的1.53亿美元上升为19.10亿美元,增长11.5倍,年均增速为37.1%,出口目的地覆盖全球120多个国家和地区，中国由此成为塑料机械出口大国。

随着中国塑料机械行业转型升级步伐的加快，塑料机械产品的科技含量和档次不断提高，部分产品达到国际先进水平，某些产品已处于世界领先地位，逐步替代进口产品。

（3）贸易逆差情况。2005年以前，中国塑料机械进出口贸易的逆差额逐年拉大，且逆差占塑料机械进出口贸易总额的比重多年高达71%以上。自2006年起，随着出口提速，逆差金额开始呈现下降趋势。

（五）标准建设和质量管理

进入20世纪80年代，橡胶塑料机械行业进一步加强了质量管理和标准工作，产品质量有了明显的提高，每年都有多项产品荣获国优、部优质量奖项。

1. 标准建设

1986年以前，塑料机械行业的标准主要由机械工业部、轻工业部牵头制定和颁布实施。1986年，机械工业部与化学工业部、轻工业部共同组建了全国橡胶塑料机械标准化技术委员会及其橡胶机械标准化分技术委员会、塑料机械标准化分技术委员会（挂靠在大连塑料机械研究所），开始由专门的标委会机构负责组织行业各项标准的制定与修订工作，为促进行业的技术进步奠定了良好基础。

1998年，全国橡胶塑料机械标准化技术委员会塑料机械标准化分技术委员会组织修订了21项塑料机械产品质量分等标准，进一步为企业上等级及产品创名牌提供了依据。

2. 质量管理

1984年，塑料机械行业广泛深入地开展了全面质量管理工作，建立健全了三级质量管理机构。1986年，塑料机械质量监督检测中心组建，挂靠在杭州轻工机械设计研究所，并开始对塑料机械产品进行质量检测。

行业召开质量工作会议、举办质量成本学习班、开展质量评比活动，对促进质量管理工作和提高管理水平起到了积极作用。

1998年，塑料机械行业开展了创名牌、降成本活动，取得显著效果。大连冰山橡塑股份有限公司的"DXS"牌SJ系列农膜挤出机组、震德塑料机械有限公司的"震德"牌CJ80-2000塑料注射成型机、东华机械有限公司的"TTI"牌TTI63-2500塑料注射成型机、宁波海天机械制造股份有限公司的"HT"牌HT58-2500塑料注射成型机和山东华冠集团总公司的"华冠"牌PC-65农膜挤出机组等被认定为中国机械工业名牌产品。2000年，震雄集团旗下震德塑料机械有限公司生产的CJ80-CJ1000型全自动注塑机被认定为国家级新产品。

为应对中国加入WTO的机遇和挑战，塑料机械行业把产品质量提升到企业经营与发展的首位，自觉规范产品质量，积极主动接受各种质量体系的检验。东华机械有限公司、大连冰山橡塑股份有限公司、山东华冠股份有限公司、山东塑料机械厂、宁波海天机械制造股份有限公司和宁波海达塑料机械有限公司等行业骨干企业相继通过ISO 9001质量管理体系认证。

2006年，宁波海达塑料机械有限公司被评为全国外经贸质量效益型先进企业。同年9月，中国名牌产品暨中国世界名牌产品表彰大会在北京人民大会堂召开，中国塑料机械行业共有4个品牌获中国名牌产品称号，分别是宁波海天塑机集团有限公司的"海天HAITIAN"牌注塑机、震德塑料机械有限公司的"震雄CH"牌注塑机、东华机械有限公司的"h"牌注塑机、力劲机械（深圳）有限公司的"LK"牌压铸机。这是全国塑料机械行业产品首次被列入《中国名牌产品目录》，改写了塑料机械行业无"中国名牌产品"的历史，塑料机械行业从此迈上了名牌战略的新台阶。

改革开放后，在塑料制品行业发展的带动下，尤其是在家电、家用塑料制品、建筑装饰材料、包装材料及汽车工业等行业需求的带动下，中国塑料机械工业得以发展且水平日益提高，已成为国民经济发展不可缺少的重要行业。

随着经营管理体制的改革和市场经济的发展，中国塑料机械工业已形成民营企业为主、集群效应明显、发展活力和潜力巨大的产业。到2008年，已有一定规模的塑料机械生产企业500多家，大部分分布在经济比较发达的东南沿海、珠江三角洲、长江三角洲一带。在机械工业各行业中，塑料机械行业利润率名列前茅，年生产能力约20万台（套），排名世界第一。

这一阶段，从整体来看，中国塑料机械工业经历了从小到大、从模仿生产到自行设计制造的过程，实力不断增强，发展成为门类比较齐全，品种较多、产量较大，产品档次和技术水平居中，科研开发已具相当实力，结构调整日趋深化并能保持高增长率发展的朝阳工业。但中国的塑料机械工业毕竟还是一个起步相对晚、正处于逐步发展阶段的新兴产业，与塑料机械工业发达国家相比，在企业的管理与机制、产品结构与技术等方面都还存在较大差距。本土大规模企业也很少，中小型企业占据半壁江山。小企业在技术力量、生产设备或管理水平方面薄弱，抗风险能力较低，行业转型升级需求迫切。

三、中国塑料机械工业高速发展（2009年至今）

2008年爆发的国际金融危机席卷全球，从金融层面传导至实体经济层面，所引发的连锁反应给世界各国经济带来巨大的冲击。随着危机的蔓延和扩大，世界经济深度衰退，外部需求急剧萎缩，产品出口大幅下滑。面对异常严峻的形势，中国塑料机械行业坚持以科学发展观为指导，坚决贯彻执行中央应对国际金融危机的一揽子计划和政策措施，行业于2009年起实现逆势高速增长，对国民经济各行业的发展贡献突出。

（一）关乎行业的国家产业政策

塑料机械已成为航空航天、国防、石化、汽车及交通、电子电器、包装、光电通信、生物医疗、新能源、建筑材料、农业、轻工业等行业的重要技术装备，成为各种制造业的生产制造手段和国家装备制造业的重要组成部分。

为应对2008年国际金融危机全面爆发后的严峻形势，中国政府于2008年11月推出了进一步扩大内需、促进经济平稳较快增长的十项措施。国内基建、医疗、汽车和生态环境建设等领域对塑料机械的需求旺盛，塑料机械在国民经济中的重要性更加凸显。

2009年5月，国务院制定的《装备制造业调整和振兴规划》正式颁布，塑料机械行业的多个产品被列为发展重点，标志着发展塑料机械产业已经上升到国家战略层面，产业的振兴具备了难得的基础条件、外部环境和政策机遇。同年，由中国塑料机械工业协会起草、数十位行业专家签名的《中国塑料机械工业发展报告》得到国务院副总理张德江的高度重视，工业和信息化部牵头于2009年12月组织召开振兴中国塑料机械产业座谈会，从此开启了塑料机械行业上升为国家发展战略的新篇章。

自2010年起，塑料机械开始作为单列行业纳入国家出台的一系列产业扶持政策中。《装备制造业技术进步和技术改造投资方向》加快推进了行业自主创新与技术改造步伐；《产业关键共性技术发展指南》推动塑料机械行业在节能高效、微尺度、精密成型等领域的关键共性技术攻克与应用步入新阶段；《2010年重点产业振兴和技术改造中央投资年度工作重点》助力行业转型升级，高速、节能、全自动塑料成型装备及国产造粒机组发展迅速。

2012年，全电动智能化塑料注射成型机（微型）、大型超大注射量塑料注射成型机、汽车用多层塑料燃油箱塑料挤出中空成型机、丁基橡胶后处理生产线、双轴取向拉伸往复式高强度经纬网生产线和多层共挤纳米吹塑成套设备作为复合材料制备装备进入工业和信息化部、科学技术部、财政部和国务院国有资产监督管理委员会联合发布的《重大技术装备自主创新指导目录（2012年版）》。同年3月29日，科技部发布《"十二五"国家科技计划先进制造技术领域2013年度备选项目征集指南》，塑料机械行业"节能智能型数控化塑料注射机的研发与应用示范"进入指南的"数控一代机械产品创新应用示范工程"。4月16日，国家"数控一代"装备创新工程（塑料机械分行业）座谈会在上海召开，强调塑料机械行业把实施"数控一代"装备创新工程作为推进产业转型升级的重要抓手，大力推广数控技术与产品的应用，并针对塑料机械行业数控机械设备在创新设计、数字控制、个性化工艺等方面的需求，以突破技术瓶颈、掌握关键技术、建设共性技术平台为目标，不断提高塑料机械设备自主创新能力和数控化技术水平，努力实现产品的升级换代，进一步增强国际竞争力。

2012年11月12日，国家发展改革委办公厅、工业和信息化部办公厅发布了《关于开展2013年产业振兴和技术改造专项有关工作的通知》，重点支持装备核心能力提升、新型绿色建材及无机非金属新材料发展、企业信息化水平提升、中西部地区特色产业升级和技术改造等10个重点专项。塑料机械和橡胶加工机械作为智能化成型和加工行业被列入"高端智能化装备发展与应用"专题，将转型升级、提升数控化水平的在建项目作为重点支持方向。

塑料机械行业超大型二板式伺服注射成型机、大型双壁波纹管生产线、大型实壁管生产线、超大型中空成型机智能化生产线、新型高效高速PE管材双层共挤生产线、大型塑料挤出注射成型装备、连续混炼挤压造粒机组和高速节能双壁波纹管生产线8个项目进入工业和信息化部《首台（套）重大技术装备推广应用指导目录（2015年版）》；"高效节能塑料加工装备"被列入国家发展改革委、工业和信息化部下发的《2015年产业振兴和技术改造专项重点方向汇总表》中的"基于国产智能装备的数字化制造技术能力提升和示范应用"支持方向。

震雄集团的"高端数控注塑机的控制、驱动等关键技术研究"获得中国机械工业科学技术奖；博创智能装备股份有限公司入选首批智能制造试点示范46家企业。中国塑料机械行业在智能产品、智能工厂和云服务平台三大方面不断深入推进，以智能传感为基础构建智能装备，以云计算大数据为承载搭建智能云服务，从而推动行业智能化水平的整体提升。

2016年11月，《工业企业技术改造升级投资指南（2016年版）》发布，智能塑料机械列入创新平台建设，环保型高分子及其复合材料专用成型加工技术及装备列入绿色制造，进一步推动塑料机械行业向智能化、绿色化方向转型升级。

2017年以来，塑料机械被正式列入工业母机，同时成为单项冠军重点培育行业，并参加国家小巨人认定。此外，还享受首台（套）重大技术装备保险等政策扶持。

（二）行业规模持续快速增长

中国塑料机械行业经过2008年国际金融危机的洗礼和历练，迅速发展壮大，提前完成"十四五"规划目标。

1. 行业总量和效益提升

行业总量和效益提升主要表现在以下三个方面：第一，规模以上企业逐渐增多，由2009年的521家增加到2022年的644家[⊖]；第二，工业销售产值大幅攀升，由2009年的258亿元增加到2022年的914亿元，年均增长10.2%；第三，利润总额稳步提高，由2011年的41亿元增加到2022年的约90亿元，年均增长7.4%。

⊖ 2011年规模以上企业界定标准由年主营业务收入500万元提高至2 000万元。

2. 出口增速快于进口

2009—2023年，中国塑料机械行业经受住了国际金融危机和新冠疫情的考验，出口总体保持持续增长态势。出口额由2009年的7.59亿美元增长到2022年的69亿美元；进口额在2009年为12.62亿美元，2022年为32亿美元。

3. 贸易逆差转为顺差

2015年，中国塑料机械行业扭转此前一直所处的贸易逆差状态，实现顺差3.66亿美元，并在2020年贸易顺差首次突破10亿美元，2021年、2022年顺差依然保持10亿美元以上。

4. 中国塑机快速发展

2008年，国际金融危机对国外企业打击很大，尤其是日本的塑料机械企业。加上国内4万亿元投资计划，给国内塑料机械企业带来很大的机遇，国内很多行业，尤其是汽车行业，开始采用国产设备生产塑料制品。

这一时期，国产装备水平的快速提升加快了国产化替代的步伐。如浙江申达机器制造股份有限公司的FJ系列挤注专用机，采用先进的低压注射超大容量挤注复合系统，把挤出塑化和柱塞射出的注射机构两者组合，克服了常规螺杆往复式塑化量受到螺杆直径、螺杆长径比的限制，用较小的螺杆达到超大的塑化量，为超大塑化注射成型加工制品创造了条件。产品性能达到国内领先水平，解决了大口径塑料管件制造的传统技术难题，改变了该领域生产设备长期依赖进口的局面。产品广泛用于国家南水北调、西气东输工程、城市给排水需要的量大面广的各种规格PE管件、托盘、风叶等工程用塑料制品成型。

大连橡胶塑料机械股份有限公司开发及优化设计用于半钢子午胎的纤维帘布精密压延生产线和用于全钢子午胎的钢丝帘布压延生产线，设备生产制品精度高，可与国外媲美；公司在完成大型挤压造粒机组国内首台研制后又进行系列化开发，完成国内首台20万t/a双螺杆混炼挤压造粒机组、25万t/a双转子连续混炼挤压造粒机组开发，并完成10万t/a、15万t/a双螺杆混炼挤压造粒机组研制。大型挤压造粒机组填补了国内空白，达到国际先进水平，打破了国外垄断。

海天塑机集团有限公司开发出水平旋转式双色注塑机，产品进入液晶电视液晶显示框为主的双色制品市场，实现了国产化替代。该公司与北京化工大学合作完成的塑料精密成型技术与装备的研发及产业化项目，与浙江大学合作完成的复杂装备与工艺工装集成数字化设计关键技术及系列产品开发项目同时获得2011年度国家科技进步奖二等奖。

张家港市贝尔机械有限公司成功研制出第五代高效高速单螺杆挤出生产装备，申请国家发明专利2件（申请号为：201310402538.0、201210128000.0）。该设备创新性地采用高效挤出技术、陶瓷式双风机冷却/加热技术、全自动智能化控制技术，从根本上解决了目前国内外同类设备产量低、能耗高、机械故障率高、维护费用高等难题，可替代进口设备。

（三）产业集中度提升

自2011年起，中国塑料机械工业协会每年推出中国塑料机械行业优势企业榜单，分别有"中国塑料机械制造业综合实力30～35强企业""中国塑料注射成型机行业15～18强企业""中国塑料挤出成型机行业10～12强企业""中国塑料中空成型机行业3强企业""2023中国立式塑料注射成型机5强企业"和"中国塑料机械辅机及配套件行业5～7强企业"。入榜企业影响力越来越大，带动作用也越来越强，不仅得到了行业的广泛关注和肯定，也成为国内外相关产业及用户了解中国塑料机械企业发展的风向标。

（四）产品升级和技术进步

中国塑料机械行业积极引导企业瞄准世界先进技术和前沿领域，紧跟国内外市场需求，坚持把转型升级作为主攻方向，大力实施高端发展战略，深入推进产业结构调整，加快塑料机械制造向高端攀升的步伐，着力推动信息化与工业化深度融合，努力提升塑料机械产业的竞争力。积极研发和生产具有自主知识产权的专用化、系列化、复合化、精密化、智能化、高速高效化特点的中高端产品，积极培育优势产品、特色产品和名牌产品，提升品牌价值，有力地推进了产品优化升级。

1. 节能环保型塑料机械进步显著

行业全面实施绿色发展战略，坚持把节能减排和环境友好作为推进塑料机械科学持续发展的重点工作，引导企业大力提升节能技术和推广高效节能产品。以注塑机为试点，积极推进节能技术行业推广服务平台建设，倡导节能技术应用及推广产业联盟，全面促进技术创新、质量品牌、专业培训和传统塑机的节能改造。行业骨干企业逐步生产出系列节能型智能注塑机产品，最高可省电80%以上。

2007年，震雄集团在全国率先推出了以往只局限于欧美日高端产品——二板式超大型注塑机。2011年，震雄与日本三菱签订策略性合作协议，研发生产高速精密伺服驱动大型塑机。2013年，震雄集团推出SM6500-TP锁模力达65 000kN的超大型二板注塑机，正式跻身国际最先进的技术行列。

2009年，海天品牌多组分塑料注射成型机应用伺服节能技术，标志着其注塑机全部进入节能产品行列。2010年，海天塑机集团有限公司开发纯二板式节能型大型塑料注射成型机，成功突破纯二板合模关键技术，实现了中国注塑机行业大型注塑机产品的重大战略转型。2012年，海天全面开发第二代伺服节能液压注塑机、全电动注塑机、二板式注塑机，产品的节能、精密、高效和环保性能进一步提高。2013年，海天又成功开发国内首台JU66000II/518000超大型纯二板式塑料注射成型机，该机通过了由中国工程院院士瞿金平为鉴定委员会主任委员的专家组鉴定。产品具有节能、环保、精密、高效等特点，注射量、容模量、锁模力等关键指标处于国际领先水平，整机性能达到国际先进水平，产品荣获装备制造业重点领域首台（套）产品称号。

浙江申达机器制造股份有限公司多组分注塑机（包括MC清双色专用注塑机系列产品和MT混双色专用注塑机系列产品）取得新突破。塑料绿色节能微注射成型系统及装备入选2012年浙江省重大科技创新项目。

震德塑料机械有限公司的伺服驱动节能注塑机、博创智能装备股份有限公司的节能环保注射成型设备、浙江申达机器制造股份有限公司的SE型高效精密塑料注射成型机产品，被列入国家重点新产品计划项目。海天塑机集团有限公司的MA伺服节能塑料注射成型机、博创机械股份有限公司的高精度节能复合液压注射成型机产业化、浙江申达机器制造股份有限公司的适用IT和汽车行业的高速高效薄壁注塑机产业化、山东通佳机械有限公司的PLA聚乳酸全降解发泡片材生产技术及装备产业化等，被列为国家火炬计划项目。

张家港市贝尔机械有限公司的回收PET碎片高效超声波清洗机和滚筒式垃圾分选装备获得江苏省高新技术产品称号，废塑料回收高效清洗生产装备获得江苏省高新技术产品称号、国家火炬计划奖励。

2011—2023年，行业有100余个项目或产品进入工业和信息化部《节能机电设备（产品）推荐目录》。2015—2020年有18项产品进入工业和信息化部《"能效之星"产品目录》。

2. 塑料机械智能制造取得进展

行业积极推动实施制造强国战略，着力推进塑料机械智能制造，加强智能化管理与服务，开启智造新业态新模式。以海天、博创、金明、震雄、伊之密、东华、金纬、通佳、同大等为代表的中国塑料机械行业骨干企业，都在智能制造领域进行积极的探索和尝试，并已取得重要进展。

海天塑机集团有限公司在注塑机智能化方面，从设备数字化、工艺智能化、感知自动化等多方面进行了一系列的探索和实践。与德国亚琛工业大学、浙江大学、华南理工大学、北京化工大学等国内外著名大学合作，在注塑机特殊工艺流程快速设定、自适应注射、最优锁模力、最快速稳定的开合模等多方面进行了探索和研究。海天总结多年来客户使用习惯和行业内的丰富经验，为客户智能化生产提供了坚实的系统支持，主要包括：标准OPC接口，注塑机辅机智能控制系统，管工厂云2.0系统等。标准OPC接口有效减少了客户处信息技术人员的开发周期，加快了客户工厂的数字化进程。注塑机辅机智能控制系统方便地将塑胶辅机的监控功能集成到注塑机的控制系统中，实现系统的集中监控，提高生产效率。管工厂云2.0系统让客户以低成本实现了对生产过程的目视化管理，即时了解设备动态，掌握生产状况，合理安排生产计划，并能够为客户提供各类智能化服务。在线帮助功能，根据实时操作，提供对应的说明指导文档；针对突发故障，提供相应的在线解决方案。硬件模块智能诊断功能，便于售后服务人员及用户实时了解控制器各模块的运行情况，进行故障排查。零部件生命周期功能，针对不同工况的机器和不同类型零部件，提供智能的维护保养方案。

博创智能装备股份有限公司于2010年提出从"制造"到"智造"，并构思了注塑成型柔性智能工厂，2013年入选国家"863"工程机械数控一代科技计划，与家电行业巨头公司开展合作，实施以精益生产带动自动化、信息化、数字化的"智能工厂"。2015年注塑智能装备与服务平台荣获国家首批智能制造试点示范项目。2016年实施注塑装备互联互通，2017年从单一塑机制造商转型为系统解决方案供应商。当前正构建以云计算、物联网、大数据、人工智能和高端装备为技术平台的"先进制造＋工业互联网"新生态。

山东通佳机械有限公司集中优势资源与北京化工大学合作研发SP超越系列注塑成型机全新一代智能无人化生产装备，集成了取件机器人、质量在线检测系统、贴标装置、组装和码垛机器人、自动打包装置和无人小车自动运输等智能化装备，实现了智能化注塑的全套自动化生产流程。

上海金纬机械制造有限公司在建设数字化工厂方面每年都有一定的投入，采用全球工程师认证系统，并搭建了基于设备运维的云平台系统。

广东金明精机股份有限公司从2012年启动信息化建设战略，持续加大对设备数字化研发投入的力度，2016年通过两化融合管理体系评定，2017年被评为广东省智能制造试点示范企业。2016年完成智能吹塑装备技术数字化创新平台建设，2017年完成多层共挤吹塑装备智能制造数字化车间建设。

3. 大型塑料机械实现重要突破

大连橡胶塑料机械股份有限公司完成了大型宽幅运输带四辊压延生产线的开发，辊筒直径最大达到900mm，胶带宽度达到2 400mm，为国内外最宽，技术处于国际先进水平。该公司于2019年成功制造中国首台（套）年产35万t聚丙烯挤压造粒机，各项技术指标达到国际先进水平，填补了中国石化同类大型装备空白，打破了国外技术与市场的垄断，对提升中国石化行业的竞争力、振兴中国重大装备制造业具有巨大的社会效益和深远的历史意义。国内首台（套）35万t/a大型聚乙烯、聚丙烯混炼挤压造粒机组成功实现国产化替代，破解了核心技术"卡脖子"难题，整体技术达到国际先进水平，部分核心技术国际领先，成为全球第四家也是国内唯一一家具有大型混炼挤压造粒机组成套技术能力的企业，提升了我国石化重大技术装备国际竞争力，在维护国家经济和能源安全方面意义重大。国内首台（套）35万t/a大型聚乙烯混炼挤压造粒机组2015年出厂，2016年投入使用；国内首台（套）35万t/a大型聚丙烯混炼挤压造粒机组 2019 年初出厂，2020 年 6 月投入使用。

震雄集团 2012 年生产的当时国内最大的二板注塑机 SM4500-TP 交付欧洲客户，2016 年开发出配置 Y 型双射台的 SM6500-TP 注塑机，锁模力 65 000kN，射胶压力 180MPa，最大可注塑重量 110kg 的 PE 制品，同时还能在注塑重量仅 10kg 时保证 ±0.3% 的重量精度。

2014 年，海天塑机集团有限公司生产的全球最大二板式塑料注射成型机正式交付客户，该机最大锁模力 88 000kN，容模量超过 50m^2，可注塑当时世界上最大的制品——重量达 328 696g 的 PE 制品。有关鉴定专家委员会认为："该新产品具有节能、环保、精密、高效的特点，注射量和容模量等关键指标国际领先，整机性能达到国际先进水平。"

宁波华美达机械制造有限公司的高速精密塑料注射成型机，以其高速、精密、稳定等特点深受广大客户青睐。该系列机型获得浙江制造精品、宁波市重点工业新产品等荣誉，为抗疫期间的保供做出了突出贡献。

2023 年伊之密股份有限公司开发的超大型高端注塑成型装备通过验收。该装备最大锁模力 85 000kN，是国内首台超大型二板式精密智能注塑机。整机采用双机筒塑化及注射技术、异步协同控制技术、精密平移和精密定位控制技术、注塑压缩新工艺等先进技术，塑化系统搭配两套射出总重量超过 140kg 的射出系统，单根螺杆直径达到 270mm，满足了超大型制件高速高效精密注射成型的要求，整机集成化和智能化程度高，其双机筒注射压缩工艺为国际首创。该装备通过中国塑料机械工业协会组织的技术鉴定，鉴定结论为达到国际先进水平。该装备突破了国产超大型工业母机的关键技术，解决了重型设备在加工、运输、装配等过程中的难点，填补了国内该领域的空白，可带动汽车、航空航天、轮船等工业的发展，解决超大型塑料件一体化成型难的问题。

2021 年，由北京化工大学、泰瑞机器股份有限公司、杭州电子科技大学等共同完成的"光学级塑料零件形性控制技术与成型装备的研发及产业化"获得中国机械工业科技进步奖一等奖。该项目攻克了多方位协同多层积分注射和微开低压注射工艺、水平重载转盘对置成型与模板动态平衡技术、完全自主的控制系统平台及高精度双环控制方法等多项关键技术，研制成功具有国际先进水平的光学级塑料零件成型装备并实现产业化。项目实现了高端精密光学级零件注射成型装备的自主设计和制造，不仅在多个领域获得广泛应用，还出口至德、日、美等国家和地区，取得了显著的经济和社会效益。

北京化工大学何亚东教授团队自 2005 年起，面向国家和行业材料轻量化的战略需求，开展超临界流体发泡机理、工艺及关键设备研究，通过承担系列国家科技研发项目，并与塑料机械企业密切合作，对挤出发泡过程的核心单元操作和共性关键技术开展系统深入研究，实现了关键装备技术的系列化和国产化，以及轻量化材料的批量化和规模化应用。

经过十多年积累和努力，研究成果共获得国家发明专利 20 余件，发表相关研究论文 100 余篇。针对不同聚合物体系，开发了超临界流体挤出发泡系列整套装备技术，包括超临界 CO_2 复合发泡 XPS 挤塑板材、聚丙烯挤出发泡片材/珠粒、PET 免干燥挤出发泡板材/片材、PLA 挤出发泡片材、热塑性尼龙弹性体挤出发泡珠粒等系列生产线。产品在汽车轻量化、建筑保温、风电新能源、物流包装等领域得到广泛应用，重点解决了我国风电领域轻质结构芯材"卡脖子"关键技术、量大面广的建筑保温材料环保无氟发泡技术等。超临界流体挤出发泡系列成套装备技术项目获 2022 年度机械工业科技进步奖一等奖。

（五）产业支撑体系健全

2009年以后，随着塑料机械行业的快速发展，大批标准应运而生，质量安全和节能环保也成为重中之重。注塑机、挤出机和挤出生产线、密闭式炼塑机、塑料压延机等相关产品安全要求的国家标准相继起草完成。橡胶塑料通用机械安全标准研究课题被评为2011年中国石油和化学工业科技进步奖二等奖。

行业参与国际标准的程度有所加强。2012年7月，ISO/TC270塑料和橡胶机械技术委员会成立，中国成为14个P（具有投票权）成员之一。ISO/TC270技术委员会确定了由TC下设工作组来制定国际标准的模式，成立了ISO/TC270/WG1注射成型机安全工作组，制定《塑料和橡胶注射成型机安全要求》国际标准，中国成为该工作组的P成员。

塑料机械行业标准化工作在组织构架、专业领域的划分、标准的覆盖与配套以及标准水平和结构等方面走向了健全、合理和完善。在标准体系建设、重要标准制修订、标准化技术机构和专家队伍建设、关键技术标准研究、国际标准化工作等方面成效显著。

从专业标准体系上看，塑料机械行业已基本形成了以产品标准为主，以安全标准、基础标准、通用标准、方法标准以及分等标准为辅的更为合理、更具可操作性的行业标准体系。

1.品牌培育

在此期间，塑料机械行业开展了品牌培育管理体系工作。

海天塑机集团有限公司、震德塑料机械有限公司、博创机械股份有限公司、东华机械有限公司、广东伊之密精密机械股份有限公司、浙江申达机器制造股份有限公司、泰瑞机器股份有限公司及大连三垒机器股份有限公司获机械工业优质品牌称号；海天塑机集团有限公司、广东伊之密精密机械股份有限公司和苏州同大机械有限公司分别居2015中国品牌价值评价企业品牌榜机械制造类第3位、第18位和第30位，广东金明精机股份有限公司居自主创新品牌榜第45位；震雄集团有限公司、广东金明精机股份有限公司和浙江申达机器制造股份有限公司分别居2016中国品牌价值评价自主创新品牌榜第20位、第69位和第74位。博创机械股份有限公司于2012年通过了ISO 14001环境管理体系认证，并获得质量信誉双保证示范单位称号。浙江申达机器制造股份有限公司自主制定了严于国家标准、行业标准要求的企业产品标准《高效精密塑料注射成型机》（经地方主管部门备案）和企业内控产品标准《SE伺服节能型塑料注射成型机》，并严格按照标准组织设计和生产。在中国机械工业联合会改革开放40周年机械工业杰出产品活动中，塑料机械行业共有13家企业的14项产品入选，占总入选194项产品的7.22%。

2.科研教育

十余所大专院校设置了塑料成型机械专业，普遍拥有硕士培养资格，其中，有两所重点大学还设立了博士点。行业中有国家级专业研究中心3个（聚合物新型成型装备国家工程研究中心、塑料机械技术开发中心和国家模具研究中心），国家级企业技术中心1个，省市级专业研究院所10个，专业检测中心2个，企业办专业研究所10个（2017年以前）。全行业从事教学和科研的人员及专业技术人员队伍扩大，为行业持续快速发展提供了重要的人才保障。

（六）国际化进程加快

自2009年起，中国塑料机械工业协会同德国、美国、日本、意大利、瑞士、英国、印度、土耳其、加拿大和墨西哥等国家和地区的20多个国际组织建立了稳定的联系与合作机制，合作范围包括国际经济技术交流、国际专业展会合作、国际贸易摩擦协调、国际市场供需信息对接等，逐步推动了塑料机械行业的国际交流与合作，中国塑料机械在国际上的知名度和影响力越来越高。

海天国际已在9个国家设立海外直属子公司，在全球范围内拥有60多个销售和服务伙伴，海外销售额从2001年的3.12亿元增加到2021年的49.30亿元，增长幅度达到了15倍，全球化发展取得巨大进展。

震雄集团除了国内的销售服务网点外，在德国、巴西、越南、印度、美国、中东等设有海外直属子公司，全年无休地为客户提供产品使用培训、维修保养、业务咨询、配件订购等售前售后服务。广东伊之密精密机械股份有限公司于2011年收购美国HPM并成立北美研发中心，于2016年投资设立伊之密精密机械（印度）有限公司。

2010年，博创智能装备股份有限公司与美国Trexel公司就MuCell技术合作签约。同年10月，大连橡胶塑料机械有限公司成功并购加拿大麦克罗机械工程有限公司。该公司是一家面向全球的塑料薄膜、片材等生产设备的供应商，主要产品有1～9层的吹膜和流延膜共挤生产线、共挤贴合及拉伸生产线、片材生产线、卷曲系统和网络处理系统等。

2012年2月，大连橡胶塑料机械有限公司并购捷克共和国布祖卢科公司。该公司20世纪20年代即开始生产橡胶机械，拥有橡胶机械产品先进技术和较强的设备加工能力，有近百台各种比较高精的机械加工设备，许多产品技术及加工工艺在国际同行业中处于领先地位，在东欧、印度和俄罗斯具有较高的知名度，其产品在欧洲、美国、印度、韩国、巴西、阿根廷等地均拥有稳定的客户群体，其压延机、密炼机、开炼机、成型机、裁断机、钢丝圈缠绕机及鼓式硫化机在全球范围内具有很强的竞争力。

2014年，陶氏化学和广东金明精机股份有限公司签署授权协议，许可金明精机使用陶氏化学专有的预包裹模头技术制造聚偏二氯乙烯（PVDC）薄膜的共挤设备。

2016年，中国化工集团公司以9.25亿欧元收购克劳斯玛菲，创下当时中国在德国最大的投资纪录。

中国塑料机械在产量方面多年保持世界第一的地位，成为世界最大的塑料机械生产基地。在国际金融危机爆发以后，中国塑料机械在保持价格优势的同时，还在产品质量、可靠性、技术水平上有了较大的改观，一大批塑料机械已经在国际上树立起良好的声誉。

虽然相对于中国国民经济总体而言，塑料机械工业总产值规模并不大，但是与关联产业的发展相结合，在国民经济中发挥的作用不可小觑。以2021年为例，中国塑料机械工业每年约950亿元的产值撬动的是航空航天、国防、石化、汽车及交通、电子电器、包装、光电通信、生物医疗、新能源、建筑材料、农业、轻工等工业配套产品近5万亿元的产值，约占中国国内生产总值的1/20。

中国塑料机械行业99%是民营企业，一直是一个以市场和用户为导向的行业。经过几十年，尤其是近30年的发展，中国生产的塑机数量目前已占世界的50%以上，销售收入占据世界的1/3以上，产量已连续22年位居世界第一，产品出口到200多个国家和地区，是名副其实的世界塑料机械生产大国、消费大国和出口大国，已然是世界塑机的主要和决定力量。

三十载风雨兼程，基业长青路犹长。

对于中国塑机行业及所有同仁，无论前进道路上还有多少挑战，我们坚信，持续为社会提供优质产品和服务是崇高使命！我们相信，中国塑机行业发展只会更加完善！未来需要我们去创造，去追光，去竞合！

（摘自中国塑料机械工业协会《激荡三十年》）

中国塑料机械工业协会历届理事会领导成员

届次	会长、监事长	副会长	秘书长
第七届 （2021.5 至今）	会长：张剑鸣 （海天塑机集团有限公司 总裁） 监事长：朱康建 （博创智能装备股份有限公司 董事长）	粟东平（中国塑料机械工业协会） 蒋忠定（宁波市海达塑料机械有限公司 董事长兼总经理） 叶如清（浙江申达机器制造股份有限公司 董事长） 张建群（山东通佳机械有限公司 董事长） 何海潮（上海金纬机械制造有限公司 董事长） 徐文良（苏州同大机械有限公司 董事长） 王元江（大连橡胶塑料机械有限公司 董事长） 杜　江（东华机械有限公司 总经理） 陈敬财（广东伊之密精密机械股份有限公司 董事长） 俞田龙（宁波弘讯科技股份有限公司 总经理） 马佳圳（广东金明精机股份有限公司 总经理） 何德方（江苏贝尔机械有限公司 董事长） 蒋丽苑（震雄集团有限公司 董事会主席） 郑建国（泰瑞机器股份有限公司 董事长兼总经理） 俞建模（大连三垒科技有限公司 董事长） 王俊杰［富强鑫（宁波）机器制造有限公司 董事长］ 吴峻睿（信易电热机械股份有限公司 总经理） 夏增富（浙江华业塑料机械股份有限公司 执行董事） 刘　翔（宁波华美达机械制造有限公司 总经理） 孙　坚（宁波海星机械制造有限公司 总经理）	陈栋栋 （中国塑料机械 工业协会）
第六届 （2017.5～ 2021.5）	会长：张剑鸣 （海天塑机集团有限公司 总裁） 监事长：朱康建 （博创智能装备股份有限公司 董事长）	粟东平（中国塑料机械工业协会） 蒋忠定（宁波市海达塑料机械有限公司 董事长兼总经理） 叶如清（浙江申达机器制造股份有限公司 董事长） 张建群（山东通佳机械有限公司 董事长） 何海潮（上海金纬机械制造有限公司 董事长） 徐文良（苏州同大机械有限公司 董事长） 王元江（大连橡胶塑料机械有限公司 董事长） 杜　江（东华机械有限公司 总经理） 陈敬财（广东伊之密精密机械股份有限公司 董事长） 俞田龙（宁波弘讯科技股份有限公司 总经理） 马佳圳（广东金明精机股份有限公司 总经理） 何德方（江苏贝尔机械有限公司 董事长） 蒋丽苑（震雄集团有限公司 董事会主席） 郑建国（泰瑞机器股份有限公司 董事长兼总经理） 俞建模（大连三垒科技有限公司 董事长）	王静 （中国塑料机械 工业协会）

（续）

届次	会长、监事长	副会长	秘书长
第五届 （2013.5～ 2017.5）	名誉会长：张静章 （海天塑机集团有限公司 董事长） 会长：朱康建 （博创智能装备股份有限 公司 董事长）	钱耀恩（海天塑机集团有限公司 副总经理） 蒋志坚（震雄集团有限公司 董事、生产总裁） 洛少宁（大连橡胶塑料机械股份有限公司 董事长） 杜　江（东华机械有限公司 总经理） 马镇鑫（广东金明精机股份有限公司 董事长） 陈敬财（广东伊之密精密机械股份有限公司 董事长） 张建群（山东通佳机械有限公司 董事长） 赵如平（南京艺工电工设备有限公司 董事长） 王　珏（浙江申达机器制造股份有限公司 总经理） 何海潮（上海金纬机械制造有限公司 董事长） 蒋忠定（宁波市海达塑料机械有限公司 总经理） 黄学祥（江苏联冠科技发展有限公司 董事长） 赵桂旭（青岛顺德塑料机械有限公司 董事长） 徐文良（苏州同大机械有限公司 董事长） 张泽奎（潍坊中云机器有限公司 总经理）	粟东平 （中国塑料机械 工业协会）
第四届 （2009.5～ 2013.4）	张静章 （海天塑机集团有限公司 董事长）	马镇鑫（广东金明精机股份有限公司 董事长） 朱康建（博创机械股份有限公司 董事长兼总裁） 陈兴良（宁波市塑料机械行业协会 副会长） 杜　江（无锡格兰机械集团有限公司 总经理） 杜德鑫（南京艺工电工设备有限公司 总经理） 李天来（东华机械有限公司 总经理） 何海潮（上海金纬机械制造有限公司 董事长） 张其智（潍坊中云机器有限公司 董事长） 张建群（山东通佳机械有限公司 董事长） 洛少宁（大连橡胶塑料机械股份有限公司 董事长） 娄晓鸣（天华化工机械及自动化研究设计院橡塑机械研究所 所长） 钱耀恩（宁波海天股份有限公司 副总经理） 梁宽强（秦川机械发展股份有限公司塑机公司 总经理） 蒋志坚（震德塑料机械有限公司 总经理）	粟东平 （中国塑料机械 工业协会）
第三届 （2003.9～ 2009.4）	张静章 （宁波海天集团股份有限 公司 董事长）	戴仲尧（中国塑料机械工业协会） 蒋志坚（震德塑料机械厂有限公司 总经理） 陈庆敏（山东华冠股份有限公司 总经理） 蔡国耀（上海轻工机械股份有限公司 副总经理） 刘梦华（大连冰山橡塑股份有限公司 总经理） 王耀康（无锡格兰机械集团有限公司 副总经理） 胡　刚（陕西秦川机械发展股份有限公司秦川塑料机械厂 厂长）	钱耀恩 （宁波海天集团 股份有限公司副 总经理）
第二届 （1998.5～ 2003.8）	李志民 （大连冰山橡塑股份有限 公司 总经理）	蔡国耀（上海塑料机械厂 厂长） 王士范（山东塑料橡胶机械总厂 厂长） 张静章（宁波海天塑料机械有限公司 总经理）	戴仲尧 （机械工业部重 大装备司）
第一届 （1993.3～ 1998.4）	王义丰 （大连橡胶塑料机械厂 厂长）	耿雄虎（上海塑料机械有限公司 总经理） 王士范（山东塑料橡胶机械总厂 厂长） 张静章（宁波海天塑料机械有限公司 总经理）	尤仲林 （大连塑料机械 研究所副所长）

届次	会长、监事长	副会长	秘书长
备注	第一届名誉理事长：陆燕荪（全国人大财经委员、机械工业部常务副部长） 第一届顾问：隋永滨（机械工业部重大装备司） 　　　　　　戴仲尧（机械工业部重大装备司） 　　　　　　李家琳（中国轻工机械总公司） 　　　　　　曲　方（中国化工装备总公司） 　　　　　　段铭宏（中国航空工业总公司民品司） 　　　　　　沈　仪（中国船舶工业总公司生产经营局） 　　　　　　曲长戈（中国兵器工业总公司生产经营局）		

中国塑料机械行业发展 30 周年先进人物

（按姓氏笔画排序）

一、功勋人物（5人）

王义丰　大连橡胶塑料机械有限公司原厂长
何世钧　舟山金纬螺杆制造有限公司创始人
张静章　海天集团有限公司董事长
蒋　震　震雄集团有限公司创办人兼荣誉主席
瞿金平　中国工程院院士、华南理工大学教授

二、终身科技成就获得者（9人）

王兴天　北京化工大学教授
朱复华　北京化工大学教授
任鸿烈　华南理工大学教授
刘光知　南京科亚化工成套装备有限公司原董事长
江　波　北京化工大学教授
李德群　中国工程院院士、华中科技大学教授
吴舜英　华南理工大学教授
耿孝正　北京化工大学教授
彭玉成　华南理工大学教授

三、优秀企业家（51人）

于　洋　大连三垒科技有限公司总经理
马镇鑫　广东金明精机股份有限公司创始人
王元江　大连橡胶塑料机械有限公司董事长
王多勇　四川中旺科技有限公司总经理
王俊杰　富强鑫（宁波）机器制造有限公司董事长
文　澜　柳州市精业机器有限公司总经理
叶如清　浙江申达机器制造股份有限公司董事长、总经理
朱大韶　余姚华泰橡塑机械有限公司董事长、总经理
朱康建　博创智能装备股份有限公司董事长
刘　翔　宁波华美达机械制造有限公司总经理
刘相尚　力劲科技集团有限公司创始人
刘梦华　大连橡胶塑料机械有限公司原厂长兼总工程师
孙　坚　宁波海星机械制造有限公司总经理
杜　江　东华机械有限公司总经理
李　花　广东聚诚智能科技有限公司董事长
李　君　西诺控股集团有限公司董事长
李东生　南京创博机械设备有限公司总经理
杨小理　海特克动力股份有限公司董事长

杨伟杰	佛山市宝捷精密机械有限公司董事长	Peter Garimort	恩格尔机械（上海）有限公司总经理
吴峻睿	东莞信易电热机械有限公司总经理		
何海潮	上海金纬机械制造有限公司董事长	Pietro Scattarreggia	德马格塑料机械（宁波）有限公司总经理
何德方	江苏贝尔机械有限公司董事长		

四、优秀行业工作者（17人）

辛文胜	南通金韦尔智能装备有限公司董事长
汪军建	宁波力松注塑科技有限公司总经理
沈　君	科倍隆（南京）机械有限公司总经理
张允升	宁波甬华塑料机械制造有限公司总经理
张建群	山东通佳机械有限公司董事长
张剑鸣	海天塑机集团有限公司总裁
陈志强	江苏越升科技股份有限公司董事长
陈敬财	伊之密股份有限公司原董事长
周　兵	苏州金纬机械制造有限公司总经理
郑　强	宁波海雄塑料机械有限公司总经理
郑建国	泰瑞机器股份有限公司董事长
秦志红	广东仕诚塑料机械有限公司总经理
夏增富	浙江华业塑料机械股份有限公司董事长
夏擎华	宁波伊士通技术股份有限公司总经理
倪玉标	张家港市繁昌机械有限公司董事长
徐文良	苏州同大机械有限公司董事长、总经理
徐志勇	广东百赞智能装备有限公司董事长
高学飞	江苏维达机械有限公司董事长
郭锡南	广东乐善智能装备股份有限公司董事长、总经理
黄　竞	广东佳明机器有限公司董事长
蒋丽婉	震雄集团主席兼总裁
蒋忠定	宁波市海达塑料机械有限公司总经理
黄伟良	宁波伯乐智能装备股份有限公司董事长
楼亦剑	金纬机械（海宁）有限公司总经理
甄荣辉	伊之密股份有限公司董事长兼总经理
熊钰麟	宁波弘讯科技股份有限公司董事长
潘明忠	浙江金鹰塑料机械有限公司总经理

刘　峰	江苏贝尔机械有限公司常务副总经理
刘惠明	塑连网络科技江苏有限公司总经理
孙锋林	南通金韦尔智能装备有限公司总经理
杜呈表	博创智能装备股份有限公司执行总裁
杨　红	大连橡胶塑料机械有限公司副总工程师
何　成	全国橡胶塑料机械标准化技术委员会秘书长
张　涛	伊之密股份有限公司副总经理
张旭东	恩格尔机械（上海）有限公司销售和服务总裁
陈　栋	宁波市塑料机械行业协会秘书长
陈云杰	宁波市海达塑料机械有限公司副总经理
陈凯定	宁波海星机械制造有限公司办公室主任
钟效良	震雄集团董事、集团策略及营销总监
段同生	河南省塑料协会会长
顾惠聪	张家港塑饮机协会原秘书长
钱耀恩	中国塑料机械工业协会特别顾问
郭一萍	国家塑料机械产品质量监督检验中心原主任
粟东平	中国塑料机械工业协会常务副会长

五、科技英才（54人）

于春雷	宁波双盛塑料机械有限公司副总经理、技术总监
王舟挺	宁波华美达机械制造有限公司副总经理
王航军	宁波市海达塑料机械有限公司总经理助理
田跃宏	恩格尔机械（上海）有限公司技术总监

白燕涛	东莞信易电热机械有限公司主任	陈绪明	东华机械有限公司工程中心副总监
冯彦洪	华南理工大学教授	林增荣	浙江申达机器制造股份有限公司总工程师
任忠恩	大连三垒科技有限公司副总工程师	罗宝树	余姚华泰橡塑机械有限公司技术总监
后桂根	浙江华业塑料机械股份有限公司	金敬明	德马格塑料机械（宁波）有限公司技术部经理
刘 俊	苏州同大机械有限公司高级技术经理	周宏伟	泰瑞机器股份有限公司总工程师
刘 靖	江苏维达机械有限公司副总经理	郎俊杰	南京创博机械设备有限公司研发部长
刘立雄	震雄集团有限公司研发部高级项目经理	柳洪涛	江苏越升科技股份有限公司副总经理
刘卓铭	力劲科技集团有限公司总裁	侯永平	伊之密精密机械（苏州）有限公司产品线总监
刘绍兴	广东聚诚智能科技有限公司总经理	饶启琛	博创智能装备股份有限公司顾问
李 勇	山东通佳机械有限公司总经理	袁卫明	浙江申达机器制造股份有限公司副总工程师
李 晖	柳州市精业机器有限公司常务副总经理	徐定俊	宁波甬华塑料机械制造有限公司技术部长
李 浩	广东金明精机股份有限公司副总经理兼产品总监	殷小春	华南理工大学教授
李 源	宁波弘讯科技股份有限公司经理	翁云宣	北京工商大学化学与材料学院院长、教授
李树恩	江苏贝尔机械有限公司副总经理	高世权	海天塑机集团有限公司海天研究院院长
李崇德	博创智能装备股份有限公司副总工程师	高盛山	富强鑫（宁波）机器制造有限公司执行副总
李裔强	广东佳明机器有限公司技术总监	黄汉雄	华南理工大学教授
杨卫民	北京化工大学机电工程学院院长、教授	蒋小军	伊之密股份有限公司注塑机事业部副总经理
杨宥人	大连橡胶塑料机械有限公司总经理兼总工程师	傅南红	海天塑机集团有限公司技术总监
吴大鸣	俄罗斯工程院院士、北京化工大学教授	谢林生	华东理工大学橡塑机械工程研究中心教授
吴依贫	东华机械有限公司工程总监	谢鹏程	北京化工大学教授、高新技术研究院院长
何亚东	北京化工大学教授	薛 平	北京化工大学教授、塑料机械及塑料工程研究所所长
何和智	华南理工大学教授	戴 强	山东通佳机械有限公司总经理、执行董事
沈海波	泰瑞机器股份有限公司产品应用总监		
张卫东	宁波海雄塑料机械有限公司副总经理		
张伟武	宁波海星机械制造有限公司技术主管		
张贤宝	西诺控股集团有限公司研发总经理		
陈剑波	震雄集团有限公司研发高级经理		
陈晓周	富强鑫（宁波）机器制造有限公司技术中心总监		

六、技术能手（35人）

王　强	大连三垒科技有限公司技术支持部副部长
王宜彬	南京创博机械设备有限公司资深外协采购员
王益波	宁波海星机械制造有限公司电气（试车）车间主任
毛浩丞	江苏贝尔机械有限公司生产部长
包兆君	浙江金鹰塑料机械有限公司副总经理
朱　骁	广东佳明机器有限公司车间主任
朱燕志	博创智能装备股份有限公司技术总监助理
刘延军	山东通佳机械有限公司总工程师
吴庆礼	广东伊之密精密注压科技有限公司服务主管
吴旭葵	广东金明精机股份有限公司生产部总监、工会主席
吴利明	海天塑机集团有限公司项目经理
吴新强	广东金明精机股份有限公司总装配车间班组长
岑　云	震雄集团有限公司品质保证部CQE经理
邱仁科	东莞信易电热机械有限公司装配经理
何国庆	震雄集团有限公司装配技工
何育才	浙江金鹰塑料机械有限公司技术科长
何泽辉	佛山市宝捷精密机械有限公司制造事业部总经理
何建领	苏州同大机械有限公司工程部经理
沈　杰	宁波海雄塑料机械有限公司工程部经理
张　进	江苏贝尔机械有限公司生产总监
张　磊	浙江华业塑料机械股份有限公司研发中心技术经理
张利伟	海天塑机集团有限公司现场工程科负责人
张淑军	大连橡胶塑料机械有限公司数控磨工、高级技师
罗小伟	宁波甬华塑料机械制造有限公司生产部长
居志勇	德马格塑料机械（宁波）有限公司生产总监
赵　陈	浙江博创机械有限公司总经理
胡建峰	宁波弘讯科技股份有限公司经理
饶　忠	泰瑞机器股份有限公司服务部经理
施重驹	泰瑞机器股份有限公司研发模块经理
徐　勇	宁波华美达机械制造有限公司售后服务部经理
高玲瑶	富强鑫（宁波）机器制造有限公司副总经理
章　程	泰瑞机器股份有限公司质检部经理
程宝海	宁波市海达塑料机械有限公司质保部副部长
曾英鹏	广东伊之密精密注压科技有限公司数字化精益部科长
谢于锰	广东力劲塑机智造股份有限公司研发经理

2013—2023年塑料机械行业企业"新技术、新产品、新工艺"情况

46家有"新技术、新产品、新工艺"的企业数据显示，2013—2023年，塑机行业"新技术、新产品、新工艺"鉴定95项，其中整体国际领先1项，整体技术国际先进、部分技术国际领先8项，整体国际先进16项，国际领先4项，国际先进11项，关键技术国际先进2项，整体国内领先、部分国际先进4项，整体国内领先28项，国内先进6项，部分国内领先1项，填补国内空白1项，通过验收类13项。

序号	新技术、新产品、新工艺名称	完成单位	主要完成人	组织鉴定单位	鉴定时间	鉴定结论
1	超大型精密智能注塑成型装备研制及工艺开发	广东伊之密精密注压科技有限公司、伊之密精密机械（苏州）有限公司、郑州大学、华南理工大学		中国塑料机械工业协会	2023年	产品达到国际先进水平
2	低惯量高精度射出技术	西诺控股集团有限公司		中国塑料机械工业协会	2023年	成果在低惯量高精度射出关键技术方面达到国际先进水平
3	下吹式水冷十一层高阻隔膜共挤关键技术及成套装备	广东金明精机股份有限公司	马佳圳、陈俊鸿、林洁波、陈昭楷、黄一帆、莫静、许丰、梅基业、杨煜新、林旭、陈树荣、郑武胜、孙靖寰、王侠武、佘桂宏	广东省机械工程学会	2023年	总体技术达到国际先进水平
4	TJ-230L数字化高分子材料吹塑成型装备	山东通佳智能装备有限公司	张建群、戴强、杨如方	中科合创（北京）科技成果评价中心	2023年	国际领先
5	贝尔-启航系列智能化连续纤维增强复合（DN-RTP）管材挤出生产设备	江苏贝尔机械有限公司	何德方、曾军民、袁连忠、张进	江苏省机械行业协会	2023年	国内领先、国际先进
6	水质净化机SWP-404	信易电热机械有限公司	赵嘉磊、姚忠健、戴晓园	浙江科睿哲科技评估中心	2023年	国内领先
7	物料消耗称重式底座SMM-50	信易电热机械有限公司	曹卫、陈跃、周晨	浙江科睿哲科技评估中心	2023年	国内先进
8	长行程大负载双截机械手ST5-1300-2000DT-A-S2	信易电热机械有限公司	杨伟强、王康、邢金鑫	浙江科睿哲科技评估中心	2023年	国内领先

（续）

序号	新技术、新产品、新工艺名称	完成单位	主要完成人	组织鉴定单位	鉴定时间	鉴定结论
9	超大型精密智能注塑成型装备研制及工艺开发	广东伊之密精密注压科技有限公司、伊之密股份有限公司		广东省科学技术情报研究所	2023年	国际领先
10	长玻纤增强聚丙烯在线配混注射成型技术研发及产业化	广东伊之密精密注压科技有限公司、伊之密股份有限公司		广东省科学技术情报研究所	2023年	国内领先
11	基于云平台的高精密节能智能橡胶注射成型机	广东伊之密精密橡塑装备科技有限公司		广东省科学技术情报研究所	2023年	国内领先
12	容积式两料比例混合机 SVTM-60-360	信易电热机械有限公司	沈卫、周晨、王康	浙江科睿哲科技评估中心	2022年	国内领先
13	流量型高温水式模温机 STM-4875PWF	信易电热机械有限公司	陈跃、周亮、陈斌	浙江科睿哲科技评估中心	2022年	国内领先
14	齿啃式粉碎机 SG-2427N-3	信易电热机械有限公司	姚忠健、沈蔚康、王康	浙江科睿哲科技评估中心	2022年	国内先进
15	转轮除湿机 SD-1500H	信易电热机械有限公司	沈卫、王康、张家金	浙江科睿哲科技评估中心	2022年	国内领先
16	数字化失重式计量喂料机	无锡灵鸽机械科技股份有限公司		中国塑料机械工业协会	2022年	总体技术达到国际先进水平
17	系列高速多腔全电动吹塑生产线智能装备	苏州同大机械有限公司		中国塑料机械工业协会	2022年	总体技术达到国际先进、国内同类产品领先水平
18	多层共挤芯层发泡生产线	山东通佳机械有限公司	张建群、李勇	中科合创（北京）科技成果评价中心	2022年	国内先进
19	HMD368M8-SP 高速薄壁精密注塑机	宁波华美达机械制造有限公司	王舟挺、沈加明、郭维亮、薛原洁、张汉丽、泮昌伟、钟哲海、徐海斌、吴焕毅、倪德香	宁波市经济和信息化局	2022年	获宁波市重点工业新产品认定
20	新型注吹中空成型机研制项目	柳州市精业机器有限公司	文澜、李晖、肖彩飞、梁家炳	柳州市工业和信息化局	2022年	通过验收
21	PTFE 高透过滤专用糊状挤出生产线 SFFD-800/600	江苏维达机械有限公司		江苏省工业和信息化厅	2022年	通过验收
22	ZL280 复材挤出-注塑一体成形技术及装备	德清申达机器制造有限公司	叶如清、林增荣、袁卫明、曹宜荣、成明祥等16人	浙江省塑料行业协会	2022年	国际先进

（续）

序号	新技术、新产品、新工艺名称	完成单位	主要完成人	组织鉴定单位	鉴定时间	鉴定结论
23	大型串联橡胶密炼机组研发与应用	大连橡胶塑料机械有限公司	高巍、刘天华、刘丽、杨红、王元江、李特、白雪松、田会娜、张仁广、杨永宾	中国机械工业联合会	2022年	该项目拥有自主知识产权，打破了国外的技术垄断，总体技术达到国际先进水平，其中混炼数值仿真模型和智能混炼控制技术处于国际领先水平
24	HES系列特高扭矩同向平双挤出机齿轮箱	常州长浪齿轮箱有限公司		中国塑料机械工业协会	2022年	整体技术达到国际先进水平，部分指标达到国际领先水平
25	绿色环保汽车轻量化材料技术开发与应用	北京石油化工学院研究院、北京化工大学等24家单位	何亚东、任峰	中国石油化工股份有限责任公司	2022年	整体技术达到国际先进水平，部分技术达到国际领先水平
26	基于低碳理念的多层共挤吹塑薄膜自增强制造技术及应用	华南理工大学、东莞市正新包装制品有限公司、广东星联科技有限公司	瞿金平、黄镇荣、张伟明、林城、黄卫东、何和智、冯彦宏、张桂珍、殷小春、杨智韬、林仰璇、邝清林、曾艳祥、伍少明、黄伟东	中国轻工业联合会	2022年	国际领先
27	发泡用PET技术开发	中国石化仪征化纤有限责任公司、北京化工大学	李乃祥、信春玲、何亚东、潘小虎、李金平、周琼、庞道双、王雪盼、梁家晨、任峰、吴大鸣、闫宝瑞	中国石油化工股份有限责任公司	2021年	整体技术达到国际领先水平
28	大型高效精密智能注塑装备研发及应用	浙江申达机器制造股份有限公司、浙江大学、德清申达机器制造有限公司、浙江亿能塑业科技有限公司	叶如清、伊国栋、袁卫明、周巨栋、王自立等22人	浙江省技术经纪人协会	2021年	国际先进
29	防溢料排气式机筒	浙江华业塑料机械股份有限公司	夏瑜健、侯万良、张磊、夏栋	舟山市定海区经济和信息化局	2021年	国内领先
30	欧化料斗干燥机SHD-12U	信易电热机械有限公司	陈跃、魏国朝、赵二锋	浙江科睿哲科技评估中心	2021年	国内先进
31	模具除湿机SMD-3000H	信易电热机械有限公司	沈卫、司尚华、潘利强	浙江科睿哲科技评估中心	2021年	国内领先
32	流量型水式模温机STM-1253WF	信易电热机械有限公司	姚忠健、戴晓园、朱涛	浙江科睿哲科技评估中心	2021年	国内领先

（续）

序号	新技术、新产品、新工艺名称	完成单位	主要完成人	组织鉴定单位	鉴定时间	鉴定结论
33	可拆卸式料仓 SS-15-3	信易电热机械有限公司	王康、宋次勇、沈斌健	浙江科睿哲科技评估中心	2021年	国内领先
34	正压输送机 SRPC-2	信易电热机械有限公司	杨伟强、张猛、陈汝佳	浙江科睿哲科技评估中心	2021年	国内领先
35	锐捷系列集中粉碎机 SG-70150B	信易电热机械有限公司	余卫进、杨吉、褚磊	浙江科睿哲科技评估中心	2021年	国内先进
36	智能高速注塑成型装备	山东通佳智能装备有限公司	张建群、戴强、杨如方	中科合创（北京）科技成果评价中心	2021年	国内领先
37	全生物降解高分子材料改性造粒生产线	山东通佳机械有限公司	张建群、李勇	中科合创（北京）科技成果评价中心	2021年	国内先进
38	塑料固废再生建筑模板成套生产装备的集成创新及产业化	江苏贝尔机械有限公司	方海峰、吴群彪、蒋伟、王琪、吴振宇	江苏省科技厅	2021年	通过验收
39	五层共挤在线纵向拉伸增强薄膜吹塑装备研制与产业化	广东金明精机股份有限公司	关文强、何二君、孙靖寰、陈昭楷、陈俊鸿、蔡成鹏、林洁波、林德坡、杨煜新、林旭、黄一帆、梅基业、莫静、王侠武、黄育汉、郑武胜	广东省机械工程学会	2021年	总体技术达到国际先进水平
40	全自动大型托盘伺服节能专用注塑机	浙江金鹰塑料机械有限公司	何育才、李波涛、张攀峰、沈海挺、付增光、严晓、刘玉良	浙江省经济和信息化厅	2020年	国内领先
41	18 000kN 大型二板水平转盘对射多组分专用机	泰瑞机器股份有限公司		浙江省经济和信息化厅	2020年	技术处于国内同类产品领先水平
42	PP 熔喷静电拉伸无纺布生产线	山东通佳机械有限公司北京化工大学	张建群、李勇、杨卫民	中科合创（北京）科技成果评价中心	2020年	国际先进
43	三泡法吹塑成型九层共挤高性能热收缩膜成套装备研发及产业化	广东金明精机股份有限公司	马佳圳、李浩、陈昭楷、陈俊鸿、莫静、许丰、关文强、李润丰、黄一帆、黄育汉、李子平、林洁波、梅基业、林旭、王侠武	中国塑料机械工业协会	2020年	整体技术处于国际先进水平
44	HB-1900R 大型二板式水平转盘多组分注塑机	富强鑫（宁波）机器制造有限公司	陈蒙	宁波市经济和信息化局	2020年	技术先进，创新性强，填补国内空白

（续）

序号	新技术、新产品、新工艺名称	完成单位	主要完成人	组织鉴定单位	鉴定时间	鉴定结论
45	高分子材料绿色制备加工共性基础问题	华南理工大学	瞿金平、冯彦宏、吴宏武、何和智、刘斌、晋刚、宋建、何光建、杨智韬、谢小莉	广东省科学学与科技管理研究会	2020年	同意登记
46	JE33000/22800电液混合动力塑料注射成型机	宁波长飞亚塑料机械制造有限公司	傅南红、陈邦锋、朱宁迪、金镖、叶立永	中国机械工程学会、宁波市经济和信息化局	2020年	国际先进
47	环保型酒糟脱水造粒平双螺杆	浙江华业塑料机械股份有限公司	后桂根、闫晓良、林徐	舟山市定海区经济和信息化局	2019年	国内领先
48	基于纯二板注塑机智能化升级及研发	泰瑞机器股份有限公司		浙江省经济和信息化厅	2019年	技术处于国内同类产品领先水平
49	基于工业4.0技术新一代DT系列注塑机研发	泰瑞机器股份有限公司		浙江省经济和信息化厅	2019年	技术处于国内同类产品领先水平
50	TDB-250L柔性多工位高效吹塑智能化生产线	苏州同大机械有限公司		中国塑料机械工业协会	2019年	总体技术处于国内领先水平，部分技术指标达到国际先进水平
51	HE58高扭矩、高转速同向双螺杆挤出机研究与应用	四川中旺科技有限公司	王多勇、蒋全康、朱秋林、李亨娟、龙仕强、程杰、邵俞洲、张春、王学平	成都东唐巨加值科技评估有限公司	2019年	国际先进
52	高端注塑机用高精度长寿命注射塑化系统的研发及产业化	宁波市海达塑料机械有限公司、宁波工程学院	王航军、刘维、沈良聪、曹亮、毛显波、徐金富	宁波市科技局	2019年	该项目为宁波市重大工业专项，完成了科技合同书规定的技术指标及经济指标，通过验收
53	全电动节能塑料挤出吹塑中空成型机	广东乐善智能装备股份有限公司	郭锡南、白锋、闫全柱、吴伟龙	广东省机械工程学会	2019年	国际先进
54	M5B-2800Q-C青贮牧草膜专用五层共挤智能装备	广东金明精机股份有限公司	王全、李浩、陈昭楷、关文强、陈俊鸿、林梓生、蔡成鹏、李润丰、王侠武、林旭、梅基业、郑武胜、吴旭葵	广东省机械工程学会	2019年	总体技术达到国际先进水平

（续）

序号	新技术、新产品、新工艺名称	完成单位	主要完成人	组织鉴定单位	鉴定时间	鉴定结论
55	30万～35万 t/a 大型连续混炼挤压造粒机组	大连橡胶塑料机械有限公司	杨宥人、贾朝阳、何桂红、刘海波、浦松、王艳群、刘福桥、刘辉、夏良志、张福国	中国机械工业联合会	2019年	该成果具有自主知识产权；打破了国外的技术封锁和技术垄断，总体技术达到国际先进水平，其中双支撑转子连续混炼、水下切粒等技术居国际领先水平
56	HDPE海洋踏板生产线	常州金纬挤出机械制造有限公司	徐国富、张健	金贝尔（福建）水环境工程有限公司	2019年	通过验收
57	免干燥PET反应挤出发泡一体化成型技术	北京化工大学、南京创博机械设备有限公司	何亚东、信春玲、李东生、闫宝瑞、周志军、任峰、吴大鸣、吴仲景、邵俊、李庆春、曹也文、国巨发、陈莉、杨文飞、王文治	中国轻工业联合会	2019年	整体技术达到国际先进水平，部分技术达到国际领先水平
58	基于低碳理念的复合薄膜制造技术及应用	华南理工大学、东莞市正新包装制品有限公司	瞿金平、黄镇荣、杨智韬、林城、张桂珍、黄卫东、何和智、全明德、冯彦宏、殷小春、晋钢、何光建、曹贤武、宋建、王蒙蒙	广东省科学技术委员会	2019年	同意登记
59	塑料加工节能加热技术	苏州锦珂塑胶科技有限公司	陈明华、朱小勇、顾建华、阎伟	中国塑料机械工业协会	2018年	项目关键技术达到国际先进水平
60	一步法注拉吹中空成型机	柳州市精业机器有限公司	文澜、梁家炳、李晖、肖彩飞	柳州市工业和信息化局	2018年	通过验收
61	风电、航空专用宽幅多层膜吹塑成套装备研发及产业化	广东金明精机股份有限公司	关文强、叶镇波、陈昭楷、李浩、李子平、蔡成鹏、林梓生、陈俊鸿、郑燕梅、王侠武、林洁波、林德坡、陈文涛、袁汉清、林旭	广东省机械工程学会	2018年	总体技术达到国际先进水平
62	BN0600LV转轴式精密三色射出成型机	富强鑫（宁波）机器制造有限公司	陈晓周	宁波市经济和信息化委员会	2018年	混色注射工艺技术达到国内领先水平
63	节能型塑料挤出吹塑中空成型技术与装备	佛山市顺德区乐善机械实业有限公司	郭锡南、王树辉、高世凡、白锋	佛山市科技局	2018年	国内领先

(续)

序号	新技术、新产品、新工艺名称	完成单位	主要完成人	组织鉴定单位	鉴定时间	鉴定结论
64	20万t/a大造粒机组开发研究	大连橡胶塑料机械有限公司	佟中军、华朋、江波、杨宥人、马永涛、金建祥、张秀锋、卢昌存、张少平、王奎升	中国石化科技部	2018年	填补国内空白，整体技术指标达到国际先进水平，部分性能优于国内同类机组
65	MSZ系列全自动模内贴标专用成型机	江苏维达机械有限公司		张家港市经济和信息化委员会	2017年	整体技术达到国际先进水平，关键技术处于同类产品国际领先水平
66	全自动三角横梁模内360°环标注吹中空成型机	江苏维达机械有限公司		中国塑料机械工业协会、张家港市经济和信息化委员会	2017年	项目整体技术达到国际先进水平，关键技术处于同类产品国际领先水平
67	MSZ系列全自动单横梁同步升降注吹成型机	江苏维达机械有限公司		张家港市经济和信息化委员会	2017年	总体技术处于国内领先水平
68	数字化控制九层薄膜吹塑机组	广东金明精机股份有限公司	李子平、李浩、马佳圳、黄虹、陈新辉、王全、关文强、陈昭楷、叶镇波、孙靖寰、林洁波、郑燕梅、林德坡	中国塑料机械工业协会	2017年	总体技术达到国际先进水平
69	BL2800EK CIML长碳纤维热塑性复合材料在线成型智能装备	伯乐智能装备股份有限公司	刘玉鹏、邓俊钧、沈明聪、张洪、罗力、苏旭波	宁波市经济和信息化委员会	2017年	整机技术达到国内领先水平，部分性能与国际先进技术相当
70	注塑机高性能控制系统	群达模具（深圳）有限公司、深圳市福达智能系统有限公司、广州市香港科大霍英东研究院		中国塑料机械工业协会	2016年	项目整体技术性能达到国际先进水平
71	多工位LED球泡注吹中空成型机的研发	柳州市精业机器有限公司	文澜、刘东方、梁家炳、李晖	广西壮族自治区工业和信息化委员会	2016年	通过验收
72	大型聚乙烯连续混炼挤压造粒机组	大连橡胶塑料机械有限公司	赵彦滨、洛少宁、王子宗、江波、余良俭、李世通、褚卫彬、杨宥人、李东颐、王奎升	中国石化科技部	2016年	填补了国内空白，整体技术指标达到国际先进水平，部分性能优于国内同类机组

（续）

序号	新技术、新产品、新工艺名称	完成单位	主要完成人	组织鉴定单位	鉴定时间	鉴定结论
73	基于工业4.0控制技术的SVP/3系列伺服驱动注塑机	震德塑料机械有限公司		中国塑料机械工业协会	2015年	整体技术达到同类产品国际先进、国内领先水平
74	SJ100-LSFM1450型食品级包装纸多层共挤双面淋膜覆膜机组	汕头市远东轻化装备有限公司		中国塑料机械工业协会	2015年	主要性能指标已达到国内领先、国际先进水平
75	SJFMS75-2200金属卷材双主机塑料挤出复膜机组	汕头市远东轻化装备有限公司		中国塑料机械工业协会	2015年	主要性能指标已达到国内领先、国际先进水平
76	高分子材料双轴取向增强成套技术及装备	山东通佳机械有限公司、北京化工大学	张建群、李勇、杨卫民	中国轻工业联合会	2015年	国际领先
77	大口径智能化聚氯乙烯管材生产线	江苏贝尔机械有限公司	何德方、蒋伟、孙伟	江苏省机械行业协会	2015年	国内领先
78	UN650MGII半固态镁合金注射成型机	广东伊之密精密机械股份有限公司		中国塑料机械工业协会	2015年	技术和设备各项指标和性能达到国际同类产品的先进水平
79	M5N-20000五层共挤超宽幅内添加型PO农用薄膜吹塑成套装备	广东金明精机股份有限公司	黄虹、林梓生、关文强、马佳圳、陈俊鸿、李浩、李子平、陈昭楷、林洁波、付龙莉、孙靖寰、孙兆麟、温佳彬	中国塑料机械工业协会	2015年	项目产品处于国内领先水平，通过新技术新产品成果鉴定
80	TJT-（F）1320/JJT-（F）1275碳纤维涂浸胶机组	大连橡胶塑料机械有限公司	黄树林、张兆清、王永、李红静、赵斌、金鹤、陈玉海、李国胜、李元凯、李晓宇	中国石油和化学工业联合会	2015年	该机组集直涂、逆涂两种涂胶工艺于一体，可实现一次双面浸胶功能，填补了国内该类涂浸胶生产装备的空白，具有显著的社会经济效益和广泛的市场前景。机组整体技术指标达到同类产品的国际先进水平
81	注塑机机筒气凝胶节能罩	北京启能国际能源管理有限公司		中国塑料机械工业协会	2015年	该装备为国内首创，整体技术达到国内领先水平

（续）

序号	新技术、新产品、新工艺名称	完成单位	主要完成人	组织鉴定单位	鉴定时间	鉴定结论
82	TDB系列智能化复合流道中空成型机生产线	苏州同大机械有限公司、江苏科技大学		中国塑料机械工业协会	2014年	总体技术达到国际先进水平，其中复合流道技术居国际领先水平
83	BL2880EK高节能伺服控制超大型外曲式合模成型设备	宁波双马机械工业有限公司		中国塑料机械工业协会	2014年	整体技术达到国内领先水平
84	第五代高效节能单螺杆挤出生产装备	江苏贝尔机械有限公司	何德方、蒋伟、孙伟	中国塑料机械工业协会、江苏省经济和信息化委员会	2014年	国际先进
85	M6L-3000农用生态型斑马膜智能装备	广东金明精机股份有限公司	王全、黄虹、何二君、陈伟龙、陈昭楷、杜考玲、关文强、郑燕梅、郑会翔、温佳彬、陈业文、吴旭葵、刘能力	中国塑料机械工业协会	2014年	项目产品处于国内领先水平，通过新技术新产品成果鉴定
86	XMN-320×(5-50)Y啮合型密闭式炼胶机	大连橡胶塑料机械有限公司	刘丽、刘天华、郑军、张仁广、张津、高巍、吴俊功、叶峰、白雪松、贺平	辽宁省经济和信息化委员会	2014年	具备批量生产的条件
87	2880EK高节能伺服控制超大型外曲式合模成型设备	伯乐智能装备股份有限公司	汉斯·沃伯、刘玉鹏、邓俊钧、胡保全、王海燕、杨秀斌、吴焕毅、沈明聪	中国塑料机械工业协会	2014年	整体技术达到国内领先水平
88	多元硼化物基超硬双金属螺杆	浙江华业塑料机械股份有限公司	夏增富、夏瑜键	舟山市经济和信息化委员会	2013年	国内首创
89	M3N-14000三层共挤超宽幅外涂布型PO农用薄膜吹塑成套装备	广东金明精机股份有限公司	李浩、马镇鑫、孙伟龙、陈新辉、黄虹、李子平、林梓生、孙兆麟、关文强、何二君、林楚漂、郑燕梅、袁汉清、陈昭楷	汕头市科技局	2013年	项目整体技术处于国内领先水平
90	XY-4S2800A/XYD-F4S2800橡胶输送带压延生产	大连橡胶塑料机械有限公司	张兆清、李元凯、王永、李红静、吴俊功、陶丽梅、章虹滨、陈玉海、石繁章、李晓宇	辽宁省科学技术厅	2013年	该项目在无拼接超宽幅输送带压延方面填补了国内空白，机组整体技术达到同类产品国际先进水平
91	聚合物动态综合流变仪的产业化	华南理工大学	瞿金平	广东省教育厅	2013年	同意结题

（续）

序号	新技术、新产品、新工艺名称	完成单位	主要完成人	组织鉴定单位	鉴定时间	鉴定结论
92	JU66000Ⅱ/518000超大型纯二板式塑料注射成型机	海天塑机集团有限公司	高世权、阮剑波、竺诗昌、方钱、王彬	宁波市经济和信息化委员会	2013年	国际先进
93	内循环直压式高速精密注塑机	浙江金鹰塑料机械有限公司	何育才、李波涛	科学技术部	2012年	通过验收
94	UNB塑料奶瓶挤出吹塑中空成型系统	广东乐善机械有限公司	郭锡南、王树辉、高世凡、白锋	广东省机械行业协会	2012年	国际先进
95	U型塑料挤出吹塑中空成型机	佛山市顺德区乐善机械实业有限公司	王树辉、高世凡、白锋、孔育麟	广东省机械行业协会	2010年	国际先进

2022年中国塑料机械行业企业人才培养情况

57家企业数据显示，2022年中国塑机行业企业员工总数25 851人，研发人员4 627人，技术人员3 793人，博士研究生69人，硕士研究生450人，国家级博士后科研工作站11个，高校人才培养基地48个，技术研究中心68个。

序号	企业名称	企业员工总数/人	研发人员/人	技术人员/人	博士研究生/人	硕士研究生/人	国家级博士后科研工作站/个	高校人才培养基地/个	技术研究中心/个
1	海天塑机集团有限公司	4 218	654	654	1	94	1	2	2
2	伊之密股份有限公司	3 525	522	609	3	70	1	1	1
3	广东拓斯达科技股份有限公司	2 312	1 055			37	0		2
4	震雄集团有限公司	2 300	400	400	20	60	2	3	3
5	浙江华业塑料机械股份有限公司	979	68	29	0	1	0	2	2
6	泰瑞机器股份有限公司	976	80	103	0	27	0	3	2
7	恩格尔机械（上海）有限公司	950	89	130	1	38	0	2	2
8	大连橡胶塑料机械有限公司	875	249	209	1	20	1	0	4
9	广东佳明机器有限公司	829	110	110	0	5	0	0	4
10	伯乐智能装备股份有限公司	586	121	121	0	4	0	1	2
11	广东金明精机股份有限公司	506	65	92	0	0	1	4	1
12	苏州金韦尔机械有限公司	500	50	100	2			1	2

（续）

序号	企业名称	企业员工总数/人	研发人员/人	技术人员/人	博士研究生/人	硕士研究生/人	国家级博士后科研工作站/个	高校人才培养基地/个	技术研究中心/个
13	广东力劲塑机智造股份有限公司	496	80		1	2	0	0	2
14	苏州杰威尔精密机械有限公司	484	13	13					
15	佛山市宝捷精密机械有限公司	434	14	15	0	2	0	0	
16	宁波甬华塑料机械制造有限公司	421	74						1
17	广东乐善智能装备股份有限公司	327	55	150	0	3	0	1	2
18	富强鑫（宁波）机器制造有限公司	317	53	74	1				
19	宁波创基机械有限公司	305	62	49					1
20	宁波海星机械制造有限公司	301	53	72					1
21	宁波弘讯科技股份有限公司	293	66	66	1	2	0	0	
22	大同机械科技（江苏）有限公司	288	33		0	0			1
23	宁波市海达塑料机械有限公司	273	36	45	0	2	0	0	2
24	浙江申达机器制造股份有限公司	263	51	125	1	2	1	1	3
25	杭州大禹机械有限公司	245	23	24	0	0	0	0	0
26	东华机械有限公司	244	59		0	0		1	2
27	浙江金鹰塑料机械有限公司	243	73	73	0	0	0	0	2
28	新乐华宝塑料机械有限公司	240	32	32	0	0	0	2	1
29	江苏维达机械有限公司	220	25	25		1		1	4
30	山东通佳机械有限公司	200	70	70	8	2	0	1	8
31	宁波方力科技股份有限公司	190	21	32	0	3	1	1	1
32	苏州金纬机械制造有限公司	151	13	13					
33	南京科亚化工成套装备有限公司	140	26	59	1	2	0	3	2
34	苏州金纬片板膜智能装备有限公司	132	17	17					
35	柳州市精业机器有限公司	129	20	14	0	1	0	0	1
36	广东三庆智能科技有限公司	100	15	45				1	1
37	常州金纬片板膜科技有限公司	90	8	20					
38	江苏越升科技股份有限公司	87	19	10	2	8			1
39	苏州格莱富机械科技有限公司	85	8	15		2		2	
40	苏州金纬中空技术有限公司	83	10	10					
41	四川中旺科技有限公司	82	15	61	0	1		1	1
42	常州金纬片板设备制造有限公司	78	6	6					
43	金纬机械常州有限公司	77	10	5					
44	常州大云环保科技有限公司	71	10	5				2	

（续）

序号	企业名称	企业员工总数/人	研发人员/人	技术人员/人	博士研究生/人	硕士研究生/人	国家级博士后科研工作站/个	高校人才培养基地/个	技术研究中心/个
45	广东星联科技有限公司	70	25	25	1	3	0	0	2
46	南京创博机械设备有限公司	68	6	14	2	2			2
47	常州金纬挤出机械制造有限公司	68	8	4					2
48	浙江金纬管道设备制造有限公司	65	6	6					2
49	浙江杰伟精密机械有限公司	61	2	2					2
50	常州金纬管道设备制造有限公司	58	8	5					2
51	金纬机械（海宁）有限公司	54	4	10					2
52	常州金纬管道科技有限公司	51	6	5					
53	苏州锦珂塑胶科技有限公司	50	6	17		3			
54	常州金纬化工成套设备有限公司	47	4	6					
55	浙江金纬片板膜设备制造有限公司	37	2	6					
56	常州金纬智能装备制造有限公司	31	4	4					2
57	北京化工大学塑料机械及塑料工程研究所	30	26		26	50	3		
	合　　计	25 851	4 627	3 793	69	450	11	48	68

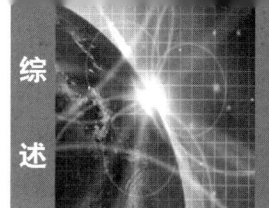
综述

专文

中国塑料机械工业协会成立30周年

市场专题

统计资料

企业概况

产品项目与技术

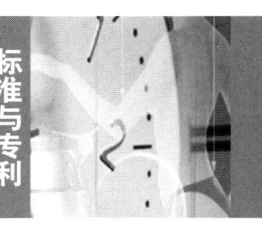
标准与专利

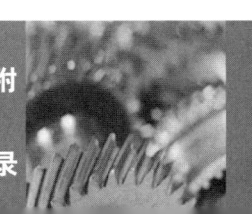
附录

中国塑料机械工业年鉴 2024

市场专题

记录2022年至2024年上半年塑料机械行业在市场各层面较为重要的事件、国外技术发展趋势、国外市场发展情况以及产品的进展

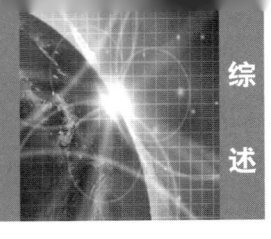
综述

专文

协会成立30周年中国塑料机械工业

市场专题

2022—2024年我国塑料机械工业要事
从德国K展2022看注塑产业发展新趋势

统计资料

企业概况

产品项目与技术

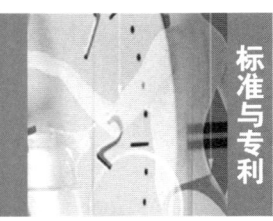
标准与专利

附录

中国塑料机械工业年鉴2024

市场专题

2022—2024年我国塑料机械工业要事

应对印度反倾销

2024年3月29日，印度商工部发布公告称，应印度塑料机械制造商协会（Plastics Machinery Manufacturers Association of India）提交的申请，对原产于或进口自中国大陆和台湾地区的塑料加工机械（Plastic Processing Machines）发起反倾销调查。案件涉及印度海关编码84771100和84779000项下的产品。倾销调查期为2022年10月1日至2023年9月30日（12个月），损害调查期为2020年至2021年、2021年至2022年、2022年至2023年以及本案倾销调查期。

在广大塑料机械企业的参与和支持下，中国塑料机械工业协会秘书处委托有丰富经验的律师应诉，8月13日已明确涉案的部件只包括合模组件（clamping/clamp unit）、带或不带螺杆和料桶的注塑装置（injection unit with or without screw & barrel）、机器基架（machine base frame）和生产框架/外罩（fabrication frames/covers），其他塑机部件不属于此次反倾销调查的涉案产品。

出　　海

出海形式1：落地工厂

金纬机械首家海外生产基地　2022年8月，上海金纬机械制造有限公司（简称金纬机械）旗下的贝克威尔智能装备（泰国）有限公司（简称贝克威尔泰国）在泰国洛加纳罗勇宝丹工业园正式开建工厂。作为金纬机械旗下首家海外生产基地，贝克威尔泰国承担了高端塑料挤出成型设备的研发、海外基地团队的培养工作，是金纬机械打造智能化全球挤出装备领域生态链的重要部署。

伊之密印度新工厂　2022年10月7日开业并投入使用，总投资1亿元。厂房建筑面积超过20 000m²，具备符合印度市场需求的非标产品的定制和开发、零部件制造、整机装配和调试、客户服务和培训等功能。每年可生产制造2 000台注塑机，可生产40 000kN锁模力机型。

海天国际塞尔维亚制造基地　2023年4月破土动工。基地位于塞尔维亚鲁马地区，项目占地面积约25万m²，一期建设区域约16.1万m²，包括约5.9万m² A号车间及行政大楼、食堂等设施。

海天国际墨西哥工厂　2023年6月21日开业。工厂位于墨西哥瓜达拉哈拉市，占地面积约92 000m²，一期厂房面积27 000m²，投资金额约5 000万美元。预计2025年投入运营。

出海形式2：产业布局

金纬机械收购考特斯　2024年1月8日金纬机械完成对德国考特斯的完全收购。金纬机械接收了位于波恩的考特斯机械制造有限公司 50% 以上的员工和其他公司 100% 的员工。

出海形式 3：落地售服及代理

伊之密巴西新技术服务中心 2022 年 7 月开业。广东伊之密精密机械股份有限公司（简称伊之密）巴西代理 Alltech 在南里奥格兰德州南卡希亚斯市举办为期三天的开业庆典，超过 300 名新老客户参加。

力劲越南平阳展示厅暨服务中心 2022 年 12 月 16 日开业。中心致力于力劲科技集团有限公司（简称力劲集团）注塑机的展示、销售及服务。

拓斯达越南北宁分公司 2023 年 2 月 18 日成立。公司将根据当地市场需求，协同当地产业链，打造一支高效交付的服务团队，继续提供包括注塑机、工业机器人、CNC 等智能设备及注塑智能整厂规划在内的综合解决方案。

伊之密意大利代理新办公室 当地时间 2023 年 6 月 23 日开业。伊之密意大利代理 PPI 在圣旺代米亚诺举行为期两天的开业庆典，展出了适应意大利当地市场需求的注射成型整体解决方案，如 UN350A5-EU 注塑机全程演示三色牙刷柄成型方案，以及 FF 系列电动注塑机、A5-EU 系列注塑机等多款意大利市场畅销机型。

拓斯达印度尼西亚服务展厅 2023 年 8 月开放。这是广东拓斯达科技股份有限公司（简称拓斯达）联合代理团队打造的海外首个注塑机本地化服务展厅，双方联合举办了为期三天、主题为"美好，源于技术"的注塑装备展览会。

伊之密圣保罗技术服务中心 2023 年 10 月开业。伊之密联合代理 Alfamach 展出了适应当地市场需求的产品。

海天越南海防应用服务中心 2023 年 12 月 31 日开业。中心位于越南海防市，2022 年 9 月 15 日奠基，总面积 15 000 m²，覆盖产品展示、应用服务与体验、整机及配件库存、库存运转等功能。

力劲泰国有限公司 2024 年 6 月 18 日开业，同时举办技术开放日，近 200 位客户参与。力劲泰国主要业务包括压铸机及自动化周边设备、注塑机及辅机、数控加工中心的销售及配套服务等。

博创泰国直属办事处 2024 年 6 月 19 日成立，办事处位于春武里府。

出海形式 4：本地化售后技术服务培训

力劲市场营销人员培训 2023 年，分别举办了力劲塑机东南亚市场营销人员培训、印度市场营销服务团队培训。营销人员培训内容主要是深入了解市场需求和挑战，了解注塑机的最新技术趋势、市场竞争分析、解决方案定制以及客户关系管理等关键领域知识，提升专业知识和销售技巧，接受全面的售后服务技能培训。服务团队培训重点了解力劲至上系列注塑机的特点和优势，深入了解每一款注塑机的工作原理、操作技巧及维护保养方法。

乐善智能印度尼西亚代理工程师技术培训 2023 年 11 月举办。帮助代理工程师全面了解吹瓶机的工作原理、实际调试操作要点及常见问题的分析诊断和处理。

力劲海外维修人员培训 2024 年 6 月 3 日，力劲压铸机海外维修人员（墨西哥）深圳训练营圆满结营，11 名墨西哥售后技术服务人员通过考核后结业。

出海形式 5：开放日与全球巡展

2022 年，泰瑞机器股份有限公司（简称泰瑞）分别在葡萄牙和德国慕尼黑举办开放日，展出 NEO 全系列产品；伯乐智能装备股份有限公司（简称伯乐）相继在美国和欧洲工厂举办开放日。

2023 年，海天塑机集团有限公司（简称海天）

分别在越南、美国、德国、墨西哥举办工厂开放日，展示注射成型解决方案；伊之密联合本地代理在阿尔及利亚举办开放日，现场展示 P380S3 注塑机及 4.4L 桶解决方案。当地时间 2023 年 7 月 6—7 日，伊之密联合保加利亚代理 Slavov 举办技术节，重点介绍伊之密 HⅡ系列冷室压铸机、LEAP 系列压铸机等主力产品。

2024 年 3 月 14—15 日，泰瑞法国 2 550m² 新办公场所落成，同时举办工厂开放日，集中展示成熟的注塑成型设备、高效的行业解决方案以及相关的自动化技术装备等。

各企业除了参加国内相关展会外，还组织参加国外的展会，比如德国杜塞尔多夫国际塑料橡胶展（K 展）、美国国际塑料展览会（NPE）、意大利塑胶展、日本幕张国际塑料机械展览会、土耳其塑料展览会、德国塑料工业展览会（Fakuma）、英国伯明翰塑料展览会（Interplas）、巴西圣保罗塑料橡胶展览会（Expobor）、阿尔及利亚国际塑料包装印刷展览会、波兰国际塑料加工展、法国里昂塑料橡胶展览会（FIP）、印度班加罗尔国际塑料展（Plastasia）等。

周 年 纪

北化塑机所成立 30 周年 2023 年 7 月 29 日，北京化工大学塑料机械及塑料工程研究所（简称塑机所）在北京化工大学东校区会议中心举行建所 30 周年庆典。

塑机所 1993 年由我国聚合物加工领域著名学者、中国塑料工业卓越人物朱复华教授提出后学校批准创建。30 年来，塑机所聚焦塑料加工领域的重大科技问题和应用需求，潜心装备与机理研究，勇于技术创新，着力工程转化与应用，提出了以成型加工装备为核心、以高精尖塑料产品为目标、开展成套装备和工程化技术研发的发展思路。朱复华教授开创的可视化研究方法及其挤出理论研究成果在国内外享有盛誉；吴大鸣教授团队的精密挤出机理及装备，在精密制件制造领域硕果累累；薛平教授团队的木塑复合材料成型装备、超高分子量聚乙烯系列成型装备享誉行业；何亚东教授团队的超临界二氧化碳连续挤出微发泡技术装备实现大规模工程应用。近年来塑机所先后主持完成国家自然科学基金、国家重点研发计划项目和科技支撑计划项目 20 余项，承担省部级和企业的各类技术研发项目 500 余项，实现科技成果转化 300 余次，获国家级、省部级科技进步奖 30 余项，获国家授权发明专利 100 余件。

川大高分子学科创立 70 年 2023 年 12 月 16 日，四川大学高分子学科创立 70 周年暨高质量发展学术交流会在四川大学举行。

1953 年，成都工学院初设高分子化合物专业（1954 年更名为塑料工学专业），徐僖担任教研组组长，乐以伦、张承琦、张开、江之桢等是塑料专业的骨干成员。1958 年 8 月，新建合成纤维专业（1960 年改为化学纤维专业）。1960 年，正式建立高分子研究所。1960 年徐僖完成并出版《高分子物化学原理》，成为我国高等院校高分子专业第一本教科书。1961 年，高分子化工系成立，下设化学纤维、塑料工学、合成橡胶工学、皮革工学 4 个专业，并建有 6 个教研组和高分子研究所。1979 年，高分子化工系改建为高分子材料系。1981 年，获国家首批高分子材料专业博士点。1989 年 6 月 16 日，国家计委正式批准高分子材料工程为国家重点实验室建设项目。2001 年 7 月，高分子科学与工程学院成立。2005 年，高分子与特种功能材料科技创新平台被列为学校"985 工程"重点建设平台。2008年，高分子学科牵头，获准建设国家级材料科学与工程实验教学示范中心，于2012年完成验收。2014年，高分子材料与工程通过工程教育专业认证。

学科依托5大研究平台、3大学术期刊、5个先进高分子与加工技术国际合作中心，坚持基础研究与学科前沿发展并重，深耕通用高分子材料高性能化新原理和新技术、聚合物加工成型理论和技术、高性能和功能高分子材料、油气开采和新能源高分子材料、废弃高分子材料再生利用与环境友好高分子材料五大特色研究方向，着力把川大高分子打造成为高分子材料科技领域服务国家战略科技的中坚力量。

学科现有在职教职工340余人，其中教授/研究员150余人、副教授/副研究员110余人、院士4人，国家杰青等国家级高层次人才37人次，国家优青等国家级青年人才44人次，在读本科生1 120余人，研究生1 180余人。培养的2万余名毕业生（其中硕士、博士5 000余人）在科研、教育、国民经济各领域贡献川大高分子力量。

中国塑料机械工业协会成立30周年 2023年9月15日，中国塑料机械工业协会成立30周年庆典在重庆召开。

宁波市塑料机械行业协会20周年 2024年1月5日，浙江省塑料机械行业协会（预）成立大会暨宁波市塑料机械行业协会20周年庆典活动在杭州召开。

伊之密成立20周年 2022年是伊之密成立20周年。这一年伊之密研发出85 000kN超大型高精度注塑机、LEAP系列90 000kN超大型压铸机、半固态镁合金注射成型机，五沙第三工厂投产，建成伊之密全球创新中心。

大禹20周年 2023年是杭州大禹机械有限公司（简称大禹）成立20周年。8月6日，以"奋进20载，德艺行天下"为主题举行庆典。

伊士通20周年 2023年是宁波伊士通技术股份有限公司（简称伊士通）成立20周年。12月16日，举行了20周年客户答谢会，近300位嘉宾参加。

科亚30周年 2023年是南京科亚装备科技有限公司（简称科亚）成立30周年。8月28日，举行了制造研发基地奠基暨30周年庆典晚宴。

弘讯科技40周年 2024年是宁波弘讯科技股份有限公司（简称弘讯科技）成立40周年。1月1日，40周年logo正式发布。

富强鑫50周年 2024年是富强鑫集团（简称FCS）成立50周年，也是富强鑫多组分成型技术开发40周年。多组分注塑机2023年销售额突破23.1亿元新台币（折合人民币5.25亿元），销量突破545台，锁模力达270万 kN。截至2023年底，富强鑫中大型多色机累计在汽车业销售1 003台，总锁模力超1 030万 kN，金额达94亿元新台币（折合人民币21.5亿元）。

海天巴西20周年 2023年，海天巴西在圣罗克总部举行成立20周年系列庆祝活动。庆典活动中，海天发布了第五代注塑机，该机于2024年投放巴西市场。海天在巴西市场拥有超3 000家客户和超12 000台机器。

震雄南美子公司10周年 2023年10月，震雄集团有限公司（简称震雄）南美子公司在位于巴西圣保罗的巴西办事处举办成立10周年庆典活动，展示了部分适应南美市场需求的注塑成型整体解决方案，近200名宾客参加。

K展70年 K展于1952年创立，2022年为创立70年，被认为是橡塑行业发展的基准与风向标，为全球橡塑业的进步和发展提供巨大的推动力。第一届K展于1952年10月11—19日举行，最初只是一个以尼龙丝袜等日常用品为主的小型消费展览会。1963年开始，K展专门面向塑料行业的参观者。2016年，约236 000名专业观众参观K展，创下新纪录。2022年，K展的三个倡议主题为"循环经济、气候保护和数字化"。

新产品开发

半固态镁合金注射成型机

32 000kN 半固态镁合金注射成型机 伊之密设计、研发与生产。UN1500MG Ⅱ 半固态镁合金注射成型机于 2022 年研制成功并在国内知名镁合金制造企业投产。32 000kN 半固态镁合金注射成型机 2023 年开发成功,注射压力 100MPa,采用 160mm 螺杆,最大稳定出料量大于 11kg。该设备 2024 年交付宁波星源卓镁技术股份有限公司,主要用于汽车行业高精度零部件生产。

40 000kN 超大型镁合金半固态注射成型机 2024 年 4 月 20 日,伯乐发布 40 000kN 超大型镁合金半固态注射成型机。该机是迄今为止全球同类设备中压射吨位和注射量均最大的机台,理论注射量 17kg,改变了半固态镁合金注射成型机基本只用于生产 3C、通信等行业中小型结构件的现状,使大型、超大型镁合金汽车零部件制备成为可能。

压铸机

超大型智能压铸单元 力劲集团研发。

120 000kN 超大型智能压铸单元于 2022 年 9 月 19 日,由力劲集团、广东鸿图科技股份有限公司联合发布。

160 000kN 超级智能压铸单元于 2023 年 10 月 26 日发布。该单元有行业首创新型直压式结构,减少 2/3 的润滑点位和 70% 以上的润滑油用量。采用全新锁模结构和更智能的控制系统,配备先进的打料系统、高效的快速换模系统,LK-NET 云压铸网络管理系统支持 OPC-UA、Profinet、Modbus TCP/IP 等联网接入。应用先进的铸造工艺和更强的模板结构,占地面积更小,生产效率更高,能源消耗更少,除尘净化系统运行效果更优异。

面向汽车零部件制造的绿色、高效、智能压铸岛系统开发与应用 力劲集团深圳领威科技有限公司牵头承担,属于广东省重点领域研发计划项目。2022 年 10 月通过科技成果鉴定,结论为:项目承担单位完成的 28 000kN 二板式压铸机满足设计要求,使用性能良好,并完成了设计定型,已具备量产条件,同意通过新产品鉴定。项目创新性强,总体技术处于国内领先水平。

LEAP 系列超大型压铸机 伊之密研制。自 2021 年 7 月 LEAP 系列压铸机全球首发至今,伊之密完成了 LEAP 系列中大型、超大型压铸机的开发,锁模力 3 800～90 000kN。

2 台 70 000kN 超大型压铸机于 2023 年 8 月从伊之密第三工厂发往长安汽车,用于长安新一代新能源汽车的前舱和后底板生产。

90 000kN 超大型压铸机用于生产新能源汽车大型一体化压铸成型的后地板。最大锁模力 100 000kN;配备全新 LEAP 系列压射系统,动态压射力大于 2 100kN,满足超大型一体化结构件壁薄、造型复杂和填充距离长的性能需求;压射工艺控制精度较高,可实现快速起点偏差小于 5mm。2024 年 4 月 23 日从伊之密第三工厂正式发车。

万吨级超大型压铸机百吨级厚大断面硅固溶强化球墨铸铁模板的研制与产业化 力劲集团与阜新力达钢铁铸造有限公司合作完成。2023 年 11 月 10 日通过中国铸造协会组织的成果评价,结论为:项目整体技术达到国际领先水平。该项目累计交付超大型压铸机模板 30 件,最大模板毛坯重量达155t，壁厚470mm，已经批量装机应用，实现了产业化。项目成果广泛应用于新能源汽车及汽车零部件厂（广东文灿股份、广东鸿图等国内外知名公司），经济和社会效益显著。

70 000kN超大型压铸装备关键技术研发与应用项目　该项目由力劲集团深圳领威科技有限公司牵头完成，2023年12月在小鹏汽车广州智能网联汽车智造基地通过鉴定，结论为：创新性强，整体技术居国内领先水平，达到国际先进水平。项目针对重载线性导轨"模板-底座-导轨"变形叠加引起的刚度降低等难题，提出了一种大型薄壁车身结构件一体化的新型压铸装备构型设计。围绕压射速度、浇口速度和填充时间等复杂工艺参数的优化，提出了基于代理模型和数值模拟的协同仿真技术，设计了一种高节能效率的伺服节能系统、高性能射料系统，开发了大型薄壁车身结构件一体化70 000kN压铸装备，并在新能源汽车厂实现产业化应用。项目实施期间，申请PCT 5件，获得授权发明专利7件、实用新型专利49件，牵头和参与制定国家标准2项、行业标准2项，具有自主知识产权。

IKON大型三板直压式压铸机　泰瑞研制生产。2024年1月9日上市发布，对于泰瑞进军一体化成型高端装备领域具有里程碑意义。IKON系列大型压铸机专注于汽车结构件生产，由泰瑞德国慕尼黑研发中心领衔研发，性能全面对标欧系。在合模工艺方面，自主研发三板直压式结构，实现速度重复精度±1%、压力重复精度±0.1MPa、位置重复精度±2mm。IKON合模系统锁模力分布均匀，哥林柱锁模力偏差在3%以内。IKON三板直压式合模系统已取得中国发明专利，其核心亮点是SNP实时控制压射系统。SNP实时控制压射系统搭载定制开发的扫描频率10 000Hz控制器、SmartCast铸造工艺系统、五阶PID算法、MCK大模型自学习算法、BLC油路系统、定制开发的高响应伺服阀和高性能单向阀，动态压射力40%，加速度70g，速度、压力、位置重复精度较传统压铸机有较大提升。系统融合MCK大模型自学习算法以实现机器的智能化监测、分析与调整，显著提高实时控制精度，压射工艺过程具有启动平稳、速度响应及时、精确度高、节约增压时间等优点。

注塑设备

85 000kN超大型注塑机　伊之密设计、研发、生产，2022年面世，是伊之密里程碑式的产品。其额定锁模力为85 000kN，最大锁模力90 000kN。采用精密微开控制技术、双射台同步塑化、大型厚壁透明件成型技术及注射技术、注射压缩控制技术等先进技术，满足了客户产品的成型工艺要求。整机具有高精密、高速、节能、智能的特点，较传统的三板机节能30%以上。2023年2月，通过中国塑料机械工业协会组织的鉴定，结论为：该项目技术和设备各项指标和性能达到国际先进水平。该机拥有自主知识产权，实现了国产超大型二板式注塑机关键技术的突破。2023年3月14日交付客户。

BD全新一代直驱电动注塑机　博创智能装备股份有限公司（简称博创）研发，2022年9月20日全球首发。该机集完全自主知识产权、独创直驱结构、注射成型形性智能调控及大数据智能工艺优化技术、全流程制造体系等于一体，采用独创的内嵌式直驱电动技术和智能电控技术，显著提高注塑机重复定位精度和制品成型精度。

X型四射注塑机　富强鑫集团研发，2022年11月面世。该项技术已成功导入富强鑫大型多组分注塑机产品线。相比之前的L型四射出方案，X型四角四射机的占地空间小、射出结构更为紧凑，四组射出单元可适应多种模具的需求，进行双色、三色、四色产品弹性生产。首台GW-1600R大型二板式多组分注塑机（四射机），已交付国内某大型车灯供应商实现产品量产。

电动直驱智能电控高精度注塑机关键技术及产业化 博创、广州博捷电机有限公司、广州中和互联网技术有限公司联合研制。2023年3月20日，通过广东省机械工程学会组织的鉴定，结论为：项目整体技术居国际先进水平。

海天第五代技术 2023年4月17日，海天在2023中国国际塑料橡胶工业展览会（Chinaplas）发布第五代机型。全新五代机融合大量智能化功能，标配灵活的开放式集成功能，支持多样化开放共享。

HMD320PET专用伺服节能型注塑机 宁波华美达机械制造有限公司（简称华美达）研制。2023年6月通过宁波市塑料机械行业协会与国家塑料机械产品质量监督检验中心组织的宁波市新产品、新技术投产鉴定，结论为：关键技术达到国内领先水平。

GW-2200R超大型五射二板式多组分注塑机 富强鑫研发。2023年8月3日通过新产品鉴定，结论为：总体技术达到国际先进水平。该产品采用X型四角四射结构多组分解决方案，已交付宇亚模具股份用于汽车车灯生产。

超大吨位垂直转盘四射成型机 泰瑞研制生产。2023年，泰瑞23 200kN多组分注塑机陆续入驻国内汽车配件制造工厂并投入生产，其超大垂直转盘直径2.5m，适用于贯穿式车灯部件、厚壁光导、镜面罩等较大尺寸车灯生产。

JU系列88 000kN超大型注塑机 海天研制生产。该机额定锁模力88 000kN，注射容量134 000cm³，刷新行业纪录。2023年10月25日交付。海天智联为该设备定制化开发的机械手VD-150ID同期交付，该机械手负载150kg，走行行程12m，前后行程4.5m，上下行程5.2m。

力劲塑机五代技术 2024年4月23日，力劲塑机在Chinaplas 2024上展出PT-V第五代伺服精密注塑机。该机全系标配电熔胶技术，全面优化升级锁模、机铰等结构，运行更高效、平稳；整机动力提升15%～25%，成型周期缩短10%～20%；射台结构新增电预塑接口；采用高精度线性导轨注射单元，结构更加紧凑。

JU33000M转盘式多组分注塑机 海天研制生产。该机锁模力33 000kN，转盘最大容模直径3.1m，转盘最大承重28t，刷新了全球转盘式多组分注塑机纪录。转盘基于双伺服电动机控制，可满足更复杂、更快速的模具成型技术要求，且设备运行平稳高速；采用最新数字控制和注射全闭环控制技术，可实现对注射动作的高精度控制；自主研发的直立双缸注射结构，注射压力高，可同时实现710mm中心距平行布置。2024年5月9日交付安瑞光电，主要用于贯穿式尾灯的生产制造。

零重力智能节能注塑机 大禹研发。该设备比采用伺服液压泵的机器节能15%～30%；开合模行程550mm时，开合模周期减少1.8s。

ALLROUNDER 470 E GOLDEN ELECTRIC EVO 阿博格为亚洲市场研发。所有专有组件和核心技术部件在德国制造完成，在平湖的阿博格技术中心组装。该机为入门级电动注塑机，注射单元精密度高，循环时间较短，干循环时间更快，能耗最多可减少50%，用于轿车的精密液态硅橡胶部件生产。该机2024年4月在Chinaplas 2024上首发。

ALLROUNDER 520H 阿博格研发。该机采用全新液电混合注塑机技术，在节能、节约资源、生产高效、便于操作、安全可靠方面特点突出；配备全新线性机械手系统MULTILIFT SELECT 8。该机2023年在德国塑料工业展览会全球首发。

阿博格百年纪念版注塑机 2023年是阿博格100周年。推出的周年纪念机型ALLROUNDER 470H采用全新的油品管理方案，流量分配实现同步动作，集成使用Arburg（阿博格）伺服液压系统。ALLROUNDER 470H的能耗减少50%，CO_2年排放量减少12 000kg，干循环时间缩短近1/3。

挤出设备

SCP新型脱挥成套设备 江苏诚盟装备股份有限公司（简称诚盟装备）2022年研发。该产品结合原材料端的特点对设备进行升级，具有技术上的独创性、先进性，弥补国内短板。该设备不仅具备传统反应釜的传热蒸发、脱挥干燥功能，还具备双螺杆挤出机优良的分散混合、剪切捏合功能，同时将反应釜的间歇式生产方式改造为连续化的在线生产。

电缆料行业双阶式实验型双螺杆挤出机 科亚2022年研制，填补了电缆行业物料工艺试验需求的空白。该机型既可以满足工艺试验的要求，也可以通过主机高性能的配置实现小批量生产。

POE挤出造粒系统 江苏越升科技股份有限公司（简称越升科技）2023年推出年产1.5万t的POE挤出造粒系统。此前，只有国外3家企业掌握POE切粒技术。越升科技先后攻克水温、停留时间、口模和切刀设计、固液比等核心参数，完成对十多种不同融指数物料的测试，积累了一大批经验和数据，打破国外企业垄断。

下吹式水冷十一层高阻隔膜共挤关键技术及成套装备 广东金明精机股份有限公司（简称金明精机）研制。2023年3月2日通过广东省机械工程学会组织并主持的科技成果鉴定，结论为：项目总体技术达到国际先进水平。主要创新点有：独创最小屏障间隙可控的塑料挤出工艺，解决了屏障螺杆超温或塑化不良难题；发明了下吹式吹膜机的膜泡冷却结构和膜泡冷却方法，解决了传统自溢式水环易产生气泡、膜泡难稳定，无法生产宽幅薄膜难题；创新设计低摆幅旋转牵引结构，实现±185°往复旋转，提高了宽幅薄膜收卷平整度；研发独特的挤出机组关键结构，大幅提升设备运维的可靠性及效率。

SCP3-1000三轴连续聚合反应脱挥挤出装备 诚盟装备自主研发。2024年通过新产品鉴定，结论为：主要技术指标均达到国际先进水平。

黄金动力中大型双螺杆挤出机 克劳斯玛菲研发。黄金动力系列中大型双螺杆挤出机型ZE145、ZE180适用于石化、反应挤出及工程塑料加工等行业，用于聚合物的合成与改性、脱挥应用以及功能性聚合物制备等领域。Chinaplas 2024上首发。

配辅设备

HES系列特高扭矩同向平双挤出机齿轮箱 常州长浪齿轮箱有限公司研制，2022年8月12日通过由中国塑料机械工业协会组织的新技术新产品成果鉴定。鉴定委员会一致认为，该产品整体技术达到国际先进水平，部分指标达到国际领先水平。该产品具有高比扭矩、大推力、长寿命、高精相位差等优势特征，比扭矩$15\sim18N\cdot m/cm^3$，轴向推力25MPa，设计寿命10万h，A/B两根输出轴相位小于0.1°。

数字化失重式计量喂料机 无锡灵鸽机械科技股份有限公司研制，2022年12月14日通过由中国塑料机械工业协会组织的新技术新产品成果鉴定。鉴定委员会一致认为，该系列产品总体技术达到国际先进水平。该系列产品已申请发明专利5件，具有自感知、自决策和自执行等功能。开发数字化智能诊断补偿算法，实现对环境温度、振动干扰、输出误差的补偿计算和信号的数字化传输。研发的下沉式低重心平底搅拌结构，提高了耐物料冲击、抗外力干扰性能。提出一种轻量化称台结构，可降低固件在称重范围内的比例；提高了计量精度，实现了连续计量的稳定性。

平台

东华先进设备+iSee智能系统方案 2022年10月入选广东省智能制造生态合作伙伴——智能制造装备领域方向。该方案可实现生产技术产能提升与实时监控、生产管理、工艺管理、质量管理、设备模具维保管理、车间看板管理、分析报表管理、消息推送管理等功能；可根据客户需求开发专用模块；支持通过 API 接口与第三方信息化系统对接和集成；可以通过移动终端随时看到车间设备的运行情况、生产进度、制品 SPC 稳定性分析等，并直接生成数据报表，具有自动排产功能；设备的故障信息通过 APP 及时推送、传递到对口人员，确保有效跟进并快速解决问题；制品出现问题时，可以追溯相关信息。该方案解决了以往生产过程中的信息孤岛化问题，实现生产智能化，助力客户实现数字化转型升级。

X1 机器人控制系统平台 拓斯达 2023 年推出。获 CAPEK 第十届年度技术创新产品奖（零部件）。X1 机器人控制器平台提供了兼容与开放性强、易入门易调试的操控系统，已广泛应用于拓斯达全自研 SCARA 和六轴机器人，并针对 3C 和包装行业开发了具有行业特色的工艺包。

拓斯达新一代机器人运动控制平台首阶段应用场景 2024 年 6 月，拓斯达与国创工软合作开发的嵌入式操作系统实际应用在新一代机器人运动控制平台上，取得技术突破。借助于该嵌入式操作系统，拓斯达新一代机器人控制平台将 IT 与 OT 技术深度融合，融入了更多和更先进的信息化技术，如云边端架构设计、基于虚拟化技术的实时控制和基于容器技术的应用开发，强化工业控制与 AI 技术的结合。

面向人机协作的智能制造关键技术及其产业化应用项目 该项目被列入广东省重点领域研发计划，2024 年通过验收。该项目由广东工业大学牵头，博创、国机智能技术研究院有限公司、华南理工大学等单位共同承担。博创完成模块化的注塑成型装备制造生产、模块化的制造检测装置、产品设计与工艺仿真等任务。通过优化生产管控环节，形成多品种产品柔性生产线。

Arburg SOLUTION world 阿博格在 Chinaplas 2024 上公开了 arburgXworld 客户门户网站的各项新功能，包括基于 AI 技术的高级版应用程序 askARBURG。该程序全面汇总公司的注塑专业知识，能够解答机器和工作过程的具体问题，还能识别故障原因并给出解决建议。

工艺技术

泰瑞 CoinSure™ 注塑压缩成型工艺 泰瑞在 K 展 2022 年首次展示 CoinSure™ 注塑压缩成型工艺技术。该项技术实现了水平重载转盘对置成型与模板动态平衡技术、多方位协同多层积分注射和二次合模工艺、注塑成型系统的高精度双环控制方法三大技术创新，经行业权威检测机构检测，生产的光学制品畸变只有 1/8，彻底打破国外长期垄断的局面。包含该工艺的"光学级塑料零件形性控制技术与成型装备的研发及产业化"项目获 2021 年度机械工业科学技术奖科技进步奖一等奖。

伊之密技术突破 2023 年，伊之密实现大型设备中的高性能自动阀和实时闭环控制系统的自主开发。这两个关键技术的突破帮助设备持续、高效、稳定地生产制品，让设备可以与欧洲同行产品同台竞争。

克劳斯玛菲 ColorForm 模内上漆技术工艺 克劳斯玛菲研发。这是结合注塑成型和聚氨酯加工的高效表面智能技术工艺，能够满足创新设计自由度，进行不同的纹理和色彩加工，表面光泽并具有自修复功能，助力高端汽车内饰件的可持续生产。

超万吨双压射成型工艺 力劲集团与奇瑞汽车联合研发。2023 年 12 月 23 日发布。双压射技术是由"单个锁模机构＋两个平行布置的压射系统"组成的一套压射系统，创造性地解决了因填充最大距离限制导致的一系列问题。2022 年，力劲首次尝试在小吨位机型上进行双压射技术实验并取得阶段性成果，成功生产出应用双压射技术的小吨位样机。2023年6月，在该小吨位压铸机上成功生产出全球首个3∶1缩比的整体下车身零件，为后续超万吨机器双压射系统的研制打下了坚实的基础。

全生物基聚乳酸（PLA）降解材料的模压发泡技术 2023年越升科技研发。新型EPLA发泡产品原材料采用玉米、淀粉或甘蔗等可再生资源中提取的聚乳酸（PLA），发泡剂采用超临界CO_2，是一次性使用的发泡聚苯乙烯（EPS）、发泡聚乙烯（EPE）和发泡聚丙烯（EPP）材料的可行替代品，环保、无毒、可降解。EPLA发泡产品在特定条件下，数月内可自然分解，降解产物为CO_2和水。产品在拥有纸板包装环保特性的同时，也具有塑料泡沫的优良性能。该项技术已经成功制备出密度20～200g/L的EPLA，广泛用于保温、包装、家具、玩具以及汽车零件等领域，较传统石油基发泡珠粒产品EPS、EPP、EPE相比，碳足迹减少75%以上。

直流电驱动注射成型技术 威猛巴顿菲尔在K展2022上发布概念，2023年在Fakuma展会展出概念机EcoPower DC。该概念利用太阳能直接驱动机器，将多余能量储存到电池中，完全摒弃了逆变器，整套系统降低能耗15%。EcoPower DC还接上了经改装过的机械手，机械手也能由直流电驱动，满负荷运作时可降低18%的能耗。

BOY公司2023年在Fakuma展会展示了以太阳能直流电为电源的BOY 35 E注塑机，该机不需逆变器转换电流，能减少约5%能耗。BOY公司已研发出适用于这种操作的驱动电机。

低惯量高精度射出技术 西诺控股集团有限公司研制，2023年3月21日通过中国塑料机械工业协会组织的新技术、新产品成果鉴定。鉴定委员会认为，该成果在低惯量高精度射出关键技术方面达到国际先进水平。低惯量高精度射出技术已获授权发明专利1件、实用新型专利3件。通过对注塑机射出过程的惯量和精度进行研究，实现了高精度多轴实时同步控制，制品重量重复精度误差小于0.1%；通过塑化机构与射出机构的分离，减少了移动部件的惯量，经国家塑料机械产品质量检验检测中心检测，与同类型同规格机器对比，节能效果明显。

注重工艺整体性，供应链融合 材料、设备、用户合作配合，开展产品开发。2022年，沙特基础工业公司（SABIC）与金明精机、Bolsas de los Altos公司开展合作，分享在聚合物技术和加工工艺方面的专业知识，共同推动软包装市场中基于聚烯烃的创新应用领域发展，促进包装薄膜结构的升级以满足最新的"循环性"需求。2024年，赛力斯汽车、文灿集团、力劲集团合作的万吨级超级智能压铸单元投产。

产学研用体系建设

合作建院

大橡塑与华南理工大学的高分子先进制造省部共建协同创新中心 2022年获批成立。大连橡胶塑料机械有限公司（简称大橡塑）积极参与各型新装备工程化实验验证，重点就拉伸流变及在线监测技术在石化装备和橡胶机械上的应用进行深度研究，充分利用自身在国内外市场信息与销售网络优势，快速推动科研成果转化成新技术、新产品、生产力，将重点技术逐步产业化、商业化，保障创新项目取得重要突破。

越南海天深化校企合作 2022年1月5日，越南海天子公司和胡志明市技术师范大学合作共建的"注塑工艺实验室"正式落成，并顺利完成交接。注塑工艺实验室坐落于胡志明市技术师范大学校区内，总投资约15万美元。实验室内部划分为培训、修模和实践操作等区域，配置注塑机、机械手、辅机等设备。

力劲高性能智能铸造成形装备研究院成立
2022年5月13日，力劲集团宁波力劲科技有限公司、宁波大学签约合作共建高性能智能铸造成形装备研究院。

伊之密与华南理工共建高分子材料智能成型技术与装备创新中心 2022年9月30日，伊之密与华南理工大学就共建高分子材料智能成型技术与装备创新中心签约，双方联合开展橡塑成型新技术研发。2022年11月，伊之密与华南理工大学合作的基于动态力场的橡胶成型新技术研究项目启动。

力劲增材智造联合研发中心成立 2023年7月6日，力劲集团—浙大宁波理工学院增材智造联合研发中心揭牌。双方主要围绕共建"增材智造"联合科研团队、合作开展科研项目、共建实践基地三个方面开展合作，着力推动关键重要零部件表面强化及增材智造联合技术在压铸与注塑装备等领域中的应用。

压铸"产、学、研"创新合作签约 2023年，中国铸造协会执行副会长范琦、力劲集团CEO刘卓铭、辽宁科技学院院长李卫民共同签署合作协议，三方以压铸产业发展需求为导向，构建"协、校、企"共赢的共同体，立足人才培养，通过整合压铸领域优质资源，在教学、实训、创新、交流等方面开展密切合作。

东华机械、江苏大同与华南理工大学签署技术合作协议 2024年6月19日，东华机械有限公司（简称东华机械）、大同机械科技（江苏）有限公司（简称江苏大同）与华南理工大学签订技术合作协议。针对塑料制品脉振注射成型技术及装备开发（东华机械）、塑料一线式双转子混合注射成型技术及装备开发（江苏大同）等项目进行合作。

企业研发体系建设

浙江省精密高速注塑机企业研究院 2021年12月31日，华美达的精密高速注塑机企业研究院被认定为浙江省级企业研发机构。

浙江省重点企业研究院 2023年12月，泰瑞的智能注塑装备研究院被认定为浙江省级重点企业研究院。

一批省级技术研究中心被认定 诚盟装备获得2023年江苏省高新技术企业中心认定。海特克动力股份有限公司精密液压件工业设计中心被认定为2023年度浙江省工业设计中心。2024年2月，江苏贝尔机械有限公司（简称贝尔机械）被认定为江苏省工程研究中心。

东莞市技能大师工作室揭牌 2023年2月28日，东华机械举行东莞市技能大师工作室揭牌仪式。工作室成立后，通过开展技术交流活动、名师带徒、技术比拼等多种形式，逐步培养出一批高素质、有特色的技能型人才。

伊之密成立外部专家委员会 2024年，伊之密首届外部专家委员会正式成立，同时启动卓越工程师培养项目，在全球技术创新和专业人才发展领域的深度合作与前瞻布局迈入新阶段。外部专家委员会汇集了国务院政府特殊津贴专家、俄罗斯外籍院士及国家重点研发计划的首席科学家等行业精英。

研发制造基地建设

同大机械智能制造基地二期奠基 2022年5月19日,苏州同大机械有限公司(简称同大机械)智能化塑机高端装备生产基地二期项目开工奠基。项目占地面积3.33万 m²(50亩),总投资达到2.5亿元。一期项目20 000m² 智能化生产车间,二期工程35 000m² 车间,全部投产将会形成71 000m² 的总装、调试车间,达到每年2 000台(套)的生产能力。

力劲集团杭州湾新区大型压铸机研发及制造项目奠基 2022年9月25日,力劲集团宁波力劲智能装备有限公司大型压铸机研发及制造项目在宁波杭州湾新区开工奠基。项目占地面积约16万 m²(239亩),主要进行超大型模板、机架等零件的加工及大型压铸机的智能化生产,并建设大型智能压铸机及铝合金结构件技术研发中心。

信易越南新厂房动土 2022年10月4日,信易集团举行越南新厂房动土典礼。新工厂位于越南永福省升龙工业区,总占地面积10 000m²,计划建筑面积6 000m²。

泰瑞机器一体化成型高端装备项目动工 2022年10月18日,项目开工仪式在浙江省桐乡市举行。项目占地面积164 667 m²(247亩),总投资25亿元,将被打造成高效智能一体化成型装备的产业基地,生产车间配备柔性生产线、高精密加工装备群、承重300t落地镗床及龙门机床数台、载重300t行车数台、热处理线等近乎全产业链的配套生产装备,可以满足150 000kN以下全系列压铸机的制造。该基地的建成是泰瑞进军一体化成型高端装备领域的标志和里程碑。

拓斯达智能设备总部基地项目 项目位于东莞市大岭山镇连平畔山工业园地块,是拓斯达继江苏拓斯达(吴中)项目、松山湖拓斯达智能制造综合服务示范项目后又一重大项目。项目总用地面积约12.8万 m²(192.32亩),主要从事工业机器人、注塑装备、数控机床等智能制造高端装备的研发和制造。一期项目用地面积约4.57万 m²(68.59亩),总建筑面积约9.33万 m²,主要用于自动化设备及数控机床等装备的研发和制造;二期用地面积8.25万 m²(123.73亩)于2022年7月完成摘牌。

海天总部及新能源汽车零部件产业基地奠基 2022年12月3日在广州花都区赤坭镇奠基。海天总部及新能源汽车零部件产业基地占地面积2.3万 m²(35亩),总用地面积23 387.40m²,总建筑面积57 883.98m²,拟建办公楼一栋10层共12 713.92 m²,厂房一栋6层共39 957.02 m²,地下车库一层5 185.02 m²。建成投产后重点打造新能源汽车零部件产业基地、树脂冲压部品扩大生产基地、滤清部品生产基地,打造自动化、数字化结合的智能工厂。

伊之密五沙第三工厂 2022年12月正式投产,总占地面积约17.8万 m²。2022年5月伊之密超重型压铸机厂房项目动工建设,厂房选址在伊之密五沙第三工厂内,占地总面积约2.3万 m²,耗资1.6亿元,主要用于生产和装配超大型压铸机。建成后,具备年生产重型和超大型压铸机60~80台的能力,20万 kN超大型压铸机交付年产可达100台。

富强鑫杭州湾新厂建设 新厂规划年产2 000台特种注塑机,主要生产锁模力5 000kN以上大型二板注塑机、大型双色机、大型水平对射式二板双色机等特种注塑机。杭州湾新厂达产后年产值8亿~12亿元。2023年9月正式投产。

伯乐智能江西产业园开业 2023年4月14日开业。项目总投资30亿元,涵盖生产车间、研发大楼等相关配套设施建设，全部建成后可年产6 000台高端智能注塑机，预计年产值超35亿元。

池州鑫力达科技有限公司高端智能装备及百吨级智能装备组件项目奠基 2023年5月29日在池州市青阳经济开发区青木园奠基。该项目由力劲集团投资兴建，占地面积20万m^2（300亩），总投资约12.3亿元，一期用地面积12.7万m^2（190亩），共计建筑面积约10万m^2，建设有铸件生产车间、办公楼、宿舍楼、机加工车间、木模车间、成品库等，具备熔铸、模具设计、表面处理等工艺生产线。二期用地面积7.3万m^2（110亩），建筑面积共计约9万m^2。项目全部建成后，将形成年产5 000台中大型智能装备、百吨级铸件及组件的能力，预计年均总收入超过22亿元，年利税超过2.8亿元，创造年税收近1.26亿元。

维达机械高端智能塑料加工专用装备制造项目奠基 2023年6月10日奠基。项目总投资3亿元，建成后将达到年产塑料注吹中空成型机500台（套）、挤出生产线50台（套）、精密模具2 000套、其他塑料成型装备200台（套）的生产能力。

伊之密吴江生产工厂 2023年6月16日，伊之密精密机械（苏州）有限公司（简称伊之密吴江生产工厂）年产智能节能注塑机1 000台项目奠基。项目占地面积约5 000m^2，总建筑面积18 000多m^2，总投资约1.5亿。吴江生产工厂主要生产制造二板式注塑机、机器人自动化系统、增材制造等，现拥有约2.6万m^2的二板式注塑机车间，以及约1万m^2的机器人自动化集成系统生产车间。2024年4月22日伊之密吴江生产工厂新生产车间投产。

越升科技新厂区奠基 新厂区位于江苏镇江句容经济开发区，建设总投资约2亿元，厂区占地面积约30 660m^2，2023年8月6日举行奠基仪式。

科亚研发制造基地奠基 2023年8月28日，研发制造基地在南京溧水经济开发区奠基。基地项目规划分两期建设，项目计划总投入5亿元，形成年产500台（套）的生产能力。首期项目将购地2.1万m^2（31.55亩），建设面积逾23 300m^2的厂房及办公楼，预计投入2亿元，形成年生产能力300台（套），年销售额2.5亿元，企业规模利税1 500万～2 000万元。

安徽力劲智能超大型压铸装备生产基地奠基 2023年11月9日，力劲集团安徽力劲科技有限公司智能超大型压铸装备生产基地在合肥市肥西县经济开发区奠基。基地总投资10亿元，用地面积约14.7万m^2（221亩），规划总建筑面积11万余m^2，将建成智能、绿色、低碳的智能制造生产基地，包括厂房、研发大楼、员工综合楼等在内的主建筑及配套基础设施，配备必要的生产、研发和测试设备，年产各类型智能压铸机1 000余台（套）。

震雄陆河产业园奠基 2024年5月，震雄集团陆河铸造新工厂项目——震雄精密设备（汕尾）有限公司举行开工奠基典礼。新工厂项目分为两期工程，一期采用消失模生产线，配备2台3t中频炉、2台5t中频炉，设计产能2 000t/月（第一步为1 300t/月）；二期为树脂砂生产线，计划产能4 300t/月。

市 场 活 动

开放日活动 借助展会、庆典契机，企业围绕工厂、运营中心等开展各种形式的开放日活动，包含但不限于新品发布、产品研讨等内容。

开放日活动做成系列活动。比如，2023年海天举办了8场精品开放日活动，访问量4 500人次以上。

开放日的形式多样。有工厂开放日，比如海天国际工厂、长飞亚工厂、大禹工厂、大同机械无锡工厂、泰瑞总部开放日等；有针对不同类别客户的开放日，比如海天马来西亚客户专场、伊之密化妆品包装专场等，力劲技术试验中心对2024年全国压铸行业年会代表开放。

借助展会契机开展的开放日活动，例如，Chinaplas 2024期间，贝尔机械、星贝尔张家港工厂、南通智能工厂同步开放；海天国际在宁波总部举行工厂开放日，800多名海内外客户参与。Chinaplas 2023期间，德科摩举行工厂开放日。

新媒介助力营销 2022年4月19日，山东通佳机械有限公司在抖音进行了全网的首次直播：超临界CO_2发泡EPE珍珠棉设备现场生产。2022年12月28日，2023震雄生态新品云发布会在"震雄注塑机"微信视频号和抖音号直播，一次性推出全新MK6.6系列、全新MK6系列、全新SPARK星火全电动机、全新DM Ⅲ多物料机及Mega Cloud震雄智云六大新品。

区域市场战略调整 2022年11月11日，泰瑞推进南方区域市场战略布局，广东泰瑞装备有限公司正式入驻东莞松湖智能产业园，集办公、展厅、试模、营销四位于一体。2023年8月18日，伯乐智能机械（苏州）公司在江苏昆山开业，标志着伯乐全国区域市场战略进一步加速推进。2022—2024年，伊之密浙江运营中心（余姚）、华北运营中心、赣州办事处相继开业。

先进成型技术连接大会 2023年4月16—20日，伊之密在佛山顺德举办YIZUMI CONNECT 2023先进成型技术连接大会，来自世界各地的2000余名嘉宾参加。大会确立了"成为成型装备领域世界级企业"的愿景，制定了扩大全球市场规模和进入全球高端市场两大战略主题。

拓斯达双11五轴机床节 2023年11月10—11日，拓斯达控股子公司埃弗米召开双11五轴机床节暨首届经销商伙伴合作交流会。活动邀请来自全国主要销售区域的40多家经销商以及10多家终端客户参加。

乐善新技术发布会 2024年4月22日举办。发布会主题"突破技术领域，吹进新时代"，也是乐善的新战略。乐善智能首席设计师德国专家Brenner发布新技术，讲解了乐善模头、乐善新展机南极星的多个卖点。会上对俄罗斯、印度尼西亚、印度、越南、马来西亚、乌克兰、土耳其等多个国家和地区进行代理授权，并与多家国内知名企业进行新机签约。

科亚"质量万里行" 2023年，科亚围绕质量主题相继对华东地区客户进行回访并深入交流，开展"质量万里行"活动。

战略合作

海天与家电行业的战略合作 2022年11月7日，海天与松下电器（中国）有限公司签署战略合作框架协议。双方将在节能型液压注塑机及其智能制造解决方案、高品质高精密电动注塑机及其智能制造解决方案、优化生产工序等多个项目中展开深入合作。

2024年1月11日，海天与青岛海信模具有限公司在宁波海天总部签订战略合作框架协议，双方针对家电领域及其应用展开广泛合作。海天将为海信模具提供"海天"和"长飞亚"品牌旗下2 000～40 000kN多种机型，并配套海天智联旗下机械手、模温机、辅机等智能产品及整厂解决方案。

力劲与汽车行业的战略合作 2023年12月15日，力劲集团与哪吒汽车在上海哪吒汽车总部签订战略合作协议。双方就多台超大型压铸单元批量采购、20万kN以上超大压铸设备的联合研发、建立压铸示范基地、组建压铸研究院等多项业务进行全方位的深度战略合作。

宁波甬华与株式会社日本制钢所合作30周年 2024年宁波甬华塑料机械制造有限公司（简称宁波甬华）与株式会社日本制钢所合作30周年。4月18日，签署了第三个十年战略合作协议。

品牌形象升级

力劲塑机品牌战略升级　2022年10月18日，力劲塑机品牌战略升级全球线上发布会举行。力劲塑机以 LK Injection Molding Machine 为基础，形成 LKIMM 全新 LOGO，围绕"年轻化体验"持续升级，进一步提升产品价值、服务体验，为用户提供一站式注塑成型解决方案，推出了全新设计的"至上"系列力劲塑机。2024年1月1日，在力劲集团成立45周年之际，力劲集团以"做有型人成有形事"为题发布全新形象片。

伊之密品牌升级　2022年，伊之密完成品牌升级。2022年11月24日发布公告，公司名称由"广东伊之密精密机械股份有限公司（英文名 Guangdong Yizumi Precision Machinery Co., Ltd.）"变更为"伊之密股份有限公司（英文名：Yizumi Holdings Co., Ltd.）"。11月29日发布公告，"佛山伊之密精密橡胶机械有限公司"名称变更为"广东伊之密精密橡塑装备科技有限公司"，英文名未变更（Yizumi Rubber Machinery Co., Ltd.）。

2023年4月，YIZUMI 向全球发布全新企业视觉识别系统（VI），新 VI 由"深邃灰、生命绿、君子白"标准色组成。其中"深邃灰"是标准色，"生命绿"和"君子白"是辅助色。

越升名称变更　2022年7月20日，"南京越升挤出机械有限公司"正式变更为"江苏越升科技股份有限公司"，英文名为"Useon Technology Limited"。

科亚发布全新品牌形象　2023年4月，南京科亚化工成套装备有限公司发布全新的 LOGO 及视觉识别系统。

优质中小企业培育

国家级专精特新"小巨人"企业　2022—2023年，工业和信息化部分别发布了第三批至第五批专精特新"小巨人"企业公示名单。贝尔机械、伊士通、宁波甬华、宁波华热机械制造有限公司、越升科技、江苏维达机械有限公司、博创、丰铁塑机（广州）有限公司、广东聚诚智能科技有限公司、伊之密在列。

专精特新中小企业　宁波甬华、富强鑫（宁波）机器制造有限公司获2021年度浙江省"专精特新"中小企业认定。2022年11月8日，四川中旺科技有限公司获2022年度四川省"专精特新"中小企业认定。科亚、艾尔发智能科技股份有限公司获2022年江苏省专精特新中小企业认定。广东聚诚智能科技有限公司、东华机械获广东省2022年专精特新中小企业认定。

科技型中小企业　2022年5月25日，四川中旺科技有限公司入库四川省2022年第五批科技型中小企业。

创新型中小企业　2022年12月20日，广东聚诚智能科技有限公司被认定为2022年广东省创新型中小企业。

单项冠军企业　2023年4月11日报道，东莞信易电热机械有限公司被认定为2022年广东省制造业单项冠军企业。

质 量

中国质量奖 2023年9月22日，伊之密入围第五届中国质量奖提名奖候选名单。

省长质量奖 2022年7月，大连重工装备集团下属大橡塑获第九届辽宁省省长质量奖银奖。

质量提升典型案例 2023年11月，伊之密"基于DFMEA、可靠性仿真及在线监控方法提升注塑机运行可靠性"入选2023年度工业和信息化质量提升典型案例。

ESG

助力乡村振兴

2021年，佛山市宝捷精密机械有限公司（简称宝捷）与黔东南州岑巩县羊桥土家族乡坪地村民委员会建立村企结对帮扶关系。2023年12月31日，结对帮扶行动结束。

相助教育事业

中国塑机－科亚光知助学金 2023年10月13日，"中国塑机－科亚光知助学金"签约仪式在北京化工大学举行。仪式由机电工程学院党委副书记王峰主持，中国塑料机械工业协会常务副会长粟东平、运营总裁赵志明、北京化工大学党委副书记崔春花出席。"中国塑机－科亚光知助学金"的建立，将不断深化科亚与学校开展产－教－学－研－用全过程合作，充分发挥优势互补的资源禀赋与核心竞争力。

教育发展基金捐赠 2024年6月5日，泰瑞向杭州第四中学养正教育发展基金会捐赠50万元。这笔捐款主要用于支持教育发展建设，扶持学校特色课程、师资培训、教师专业化发展及重大活动的开展；奖励四中优秀教职工和品学兼优的在校学生；资助四中困难学生完成学业等。此外，2022年，泰瑞与杭州市钱塘区内28家企业向四川省理塘县捐赠64万元。

设备捐赠 2023年11月23日，力劲集团向辽宁科技学院捐赠一台4 000kN压铸机，主要用于学院的教学科研活动。

科普活动 2023年3月，江苏海事职业技术学院经管学院师生在越升科技以"车间参观＋室内交流"相结合的模式，参观了EPS珠粒发泡、挤塑板生产线，以及双螺杆造粒生产线的应用发展等。2023年8月29日，杭州市钱塘区学林小学参观泰瑞，了解注塑机的工作原理与应用，通过"注塑知识课堂—工厂参观—绘画比赛"探索注塑世界。2023年10月28日，江苏贝尔机械有限公司向张家港市世茂小学参观者科普如何通过先进的机器设备生产出所需产品。

奖项

海天获浙江慈善奖 2022年9月2日，海天集团获浙江慈善奖（机构捐赠奖）。多年来，海天在扶贫济困、安老救孤、赈灾助医、兴善助学、环境改善等领域累计捐赠金额已超4.5亿元。

力劲集团获2023香港ESG奖 2023年9月26日，力劲集团等企业获2023香港ESG奖。

伊之密获EcoVadis银奖 2024年广东伊之

密精密注压科技有限公司（伊之密股份有限公司全资子公司）获 EcoVadis 银奖，标志着公司在可持续发展和企业社会责任（CSR）领域取得重大成就。

人　　物

逝世人物

陈敬财　2022年7月18日逝世，享年57岁。生前为伊之密创办人、董事长。

王义丰　2022年8月逝世。大橡塑前厂长，中国塑料机械工业协会首任会长。

李德群　2022年9月5日逝世，享年78岁。中国共产党党员、我国著名材料成形专家、中国工程院院士、全国高校黄大年式教师团队负责人、全国优秀科技工作者，华中科技大学材料科学与工程学院教授。

李德群院士长期致力于材料成形数字化与智能化研究，取得了卓越成就。研发出冲压模CAD、塑料模CAD/CAM系统，填补了国内空白，为开创我国模具数字化研究做出了重要贡献；率先在我国开展塑料注射成形模拟研究，创建的表面模型成为国际主流技术，在国际上产生了重要影响；推动材料成形与人工智能融合，研发出注射成形智能装备，引领成形装备智能化的发展方向。成果广泛用于航空航天、汽车交通、电子电器等领域，在国防建设和国家支柱产业发展中发挥了重要作用。先后获国家科技进步奖二等奖3项、国家自然科学奖二等奖1项、国际先进成型技术学会终身成就奖、湖北省首届杰出人才奖。李德群院士学为人师、言为士则、行为世范。三十余年持之以恒传帮带，建成了德才兼备、创新有为、育人突出的老中青三代数字化材料成形教师队伍，获评全国高校黄大年式教师团队。主持国家级教学团队和国家精品课程，出版专著教材21部，获省部级教学成果奖一等奖3项。甘为人梯，是学生们的良师益友，指导研究生106名，桃李满天下，为党和国家培养了一大批材料成形领域的栋梁之材。

蒋震　2024年3月13日逝世，享年100岁。爱国工业家，震雄集团创办人兼荣誉主席。蒋震生于山东菏泽，1949年南下香港，1958年创立震雄机器厂，1966年推出首台香港设计及制造的10oz（1oz=28.35g）螺丝直射注塑机，1986年在广东顺德组建合资企业。曾任香港事务顾问，获特区政府颁授大紫荆勋章、英女皇颁授OBE勋衔，获香港大学、香港中文大学、香港理工大学和香港公开大学（现名香港都会大学）颁授荣誉博士。

蒋震一生心系社会，秉持"工业富民，民富国强"的理念，1990年将拥有的震雄集团股份悉数捐赠成立蒋震工业慈善基金，大力推动人才教育和工业领袖的培训。基金会成立至今逾30年，经费累计总额达4亿港元。

何世钧　2024年5月10日逝世，享年87岁。被誉为"金塘螺杆之父"。20世纪80年代中期，何世均解决了塑料机械关键零部件的加工难题，打破了西方发达国家的技术垄断，1985年创立中国第一家专业螺杆生产企业金海螺杆，培育了多名优秀企业家和技术骨干。在他的努力推动下，金塘发展成为中国螺杆之都、世界螺杆加工制造中心。2017年，何世均研发的中国第一台专用螺杆铣床入选"舟山传家宝"。

获奖人物

吴大鸣 2022年4月21日，吴大鸣教授当选俄罗斯工程院外籍院士。吴大鸣教授现为北京化工大学机电工程学院教授、博士生导师、塑料机械及塑料工程研究所所长、高分子材料加工装备教育部工程研究中心主任，兼任中国塑料机械行业专家委员会常务副主任、中国塑料加工工业协会专家委员会副主任、中塑协科技咨询委员会委员、欧美同学会理事。吴大鸣教授致力于塑料精密成型原理与装备、塑料微纳成型原理与装备、聚合物功能复合材料制备方法与技术等领域的基础研究、技术创新以及工程应用，系统研发了聚合物精密成型技术装备，研究成果在国内塑料装备龙头企业实现了产业化和规模化应用，为提升我国塑料加工装备技术水平做出了积极贡献。先后获得国家科技进步奖二等奖1项和省部级科技进步奖一等奖3项。

浦松 大橡塑石化装备研究所所长。获2022年全国五一劳动奖章。

杨伟杰 宝捷董事长。2022年5月6日，获"广东省非公有制经济人士优秀中国特色社会主义事业建设者"称号。

刘卓铭 深圳力劲科技股份有限公司董事长。2024年4月，获广东省标准化突出贡献奖"优秀青年奖"。作为ISO/TC306注册专家、TC186/SC2主任委员，刘卓铭多次以中国代表团团长、副团长身份出席国外标准化会议，参与制定国际标准2项、国家标准4项、行业标准2项。

科 技 奖 励

浙江省科学技术进步奖 泰瑞的特种工程聚合物高性能注射成型技术及装备获2021年度浙江省科学技术进步奖一等奖。该项技术成功解决了特种工程聚合物注射成型中的成型精度低、性能保障难和单位能耗高等瓶颈问题，项目产品主要技术参数和性能指标均达到国际同类产品的领先水平。项目形成4个系列100余规格注射成型装备，获国家首台（套）重大装备1项。该项技术及设备广泛应用于汽车电子、航空航天、国防军工、深水探测和核工业等国家战略领域的精密部件生产与制造。

江苏省科学技术奖 贝尔机械、江苏科技大学、张家港江苏科技大学产业技术研究院的塑料固废再生建筑模板工艺及其成套生产装备项目获2021年度江苏省科学技术奖三等奖。

广东省机械工业科技奖 由力劲集团深圳领威科技有限公司、力劲机械（深圳）有限公司、肇庆小鹏新能源投资有限公司、华中科技大学联合研发的大型薄壁车身结构一体化压铸装备研发及产业化应用项目获2023年广东省机械工业科学技术奖一等奖、广东省机械工程学会科学技术奖一等奖。该项目针对大型薄壁车身结构一体化压铸的复杂工艺要求，研制出70 000kN超大型压铸装备，并实现新能源汽车前舱的规模化量产。采用车身结构一体化压铸，大幅减少了零部件数量和连接工艺，对提高整车质量和性能有着积极作用，同时也使车身更加轻量化，提高车辆的能效和续驶里程。

由力劲集团深圳领威科技有限公司、清华大学、力劲集团上海一达机械有限公司和宁波力劲科技有限公司联合开展的超大型智能压铸装备关键技术研究及应用项目获2022年广东省机械工业科学技术奖一等奖、广东省机械工程学会科学技术奖一等奖。

品 牌 荣 誉

全国工人先锋号 2022年4月28日，博创智能系统事业部获全国工人先锋号称号。

企业标准"领跑者" 2022年12月26日，力劲集团深圳领威科技有限公司企业标准Q/LKB 004—2022《两板式冷室压铸机》获全国压铸装备行业首张企业标准"领跑者"证书。该标准在基础指标、核心指标、创新性指标三方面均达到先进水平，评估结果为一级。执行该企标的XPRESS系列12 000～70 000kN 9个型号的二板式冷室压铸机获得企业标准"领跑者"产品标识。

浙江制造精品 FJ系列高端精密注塑机入选2023年度浙江制造精品。该机由浙江申达机器制造股份有限公司下属的德清申达机器制造有限公司自主研发。研发团队攻克了大容量注射管件塑化过程中被滞留高分子材料碳化变黑影响产品外观的行业难题，对FJ系列管件专用机型的射台部件按照熔胶量大小进行标准化，进一步提高了产品的一致性和稳定性。锁模力最大达60 000kN，一次注射成型重量达550 000g，应用于国家重大工程燃气管道、雨污水管道等专用管道件注塑制品的生产。

HMD368M8-SP高速薄壁精密注塑机、超大规格塑料挤出机用锥形异向双螺杆机筒入选2022年度浙江制造精品，分别由华美达、浙江光明塑料机械有限公司研制。

国家知识产权优势企业 2023年，同大机械、伊之密、拓斯达、中蓝晨光化工研究设计院有限公司、宁波力劲科技有限公司、宁波甬华、深圳麦格米特电气股份有限公司获"国家知识产权优势企业"称号。

中国品牌价值评价信息 2024年5月11日，海天、伊之密进入2024中国品牌价值评价信息榜单。其中，海天品牌强度933，品牌价值200.29亿元，列机械设备制造领域第4位。伊之密品牌强度890，品牌价值21.56亿元，列机械设备制造领域第41位。

（资料来源于2022年至2024年上半年公开信息）

从德国K展2022看注塑产业发展新趋势

三年一届的德国杜塞尔多夫国际塑料及橡胶博览会（简称K展）于2022年10月26日落幕。K展作为全球最重要的塑料与橡胶工业展会，集中展示过去几年来橡塑成型自动化设备领域中的创新技术、产品、服务以及先进解决方案。本届恰逢K展70周年，以气候保护、循环经济和数字化为主题，汇聚来自59个国家和地区的3 020家知名厂商，吸引了来自167个国家的17.7万余名观众，充分显示出塑料仍是备受瞩目且不可或缺的重要基础材料。

塑料像是一把"双刃剑"，给人们带来便利的同时也直接威胁着人类与全球生物生活的环境，导致"循环经济"仍是塑料工业中最重要、最前沿的话题之一。K展2022围绕橡塑材料产业链中的循环经济主题展出了一系列具体解决方案，参展观众对再生材料与回收、工业数字化等领域表现出浓厚兴趣。此外，K展2022举办"塑料塑造未来"特展来讨论如何借助新技术和新材料行业[1]应对当下时代面临的挑战，见图1。

图1 "塑料塑造未来"特展

一、以"循环经济"为持续发展目标，推动行业节能环保转型

K展2022以循环经济为中心，推动行业节能环保转型，解决可持续发展问题。参展商主要从材料回收技术、加工工艺创新、应用范围拓展等方面推出各自的技术解决方案。

1. 回料再加工助力塑料回收

塑料回收加工是绿色化学、循环经济最直接的方式，因此众多厂商均立足于开发可加工回收塑料的生产工艺及设备。恩格尔与合作伙伴阿尔法集团合作开发出基于再生PET（rPET）的薄壁注射成型技术[2]，现场展示了利用薄壁成型技术与膜内贴标技术一次成型生产出壁厚0.32mm的125mL食品接触级薄壁容器。该突破性技术可减少对新塑料的需求，减少废物产生，对环境保护具有重要意义。意大利吹塑机厂商Plastiblow推出多层共挤设备，在现场演示加工含有50%聚乙烯回料并生产出20L三层工业包装堆码桶，为节能和回料的挤出加工提供了新的解决方案。rPET薄壁食品容器与恩格尔e-speed系列注塑机见图2。

图2 rPET薄壁食品容器与恩格尔e-speed系列注塑机

2. 回收工艺创新提升回收塑料再制造效率

一般传统的回收加工工艺是对回收材料预加工改性后，由挤出机混合塑化完成造粒过程，再通过注塑机实现回料的再生产。克劳斯玛菲利用直接混炼注塑技术（DCIM）可实现配混三种不同黏度的回收材料[3]，整合单螺杆挤出机和注塑机，由单螺杆挤出机直接连接注塑机的塑化单元，对回收材料进行改性、增强填充后直接进行注射成

型。DCIM 技术修正了传统回收材料加工过程烦琐、周期长、能耗成本高的缺点，省去了回料改性配混后造粒、干燥等过程，大幅缩短回料再利用的注射成型周期，材料成本可节省 50%，配混熔体直接经挤出机进入注塑机塑化装置，有助于节省能源、降低 CO_2 排放。克劳斯玛菲展示的 DCIM 设备与可重复使用板条箱见图 3。

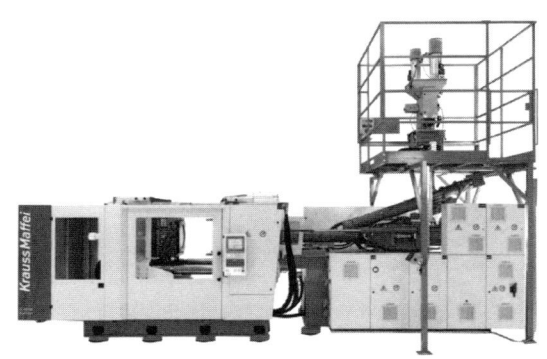

图 3　克劳斯玛菲展示的 DCIM 设备与可重复使用板条箱

恩格尔第一次展示了使用"两步法"工艺生产物流用托辊装载运输车[4]。该技术取消了传统回收再生产过程中的造粒过程，改善了 CO_2 的产耗平衡并降低近 30% 的回收成本，配套开发出的脱气单元可以有效降低回料中的材料降解或印刷油墨残留物等杂质含量，有效提升再回收制品的使用强度。恩格尔"两步法"工艺生产的托辊装载运输车见图 4。

3. 新回收技术拓展回收材料范围

全球每年产生的 140 亿 t 塑料包装废物中，有相当大一部分是复合包装材料，如塑料-铝膜和多功能复合包装膜等，这些复合材料的回收对于塑料可持续性发展构成了巨大的挑战。在此背景下，德国 Saperatec 公司开发了一种创新的扩展回收方法[5]，用于解构薄膜复合包装并再生成近乎原始质量的材料，可以直接替代薄膜或箔片基包装中的原始树脂，预计每年可处理约 18 000t 包装废料。Covestro 公司采用可持续的天然分离剂回收含有聚氨酯（PU）黏合剂的多层薄膜复合包装，这些分离剂可以选择性地减弱复合包装膜中 PU 黏合剂的粘合强度，有助于高效分离和材料回收。巴斯夫公司利用化学回收技术，将旧轮胎的分解油转化为尼龙 6 材料，用于制造高性能、耐用的微型断路器（MCB），实现了废旧材料的再利用。利用化学回收技术制造的微型断路器见图 5。

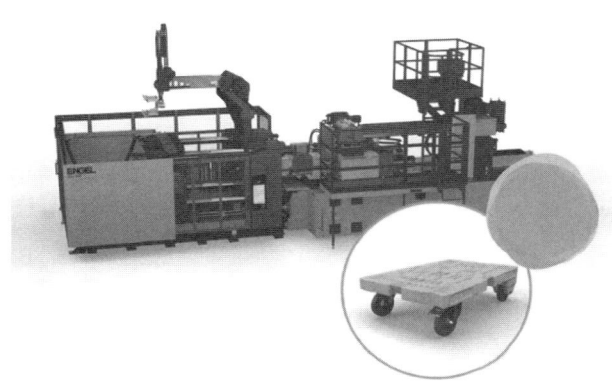

图 4　恩格尔"两步法"工艺生产的托辊装载运输车

注：来自恩格尔。

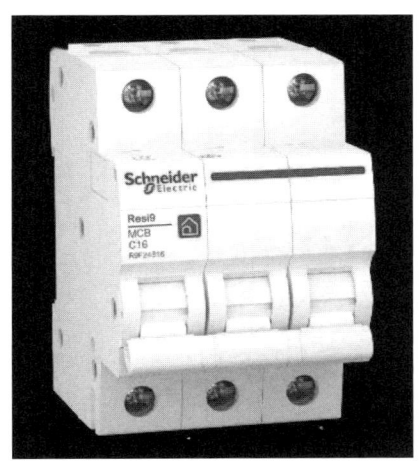

图 5　利用化学回收技术制造的微型断路器

4. 生物基回收材料大放异彩

生物基材料因其环保、可再生和生物降解等特性，受到材料制造商的广泛关注。科思创推出面向未来交通的新型充电站和壁挂式充电装置，所用塑料来自 Makrolon RE 系列。该系列塑料由生物废料和残余材料按比例制成，部分使用可再生能源，碳排放极低。科思创展示的壁挂式充电站见图6。

LG 化学展示了采用回收材料制成的 PCR 产品，100% 生物基的 PLA、可生物降解的 PBAT 以及用于控制电池热失控的气凝胶。LG 化学展示的回收材料制品见图7。

图6　科思创展示的壁挂式充电站

图7　LG 化学展示的回收材料制品

Novamont 展示了双生物基塑料在食品包装、餐饮、零售和农业领域的多种应用。该公司的硬质食品包装含有高达 100% 的生物基成分，具有良好的阻隔性能，可生物降解并可堆肥。Mater-Bi 地膜适用于不同的环境条件和作物周期，可在土壤中生物降解，无须在作物周期结束时回收和处理，可留在土壤中由微生物降解，有助于减少塑料废物并保护土壤免受塑料污染。Novamont 展示的可生物降解、堆肥地膜见图8。

图8　Novamont 展示的可生物降解、堆肥地膜

泰瑞推出 100% 可降解餐具生产方案，支持循环经济发展。展出的 NEO-T 系列注塑机专用于生产 100%PLA 可降解餐盘。泰瑞展示的 100% 可降解餐具解决方案见图9。

100%可降解餐具解决方案

机型	NEO·T160
产品	100%可降解餐盘
穴数	1
原料	PLA
周期	68s
产品单重	158g
自动化	Tederic TLRE-06-800

图9　泰瑞展示的 100% 可降解餐具解决方案

5. 温控循环与热管理技术节省能源开支

加热过程及热量交换产生了注塑过程的主要能耗，如何利用好这部分能量是降低注塑生产过程能耗水平的关键。泰创集团推出新一代的温控和热管理装置。这款新型冷水机组制冷输出功率 1 500kW，提供多功能的制冷循环，多级高温热泵将冷却过程中产生的废热提升至 150℃，便于原料干燥。此外，采用人工智能驱动的管理技术在

不同系统组件之间建立智能连接，以降低能源消耗并最大限度地减少 CO_2 排放，进一步增强该装置的实用性。通过高效节能的温控系统、优化的废热利用以及更环保的制冷设备，这一创新产品为塑料加工行业提供了更为实用的解决方案。泰创集团展示的高温热管理系统见图10。

图 10　泰创集团展示的高温热管理系统

海天塑机一直专注于从根本上减少原材料消耗、促进原料回收和重复循环利用，以及降低制造工艺的碳排放。在 K 展 2022 上，海天塑机展示了 JU 系列二板式注塑机。该机采用最新一代的海天驱动技术，配置了更加节能高效的伺服驱动系统，进一步提升了注塑机的节能效率，也为创新型材料和可循环材料的应用提供了高效的解决方案。展会现场，JU 系列二板式注塑机采用 HDPE 和利乐可循环混合材料生产物流果筐。此外，JU 注塑机还具备低压注塑、微发泡模板微开等衍生功能，提供更多符合低碳理念的可持续发展解决方案。JU 系列二板式注塑机见图11。

二、数字化、智能化助力行业高速发展

数字化和智能化的兴起促进了注塑行业的发展。工业 4.0 的数字化转型理念不仅彻底改变了注塑行业，还使得生产过程能够持续优化以满足迅速变化的需求。引入数字化解决方案不仅提升了制造效率、可用性和生产率，在节约能源和减少碳足迹方面也发挥着重要作用。

图 11　JU 系列二板式注塑机

在 K 展 2022 上，海天国际与海天智联携手推出多套智能注塑方案。这些方案涵盖了从智能产品到数字化平台的范围，提供了一站式智能化周边设备和系统，实现了自动化与信息化的综合互动，并提供了个性化解决方案。其中，海天 MA4500K 搭载海天智联模内贴标工艺，展示了保鲜盒制品生产的全套解决方案。该方案缩短了制造周期，降低生产成本，采用更环保可循环的材料，引起了众多欧洲客户的关注。海天模内贴标叠模应用解决方案见图12。

图 12　海天模内贴标叠模应用解决方案

海天国际的展示设备具有"智能能耗管理"功能，助力客户实现高效能耗监测和分析。每套展示方案配备了海天智联的数字化管理软件"管工厂2.0"，该软件专为中小制造业设计，能够对大量离散设备进行标准化联网，通过移动互联方式帮助制造企业实时标准化、规范化地管控工厂设备。智能能耗管理功能与数智化管理软件"管工厂2.0"见图13。

图13　智能能耗管理功能与数智化管理软件"管工厂2.0"

德国Netzsch Process Intelligence公司推出的SensXPERT智能工艺系统，通过模内传感器和机器学习软件分析材料行为，实现动态适应性生产，提高成型效率。该系统通过评估硬件和软件生成模型，捕捉所有物料和工艺过程中的微小偏差，通过模拟、预测和分析材料行为得出关键参数，如玻璃化转变温度、压力和固化要求，并持续优化这些过程模型。SensXPERT提供塑料加工参数的实时窗口见图14。

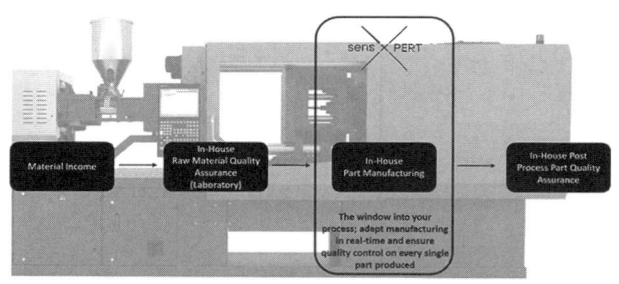

图14　SensXPERT提供塑料加工参数的实时窗口

Polyplastics开发了一种CAE分析技术，能够预测由POM材料制成的注塑产品中可能出现的孔隙。该技术通过结合流动和结构分析，根据模具收缩率、弹性模量和树脂固化过程中的压力分布等参数，准确预测模制产品内部应变的形成情况，从而减少试验样品，缩短开发周期，减少能源使用。CAE孔隙预测技术见图15。

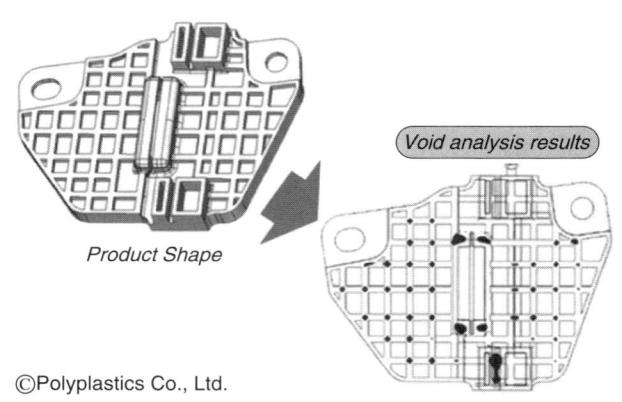

图15　CAE孔隙预测技术

恩格尔公司展示的全电动注塑机e-mac 80采用了数字化解决方案，成功实现了能耗的降低。该注塑机配备了e-flomo、e-temp和iQ流量控制系统，通过温控水路系统监测和调节流速、压力、温度和温差，iQ流量控制辅助系统能够调整所有单个回路中的温差，以实现高重复性和冷却水、能源的最少消耗。此外，注塑机还搭载了iQ保压控制系统和iQ工艺观察系统，可分析模具注入量，精确定位塑化螺杆的位置，并跟踪注塑工艺各阶段的数百个参数，以快速判断质量变化，减少废品数量。通过一系列数字化解决方案的运用，注塑机从设备到温度控制，再到数字辅助系统，都能根据当前产品生产的精确要求进行协调，实现完全和谐的协同工作。在处理 1kg PBT 时，e-mac 注塑机仅消耗 0.8kW·h 的电能，实现节能 67%。恩格尔全电动 e-mac 注塑机见图 16。

图 16　恩格尔全电动 e-mac 注塑机

三、降本增效仍是企业追求的目标

一些创新技术和解决方案正广泛应用，以降低成本、提高效率，取得了显著效果。

震雄集团推出两款经济高效的解决方案。SPEED-PACKⅡ 高速包装机采用第三代伺服技术 SVP/3，显著增强了设备的节能环保特性，最多可节省 80% 的用电和冷却用水；MK 系列伺服注塑机采用独创的精确液压技术，通过将注塑机的液压系统优化到极致，实现了高制品精度、高稳定性和低能耗的完美融合，具备节能、降本和高效率等优势。震雄 SPEED-PACKⅡ400 高速包装机见图 17。

Matrix Molding Systems 公司开发的 Soniplas 技术，利用超声波能量减少注塑工艺的能耗。该技术利用超声波能量在聚合物熔体中产生低能振动，从而触发聚合物材料剪切变稀的特性，降低材料黏度，提高注射时的流动性。值得注意的是，采用 Soniplas 技术的成型零件物理性能不会受到影响。该技术可以提高难以成型且废品率较高零件的质量，降低模具锁模力的要求。在试点阶段的 6 个月内，Soniplas 技术成功降低了 34% 的能源使用量，缩短了 27% 的周期，实现了能源和碳排放的节约以及生产效率的提高。

图 17　震雄 SPEED-PACKⅡ400 高速包装机

Essentra Components 推出了基于隔热护套概念的节能方案，可以减少加热料筒时的能耗。在一次测试中，近 300 台注塑机安装了隔热夹套，每台机器每个周期的热损失减少，同时还减小了下个循环中重新加热料筒所需的能量（0.4kW·h 电能），使得每台机器能耗降低 15%。此外，隔热夹套还将外部温度降低 30%，降低了意外烧伤的风险。这种小而关键的创新既能减少能源使用和碳排放，又能实现生产效率的提高。可减少能耗的隔热夹套见图 18。

图 18　可减少能耗的隔热夹套

四、医疗领域成为行业发展的关注点

在过去的几十年里，医疗设备的尺寸和复杂性不断增长，为诊断和治疗提供了更多的可能性。然而，这也导致越来越多的设备需要更小、更精确的部件，并需要在生产过程中进行精确控制。金属一直是生产医疗设备的主要材料，但

随着塑料技术的发展，医用树脂作为一种新材料正在崭露头角。注塑作为一种重要的塑料加工方法，可在短生产周期内自动生产出精确、复杂的塑料制品，非常适合生产医疗领域产品，这也使得各大注塑行业厂商纷纷将目光转向医疗领域。

鲁尔连接器广泛应用于医疗行业。阿博格展示了应用现代工艺如何高效成型这一常用医用产品。生产过程中使用聚丙烯和热塑性弹性体两种材料注射成型，使用 Allrounder More 1600 型号注塑机搭配 Braunform 的 4+4 腔模模具进行注射成型，使用 AMK motion 公司的电力伺服轴控制模具内部的各个过程，并通过基于相机的检测系统进行分类筛选。Allrounder More 注塑机采用模块化设计，特别适用于多组分注射成型。由聚丙烯和热塑性弹性体制成的鲁尔连接器部件见图 19。

图 20　RotaricE^2 注塑模具系统

恩格尔和克劳斯玛菲分别展示了在洁净室条件下生产医疗产品的全电动注塑机。恩格尔的 e-motion 160 combi M 具备洁净室设计，可以在洁净室条件下成型医疗诊断的样品容器。该注塑机拥有定位台和 2 个注塑单元，可以同时进行 2 个模具的加工，大大提高生产效率。克劳斯玛菲的 PX 200-1400 也具有洁净室设计，可在 6s 的循环时间内生产 96 个聚丙烯笔帽，注射重量为 105g。在确保高精度制造的前提下，该设备可以最短的循环时间、最大限度地减少能源和材料等资源的使用，在洁净室条件下生产合格的医用产品。医疗诊断组件见图 21。

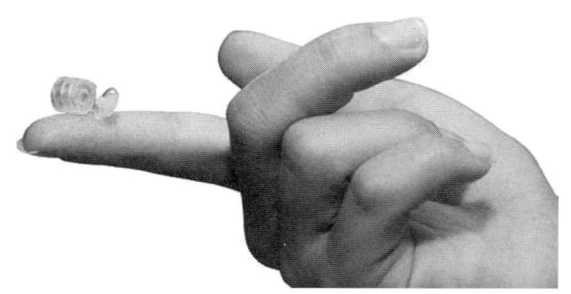

图 19　由聚丙烯和热塑性弹性体制成的鲁尔连接器部件

图 21　医疗诊断组件

Braunform 提供的模具搭载了其 RotaricE^2 技术，将鲁尔连接器锁紧螺纹的封盖和拧盖功能结合在一个多组分侧浇模具上，同时顶出机构一侧组合了芯体回缩、每个型腔包含两个滑块、开盖、平顺的封盖、拧开、顶出六种功能。由于采用电力驱动、耐腐蚀钢、低脂润滑和滚动元件定心系统，整体设计十分洁净。通过利用 RotaricE^2 技术，节约了 2 套注塑模具和机器、1 条装配线，降低了 45% 的总体生产成本。RotaricE^2 注塑模具系统见图 20。

国内企业在此赛道上纷纷发力。海天长飞亚 ZE 电动注塑机配置了医疗专用包和 Max Petek 层流罩，演示一套洁净室解决方案。伯乐智能带来新型号全电动注塑机 110FE，现场演示疫苗注射器的生产解决方案。该型号注塑机具有精密、高效、洁净、节能的特点，满足 ISO 6 级洁净车间生产要求。泰瑞 NEO·E208c 电动注塑机满足 ISO 8 级（10 万级）洁净室生产环境要求，搭载了 TLRE-06-900HQ 自动化集成高效精密多腔模具，动作控制精度高，产品注射重复精度 0.1%，实现一模 48 腔 300UL 移液吸头高效生产。博创展示的新一代直驱电动注塑机 BD130 医疗解决方案，以直驱电动注塑机 BD130 为主体，配备 iMEC 智能终端，实现对注塑装备的实时监控和生产的高效协同。国内企业展出的用于医疗领域的注塑设备见图 22。

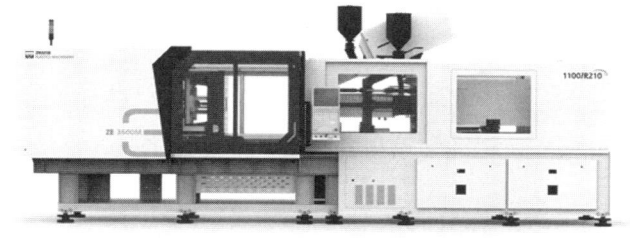

a）海天长飞亚 ZE 电动注塑机

b）伯乐 110FE 全电动注塑机

c）泰瑞 NEO·E208c 电动注塑机

d）博创新一代直驱电动注塑机 BD130

图 22 国内企业展出的用于医疗领域的注塑设备

五、结语

K展作为全球橡塑行业创新发展的风向标,为业界同行从全球化视角把握经济脉动提供了参考和指导,也全方位地展现了行业技术前瞻性发展趋势和具体解决方案。在全球经济形势整体下行的情况下,循环经济和可持续发展有可能创造行业新的增长点。

欧盟委员会要求2025年欧洲再生塑料使用量达到1 000万t,2030年所有塑料包装必须可回收。我国即将全面建立资源高效利用制度,实行垃圾分类和资源化利用制度,垃圾智能分类收集、转运、分拣及回收利用都将带来较大的市场空间。因此,循环经济有望成为一个持续发展的业务领域,并不断推动行业技术创新发展。此外,智能化、高效化、集成化仍是当前全球注塑行业的技术热点。从长久发展来看,伴随着新能源汽车、医疗器械和智能制造等一大波新兴制造业在国内的发展,注塑制品的市场需求将继续攀升。从发展方向来看,为适应下游产业高端化发展需求,未来注塑产业必将走向智能化、节能化、数字化,将信息技术应用到注塑产业以提高生产效率、降低成本、提高产品质量。从政策导向来看,随着国家碳达峰碳中和政策的不断落实,日益严格的环保政策的发布和注塑产业结构的转型升级,未来注塑产业将逐渐向高端化和可降解产品领域发展。

参考文献

[1] Plastics Shape the Future [EB/OL].[2022-10-19]. https://www.k-online.com/en/Programme/Plastics_shape_the_future.

[2] Thin-Wall Injection Molding Breakthrough for rPET [EB/OL].[2022-07-19].https://www.plasticstoday.com/packaging/thin-wall-injection-molding-breakthrough-rpet.

[3] K展进行时,直击克劳斯玛菲绿色直接混炼注塑技术DCIM [EB/OL].[2022-10-15]. https://mp.weixin.qq.com/s?__biz=MzAxOTY1Njc2NA==&mid=2247499612&idx=1&sn=1a02c0fa9b4b439c1f62db3cfa598da3&scene=19#wechat_redirect.

[4] High Recycling Quality Directly from Plastic Flakes [EB/OL].[2022-06-22]. https://www.engelglobal.com/en/company/media-center/news-press/high-recycling-quality-directly-from-plastic-flakes.

[5] Saperatec Demos Deconstruction and Recycling Technology for Composite Packaging [EB/OL].[2022-08-26]. https://www.plasticstoday.com/packaging/saperatec-demos-deconstruction-and-recycling-technology-composite-packaging.

〔撰稿人:海天塑机集团有限公司焦晓龙,北京化工大学机电工程学院党开放、周洋、马艺涛,海天塑机集团有限公司王金领,北京化工大学机电工程学院、有机无机复合材料国家重点实验室、人工智能交叉研究中心谢鹏程〕

中国塑料机械工业年鉴 2024

统计资料

记录 2022—2024 年塑料机械进出口情况

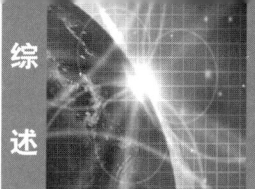
综述

专文

中国塑料机械工业协会成立30周年

市场专题

统计资料

企业概况

产品项目与技术

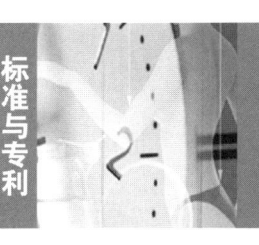
标准与专利

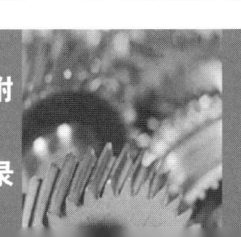
附录

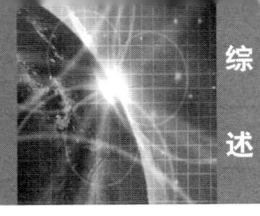

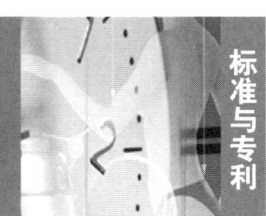

2022年中国塑料机械整机出口情况
2022年中国塑料机械零件出口情况
2022年中国塑料机械整机进口情况
2022年中国塑料机械零件进口情况
2023年中国塑料机械整机出口情况
2023年中国塑料机械零件出口情况
2023年中国塑料机械整机进口情况
2023年中国塑料机械零件进口情况
2024年中国塑料机械整机出口情况
2024年中国塑料机械零件出口情况
2024年中国塑料机械整机进口情况
2024年中国塑料机械零件进口情况

2022年中国塑料机械整机出口情况

出口目的地	出口量/台	出口额/万美元	出口目的地	出口量/台	出口额/万美元
注塑机（84771010）					
合计	**60 227**	**162 041.35**	伊拉克	277	1 148.96
越南	4 490	15 524.52	英国	149	1 093.31
土耳其	2 242	11 336.55	西班牙	183	1 077.06
墨西哥	1 473	10 479.19	卢森堡	26	1 025.67
印度尼西亚	7 629	9 125.16	新加坡	176	1 018.88
美国	871	7 892.56	法国	87	940.32
巴西	1 580	7 679.33	加拿大	52	938.47
印度	1 734	6 900.15	秘鲁	172	767.92
俄罗斯	1 415	5 909.17	葡萄牙	95	699.51
泰国	1 190	5 521.39	奥地利	61	664.23
马来西亚	891	4 909.14	捷克	74	632.88
德国	704	4 533.34	科特迪瓦	244	523.79
伊朗	2 526	4 471.52	中国香港	140	477.41
韩国	736	4 122.86	多米尼加	118	467.60
菲律宾	1 014	3 980.95	塞尔维亚	67	441.48
阿联酋	1 088	3 631.82	约旦	116	439.38
埃及	1 530	3 269.24	摩洛哥	103	430.71
孟加拉国	702	2 697.28	坦桑尼亚	288	386.48
意大利	418	2 619.79	缅甸	420	379.15
以色列	1 834	2 477.65	加纳	304	361.59
尼日利亚	3 945	2 414.67	智利	80	359.77
阿根廷	491	2 402.59	肯尼亚	225	347.14
巴基斯坦	1 629	1 925.27	荷兰	44	337.74
阿尔及利亚	759	1 761.73	白俄罗斯	3 185	320.90
南非	6 319	1 716.26	突尼斯	73	309.60
日本	367	1 636.69	乌干达	54	292.92
波兰	239	1 629.85	苏丹	76	286.92
澳大利亚	140	1 497.97	危地马拉	57	270.59
中国台湾	486	1 439.60	埃塞俄比亚	69	264.09
乌兹别克斯坦	1 079	1 404.16	新西兰	32	262.31
哥伦比亚	277	1 319.39	莫桑比克	347	261.43
沙特阿拉伯	149	1 175.58	哈萨克斯坦	74	254.93
柬埔寨	323	1 149.57	乌克兰	53	243.21

(续)

出口目的地	出口量/台	出口额/万美元	出口目的地	出口量/台	出口额/万美元
注塑机（84771010）					
安哥拉	61	237.29	巴林	8	43.27
瑞典	28	229.14	索马里	6	43.23
吉布提	26	228.15	卡塔尔	8	41.70
哥斯达黎加	20	225.26	尼加拉瓜	7	40.72
厄瓜多尔	42	221.18	克罗地亚	19	39.83
多哥	69	214.68	塞浦路斯	8	33.88
匈牙利	34	211.53	阿曼	9	33.57
刚果民主共和国	27	201.57	丹麦	5	32.11
津巴布韦	22	184.28	纳米比亚	3	31.73
罗马尼亚	37	169.69	爱尔兰	2	30.88
斯里兰卡	127	168.36	玻利维亚	10	28.42
黎巴嫩	32	160.15	利比亚	5	28.14
阿富汗	232	149.65	科威特	84	27.15
北马其顿	12	137.45	巴勒斯坦	3	27.12
也门	226	134.71	毛里求斯	8	26.96
希腊	160	133.28	乍得	6	26.50
土库曼斯坦	511	124.47	古巴	5	25.94
吉尔吉斯斯坦	37	122.72	马达加斯加	3	25.94
芬兰	9	122.32	立陶宛	7	22.35
喀麦隆	91	112.91	加蓬	3	21.72
阿塞拜疆	17	112.53	利比里亚	2	17.98
委内瑞拉	28	107.77	蒙古	6	17.74
赞比亚	26	102.49	比利时	6	15.72
洪都拉斯	13	102.14	几内亚	2	13.41
塞内加尔	26	99.52	博茨瓦纳	2	12.76
斯洛文尼亚	21	97.99	巴布亚新几内亚	2	12.40
保加利亚	18	88.37	塞拉利昂	2	11.85
巴拉圭	13	82.49	马耳他	1	11.74
巴拿马	6	72.67	刚果共和国	1	10.37
萨尔瓦多	13	64.93	毛里塔尼亚	1	8.17
塔吉克斯坦	21	61.34	老挝	4	7.36
尼泊尔	39	56.14	马里	2	7.18
格鲁吉亚	10	55.85	瑞士	2	6.72
拉脱维亚	11	55.12	卢旺达	2	6.02
马拉维	12	54.47	贝宁	3	5.19
斯洛伐克	7	50.80	海地	1	4.89
叙利亚	63	47.32	摩纳哥	1	4.27
乌拉圭	7	44.93	布隆迪	1	3.13
布基纳法索	8	44.49	尼日尔	1	3.00
亚美尼亚	13	43.66	挪威	3	2.48

（续）

出口目的地	出口量/台	出口额/万美元	出口目的地	出口量/台	出口额/万美元
注塑机（84771010）					
牙买加	1	2.33	阿尔巴尼亚	1	1.85
特立尼达和多巴哥	1	2.32	爱沙尼亚	1	1.30
苏里南	1	2.05	摩尔多瓦	1	0.90
斐济	1	2.00			
其他注射机（84771090）					
合计	**24 185**	**3 999.91**	菲律宾	21	22.30
越南	404	611.24	摩洛哥	6	21.99
印度	91	473.37	科特迪瓦	4	20.85
墨西哥	71	264.83	多哥	4	19.90
新加坡	1 098	215.02	沙特阿拉伯	860	19.35
马来西亚	9 525	206.11	巴西	20	18.71
韩国	304	191.61	南非	6	17.08
俄罗斯	49	190.87	德国	161	15.30
泰国	36	176.21	苏丹	3	11.87
阿联酋	23	108.63	阿曼	2	10.86
坦桑尼亚	18	104.39	澳大利亚	8 570	10.74
西班牙	7	81.88	白俄罗斯	1	10.00
土耳其	17	79.81	波兰	1	9.68
英国	39	71.22	贝宁	1	8.76
柬埔寨	3	70.88	突尼斯	2	8.40
巴基斯坦	37	69.83	日本	263	8.34
中国台湾	16	59.95	赞比亚	5	8.33
捷克	3	57.50	乌克兰	1	8.31
阿尔及利亚	22	53.83	匈牙利	1	8.24
尼日利亚	10	50.76	叙利亚	4	8.00
安哥拉	6	48.17	卡塔尔	2	7.70
乌兹别克斯坦	12	45.17	危地马拉	2	7.65
孟加拉国	21	42.28	厄瓜多尔	1	6.26
利比亚	2	39.85	保加利亚	2	6.06
伊拉克	3	39.38	阿根廷	1	5.60
印度尼西亚	16	39.19	意大利	9	5.34
莫桑比克	4	35.98	以色列	3	5.09
埃及	13	33.79	马达加斯加	1	4.28
肯尼亚	6	32.37	老挝	3	3.96
吉布提	8	30.22	中国香港	2 150	3.58
秘鲁	8	29.31	哥伦比亚	2	3.57
几内亚	10	28.69	吉尔吉斯斯坦	2	3.10
葡萄牙	2	25.73	刚果民主共和国	1	3.09
古巴	2	23.80	尼泊尔	1	2.85
美国	7	22.33	奥地利	1	2.83

（续）

出口目的地	出口量/台	出口额/万美元	出口目的地	出口量/台	出口额/万美元
其他注射机（84771090）					
也门	1	2.56	中国澳门	3	0.08
智利	1	1.50	新西兰	8	0.04
斯洛伐克	1	0.85	加拿大	28	0.03
伊朗	2	0.70	斯里兰卡	4	0.03
阿富汗	1	0.69	希腊	28	0.02
委内瑞拉	1	0.65	比利时	1	0.001
丹麦	96	0.63			
塑料造粒机（84772010）					
合计	77 770	18 945.81	加拿大	27	125.47
越南	521	1 974.01	中国台湾	96	124.82
俄罗斯	357	1 563.62	伊朗	60	116.12
印度	287	1 169.16	加纳	99	113.79
日本	254	1 112.08	老挝	3	113.12
土耳其	81	1 084.14	秘鲁	36	111.79
墨西哥	178	898.01	坦桑尼亚	115	103.29
印度尼西亚	662	723.32	英国	48	99.19
泰国	203	685.27	吉布提	99	97.47
马来西亚	425	627.13	哥伦比亚	30	94.21
阿联酋	470	573.45	中国香港	14	89.86
巴西	109	535.41	安哥拉	45	76.08
韩国	101	500.42	以色列	18	72.45
美国	107	499.33	乌克兰	34	72.17
埃及	125	394.16	西班牙	20	69.96
沙特阿拉伯	100	338.80	缅甸	1 024	68.38
阿根廷	94	307.99	德国	90	68.33
哈萨克斯坦	81	270.79	埃塞俄比亚	54	65.64
尼日利亚	3 157	242.79	摩洛哥	63	63.14
阿尔及利亚	231	240.76	危地马拉	14	60.23
乌兹别克斯坦	10 908	234.38	土库曼斯坦	431	57.12
菲律宾	327	211.45	委内瑞拉	16	56.95
波兰	41	181.39	巴拉圭	11	56.23
巴基斯坦	31	171.65	比利时	4	55.41
孟加拉国	51	163.72	斯洛伐克	1	54.47
澳大利亚	16	160.35	科威特	6	52.48
南非	65	150.68	苏丹	47	50.52
伊拉克	2 876	149.13	匈牙利	4	46.09
柬埔寨	43	146.90	肯尼亚	36	44.93
罗马尼亚	19	145.10	多米尼加	64	43.89
新加坡	67	134.41	科特迪瓦	1 843	40.51
智利	1 554	126.22	厄瓜多尔	31	39.65

(续)

出口目的地	出口量/台	出口额/万美元	出口目的地	出口量/台	出口额/万美元
塑料造粒机（84772010）					
新西兰	45	38.43	尼泊尔	5	8.01
约旦	7	36.67	塔吉克斯坦	14	7.85
也门	39	34.59	毛里塔尼亚	626	7.40
莫桑比克	25 409	33.71	荷兰	1	7.00
利比亚	13 918	32.84	布基纳法索	3	6.27
白俄罗斯	26	31.17	塞内加尔	36	6.24
爱尔兰	3	31.13	捷克	1	6.20
意大利	12	30.02	尼日尔	6	5.59
保加利亚	3	29.40	拉脱维亚	1	4.27
刚果民主共和国	7	25.82	特立尼达和多巴哥	3	3.96
斯里兰卡	36	25.10	塞拉利昂	2	3.60
多哥	41	23.39	阿尔巴尼亚	1	3.36
黎巴嫩	4	23.19	瑞士	1	3.18
卡塔尔	6	22.98	尼加拉瓜	3	3.11
哥斯达黎加	4	21.77	玻利维亚	4	3.01
吉尔吉斯斯坦	1 218	20.59	佛得角	2	2.86
巴拿马	2	18.47	加蓬	1	2.78
突尼斯	12	17.71	几内亚	2	2.72
萨尔瓦多	4	17.50	马拉维	2	2.40
叙利亚	6	16.75	奥地利	1	2.04
阿曼	927	16.08	塞舌尔	1	1.62
希腊	4	15.45	马里	26	1.56
斯洛文尼亚	595	14.88	亚美尼亚	1	1.31
法国	103	14.16	马达加斯加	30	1.15
克罗地亚	5 955	13.25	黑山	2	1.12
喀麦隆	387	11.45	巴林	1	0.93
乌干达	3	11.40	贝宁	3	0.91
津巴布韦	15	11.18	东帝汶	1	0.25
丹麦	1	11.03	阿富汗	111	0.24
乌拉圭	7	11.01	博茨瓦纳	1	0.13
塞尔维亚	2	10.23	海地	2	0.12
蒙古	3	9.46	纳米比亚	1	0.12
格鲁吉亚	5	9.18	索马里	1	0.09
布隆迪	2	9.12	利比里亚	1	0.08
阿塞拜疆	22	8.57	古巴	1	0.06
洪都拉斯	3	8.40	卢旺达	6	0.02
赞比亚	6	8.40			
其他挤出机（84772090）					
合计	**25 955**	**55 735.90**	印度	1 418	4 980.84
越南	1 156	6 510.53	俄罗斯	835	3 586.51

(续)

出口目的地	出口量/台	出口额/万美元	出口目的地	出口量/台	出口额/万美元
其他挤出机（84772090）					
印度尼西亚	660	2 593.07	西班牙	54	229.07
美国	2 360	2 394.47	白俄罗斯	173	210.77
泰国	403	2 302.44	葡萄牙	224	206.04
墨西哥	1 084	2 105.95	厄瓜多尔	26	184.33
土耳其	531	1 999.13	多米尼加	96	170.06
埃及	661	1 920.12	肯尼亚	70	167.93
巴西	266	1 667.51	缅甸	92	160.00
马来西亚	220	1 518.78	坦桑尼亚	79	158.48
波兰	1 323	1 414.43	利比亚	86	151.92
阿联酋	133	1 291.55	荷兰	15	129.02
中国台湾	184	1 277.50	乌克兰	35	128.74
乌兹别克斯坦	391	1 144.41	也门	536	125.04
沙特阿拉伯	241	1 121.42	格鲁吉亚	10	124.07
韩国	242	894.32	尼泊尔	38	122.31
伊朗	156	867.37	土库曼斯坦	18	121.06
柬埔寨	133	861.95	埃塞俄比亚	35	119.13
孟加拉国	157	801.39	约旦	35	117.59
菲律宾	389	682.60	苏丹	53	114.18
巴基斯坦	988	620.82	玻利维亚	25	101.92
尼日利亚	292	589.18	哥斯达黎加	12	88.59
日本	58	545.61	安哥拉	52	86.93
阿尔及利亚	133	498.90	芬兰	1	83.88
阿根廷	234	497.25	吉布提	16	81.92
南非	120	468.66	巴林	8	81.02
塞尔维亚	42	431.81	巴拉圭	20	79.00
德国	862	414.34	阿曼	10	78.71
秘鲁	65	354.10	洪都拉斯	12	77.82
哈萨克斯坦	99	346.15	突尼斯	49	75.67
英国	205	344.56	以色列	23	74.94
加拿大	316	340.26	乌干达	19	72.30
罗马尼亚	14	321.40	中国香港	22	67.26
加纳	51	315.12	新西兰	13	66.72
匈牙利	22	313.06	阿塞拜疆	16	63.71
澳大利亚	173	303.50	吉尔吉斯斯坦	32	63.16
意大利	27	300.25	捷克	129	63.03
伊拉克	137	299.00	斯里兰卡	21	61.61
智利	40	298.77	叙利亚	15	57.61
摩洛哥	61	276.01	塔吉克斯坦	126	55.16
哥伦比亚	65	275.07	博茨瓦纳	5	49.17
新加坡	22	249.27	危地马拉	9	47.33

(续)

出口目的地	出口量/台	出口额/万美元	出口目的地	出口量/台	出口额/万美元
其他挤出机（84772090）					
保加利亚	28	47.00	赞比亚	4	14.54
比利时	1 281	42.04	毛里塔尼亚	24	12.18
法国	16	39.39	克罗地亚	94	11.23
丹麦	32	38.75	波斯尼亚和黑塞哥维那	9	11.23
挪威	2	38.24	巴勒斯坦	2	10.52
瑞典	6	32.92	圭亚那	4	10.40
津巴布韦	5	32.46	加蓬	2	9.95
希腊	4 837	32.12	索马里	13	8.73
马达加斯加	1	30.40	特立尼达和多巴哥	4	8.72
贝宁	38	30.33	巴拿马	14	7.79
蒙古	5	30.11	萨尔瓦多	24	7.31
阿尔巴尼亚	5	30.08	马拉维	2	7.29
斯洛文尼亚	17	29.22	乌拉圭	4	6.97
亚美尼亚	15	28.58	布隆迪	1	6.44
立陶宛	8	27.49	阿富汗	1	5.34
喀麦隆	18	26.87	利比里亚	1	5.20
多哥	10	26.84	冈比亚	1	4.27
黎巴嫩	6	26.69	冰岛	1	3.34
委内瑞拉	4	25.68	斯洛伐克	2	2.77
爱沙尼亚	7	25.28	毛里求斯	1	2.50
莫桑比克	10	24.50	萨摩亚	1	2.09
科特迪瓦	7	24.04	摩尔多瓦	1	1.92
伯利兹	3	23.97	文莱	1	1.10
刚果民主共和国	7	23.91	古巴	1	1.10
几内亚	6	23.81	巴哈马	1	0.98
塞拉利昂	14	23.33	乍得	1	0.83
塞内加尔	27	22.16	马尔代夫	1	0.60
卡塔尔	6	21.99	拉脱维亚	1	0.47
科威特	14	21.47	卢森堡	1	0.44
卢旺达	3	16.42	北马其顿	1	0.40
奥地利	10	16.32	瑞士	1	0.18
斐济	1	15.27	布基纳法索	1	0.13
老挝	6	14.64	牙买加	1	0.07
挤出吹塑机（84773010）					
合计	**63 064**	**13 546.48**	印度	41	563.65
越南	327	1 176.57	阿尔及利亚	50	421.11
印度尼西亚	3 255	1 023.04	韩国	44	417.42
墨西哥	87	1 015.55	马来西亚	77	376.59
德国	15	886.97	俄罗斯	63	320.50
泰国	2 110	725.18	埃及	98	306.52

（续）

出口目的地	出口量/台	出口额/万美元	出口目的地	出口量/台	出口额/万美元
挤出吹塑机（84773010）					
沙特阿拉伯	2 842	273.55	蒙古	14	43.27
加纳	154	272.28	柬埔寨	17	41.45
阿联酋	67	262.99	巴拉圭	7	40.48
土耳其	29	250.98	阿曼	8	38.79
约旦	68	242.03	葡萄牙	3	36.06
尼日利亚	11 659	235.54	罗马尼亚	6	35.75
菲律宾	56	230.68	吉布提	27	35.66
伊朗	157	230.32	意大利	347	29.60
苏丹	1 995	228.94	多米尼加	24	28.17
美国	49	211.26	巴拿马	21	27.89
乌兹别克斯坦	47	184.97	克罗地亚	5	26.31
孟加拉国	77	175.14	黎巴嫩	8	25.96
巴基斯坦	10	159.88	乌拉圭	4	25.66
乌干达	23	154.10	缅甸	15	25.11
摩洛哥	24	149.59	日本	5	24.85
巴西	11 206	142.51	希腊	3	22.33
哥伦比亚	373	134.22	尼泊尔	2	21.58
肯尼亚	1 100	127.66	塞拉利昂	27	19.47
英国	6	115.48	刚果民主共和国	1 252	18.95
利比亚	23	105.04	毛里求斯	2	18.63
也门	11 938	102.48	突尼斯	8	18.47
科特迪瓦	49	90.21	玻利维亚	6	17.41
阿根廷	20	87.33	格鲁吉亚	7	17.05
南非	24	86.45	毛里塔尼亚	2	16.86
秘鲁	25	85.27	塞内加尔	15	16.28
哈萨克斯坦	96	84.95	乌克兰	8	15.85
卡塔尔	6	78.96	匈牙利	3	15.01
安哥拉	19	73.67	委内瑞拉	5	15.00
澳大利亚	8	66.32	利比里亚	1	14.58
波兰	9	65.95	马达加斯加	5	14.37
多哥	1 040	63.93	新加坡	3	14.28
伊拉克	2 567	63.33	阿尔巴尼亚	3	13.26
加拿大	10	62.76	爱沙尼亚	1	13.01
坦桑尼亚	7 868	61.29	中国香港	7	12.36
以色列	18	57.54	萨尔瓦多	6	12.19
厄瓜多尔	14	54.87	黑山	1	10.10
津巴布韦	7	54.20	赞比亚	2	9.47
埃塞俄比亚	40	47.65	中国台湾	5	9.46
智利	23	46.76	土库曼斯坦	2	8.88
危地马拉	11	46.73	几内亚	11	8.83

(续)

出口目的地	出口量/台	出口额/万美元	出口目的地	出口量/台	出口额/万美元
挤出吹塑机（84773010）					
圭亚那	4	8.79	巴勒斯坦	1	4.16
白俄罗斯	4	8.53	莫桑比克	1 113	3.97
法国	1	7.80	塔吉克斯坦	8	3.86
吉尔吉斯斯坦	15	7.35	特立尼达和多巴哥	1	3.59
喀麦隆	4	7.12	北马其顿	1	3.58
尼加拉瓜	3	7.04	比利时	8	3.56
西班牙	1	6.96	萨摩亚	1	3.20
阿塞拜疆	4	6.85	丹麦	1	3.08
布基纳法索	2	6.26	苏里南	1	3.01
波斯尼亚和黑塞哥维那	1	6.21	保加利亚	2	3.00
洪都拉斯	4	6.18	马尔代夫	3	2.95
巴林	4	6.15	捷克	1	2.59
马拉维	1	6.13	古巴	27	2.04
哥斯达黎加	4	5.90	牙买加	1	1.72
几内亚比绍	1	5.74	荷兰	2	1.62
乍得	1	5.41	索马里	1	0.96
斐济	2	5.19	老挝	1	0.85
塞尔维亚	2	5.12	拉脱维亚	1	0.72
立陶宛	2	5.07	爱尔兰	1	0.58
加蓬	1	4.82	叙利亚	1	0.20
马里	3	4.51	刚果共和国	1	0.12
尼日尔	1	4.40			
注射吹塑机（84773020）					
合计	**370**	**1 506.43**	韩国	3	24.10
印度	62	370.25	孟加拉国	7	24.07
巴西	16	116.99	德国	1	23.57
刚果民主共和国	7	81.17	澳大利亚	4	22.34
印度尼西亚	23	71.77	英国	5	19.23
越南	46	66.43	南非	3	17.53
巴基斯坦	12	60.58	科特迪瓦	2	17.09
墨西哥	21	60.44	新加坡	1	11.86
土耳其	33	49.40	阿尔及利亚	2	11.82
多哥	2	45.93	巴拉圭	1	11.20
美国	15	44.34	阿根廷	2	10.62
马来西亚	6	38.35	厄瓜多尔	3	10.19
坦桑尼亚	6	38.31	伊拉克	5	10.05
尼日利亚	3	31.39	埃及	1	8.90
中国台湾	8	31.04	俄罗斯	2	8.75
泰国	12	30.70	突尼斯	2	8.40
哥伦比亚	5	29.10	阿联酋	1	7.45

(续)

出口目的地	出口量/台	出口额/万美元	出口目的地	出口量/台	出口额/万美元
注射吹塑机（84773020）					
吉布提	3	7.36	塞内加尔	2	2.14
黎巴嫩	1	7.20	危地马拉	1	1.92
加拿大	1	7.05	摩洛哥	2	1.88
委内瑞拉	1	7.00	格鲁吉亚	1	1.72
波兰	1	6.60	南苏丹	1	1.67
捷克	1	6.13	玻利维亚	1	1.63
西班牙	1	4.77	海地	3	1.55
加纳	1	4.77	斯里兰卡	1	1.41
智利	6	4.36	刚果共和国	1	1.16
莫桑比克	1	3.88	爱沙尼亚	1	1.03
秘鲁	1	3.12	多米尼加	1	0.99
伊朗	1	3.11	叙利亚	2	0.76
中国香港	1	3.05	以色列	1	0.60
荷兰	1	2.99	蒙古	5	0.56
柬埔寨	3	2.30	缅甸	1	0.35
其他吹塑机（84773090）					
合计	30 821	15 243.70	秘鲁	141	174.82
印度尼西亚	8 682	1 242.76	肯尼亚	124	166.37
泰国	408	1 135.41	土耳其	4 085	157.58
美国	217	977.75	哈萨克斯坦	54	146.45
越南	444	802.14	安哥拉	131	128.14
沙特阿拉伯	207	719.55	阿根廷	92	127.54
印度	68	659.69	伊拉克	177	120.00
马来西亚	170	523.59	阿尔及利亚	69	116.97
伊朗	310	519.84	科特迪瓦	34	113.57
尼日利亚	592	504.42	赞比亚	24	105.34
孟加拉国	158	437.81	以色列	37	103.49
俄罗斯	1 758	382.37	塞内加尔	156	102.77
埃及	152	365.81	缅甸	1 422	99.88
阿联酋	146	274.05	坦桑尼亚	113	98.69
埃塞俄比亚	45	253.59	巴基斯坦	190	88.22
墨西哥	107	239.78	刚果民主共和国	56	81.70
菲律宾	423	223.13	塔吉克斯坦	88	78.71
乌兹别克斯坦	337	218.08	中国台湾	40	78.63
柬埔寨	372	204.57	多米尼加	29	77.07
南非	90	204.48	阿曼	30	76.43
摩洛哥	135	199.38	加纳	79	75.57
也门	1 160	191.69	中国香港	807	73.31
哥伦比亚	73	191.36	苏丹	33	67.92
委内瑞拉	32	177.26	突尼斯	42	67.73

(续)

出口目的地	出口量/台	出口额/万美元	出口目的地	出口量/台	出口额/万美元
其他吹塑机（84773090）					
韩国	13	63.79	西班牙	10	19.63
吉布提	30	59.16	乌拉圭	8	19.21
乌干达	11	58.80	乌克兰	20	18.99
利比亚	107	58.09	几内亚	18	17.59
塞尔维亚	4	56.91	海地	5	17.25
巴西	5 209	56.62	阿尔巴尼亚	6	16.99
智利	39	52.55	哥斯达黎加	4	16.30
约旦	206	52.45	圭亚那	9	16.11
喀麦隆	26	52.32	南苏丹	5	15.67
巴林	1	48.80	罗马尼亚	10	15.54
新加坡	28	47.72	毛里求斯	3	14.19
多哥	11	47.20	中非	1	14.18
黎巴嫩	16	45.99	苏里南	3	13.77
巴拿马	23	45.92	土库曼斯坦	5	13.12
毛里塔尼亚	42	42.92	新西兰	1	12.94
萨尔瓦多	11	41.62	斯洛文尼亚	4	12.15
希腊	4	41.08	纳米比亚	7	10.57
澳大利亚	6	39.98	科威特	6	10.55
斯里兰卡	17	37.47	德国	29	10.53
莫桑比克	25	37.26	塞拉利昂	10	10.36
洪都拉斯	7	36.17	科摩罗	5	10.16
葡萄牙	1	33.44	马达加斯加	6	9.99
加拿大	9	31.88	斯洛伐克	4	9.98
布基纳法索	26	31.47	格鲁吉亚	7	9.84
亚美尼亚	17	30.04	吉尔吉斯斯坦	19	8.70
波兰	22	28.01	斐济	2	8.46
佛得角	3	27.67	北马其顿	7	8.46
保加利亚	10	27.04	牙买加	5	8.08
乍得	4	26.94	汤加	4	7.70
危地马拉	11	26.82	塞浦路斯	3	7.66
玻利维亚	20	26.66	意大利	6	7.64
厄瓜多尔	21	25.01	索马里	64	7.39
匈牙利	4	23.43	巴勒斯坦	5	7.14
津巴布韦	13	22.62	波斯尼亚和黑塞哥维那	3	7.04
法国	1	22.15	古巴	5	6.81
卡塔尔	6	21.96	巴布亚新几内亚	186	6.76
白俄罗斯	15	21.90	日本	4	6.63
巴拉圭	9	20.17	伯利兹	2	6.54
尼泊尔	21	19.88	贝宁	8	6.44
大洋洲其他国家（地区）	2	19.78	瓜德罗普	2	6.00

（续）

出口目的地	出口量/台	出口额/万美元	出口目的地	出口量/台	出口额/万美元
其他吹塑机（84773090）					
刚果共和国	19	5.82	博茨瓦纳	3	2.53
英国	2	5.78	蒙古	3	2.38
巴哈马	7	5.52	几内亚比绍	1	2.32
利比里亚	2	5.52	斯威士兰	3	2.31
马拉维	4	5.33	圣基茨和尼维斯	5	2.12
赤道几内亚	7	4.74	黑山	1	2.02
冈比亚	4	4.56	马尔代夫	1	1.85
尼日尔	3	4.40	特立尼达和多巴哥	2	1.67
加蓬	10	4.33	瓦努阿图	1	1.59
东帝汶	3	3.82	克罗地亚	3	1.53
布隆迪	4	3.69	老挝	6	1.08
格林纳达	3	3.57	波多黎各	1	0.95
塞舌尔	1	3.54	圣卢西亚	2	0.81
摩尔多瓦	3	3.40	安提瓜和巴布达	1	0.63
叙利亚	2	3.37	阿富汗	1	0.55
马里	1	3.37	立陶宛	1	0.52
阿塞拜疆	3	3.05	丹麦	1	0.48
所罗门群岛	2	2.97	新喀里多尼亚	1	0.33
尼加拉瓜	2	2.89	萨摩亚	1	0.18
塑料中空成型机（84774010）					
合计	3 024	7 808.76	约旦	15	111.21
越南	101	657.30	加纳	47	106.44
印度	113	587.53	缅甸	40	98.51
墨西哥	949	486.19	哥伦比亚	13	88.54
印度尼西亚	68	382.90	韩国	18	87.09
泰国	89	289.23	巴基斯坦	15	85.61
沙特阿拉伯	36	288.99	乌兹别克斯坦	18	73.65
孟加拉国	35	279.12	科特迪瓦	12	72.44
土耳其	35	276.67	葡萄牙	3	72.31
俄罗斯	42	261.34	乌干达	49	71.99
阿联酋	34	259.71	伊拉克	12	66.64
阿尔及利亚	29	224.57	马来西亚	19	63.57
巴西	20	200.87	阿根廷	12	63.50
英国	11	161.45	希腊	7	60.52
罗马尼亚	11	153.41	委内瑞拉	6	59.64
美国	340	152.22	智利	21	55.94
埃及	36	146.85	刚果民主共和国	6	54.58
尼日利亚	33	142.64	多哥	5	49.14
澳大利亚	18	121.99	菲律宾	20	47.24
波兰	20	120.78	哈萨克斯坦	6	47.05

(续)

出口目的地	出口量/台	出口额/万美元	出口目的地	出口量/台	出口额/万美元
塑料中空成型机（84774010）					
南非	12	46.76	格鲁吉亚	4	12.21
西班牙	11	46.17	塔吉克斯坦	23	11.46
保加利亚	6	44.28	土库曼斯坦	2	10.41
秘鲁	6	42.21	吉布提	3	10.39
厄瓜多尔	4	42.14	尼泊尔	2	10.35
塞内加尔	14	39.15	阿曼	4	9.73
伊朗	8	37.65	安哥拉	4	9.46
中国台湾	6	36.52	科威特	2	8.24
摩洛哥	6	36.45	瑞士	2	8.06
卡塔尔	5	33.15	布隆迪	1	7.70
津巴布韦	2	33.03	以色列	10	6.92
日本	192	32.77	亚美尼亚	3	6.85
柬埔寨	11	31.61	芬兰	2	6.78
法国	2	29.86	叙利亚	1	5.90
喀麦隆	8	29.28	马里	1	5.58
突尼斯	8	28.86	斯里兰卡	1	4.97
新加坡	4	28.68	特立尼达和多巴哥	1	4.32
新西兰	22	28.15	乌克兰	1	3.67
吉尔吉斯斯坦	3	28.12	苏里南	1	3.57
也门	17	27.61	加拿大	4	2.92
埃塞俄比亚	4	25.71	哥斯达黎加	2	2.77
巴拿马	4	25.62	马拉维	1	2.46
苏丹	3	23.63	赞比亚	2	2.38
黎巴嫩	5	22.03	瑞典	2	2.15
克罗地亚	2	21.46	斯洛文尼亚	1	2.11
匈牙利	6	20.04	白俄罗斯	1	1.98
莫桑比克	10	19.58	拉脱维亚	1	1.61
塞浦路斯	2	18.59	老挝	1	1.53
坦桑尼亚	7	15.46	意大利	32	1.23
毛里塔尼亚	5	15.22	加蓬	1	0.79
危地马拉	2	15.14	蒙古	1	0.76
荷兰	121	15.12	巴布亚新几内亚	2	0.50
德国	4	14.96	伯利兹	1	0.31
肯尼亚	5	14.58	玻利维亚	4	0.21
塞尔维亚	1	13.53	比利时	1	0.06
萨尔瓦多	3	13.47	塞舌尔	1	0.03
多米尼加	2	12.45	波斯尼亚和黑塞哥维那	1	0.02
塑料压延成型机（84774020）					
合计	**2 266**	**2 277.43**	柬埔寨	11	206.86
印度尼西亚	216	261.68	埃及	16	206.61

(续)

出口目的地	出口量/台	出口额/万美元	出口目的地	出口量/台	出口额/万美元
塑料压延成型机（84774020）					
印度	127	181.85	约旦	6	8.28
越南	64	176.18	沙特阿拉伯	407	7.58
泰国	24	105.03	巴拉圭	30	7.50
墨西哥	25	102.36	巴拿马	11	6.49
马来西亚	211	79.66	洪都拉斯	2	5.68
中国台湾	16	67.66	以色列	2	5.10
孟加拉国	16	65.62	巴西	13	5.04
乌克兰	1	55.30	危地马拉	3	4.80
伊拉克	20	54.58	卡塔尔	1	4.62
俄罗斯	151	44.88	英国	2	4.59
土耳其	21	37.95	比利时	1	4.58
美国	44	36.46	巴勒斯坦	1	4.49
巴基斯坦	14	36.37	保加利亚	1	4.25
委内瑞拉	6	35.94	南非	3	3.56
波兰	3	31.67	哈萨克斯坦	6	2.92
秘鲁	9	31.08	喀麦隆	3	2.71
乌兹别克斯坦	6	30.09	中国香港	1	1.44
菲律宾	22	30.08	厄瓜多尔	1	1.30
缅甸	1	29.98	坦桑尼亚	2	1.04
多米尼加	29	26.77	蒙古	6	1.00
吉布提	2	24.20	特立尼达和多巴哥	1	0.99
日本	3	22.11	布基纳法索	1	0.93
伯利兹	1	22.00	摩洛哥	40	0.86
格鲁吉亚	3	19.77	刚果民主共和国	3	0.84
意大利	1	19.04	乌干达	1	0.50
哥斯达黎加	2	16.80	尼日利亚	1	0.49
哥伦比亚	1	16.30	塞内加尔	1	0.39
阿尔及利亚	94	15.35	德国	480	0.37
阿联酋	7	14.24	捷克	1	0.29
肯尼亚	7	13.73	葡萄牙	1	0.24
伊朗	4	13.19	加拿大	4	0.17
韩国	13	12.67	阿根廷	1	0.06
新加坡	22	11.70	希腊	1	0.05
土库曼斯坦	3	9.94	爱沙尼亚	1	0.04
吉尔吉斯斯坦	6	9.88	澳大利亚	3	0.01
尼泊尔	2	8.68			
其他真空模塑机及其他热成型机器（84774090）					
合计	42 223	16 442.92	泰国	2 629	1 076.29
越南	1 740	3 093.48	印度	661	1 043.76
印度尼西亚	288	1 101.40	马来西亚	702	905.45

(续)

出口目的地	出口量/台	出口额/万美元	出口目的地	出口量/台	出口额/万美元
其他真空模塑机及其他热成型机器（84774090）					
俄罗斯	208	765.19	突尼斯	16	47.24
美国	3 310	728.57	阿根廷	18	45.68
巴基斯坦	244	617.93	吉布提	32	44.47
伊朗	20	429.94	乌克兰	6	40.03
土耳其	395	427.64	厄瓜多尔	94	37.36
埃及	1 001	391.56	委内瑞拉	10	34.71
孟加拉国	76	387.56	利比亚	6	34.49
中国台湾	193	320.46	匈牙利	123	33.08
墨西哥	231	310.38	以色列	233	32.69
柬埔寨	80	302.30	加纳	6 740	26.43
阿联酋	941	300.49	土库曼斯坦	3	26.39
巴西	47	272.36	哈萨克斯坦	29	24.96
秘鲁	68	234.53	埃塞俄比亚	18	24.38
沙特阿拉伯	31	220.31	阿曼	8	24.33
多米尼加	873	193.49	洪都拉斯	7	23.66
日本	244	188.24	格鲁吉亚	30	23.34
韩国	94	165.43	智利	182	23.12
阿尔及利亚	50	148.01	危地马拉	103	22.23
菲律宾	130	138.36	吉尔吉斯斯坦	4	21.60
乌兹别克斯坦	329	135.80	英国	281	21.21
加拿大	223	124.45	肯尼亚	20	20.69
新加坡	136	120.63	波兰	209	20.15
塞尔维亚	7	111.51	约旦	21	19.90
哥伦比亚	291	104.93	也门	5 212	18.82
伊拉克	7 843	89.20	苏丹	162	17.88
西班牙	404	84.81	意大利	506	17.80
斯里兰卡	17	75.77	哥斯达黎加	3	15.53
荷兰	813	73.69	几内亚	2	15.50
德国	103	68.95	缅甸	19	15.20
澳大利亚	24	66.94	圭亚那	3	14.62
罗马尼亚	8	61.55	坦桑尼亚	22	13.88
摩洛哥	24	59.95	卡塔尔	2	13.85
特立尼达和多巴哥	2	58.51	尼泊尔	2	13.57
法国	14	56.84	安哥拉	5	13.20
尼日利亚	52	56.52	苏里南	1	13.00
南非	84	55.17	阿塞拜疆	15	12.59
玻利维亚	6	53.77	布隆迪	1	11.86
比利时	199	48.70	巴勒斯坦	1	11.83
葡萄牙	9	48.25	喀麦隆	23	11.76
巴拿马	5	47.60	牙买加	4	11.05

（续）

出口目的地	出口量/台	出口额/万美元	出口目的地	出口量/台	出口额/万美元
其他真空模塑机及其他热成型机器（84774090）					
塞浦路斯	5	10.92	叙利亚	2	1.56
中国香港	759	10.77	波多黎各	2	1.49
克罗地亚	2	9.80	津巴布韦	3	1.40
塔吉克斯坦	2	9.05	加蓬	1	1.38
萨尔瓦多	3	8.70	索马里	15	1.17
赞比亚	3	8.29	新西兰	5	1.16
亚美尼亚	7	7.29	塞内加尔	1 164	1.13
塞拉利昂	2	7.16	拉脱维亚	1	1.11
巴拉圭	7	6.67	斯洛文尼亚	11	0.97
毛里求斯	2	6.22	多哥	1	0.85
白俄罗斯	3	6.01	佛得角	18	0.67
巴林	5	5.86	捷克	1	0.55
黎巴嫩	102	5.41	奥地利	2	0.51
摩尔多瓦	1	5.40	瑞士	1	0.43
莫桑比克	4	5.17	马耳他	1	0.42
乌拉圭	8	4.48	古巴	1	0.37
马达加斯加	7	4.31	阿富汗	988	0.33
蒙古	7	3.55	科特迪瓦	2	0.31
伯利兹	1	3.40	马拉维	1	0.25
科威特	3	3.17	卢旺达	2	0.23
贝宁	11	3.06	中国澳门	2	0.08
巴布亚新几内亚	6	2.54	阿尔巴尼亚	11	0.07
希腊	1	2.47	斯威士兰	1	0.04
保加利亚	1	2.43	波斯尼亚和黑塞哥维那	2	0.03
乌干达	5	1.90	北马其顿	1	0.02
老挝	1	1.56	瑞典	1	0.02
用于充气轮胎模塑或翻新的机器及内胎模塑或用其他方法成型的机器（84775100）					
合计	3 120	12 422.53	阿根廷	14	111.29
越南	41	2 955.61	罗马尼亚	14	87.92
泰国	115	2 784.84	斯里兰卡	8	81.07
柬埔寨	53	2 425.86	波兰	19	80.16
印度	34	982.26	缅甸	6	33.68
印度尼西亚	216	833.69	摩洛哥	26	23.99
墨西哥	96	579.23	尼日利亚	13	16.68
巴西	807	285.23	德国	1	15.74
土耳其	20	282.50	中国台湾	3	12.69
加拿大	37	276.00	阿曼	8	9.22
俄罗斯	11	238.10	新加坡	2	8.26
美国	552	122.81	马来西亚	43	7.58
菲律宾	44	111.29	伊朗	3	7.10

(续)

出口目的地	出口量/台	出口额/万美元	出口目的地	出口量/台	出口额/万美元
用于充气轮胎模塑或翻新的机器及内胎模塑或用其他方法成型的机器（84775100）					
巴基斯坦	4	6.91	沙特阿拉伯	25	0.36
喀麦隆	1	5.58	巴布亚新几内亚	1	0.18
韩国	3	5.07	格鲁吉亚	26	0.10
危地马拉	4	4.95	几内亚	3	0.08
厄瓜多尔	17	4.71	纳米比亚	1	0.07
坦桑尼亚	1	3.00	牙买加	1	0.07
埃及	62	2.34	老挝	1	0.05
毛里求斯	118	2.31	中国香港	8	0.05
新西兰	14	2.19	伊拉克	27	0.04
南非	3	2.16	肯尼亚	1	0.03
哈萨克斯坦	11	1.88	委内瑞拉	6	0.03
比利时	10	1.58	埃塞俄比亚	1	0.02
阿联酋	3	1.49	中国澳门	2	0.01
乌兹别克斯坦	246	1.13	莫桑比克	1	0.01
约旦	1	0.84	贝宁	1	0.01
哥伦比亚	318	0.69	斯洛文尼亚	1	0.01
刚果民主共和国	4	0.68	巴拿马	1	0.01
智利	1	0.60	澳大利亚	1	0.01
洪都拉斯	1	0.50	蒙古	4	0.002
其他模塑或成型机器（84775900）					
合计	**257 909**	**25 404.55**	波兰	17 033	173.69
越南	1 273	4 881.90	英国	6 847	172.24
柬埔寨	404	3 792.59	中国台湾	89	166.43
印度	628	3 782.87	尼日利亚	91	163.89
美国	76 176	1 739.43	日本	3 825	160.99
泰国	305	1 086.80	中国香港	3 591	157.04
巴西	1 938	1 033.57	加拿大	7 906	132.78
印度尼西亚	1 230	836.82	新加坡	1 011	130.83
哈萨克斯坦	5 199	749.37	荷兰	5 656	128.80
马来西亚	811	619.13	西班牙	7 733	125.71
俄罗斯	9 528	472.13	伊朗	40	122.96
墨西哥	383	453.33	法国	2 576	99.18
土耳其	2 022	441.78	菲律宾	321	98.74
德国	12 745	391.89	意大利	337	91.36
奥地利	3 228	274.35	伊拉克	1 137	87.68
孟加拉国	91	248.37	阿联酋	459	86.97
塞尔维亚	8	246.17	也门	560	77.68
克罗地亚	169	203.01	乌兹别克斯坦	226	76.34
比利时	18 856	197.01	埃及	412	75.24
韩国	8 994	192.27	捷克	3 324	73.68

(续)

出口目的地	出口量/台	出口额/万美元	出口目的地	出口量/台	出口额/万美元
其他模塑或成型机器（84775900）					
罗马尼亚	698	71.79	塔吉克斯坦	60	12.34
科特迪瓦	26	66.75	赞比亚	1	11.38
澳大利亚	1 333	65.62	津巴布韦	3	11.37
缅甸	36	59.55	古巴	10	11.02
哥伦比亚	1 401	47.76	黎巴嫩	4	9.81
突尼斯	19	44.38	几内亚	3	9.30
巴拿马	2	42.91	纳米比亚	2	8.46
新西兰	2 654	42.13	阿尔巴尼亚	3	8.30
阿根廷	947	40.63	丹麦	6	7.45
以色列	322	40.41	埃塞俄比亚	5	7.27
多米尼加	29	39.31	蒙古	10	6.79
智利	4 116	38.86	摩洛哥	11	4.31
刚果民主共和国	3	34.71	亚美尼亚	3	3.79
巴基斯坦	225	30.45	斐济	21	3.74
马拉维	15	30.03	多哥	4	3.45
肯尼亚	88	29.91	巴布亚新几内亚	41	3.27
乌克兰	66	28.61	希腊	368	3.17
厄瓜多尔	15	28.43	委内瑞拉	101	2.88
危地马拉	2	28.30	玻利维亚	1	2.71
吉布提	15	26.07	基里巴斯	2	2.45
葡萄牙	19	25.17	大洋洲其他国家（地区）	1	2.43
喀麦隆	61	25.13	爱尔兰	3	1.93
匈牙利	2 659	24.69	苏丹	1	1.82
白俄罗斯	7 523	24.61	尼泊尔	32	1.34
斯里兰卡	151	21.64	马耳他	3	1.14
斯洛文尼亚	1 471	21.43	波斯尼亚和黑塞哥维那	1	1.14
瑞典	784	20.97	瑞士	13	1.09
秘鲁	15	19.10	约旦	802	0.94
安哥拉	1	18.72	巴林	2	0.85
坦桑尼亚	499	18.06	巴巴多斯	1	0.84
阿尔及利亚	15	17.97	科威特	12	0.70
吉尔吉斯斯坦	23 107	17.65	卡塔尔	114	0.66
莫桑比克	11	15.88	毛里求斯	4	0.65
塞内加尔	5	15.05	塞拉利昂	1	0.60
圭亚那	4	14.74	塞浦路斯	8	0.31
沙特阿拉伯	152	14.72	乌干达	1	0.28
加纳	16	14.57	保加利亚	1	0.28
芬兰	18	14.41	格鲁吉亚	3	0.26
叙利亚	11	14.28	阿塞拜疆	4	0.17
南非	18	12.85	特立尼达和多巴哥	1	0.15

(续)

出口目的地	出口量/台	出口额/万美元	出口目的地	出口量/台	出口额/万美元
其他模塑或成型机器（84775900）					
老挝	491	0.15	北马其顿	1	0.07
留尼汪	1	0.10	阿曼	3	0.03
土库曼斯坦	4	0.08	加蓬	28	0.01
其他橡胶或塑料及其产品的加工机器（84778000）					
合计	2 586 024	169 912.69	新加坡	43 886	1 088.84
越南	16 437	19 790.23	英国	57 167	1 086.19
印度	48 809	16 449.51	阿根廷	8 595	1 029.73
泰国	28 882	13 042.88	法国	6 250	1 013.31
俄罗斯	220 355	7 838.91	伊拉克	2 755	917.63
印度尼西亚	13 236	6 874.05	哥伦比亚	3 548	871.75
土耳其	65 207	6 507.66	科特迪瓦	2 260	837.18
美国	583 388	6 421.27	捷克	1 367	802.72
马来西亚	89 753	6 312.04	智利	1 710	755.88
墨西哥	12 855	6 057.34	缅甸	4 800	723.93
韩国	181 134	4 925.75	秘鲁	3 431	608.74
埃及	5 420	3 541.89	荷兰	141 257	606.80
巴西	15 551	3 513.60	坦桑尼亚	3 303	585.54
日本	20 987	3 385.49	摩洛哥	764	560.32
阿联酋	14 255	3 103.92	以色列	18 439	547.22
柬埔寨	1 687	2 959.12	加纳	7 509	513.07
菲律宾	11 564	2 262.78	肯尼亚	3 730	462.04
孟加拉国	2 283	2 225.03	厄瓜多尔	1 745	426.93
中国台湾	2 400	2 223.39	希腊	37 678	407.50
波兰	93 070	2 124.78	埃塞俄比亚	514	402.58
伊朗	2 505	2 028.68	多米尼加	672	390.14
巴基斯坦	16 296	1 853.44	吉布提	205	334.05
沙特阿拉伯	23 790	1 737.52	阿曼	211	325.19
塞尔维亚	219	1 707.94	利比亚	248	318.82
南非	6 416	1 666.93	克罗地亚	1 682	312.28
德国	75 344	1 664.14	乌克兰	2 558	309.96
澳大利亚	117 855	1 590.42	白俄罗斯	1 070	304.93
哈萨克斯坦	400 694	1 534.97	中国香港	17 304	295.07
加拿大	15 149	1 533.45	匈牙利	1 342	290.43
阿尔及利亚	2 482	1 499.44	土库曼斯坦	77	280.74
乌兹别克斯坦	3 313	1 451.30	约旦	783	277.61
斯里兰卡	1 176	1 437.19	也门	3 643	274.83
罗马尼亚	1 672	1 435.95	斯洛文尼亚	2 563	261.69
尼日利亚	3 912	1 333.15	突尼斯	264	245.15
西班牙	19 955	1 294.58	葡萄牙	1 270	229.68
意大利	13 619	1 150.17	乌干达	151	225.69

(续)

出口目的地	出口量/台	出口额/万美元	出口目的地	出口量/台	出口额/万美元
其他橡胶或塑料及其产品的加工机器（84778000）					
尼泊尔	399	224.49	叙利亚	40	62.83
玻利维亚	478	209.54	几内亚	38	61.93
危地马拉	693	200.47	拉脱维亚	65	57.72
莫桑比克	9 113	190.99	刚果民主共和国	210	54.25
格鲁吉亚	312	186.09	马耳他	60	52.22
斯洛伐克	62	179.40	摩尔多瓦	148	48.91
多哥	77	177.39	乍得	2	45.93
卡塔尔	286	176.87	卢旺达	85	40.76
安哥拉	203	174.30	毛里求斯	1 010	40.42
洪都拉斯	263	167.16	蒙古	115	36.10
喀麦隆	112	160.75	中非	10	35.60
比利时	10 680	160.59	瑞士	151	35.14
苏丹	241	159.93	索马里	28	31.97
科威特	317	159.40	立陶宛	2 251	29.81
新西兰	827	152.26	伯利兹	26	27.53
保加利亚	302	151.36	塞浦路斯	38	25.73
老挝	109	146.84	牙买加	21	25.60
吉尔吉斯斯坦	488	144.53	波多黎各	78	25.37
黎巴嫩	3 317	136.96	丹麦	11 827	23.55
委内瑞拉	648	136.93	圭亚那	40	23.43
巴拿马	365	136.73	布隆迪	30	21.71
哥斯达黎加	83	129.55	北马其顿	32	17.93
巴拉圭	714	122.25	尼加拉瓜	66	17.79
爱尔兰	3 382	121.24	大洋洲其他国家（地区）	4	17.11
乌拉圭	2 051	119.31	加蓬	16	16.97
毛里塔尼亚	281	119.03	马尔代夫	43	16.94
特立尼达和多巴哥	52	118.20	马拉维	19	14.73
奥地利	4 691	114.94	马达加斯加	2 134	13.53
赞比亚	76	114.78	塞拉利昂	18	12.99
阿尔巴尼亚	145	102.92	贝宁	65	12.27
爱沙尼亚	489	97.08	挪威	154	12.22
萨尔瓦多	60	95.25	马里	94	11.73
亚美尼亚	46	85.74	波斯尼亚和黑塞哥维那	19	11.45
巴勒斯坦	167	83.49	苏里南	20	11.27
阿塞拜疆	65	81.51	博茨瓦纳	8	10.18
津巴布韦	123	78.43	古巴	8	10.05
瑞典	7 212	71.21	刚果共和国	17	9.95
塔吉克斯坦	121	68.93	布基纳法索	16	9.82
巴林	45	68.03	纳米比亚	12	9.22
塞内加尔	525	67.08	芬兰	615	8.06

(续)

出口目的地	出口量/台	出口额/万美元	出口目的地	出口量/台	出口额/万美元
其他橡胶或塑料及其产品的加工机器（84778000）					
斐济	28	7.88	萨摩亚	5	1.37
阿富汗	66	7.26	冈比亚	1	0.65
文莱	13	6.30	巴巴多斯	1	0.57
卢森堡	2	5.23	圣卢西亚	1	0.31
佛得角	1	4.46	留尼汪	55	0.27
新喀里多尼亚	1	4.43	欧洲其他国家（地区）	1	0.25
几内亚比绍	6	3.92	法属波利尼西亚	1	0.22
海地	5	2.84	阿鲁巴	3	0.19
东帝汶	2	2.79	巴哈马	1	0.17
利比里亚	110	2.75	摩纳哥	1	0.12
安提瓜和巴布达	4	2.56	不丹	1	0.12
莱索托	1	2.41	南苏丹	1	0.11
库拉索	2	2.38	斯威士兰	1	0.08
黑山	2	1.89	巴布亚新几内亚	2	0.08
冰岛	2	1.86	瓦努阿图	15	0.08
尼日尔	5	1.79	科摩罗	1	0.07
中国澳门	8	1.52	塞舌尔	1	0.03
用塑料或橡胶材料的增材制造设备（84852000）					
合计	**1 855 089**	**50 617.63**	捷克	18 409	359.41
美国	798 400	20 944.18	中国台湾	5 069	304.68
德国	186 812	4 966.51	南非	10 688	270.94
荷兰	56 745	2 497.17	阿联酋	2 913	261.95
英国	64 814	1 637.75	智利	10 772	248.82
澳大利亚	45 072	1 596.77	泰国	3 053	223.23
日本	36 580	1 559.44	意大利	5 060	211.46
加拿大	59 518	1 489.42	越南	22 087	197.93
以色列	8 294	1 477.75	印度尼西亚	4 671	182.58
波兰	84 394	1 347.00	新加坡	3 426	167.46
俄罗斯	43 338	1 250.84	哈萨克斯坦	8 973	166.30
瑞典	35 718	1 047.26	西班牙	12 566	156.48
奥地利	35 995	939.69	斯洛文尼亚	5 003	131.17
巴西	43 348	836.34	哥伦比亚	5 567	122.15
中国香港	9 538	772.46	马来西亚	2 004	113.45
比利时	44 799	752.72	新西兰	2 265	91.50
韩国	10 823	714.47	丹麦	5 971	86.31
阿根廷	33 509	607.51	沙特阿拉伯	8 827	80.99
法国	16 812	475.86	秘鲁	2 960	78.54
土耳其	14 629	466.85	瑞士	2 009	70.64
印度	25 922	422.01	乌拉圭	3 583	63.46
墨西哥	9 136	386.58	巴拉圭	2 948	60.58

（续）

出口目的地	出口量/台	出口额/万美元	出口目的地	出口量/台	出口额/万美元
用塑料或橡胶材料的增材制造设备（84852000）					
吉尔吉斯斯坦	3 058	55.97	蒙古	120	3.54
阿塞拜疆	1 089	50.26	巴拿马	91	3.24
罗马尼亚	2 317	43.27	格鲁吉亚	27	2.88
挪威	1 570	42.62	文莱	86	2.86
白俄罗斯	2 303	40.60	伊朗	158	2.69
菲律宾	9 344	36.54	摩尔多瓦	36	2.45
希腊	3 283	36.10	刚果共和国	124	2.25
厄瓜多尔	1 241	35.75	洪都拉斯	5	2.14
匈牙利	4 304	34.23	毛里求斯	71	2.04
摩洛哥	395	27.31	立陶宛	77	1.99
阿尔及利亚	201	24.61	波多黎各	65	1.92
玻利维亚	1 381	24.25	冈比亚	24	1.60
塞尔维亚	621	21.66	孟加拉国	5	1.50
乌克兰	1 057	21.12	巴林	6	1.42
危地马拉	708	18.79	坦桑尼亚	16	1.36
葡萄牙	239	18.30	老挝	1 193	1.29
埃及	203	16.36	肯尼亚	20	1.28
科威特	486	15.73	尼日利亚	8	1.26
乌兹别克斯坦	915	14.62	阿尔巴尼亚	27	1.08
卢森堡	53	12.65	塞浦路斯	10	0.98
哥斯达黎加	262	10.12	津巴布韦	3	0.96
卡塔尔	199	9.67	中国澳门	21	0.90
保加利亚	120	8.60	利比亚	26	0.78
黎巴嫩	344	8.28	斯里兰卡	11	0.77
克罗地亚	248	8.16	也门	9	0.61
拉脱维亚	306	7.74	特立尼达和多巴哥	25	0.57
留尼汪	291	7.73	多米尼加	5	0.54
尼泊尔	204	7.58	萨尔瓦多	52	0.54
阿曼	184	7.39	博茨瓦纳	3	0.53
约旦	176	7.30	冰岛	6	0.50
爱尔兰	117	7.20	莫桑比克	1	0.43
芬兰	5	6.78	大洋洲其他国家（地区）	1	0.42
突尼斯	109	6.71	土库曼斯坦	11	0.25
伊拉克	136	6.16	多哥	1	0.25
缅甸	85	5.99	刚果民主共和国	1	0.24
巴基斯坦	22	5.80	马耳他	2	0.22
柬埔寨	1 776	4.32	亚美尼亚	2	0.22
斯洛伐克	147	4.22	埃塞俄比亚	4	0.22
斐济	6	4.08	加纳	3	0.16
爱沙尼亚	183	3.98	塔吉克斯坦	1	0.16

（续）

出口目的地	出口量/台	出口额/万美元	出口目的地	出口量/台	出口额/万美元
用塑料或橡胶材料的增材制造设备（84852000）					
安哥拉	2	0.15	开曼群岛	1	0.07
北马其顿	2	0.15	瓦努阿图	1	0.07
列支敦士登	1	0.14	马尔代夫	2	0.06
新喀里多尼亚	1	0.12	古巴	2	0.05
尼加拉瓜	1	0.11	乌干达	1	0.05
巴布亚新几内亚	1	0.10	瓦利斯和富图纳	1	0.04
苏丹	1	0.09	黑山	1	0.03
萨摩亚	1	0.08	布基纳法索	1	0.02
几内亚	1	0.08	卢旺达	1	0.02
委内瑞拉	2	0.07			

2022 年中国塑料机械零件出口情况

出口目的地	出口量/kg	出口额/万美元	出口目的地	出口量/kg	出口额/万美元
品目 8477 所列机器的零件（84779000）					
合计	**233 609 005**	**125 049.71**	新加坡	509 342	1 089.92
日本	42 504 339	16 570.13	尼日利亚	1 636 310	1 087.56
美国	12 552 098	10 273.69	法国	592 612	1 012.66
印度	26 369 903	10 241.17	伊朗	1 440 836	1 012.15
加拿大	12 378 624	8 426.13	菲律宾	925 853	928.77
越南	9 084 196	7 471.78	南非	887 775	823.94
韩国	18 439 506	6 876.20	澳大利亚	754 988	818.41
德国	19 567 922	6 120.54	波兰	824 341	788.68
泰国	7 607 648	5 138.44	孟加拉国	714 194	784.12
意大利	5 554 898	4 548.36	中国香港	292 276	748.59
马来西亚	4 453 118	4 214.34	卢森堡	138 755	735.71
奥地利	20 441 376	3 415.27	巴基斯坦	1 063 803	711.94
印度尼西亚	3 793 510	3 315.45	沙特阿拉伯	1 185 967	708.41
中国台湾	10 895 193	3 108.16	阿联酋	797 510	699.79
墨西哥	3 428 827	2 721.69	西班牙	902 892	630.39
俄罗斯	1 579 200	1 911.69	阿尔及利亚	830 756	602.75
土耳其	2 993 340	1 706.85	英国	435 039	560.15
巴西	1 577 056	1 317.56	柬埔寨	380 592	526.33
埃及	1 682 667	1 281.85	坦桑尼亚	605 083	520.25

（续）

出口目的地	出口量/kg	出口额/万美元	出口目的地	出口量/kg	出口额/万美元
品目8477所列机器的零件（84779000）					
缅甸	604 229	431.88	新西兰	114 325	100.50
荷兰	203 127	426.16	尼泊尔	76 620	94.28
加纳	651 135	420.74	津巴布韦	64 348	86.43
哥伦比亚	435 164	404.10	葡萄牙	57 369	82.73
斯洛伐克	1 387 404	376.16	黎巴嫩	99 244	81.79
塞尔维亚	358 506	343.45	巴拿马	27 224	79.25
吉尔吉斯斯坦	198 097	339.22	刚果民主共和国	43 650	71.64
肯尼亚	462 454	338.84	马耳他	25 468	65.72
秘鲁	402 062	333.11	委内瑞拉	67 570	61.86
捷克	198 979	324.49	丹麦	22 764	60.90
斯里兰卡	293 820	312.31	老挝	57 439	55.40
乌兹别克斯坦	555 904	291.93	几内亚	38 280	53.41
阿根廷	229 987	290.61	喀麦隆	56 275	52.59
科特迪瓦	364 976	280.54	玻利维亚	21 892	51.61
比利时	198 664	279.80	叙利亚	66 080	50.78
安哥拉	555 731	276.56	斯洛文尼亚	32 459	50.41
吉布提	346 499	274.11	瑞典	39 333	50.13
伊拉克	538 442	266.85	阿塞拜疆	88 764	50.08
摩洛哥	133 078	253.87	利比亚	87 998	48.28
以色列	164 659	253.85	希腊	38 926	47.47
多米尼加	218 300	233.35	塞内加尔	61 979	47.24
智利	175 684	228.83	芬兰	18 483	45.31
罗马尼亚	103 500	202.44	卡塔尔	22 876	44.58
哈萨克斯坦	250 062	188.92	保加利亚	44 063	43.90
莫桑比克	285 243	188.56	赞比亚	59 197	43.53
也门	168 292	162.69	爱尔兰	48 823	40.52
苏丹	177 491	160.39	阿曼	16 671	36.24
埃塞俄比亚	135 234	156.80	巴拉圭	42 900	36.01
塔吉克斯坦	108 829	151.13	萨尔瓦多	44 865	31.23
厄瓜多尔	134 850	137.78	塞浦路斯	15 319	29.20
多哥	149 993	127.97	蒙古	8 682	27.65
瑞士	885 116	124.70	哥斯达黎加	19 424	27.03
白俄罗斯	214 283	122.81	拉脱维亚	14 322	27.00
约旦	135 848	117.99	立陶宛	11 228	26.17
匈牙利	71 764	117.39	洪都拉斯	10 912	25.99
危地马拉	57 121	110.94	科威特	20 529	25.41
突尼斯	98 845	110.71	克罗地亚	20 732	25.20
乌干达	133 391	105.95	牙买加	4 007	24.78
乌克兰	81 579	105.18	马拉维	19 438	23.15

(续)

出口目的地	出口量/kg	出口额/万美元	出口目的地	出口量/kg	出口额/万美元
品目8477所列机器的零件（84779000）					
爱沙尼亚	8 719	20.78	波多黎各	461	2.41
马达加斯加	19 119	17.24	塞拉利昂	752	2.30
巴林	9 399	14.56	新喀里多尼亚	519	1.95
摩尔多瓦	4 676	13.38	布基纳法索	1 086	1.93
马里	4 032	13.28	东帝汶	442	1.75
纳米比亚	15 909	13.12	赤道几内亚	3 393	1.71
格鲁吉亚	13 269	12.43	海地	258	1.16
乌拉圭	15 193	11.71	毛里塔尼亚	1 338	1.05
索马里	19 728	11.05	博茨瓦纳	791	1.03
土库曼斯坦	18 666	9.96	布隆迪	2 598	0.90
巴勒斯坦	35 829	9.53	巴哈马	1 100	0.76
刚果共和国	10 106	8.94	中国澳门	52	0.75
特立尼达和多巴哥	6 219	8.82	古巴	470	0.67
亚美尼亚	10 927	8.40	多米尼克	140	0.49
卢旺达	6 579	8.32	法属波利尼西亚	43	0.47
斐济	6 982	7.90	利比里亚	82	0.41
伯利兹	4 850	7.42	贝宁	745	0.35
南苏丹	697	7.21	中非	6	0.22
圭亚那	7 557	7.06	所罗门群岛	436	0.21
阿富汗	6 374	6.64	几内亚比绍	93	0.14
巴布亚新几内亚	4 938	6.53	列支敦士登	17	0.14
阿尔巴尼亚	3 962	5.68	厄立特里亚	4	0.10
萨摩亚	4 250	5.07	斯威士兰	5	0.10
尼加拉瓜	5 986	4.92	博纳尔，圣俄斯塔休斯和萨巴	103	0.10
波斯尼亚和黑塞哥维那	2 658	4.50			
乍得	1 301	4.34	瓜德罗普	47	0.09
北马其顿	2 855	3.98	留尼汪	48	0.07
挪威	1 011	3.80	格陵兰	3	0.06
加蓬	1 533	3.58	佛得角	34	0.06
冈比亚	1 520	3.35	欧洲其他国家（地区）	22	0.06
马尔代夫	2 128	3.27	不丹	26	0.02
毛里求斯	2 650	3.21	法罗群岛	0	0.01
黑山	5 578	3.15	格林纳达	9	0.01
苏里南	4 278	2.86	圣基茨和尼维斯	22	0.01
文莱	1 615	2.45			

2022年中国塑料机械整机进口情况

进口来源地	进口量/台	进口额/万美元	进口来源地	进口量/台	进口额/万美元
注塑机（84771010）					
合计	6 979	60 964.01	中国大陆	183	484.43
日本	5 524	41 756.38	泰国	59	385.02
德国	481	6 673.58	西班牙	22	65.02
韩国	250	3 654.57	匈牙利	4	26.55
加拿大	21	2 684.29	荷兰	4	21.46
中国台湾	305	1 967.53	斯洛伐克	3	20.66
瑞士	28	1 322.63	美国	22	19.22
奥地利	45	1 029.10	法国	3	14.21
意大利	18	829.04	墨西哥	7	10.32
其他注射机（84771090）					
合计	166	2 271.82	印度	12	92.62
德国	33	572.68	加拿大	4	37.98
日本	38	526.33	澳大利亚	1	32.09
意大利	21	424.62	荷兰	2	20.30
中国台湾	35	276.03	中国大陆	5	11.88
法国	4	156.50	美国	5	5.12
奥地利	5	114.43	英国	1	1.26
其他挤出机（84772090）					
合计	1 095	278 599.41	斯洛伐克	1	1 569.27
德国	334	161 301.75	中国大陆	21	848.84
日本	124	56 378.07	泰国	9	631.02
中国台湾	91	12 068.40	印度	6	576.57
韩国	21	11 866.80	西班牙	4	531.83
奥地利	22	6 685.12	波多黎各	2	310.71
意大利	42	6 266.29	法国	1	142.61
芬兰	32	5 927.46	匈牙利	1	81.60
美国	18	4 579.50	波兰	1	47.28
瑞士	12	2 943.75	以色列	2	7.75
加拿大	164	2 158.18	越南	1	5.13
荷兰	5	1 972.47	瑞典	110	4.14
英国	71	1 694.86			
塑料造粒机（84772010）					
合计	247	22 519.26	德国	96	8 089.97
日本	68	10 303.48	奥地利	38	2 310.07

(续)

进口来源地	进口量/台	进口额/万美元	进口来源地	进口量/台	进口额/万美元
塑料造粒机（84772010）					
美国	11	1 066.22	泰国	2	24.92
中国台湾	10	434.03	新加坡	2	11.26
瑞士	1	174.92	意大利	2	10.82
韩国	6	60.51	中国香港	1	5.87
中国大陆	9	26.48	英国	1	0.71
挤出吹塑机（84773010）					
合计	**64**	**6 379.48**	日本	3	350.10
德国	27	4 116.96	瑞士	2	182.89
加拿大	3	579.65	泰国	4	92.41
中国台湾	15	562.11	韩国	4	88.46
意大利	4	396.96	中国大陆	2	9.95
注射吹塑机（84773020）					
合计	**83**	**2 373.49**	德国	8	366.67
日本	32	1 033.99	中国台湾	9	218.23
印度	33	702.90	意大利	1	51.69
其他吹塑机（84773090）					
合计	**57**	**6 200.65**	意大利	3	176.94
德国	39	5 127.43	印度	5	157.78
法国	2	421.68	中国台湾	5	67.09
日本	2	229.44	泰国	1	20.29
塑料中空成型机（84774010）					
合计	**52**	**956.29**	德国	4	34.13
中国台湾	24	542.87	韩国	1	22.38
意大利	2	253.52	丹麦	16	5.98
日本	3	96.69	英国	2	0.71
塑料压延成型机（84774020）					
合计	**72**	**1 254.62**	西班牙	2	62.00
中国台湾	9	439.31	瑞典	17	19.63
意大利	11	371.81	荷兰	1	5.02
德国	8	155.48	日本	2	2.27
美国	9	121.91	中国香港	1	0.89
马来西亚	11	75.48	法国	1	0.81
其他真空模塑机及其他热成型机器（84774090）					
合计	**680**	**47 098.71**	瑞士	15	111.53
日本	110	20 393.09	荷兰	2	87.19
德国	164	16 755.87	奥地利	4	70.64
韩国	23	4 920.53	中国大陆	16	37.13
中国台湾	138	1 815.44	马来西亚	5	33.97
美国	171	1 722.55	英国	10	4.46
意大利	12	961.97	越南	2	3.25
加拿大	2	177.31	挪威	1	1.89

(续)

（续）

进口来源地	进口量/台	进口额/万美元	进口来源地	进口量/台	进口额/万美元
其他真空模塑机及其他热成型机器（84774090）					
丹麦	1	0.95	中国香港	1	0.07
印度	1	0.61	孟加拉国	1	0.01
法国	1	0.24			
用于充气轮胎模塑或翻新的机器及内胎模塑或用其他方法成型的机器（84775100）					
合计	34	151.64	中国台湾	1	6.80
中国大陆	2	88.32	德国	25	5.47
日本	1	30.55	韩国	1	3.75
捷克	1	16.15	意大利	3	0.60
其他模塑或成型机器（84775900）					
合计	729	5 747.94	中国香港	2	21.19
意大利	63	2 714.40	西班牙	1	16.29
日本	65	891.32	韩国	14	15.12
中国台湾	363	805.20	以色列	1	13.69
德国	62	687.69	奥地利	16	12.62
瑞士	14	213.01	芬兰	1	5.10
美国	33	162.33	澳大利亚	6	4.79
法国	5	60.40	波兰	2	4.53
新加坡	10	57.30	英国	35	3.66
中国大陆	27	33.79	墨西哥	1	1.81
瑞典	5	23.43	捷克	3	0.27
其他橡胶或塑料及其产品的加工机器（84778000）					
合计	12 303	84 196.14	丹麦	47	66.25
日本	1 700	30 010.51	瑞典	62	50.64
德国	1 300	26 384.90	越南	450	23.19
奥地利	97	5 361.88	以色列	17	13.94
意大利	210	5 264.90	波兰	3	13.79
中国台湾	4 434	4 903.94	土耳其	6	12.91
韩国	243	3 103.06	印度	60	11.22
美国	754	2 236.87	俄罗斯	1	9.85
捷克	29	1 847.66	墨西哥	5	9.70
英国	99	1 634.80	卢森堡	1	8.93
瑞士	33	870.63	新西兰	1	8.66
泰国	47	607.40	比利时	3	6.23
法国	147	476.57	挪威	2	4.83
新加坡	35	293.52	巴西	1	2.41
荷兰	102	256.65	斯威士兰	1	1.33
中国大陆	2 261	214.86	加拿大	6	1.15
马来西亚	82	209.39	菲律宾	2	1.07
西班牙	19	125.53	中国香港	8	1.01
葡萄牙	1	78.22	匈牙利	2	0.13
澳大利亚	31	67.55	沙特阿拉伯	1	0.08

（续）

进口来源地	进口量/台	进口额/万美元	进口来源地	进口量/台	进口额/万美元
用塑料或橡胶材料的增材制造设备（84852000）					
合计	3 643	3 305.40	英国	3	9.93
美国	154	1 385.95	瑞典	2	9.01
德国	64	733.20	土耳其	4	3.26
以色列	64	528.49	匈牙利	48	3.12
中国大陆	1 747	195.28	西班牙	2	2.10
新加坡	23	171.32	捷克	17	1.77
中国台湾	1 296	83.57	波兰	3	0.97
荷兰	140	55.05	日本	1	0.26
澳大利亚	28	45.09	葡萄牙	1	0.17
卢森堡	26	24.82	中国香港	1	0.09
奥地利	2	23.15	加拿大	1	0.08
丹麦	1	14.82	泰国	1	0.03
韩国	14	13.88			

2022年中国塑料机械零件进口情况

进口来源地	进口量/kg	进口额/万美元	进口来源地	进口量/kg	进口额/万美元
品目8477所列机器的零件（84779000）					
合计	7 399 663	35 068.13	印度	25 564	166.81
德国	2 765 433	13 169.41	比利时	1 315	110.78
日本	1 516 741	6 598.10	西班牙	5 992	107.09
美国	228 432	2 743.18	越南	33 972	105.90
法国	388 120	2 128.70	捷克	20 558	104.11
意大利	267 109	1 687.68	英国	19 064	99.10
中国台湾	820 885	1 643.86	卢森堡	4 456	79.16
奥地利	374 526	1 569.28	斯洛伐克	24 887	74.61
荷兰	201 213	1 194.93	瑞典	3 997	72.87
韩国	297 362	1 151.34	丹麦	1 059	35.79
瑞士	88 743	639.09	中国香港	2 069	34.34
泰国	65 428	449.49	墨西哥	2 783	34.02
加拿大	56 607	427.72	土耳其	5 321	23.33
中国大陆	131 660	273.40	匈牙利	858	22.89
新加坡	12 417	193.01	马来西亚	5 314	17.47

进口来源地	进口量/kg	进口额/万美元	进口来源地	进口量/kg	进口额/万美元
品目8477所列机器的零件（84779000）					
希腊	7 967	15.44	俄罗斯	16	0.43
葡萄牙	2 041	15.33	伊朗	93	0.34
波兰	2 825	12.91	保加利亚	61	0.29
印度尼西亚	1 450	10.44	危地马拉	100	0.24
克罗地亚	688	9.31	列支敦士登	1	0.18
澳大利亚	682	8.84	智利	5	0.10
芬兰	319	8.06	大洋洲其他国家（地区）	2	0.07
罗马尼亚	1 061	5.96	阿联酋	7 100	0.07
国家（地区）不明	135	5.88	北马其顿	—	0.04
以色列	1 454	5.49	巴基斯坦	70	0.03
塞尔维亚	426	3.29	孟加拉国	204	0.01
巴西	180	2.47	新西兰	—	0.01
爱尔兰	670	2.19	柬埔寨	9	0.01
挪威	120	1.87	突尼斯	—	16美元
菲律宾	12	0.76	哥伦比亚	1	4美元
斯洛文尼亚	86	0.61			

2023年中国塑料机械整机出口情况

出口目的地	出口量/台	出口额/万美元	出口目的地	出口量/台	出口额/万美元
注塑机（84771010）					
合计	**62 987**	**171 424.67**	马来西亚	1 179	3 497.99
土耳其	3 289	14 567.78	韩国	560	3 419.83
越南	3 988	12 672.73	乌兹别克斯坦	1 382	3 314.73
印度	4 010	12 611.32	德国	440	3 093.93
墨西哥	1 620	12 583.92	埃及	6 566	2 891.34
俄罗斯	2 240	10 496.83	尼日利亚	8 325	2 582.51
印度尼西亚	2 201	8 828.60	南非	321	2 486.39
巴西	1 636	7 137.81	意大利	336	2 401.40
泰国	1 476	6 020.85	菲律宾	751	2 357.90
美国	830	5 326.28	沙特阿拉伯	3 791	2 052.45
伊朗	1 224	4 063.86	日本	423	1 934.50
阿联酋	1 550	4 008.70	新加坡	242	1 889.35
阿尔及利亚	1 118	3 674.30	孟加拉国	528	1 880.01

(续)

出口目的地	出口量/台	出口额/万美元	出口目的地	出口量/台	出口额/万美元
注塑机（84771010）					
巴基斯坦	2 256	1 613.90	加纳	236	275.39
波兰	250	1 526.74	安哥拉	215	255.61
阿根廷	278	1 445.62	乌克兰	113	235.59
哥伦比亚	304	1 427.55	新西兰	18	235.36
柬埔寨	369	1 363.84	匈牙利	28	231.89
中国台湾	387	1 299.56	保加利亚	43	222.09
卢森堡	30	1 235.04	厄瓜多尔	53	216.31
澳大利亚	112	1 230.22	斯洛文尼亚	21	211.30
西班牙	147	1 159.39	阿塞拜疆	37	210.80
捷克	110	1 001.40	塞内加尔	261	200.92
法国	112	899.72	赞比亚	104	191.91
塞尔维亚	102	767.56	乌干达	53	184.43
肯尼亚	237	765.60	苏丹	39	176.76
秘鲁	176	717.99	蒙古	7	163.11
埃塞俄比亚	360	706.27	荷兰	42	158.78
伊拉克	318	672.49	阿曼	30	152.23
英国	102	657.19	巴拉圭	25	151.05
摩洛哥	144	621.51	洪都拉斯	26	150.97
科特迪瓦	128	599.37	阿富汗	211	145.34
约旦	131	566.41	刚果民主共和国	156	141.46
葡萄牙	64	535.32	多哥	37	141.06
危地马拉	100	521.26	智利	29	127.64
罗马尼亚	78	513.38	喀麦隆	222	120.47
以色列	58	505.21	几内亚	17	115.96
坦桑尼亚	414	481.54	萨尔瓦多	31	112.45
白俄罗斯	132	478.71	塔吉克斯坦	29	107.86
吉尔吉斯斯坦	191	452.93	尼加拉瓜	13	106.85
中国香港	134	417.83	津巴布韦	21	104.83
希腊	55	416.15	拉脱维亚	14	101.35
哈萨克斯坦	125	415.57	土库曼斯坦	15	100.76
加拿大	42	412.77	北马其顿	9	93.95
突尼斯	91	408.40	亚美尼亚	23	93.19
缅甸	351	404.04	瑞典	8	92.34
多米尼加	74	394.47	东帝汶	2	91.75
吉布提	101	386.99	牙买加	8	88.26
委内瑞拉	58	342.12	克罗地亚	22	87.92
黎巴嫩	103	341.91	叙利亚	19	77.43
莫桑比克	176	284.93	斯洛伐克	1 791	76.23
奥地利	28	284.16	利比亚	25	75.38
斯里兰卡	70	280.90	刚果共和国	14	71.07

(续)

出口目的地	出口量/台	出口额/万美元	出口目的地	出口量/台	出口额/万美元
注塑机（84771010）					
巴拿马	6	70.34	加蓬	5	17.60
古巴	13	64.15	乍得	4	17.05
比利时	11	61.83	马耳他	4	16.60
哥斯达黎加	19	61.13	阿尔巴尼亚	10	16.36
玻利维亚	14	60.68	特立尼达和多巴哥	3	15.28
科威特	12	57.52	冈比亚	1	15.19
马拉维	17	54.33	卡塔尔	3	13.86
立陶宛	10	49.95	布基纳法索	5	13.00
贝宁	16	45.31	波斯尼亚和黑塞哥维那	5	11.09
马里	4	39.73	海地	3	9.86
芬兰	6	37.73	开曼群岛	2	8.97
乌拉圭	9	37.66	丹麦	37	6.39
尼泊尔	10	37.60	摩尔多瓦	1	4.86
纳米比亚	33	35.03	不丹	1	4.76
老挝	5	31.05	毛里求斯	2	4.56
马达加斯加	23	29.30	马提尼克	4	3.54
格鲁吉亚	40	28.32	斐济	1	3.45
卢旺达	17	27.02	毛里塔尼亚	1	2.48
波多黎各	1	25.95	瑞士	1	2.27
也门	7	25.15	圣卢西亚	1	2.20
巴勒斯坦	9	24.76	爱沙尼亚	1	1.51
爱尔兰	6	20.55	留尼汪	1	0.63
几内亚比绍	2	19.99	塞拉利昂	1	0.63
塞浦路斯	5	19.09	圭亚那	1	0.11
布隆迪	3	18.96			
其他注射机（84771090）					
合计	**35 910**	**4 738.31**	阿联酋	32	103.84
越南	1 543	853.77	土耳其	23	98.19
墨西哥	66	371.54	韩国	700	96.55
美国	523	301.02	新加坡	5 390	83.98
俄罗斯	44	280.53	孟加拉国	35	61.11
马来西亚	12 700	270.72	巴基斯坦	25	58.98
印度尼西亚	76	258.02	西班牙	5	45.69
印度	203	247.35	科特迪瓦	9	38.72
中国台湾	30	210.55	坦桑尼亚	187	37.17
阿尔及利亚	56	135.55	乌干达	8	37.15
波兰	24	132.70	肯尼亚	8	37.11
泰国	99	127.96	意大利	37	35.00
德国	110	120.79	伊拉克	3	34.44
巴西	22	104.10	菲律宾	16	32.56

(续)

出口目的地	出口量/台	出口额/万美元	出口目的地	出口量/台	出口额/万美元
其他注射机（84771090）					
塔吉克斯坦	1	29.10	约旦	2	5.59
奥地利	5	28.39	突尼斯	2	5.11
秘鲁	7	26.62	塞内加尔	2	3.92
南非	4	26.54	古巴	1	3.46
斯洛伐克	6	25.83	利比亚	1	3.29
卡塔尔	6	24.16	哈萨克斯坦	3	3.15
缅甸	5	24.04	尼泊尔	2	2.97
柬埔寨	185	23.17	多米尼加	1	2.79
莫桑比克	154	21.51	委内瑞拉	2	2.65
伊朗	12	18.95	加拿大	17	1.86
安哥拉	2	18.60	英国	430	1.55
尼日利亚	8	18.17	乌兹别克斯坦	1	1.50
巴拿马	1	17.82	马拉维	1	0.38
匈牙利	5	16.14	津巴布韦	1	0.32
哥伦比亚	4	15.31	智利	2	0.28
捷克	1	14.38	新西兰	146	0.24
摩洛哥	7	14.16	埃塞俄比亚	135	0.18
澳大利亚	5 363	13.99	中国澳门	17	0.17
希腊	2	13.50	荷兰	15	0.09
阿根廷	3	12.48	巴哈马	10	0.08
喀麦隆	7	11.41	以色列	2	0.08
埃及	2	10.78	法国	24	0.06
中国香港	5 434	10.71	比利时	21	0.04
吉尔吉斯斯坦	137	10.40	塞尔维亚	4	0.02
罗马尼亚	2	9.80	爱尔兰	1	97美元
日本	199	7.78	库克群岛	1	43美元
尼日尔	2	7.41	丹麦	2	5美元
多哥	2	6.40	科威特	1	3美元
沙特阿拉伯	1 523	5.90			
塑料造粒机（84772010）					
合计	**123 886**	**18 931.08**	美国	138	454.60
俄罗斯	507	2 198.70	泰国	6 370	443.92
越南	513	1 892.30	巴西	87	402.44
印度	300	1 740.80	尼日利亚	3 929	351.45
日本	208	1 019.47	阿根廷	152	308.80
土耳其	7 118	921.74	沙特阿拉伯	269	302.84
阿联酋	1 012	713.97	韩国	130	299.83
马来西亚	254	647.36	伊朗	6 482	272.65
埃及	21 824	632.23	法国	19	262.62
墨西哥	2 315	586.17	南非	20 178	260.80
印度尼西亚	217	561.53	乌兹别克斯坦	106	213.76

（续）

出口目的地	出口量／台	出口额／万美元	出口目的地	出口量／台	出口额／万美元
塑料造粒机（84772010）					
阿尔及利亚	609	211.53	莫桑比克	40	33.50
肯尼亚	9 188	206.20	塞内加尔	99	32.05
菲律宾	2 439	195.41	安哥拉	27	31.86
波兰	33	187.94	以色列	6 921	31.44
中国台湾	54	166.63	斯里兰卡	95	30.73
意大利	10	128.39	白俄罗斯	42	28.90
智利	26	124.88	希腊	196	28.76
哈萨克斯坦	133	111.65	玻利维亚	11	26.78
埃塞俄比亚	554	103.39	斯洛文尼亚	4	26.78
哥伦比亚	549	102.51	保加利亚	9	26.66
伊拉克	699	102.46	斯洛伐克	2	25.89
孟加拉国	5 965	100.40	匈牙利	5	25.83
英国	14	98.88	也门	61	25.77
坦桑尼亚	510	98.41	葡萄牙	5	25.26
厄瓜多尔	20	98.09	比利时	1	25.08
突尼斯	23	95.72	喀麦隆	139	23.77
秘鲁	23	94.15	乌克兰	13	21.43
柬埔寨	31	91.96	巴拉圭	8	20.99
德国	1 481	89.76	缅甸	8 693	20.39
巴基斯坦	824	74.56	阿塞拜疆	4	20.00
约旦	53	67.59	爱沙尼亚	1	19.60
加纳	67	67.23	荷兰	3	19.53
多米尼加	105	64.32	北马其顿	1	19.50
澳大利亚	18	63.75	克罗地亚	6	19.25
西班牙	9	62.42	津巴布韦	12	17.92
加拿大	9	61.96	阿曼	60	17.62
危地马拉	20	54.48	乌拉圭	5	17.06
摩洛哥	62	53.52	塞尔维亚	5	16.10
新加坡	76	52.44	捷克	2	15.18
利比亚	15	50.92	哥斯达黎加	9	15.10
吉尔吉斯斯坦	104	49.06	丹麦	2	14.42
卡塔尔	5	46.90	科威特	9	13.45
拉脱维亚	2	45.03	毛里求斯	4	12.78
乌干达	42	43.36	塔吉克斯坦	8	12.75
吉布提	63	41.31	萨尔瓦多	2	12.21
土库曼斯坦	2 958	40.52	马里	3	12.20
科特迪瓦	495	39.95	委内瑞拉	7	12.01
赞比亚	12	38.63	阿尔巴尼亚	3	10.71
多哥	2 991	37.34	中国香港	14	10.60
罗马尼亚	622	33.75	格鲁吉亚	19	9.97

(续)

出口目的地	出口量/台	出口额/万美元	出口目的地	出口量/台	出口额/万美元
塑料造粒机（84772010）					
阿富汗	3	9.88	立陶宛	1	2.09
苏丹	6	9.71	几内亚	4	2.03
亚美尼亚	4	9.58	索马里	10	1.95
刚果民主共和国	26	7.53	叙利亚	18	1.58
洪都拉斯	2	7.15	摩尔多瓦	1	1.55
尼泊尔	2	6.45	布基纳法索	4	1.48
黎巴嫩	4	6.31	波斯尼亚和黑塞哥维那	1	0.83
卢旺达	2	4.99	布隆迪	1	0.75
尼加拉瓜	2	4.91	贝宁	1 127	0.74
巴林	3	4.49	圣卢西亚	4	0.63
马拉维	2	4.49	马达加斯加	8	0.59
巴拿马	310	4.16	伯利兹	1	0.58
黑山	1	4.09	巴勒斯坦	2	0.54
老挝	3	3.75	新喀里多尼亚	50	0.25
苏里南	2 640	3.25	东帝汶	4	0.22
蒙古	6	3.20	纳米比亚	1	0.13
博茨瓦纳	1	3.02	新西兰	1	0.12
毛里塔尼亚	40	2.87			
其他挤出机（84772090）					
合计	**29 383**	**57 023.19**	菲律宾	814	658.64
越南	1 230	6 457.02	孟加拉国	551	621.58
印度	3 618	4 823.77	南非	305	517.32
俄罗斯	762	4 607.19	伊朗	173	512.51
墨西哥	335	2 644.23	尼日利亚	477	511.08
印度尼西亚	602	2 634.33	加拿大	40	499.47
泰国	405	2 614.53	日本	402	478.64
美国	2 071	2 518.49	坦桑尼亚	129	423.18
巴西	205	1 948.86	埃塞俄比亚	128	423.16
土耳其	338	1 925.40	肯尼亚	290	408.37
马来西亚	248	1 545.76	巴基斯坦	97	405.89
埃及	449	1 494.99	阿根廷	394	368.88
阿联酋	1 795	1 142.71	德国	247	366.54
乌兹别克斯坦	1 877	1 116.96	中国台湾	103	361.72
阿尔及利亚	337	1 061.42	澳大利亚	169	352.27
波兰	156	994.07	瑞士	5	286.96
柬埔寨	133	982.59	乌克兰	54	286.88
沙特阿拉伯	365	945.19	安哥拉	69	274.65
韩国	2 591	931.17	英国	241	263.07
塞尔维亚	26	928.77	斯里兰卡	31	251.17
哈萨克斯坦	144	847.81	摩洛哥	45	249.63

（续）

出口目的地	出口量/台	出口额/万美元	出口目的地	出口量/台	出口额/万美元
其他挤出机（84772090）					
新加坡	28	248.61	贝宁	7	55.25
秘鲁	234	246.45	奥地利	14	51.90
土库曼斯坦	20	227.68	洪都拉斯	15	51.80
哥伦比亚	88	224.72	布基纳法索	8	45.32
罗马尼亚	33	200.16	斯洛伐克	8	44.35
伊拉克	60	198.50	苏丹	43	44.27
意大利	28	188.76	塞内加尔	42	43.53
加纳	98	186.05	巴哈马	3	42.97
白俄罗斯	281	175.42	格鲁吉亚	21	41.69
瑞典	6	162.08	玻利维亚	11	41.11
多米尼加	79	154.59	新西兰	5	39.67
比利时	809	154.53	喀麦隆	54	38.33
以色列	43	149.12	尼泊尔	9	35.06
阿塞拜疆	3 173	145.39	老挝	17	34.45
阿曼	22	142.80	卢旺达	4	33.14
厄瓜多尔	24	135.54	纳米比亚	1	30.35
吉尔吉斯斯坦	53	125.04	津巴布韦	12	30.07
约旦	33	124.74	克罗地亚	9	29.52
西班牙	42	120.55	匈牙利	6	29.30
智利	38	113.93	爱尔兰	2	28.11
赞比亚	20	102.25	委内瑞拉	18	27.95
塔吉克斯坦	12	97.62	巴林	3	26.96
也门	30	95.34	蒙古	28	26.50
中国香港	15	92.21	巴勒斯坦	5	26.23
亚美尼亚	30	90.31	刚果民主共和国	114	25.92
特立尼达和多巴哥	9	85.60	北马其顿	6	24.90
希腊	35	84.96	多哥	21	24.52
乌干达	17	83.30	爱沙尼亚	6	23.50
利比亚	49	81.19	阿尔巴尼亚	4	20.03
吉布提	172	76.26	芬兰	5	19.39
卡塔尔	10	74.36	哥斯达黎加	8	17.88
黎巴嫩	13	73.14	立陶宛	15	17.70
斯洛文尼亚	17	69.68	伯利兹	2	17.44
缅甸	30	66.64	卢森堡	1	17.42
突尼斯	20	64.99	乌拉圭	2	16.74
毛里塔尼亚	4	64.89	圭亚那	4	15.76
莫桑比克	17	63.81	博茨瓦纳	1	15.22
法国	15	58.76	毛里求斯	1	14.28
科特迪瓦	41	55.91	拉脱维亚	7	12.86
危地马拉	9	55.33	荷兰	529	12.58

(续)

出口目的地	出口量/台	出口额/万美元	出口目的地	出口量/台	出口额/万美元
其他挤出机（84772090）					
马达加斯加	6	12.24	刚果共和国	3	6.39
阿富汗	4	11.76	捷克	5	6.27
萨尔瓦多	11	11.18	丹麦	8	4.98
巴拿马	3	11.15	加蓬	9	4.64
巴拉圭	4	10.02	冰岛	1	3.97
波斯尼亚和黑塞哥维那	3	9.81	葡萄牙	1	3.69
马拉维	11	8.87	马耳他	1	3.24
摩尔多瓦	3	8.85	马尔代夫	6	2.94
挪威	1	8.74	塞浦路斯	1	2.40
索马里	1	8.33	塞拉利昂	1	2.03
东帝汶	4	8.04	瓦努阿图	2	1.71
科威特	1	7.85	海地	1	0.75
几内亚	5	7.14	马里	1	0.50
保加利亚	5	6.88	牙买加	1	0.08
苏里南	1	6.69			
挤出吹塑机（84773010）					
合计	**26 009**	**12 639.06**	伊拉克	825	128.30
俄罗斯	160	1 112.67	澳大利亚	7	123.54
印度	64	928.27	罗马尼亚	16	113.20
越南	257	867.79	摩洛哥	32	109.72
墨西哥	214	768.58	波兰	31	107.32
印度尼西亚	101	738.55	突尼斯	4	104.20
阿联酋	4 002	466.71	匈牙利	8	101.67
泰国	128	426.48	埃塞俄比亚	83	97.64
阿尔及利亚	134	372.53	阿根廷	13	97.39
乌兹别克斯坦	91	352.04	伊朗	77	95.06
美国	59	343.44	多米尼加	25	93.05
土耳其	39	322.45	加纳	97	91.32
菲律宾	2 289	303.84	利比里亚	2	89.51
沙特阿拉伯	196	289.88	秘鲁	15	79.34
孟加拉国	49	233.63	南非	154	77.49
尼日利亚	71	229.48	乌克兰	8	75.15
巴西	1 773	227.74	智利	196	74.26
埃及	81	195.10	津巴布韦	15	72.63
安哥拉	14	172.64	约旦	40	66.12
韩国	11	168.99	苏丹	54	65.55
马来西亚	64	151.97	日本	6	63.47
坦桑尼亚	13	141.12	德国	6	63.31
哈萨克斯坦	5 067	137.46	肯尼亚	951	62.36
哥伦比亚	23	130.36	厄瓜多尔	16	60.03

(续)

出口目的地	出口量/台	出口额/万美元	出口目的地	出口量/台	出口额/万美元
挤出吹塑机（84773010）					
也门	170	54.94	阿塞拜疆	11	12.40
巴基斯坦	106	52.47	利比亚	13	12.27
吉尔吉斯斯坦	35	47.25	加拿大	2	12.23
立陶宛	14	46.69	刚果民主共和国	8	12.20
巴拿马	5	46.54	波斯尼亚和黑塞哥维那	2	12.04
白俄罗斯	13	44.11	洪都拉斯	3	11.91
缅甸	32	43.61	塞内加尔	6	11.01
马达加斯加	8	43.16	斯洛文尼亚	7	10.97
保加利亚	47	42.48	莫桑比克	20	10.59
巴拉圭	6	41.67	斐济	1	9.87
斯里兰卡	17	41.48	尼加拉瓜	2	9.11
柬埔寨	24	41.07	巴勒斯坦	4	8.62
乌干达	12	39.72	意大利	4	8.40
委内瑞拉	37	38.82	赞比亚	4	8.13
黎巴嫩	7 362	37.83	格鲁吉亚	10	7.39
几内亚	39	37.78	以色列	3	6.80
科特迪瓦	15	36.40	亚美尼亚	2	6.69
荷兰	4	35.46	中国台湾	3	5.91
吉布提	77	31.98	加蓬	1	5.69
卢旺达	1	30.77	布基纳法索	2	5.67
萨尔瓦多	9	28.44	索马里	3	5.58
爱尔兰	1	22.50	克罗地亚	3	5.23
喀麦隆	5	21.84	博茨瓦纳	30	5.10
塞尔维亚	2	21.77	阿曼	2	4.87
新加坡	3	21.68	巴林	1	4.77
多哥	57	20.80	马拉维	2	4.60
危地马拉	5	20.22	圭亚那	3	4.53
哥斯达黎加	3	17.62	蒙古	11	4.49
特立尼达和多巴哥	2	16.78	毛里求斯	3	4.17
土库曼斯坦	4	15.53	科威特	1	4.05
乍得	4	15.08	贝宁	4	3.58
卡塔尔	5	14.69	多米尼克	1	3.24
老挝	5	14.65	西班牙	2	2.99
乌拉圭	6	14.26	巴哈马	1	2.93
葡萄牙	5	14.23	汤加	1	2.86
塔吉克斯坦	32	14.06	圣文森特和格林纳丁斯	1	2.63
塞浦路斯	2	14.02	马里	1	1.90
牙买加	3	13.25	塞拉利昂	1	1.64
希腊	4	12.63	阿尔巴尼亚	51	1.62
玻利维亚	6	12.42	法国	1	1.56

(续)

出口目的地	出口量/台	出口额/万美元	出口目的地	出口量/台	出口额/万美元
挤出吹塑机（84773010）					
叙利亚	2	1.40	中国香港	1	0.25
南苏丹	1	1.36	瑞士	3	0.09
阿富汗	1	0.98	文莱	1	0.08
芬兰	1	0.75			
注射吹塑机（84773020）					
合计	**373**	**1 738.81**	白俄罗斯	3	11.65
印度	76	432.18	马来西亚	9	11.46
巴西	17	114.27	希腊	2	10.44
科特迪瓦	4	83.67	巴拉圭	2	10.22
印度尼西亚	19	74.54	英国	2	10.07
土耳其	17	73.41	巴基斯坦	3	9.84
越南	18	69.34	坦桑尼亚	1	9.74
埃塞俄比亚	8	63.68	蒙古	1	9.28
阿尔及利亚	17	57.62	乌兹别克斯坦	3	7.24
俄罗斯	9	51.52	洪都拉斯	2	7.14
泰国	8	50.98	智利	9	6.54
刚果民主共和国	5	48.99	玻利维亚	1	6.45
哥伦比亚	7	39.98	澳大利亚	2	6.24
墨西哥	11	39.97	赞比亚	1	5.00
中国台湾	3	31.31	沙特阿拉伯	1	4.72
美国	4	28.47	缅甸	18	4.55
南非	7	27.06	委内瑞拉	6	4.46
孟加拉国	6	25.59	乌干达	1	4.41
柬埔寨	2	25.03	阿联酋	1	4.32
肯尼亚	2	24.50	摩尔多瓦	1	3.34
阿根廷	2	20.40	牙买加	1	2.95
尼日利亚	4	20.33	安哥拉	2	1.43
德国	5	20.33	海地	1	1.31
埃及	9	19.94	叙利亚	4	1.20
波兰	2	19.74	多米尼加	1	0.90
摩洛哥	8	19.59	吉尔吉斯斯坦	1	0.85
法国	2	19.17	马拉维	1	0.85
多哥	2	18.92	约旦	1	0.68
菲律宾	6	18.04	西班牙	1	0.58
罗马尼亚	2	15.52	挪威	1	0.33
秘鲁	1	13.50	哈萨克斯坦	2	0.23
厄瓜多尔	4	12.65	哥斯达黎加	1	0.14
其他吹塑机（84773090）					
合计	**21 103**	**17 236.25**	印度尼西亚	312	1 318.64
泰国	609	1 722.87	越南	338	985.14

(续)

出口目的地	出口量/台	出口额/万美元	出口目的地	出口量/台	出口额/万美元
其他吹塑机（84773090）					
俄罗斯	518	883.52	黎巴嫩	33	84.81
马来西亚	150	652.89	新加坡	16	84.09
印度	215	637.33	罗马尼亚	19	83.22
伊朗	591	569.13	摩洛哥	58	80.07
沙特阿拉伯	155	540.46	突尼斯	42	68.45
孟加拉国	150	454.27	法国	6	63.12
尼日利亚	529	452.43	吉尔吉斯斯坦	44	62.66
阿联酋	142	417.67	玻利维亚	19	59.44
菲律宾	177	387.87	约旦	28	58.42
墨西哥	681	361.38	利比亚	39	55.44
委内瑞拉	58	338.26	喀麦隆	125	52.49
美国	395	319.33	斯里兰卡	29	50.16
哈萨克斯坦	80	255.36	南苏丹	13	48.32
阿尔及利亚	148	249.54	老挝	12	48.14
南非	80	216.86	赞比亚	21	47.82
柬埔寨	229	215.85	洪都拉斯	19	46.59
秘鲁	192	203.61	波兰	40	46.45
科特迪瓦	168	200.67	多米尼加	23	45.68
刚果民主共和国	39	196.32	叙利亚	15	45.44
埃及	125	193.75	加拿大	15	45.26
乌兹别克斯坦	232	192.92	塞拉利昂	28	44.89
塞内加尔	77	185.11	厄瓜多尔	26	44.69
土耳其	3 412	183.35	乌拉圭	14	43.44
安哥拉	54	183.09	塔吉克斯坦	54	43.35
肯尼亚	150	163.53	德国	11	41.81
埃塞俄比亚	91	152.22	智利	43	41.76
也门	277	148.76	阿富汗	134	40.57
苏丹	96	140.06	韩国	21	39.16
巴西	4 072	132.06	缅甸	82	39.14
加纳	93	126.14	津巴布韦	79	38.09
哥伦比亚	215	124.46	危地马拉	12	37.67
巴基斯坦	424	114.40	保加利亚	13	36.46
中国台湾	20	113.68	乍得	8	35.68
以色列	115	111.14	阿曼	30	34.91
日本	8	106.56	乌克兰	38	33.81
乌干达	31	101.24	贝宁	11	33.19
坦桑尼亚	2 425	100.69	巴勒斯坦	7	31.20
伊拉克	326	98.64	白俄罗斯	118	30.78
阿根廷	58	92.21	吉布提	24	29.70
莫桑比克	188	90.27	圭亚那	9	29.70

(续)

出口目的地	出口量/台	出口额/万美元	出口目的地	出口量/台	出口额/万美元
其他吹塑机（84773090）					
索马里	206	29.04	马达加斯加	8	8.89
西班牙	6	27.19	阿鲁巴	11	8.51
克罗地亚	25	25.84	萨尔瓦多	5	8.25
科威特	8	25.50	中非	4	8.10
布基纳法索	4	24.00	爱尔兰	1	8.00
希腊	12	23.81	美属维尔京群岛	2	7.47
巴拉圭	13	23.56	毛里求斯	5	7.39
蒙古	7	23.47	亚美尼亚	5	7.14
哥斯达黎加	15	23.19	阿尔巴尼亚	5	6.78
巴林	5	23.07	卢旺达	1	6.60
塞尔维亚	7	21.98	摩尔多瓦	6	5.84
纳米比亚	4	21.63	库拉索	2	5.73
卡塔尔	7	21.29	匈牙利	2	5.68
多哥	186	21.19	苏里南	2	5.10
意大利	5	20.62	马耳他	1	5.00
土库曼斯坦	112	19.67	比利时	2	4.52
澳大利亚	7	19.36	圣卢西亚	4	4.10
牙买加	20	17.87	利比里亚	2	4.08
加蓬	9	17.47	阿塞拜疆	2	4.05
冈比亚	11	16.57	尼日尔	3	3.69
马拉维	12	16.52	捷克	2	3.61
巴布亚新几内亚	22	16.52	波多黎各	1	3.47
塞浦路斯	4	16.49	赤道几内亚	8	3.33
刚果共和国	5	15.72	斯洛文尼亚	1	2.75
海地	3	15.68	安提瓜和巴布达	2	2.45
古巴	14	15.62	马尔代夫	2	2.35
布隆迪	11	15.06	瓦努阿图	3	2.24
北马其顿	6	14.84	爱沙尼亚	2	1.88
特立尼达和多巴哥	14	14.71	伯利兹	1	1.59
尼加拉瓜	6	13.90	汤加	37	1.36
尼泊尔	16	13.85	塞舌尔	1	1.20
格鲁吉亚	17	13.73	安圭拉	1	0.96
斯洛伐克	4	13.12	格林纳达	1	0.63
几内亚	13	12.93	斐济	1	0.58
巴拿马	4	12.18	密克罗尼西亚联邦	1	0.51
英国	243	11.58	立陶宛	1	0.38
文莱	3	11.16	马里	1	0.37
毛里塔尼亚	4	11.05	拉脱维亚	1	0.33
巴巴多斯	2	10.72	东帝汶	1	0.06
萨摩亚	67	9.78			

(续)

出口目的地	出口量/台	出口额/万美元	出口目的地	出口量/台	出口额/万美元
塑料中空成型机（84774010）					
合计	7 284	8 254.35	南非	35	43.12
印度	244	704.73	捷克	3	42.80
墨西哥	4 253	656.40	布隆迪	4	42.67
俄罗斯	90	655.77	安哥拉	10	37.55
阿联酋	51	421.61	巴基斯坦	10	37.29
越南	75	339.90	白俄罗斯	3	36.74
印度尼西亚	70	319.61	韩国	9	36.43
美国	529	293.27	匈牙利	5	36.36
沙特阿拉伯	50	289.49	黎巴嫩	9	35.95
巴西	38	272.16	肯尼亚	11	35.07
泰国	65	257.11	塔吉克斯坦	56	34.96
土耳其	54	249.35	英国	2	33.50
阿尔及利亚	49	230.73	爱尔兰	2	32.20
菲律宾	951	206.88	哥伦比亚	12	30.65
乌兹别克斯坦	24	143.63	苏丹	6	30.52
马来西亚	20	143.57	赞比亚	5	29.55
尼日利亚	25	129.72	摩洛哥	4	28.15
加纳	30	123.44	北马其顿	2	25.25
波兰	49	121.39	柬埔寨	9	24.64
埃及	21	112.70	突尼斯	6	23.67
德国	11	108.33	阿曼	5	22.78
孟加拉国	11	104.77	塞内加尔	6	22.76
澳大利亚	13	99.75	苏里南	3	22.66
加拿大	7	89.36	老挝	4	22.11
刚果民主共和国	12	79.10	巴拉圭	4	22.10
缅甸	9	75.28	加蓬	3	21.06
多哥	6	70.20	伊朗	3	20.12
罗马尼亚	8	69.54	南苏丹	5	18.00
埃塞俄比亚	9	67.75	吉尔吉斯斯坦	7	17.94
索马里	4	67.12	洪都拉斯	2	17.87
科特迪瓦	14	66.88	西班牙	6	17.60
立陶宛	4	59.91	哈萨克斯坦	4	17.21
多米尼加	7	57.86	坦桑尼亚	12	16.70
伊拉克	13	56.79	日本	5	16.33
厄瓜多尔	6	52.59	亚美尼亚	14	16.05
危地马拉	5	52.33	秘鲁	6	15.47
葡萄牙	3	50.05	乌克兰	4	14.50
阿根廷	6	49.17	萨尔瓦多	3	14.31
约旦	8	44.14	玻利维亚	4	13.05

(续)

出口目的地	出口量/台	出口额/万美元	出口目的地	出口量/台	出口额/万美元
塑料中空成型机（84774010）					
法国	3	12.24	刚果共和国	1	3.27
智利	3	11.84	莫桑比克	3	2.72
叙利亚	2	11.72	巴勒斯坦	1	2.65
卢旺达	1	11.62	尼加拉瓜	1	2.65
委内瑞拉	4	11.47	马拉维	1	2.50
毛里塔尼亚	1	11.18	圣卢西亚	2	1.60
希腊	1	10.70	牙买加	1	1.57
爱沙尼亚	1	10.36	新加坡	5	1.41
以色列	6	9.99	冰岛	1	1.30
蒙古	1	8.99	乌干达	1	1.19
荷兰	2	8.10	格鲁吉亚	2	1.06
乍得	1	7.56	阿富汗	1	0.94
几内亚	2	7.55	布基纳法索	1	0.89
斯里兰卡	5	7.30	也门	1	0.85
中国香港	2	7.15	贝宁	1	0.77
哥斯达黎加	4	7.09	瑞典	1	0.74
伯利兹	2	7.07	巴哈马	1	0.73
中国台湾	9	7.00	所罗门群岛	10	0.65
保加利亚	3	6.92	意大利	12	0.49
巴拿马	2	6.40	塞尔维亚	1	0.39
摩尔多瓦	2	4.65	中非	1	0.24
新西兰	6	4.53	丹麦	1	0.18
土库曼斯坦	2	4.32	萨摩亚	2	0.13
马达加斯加	1	4.07	科威特	1	0.13
吉布提	4	3.68	乌拉圭	10	0.06
津巴布韦	4	3.68			
塑料压延成型机（84774020）					
合计	5 003	2 778.38	约旦	3	42.45
印度	96	410.04	加纳	5	37.55
越南	277	371.85	沙特阿拉伯	301	35.85
美国	58	320.92	土耳其	16	35.20
俄罗斯	32	228.10	阿尔及利亚	34	33.70
印度尼西亚	46	178.82	孟加拉国	32	33.34
阿联酋	10	144.47	巴基斯坦	31	24.82
马来西亚	1 140	133.60	肯尼亚	23	22.53
泰国	64	122.14	秘鲁	6	21.76
乌兹别克斯坦	13	113.61	委内瑞拉	4	19.80
新加坡	630	70.13	坦桑尼亚	3	18.52
菲律宾	16	58.60	墨西哥	63	18.10
埃及	11	43.41	尼日利亚	21	17.23

(续)

出口目的地	出口量/台	出口额/万美元	出口目的地	出口量/台	出口额/万美元
塑料压延成型机（84774020）					
安哥拉	4	15.67	德国	53	1.46
缅甸	3	14.73	吉布提	1	1.30
中国台湾	10	13.03	哥斯达黎加	6	1.30
科特迪瓦	7	12.50	希腊	1	1.20
乌干达	6	11.95	白俄罗斯	6	1.12
刚果民主共和国	2	11.75	蒙古	7	1.06
巴西	2	11.33	日本	1	1.01
伊朗	6	11.16	西班牙	42	1.00
吉尔吉斯斯坦	6	10.41	莫桑比克	3	0.97
几内亚	1	8.40	布基纳法索	1	0.87
玻利维亚	1	7.32	哈萨克斯坦	2	0.65
韩国	2	7.27	匈牙利	10	0.65
加拿大	34	6.58	爱尔兰	10	0.62
塔吉克斯坦	5	6.06	黎巴嫩	20	0.58
阿尔巴尼亚	1	5.50	法国	1	0.43
南非	2	5.23	斯洛文尼亚	2	0.40
斯里兰卡	4	4.42	葡萄牙	1	0.25
摩洛哥	2	4.33	意大利	1	0.21
乌拉圭	1	3.90	尼泊尔	1	0.20
柬埔寨	2	3.81	哥伦比亚	3	0.18
智利	11	3.73	挪威	4	0.13
洪都拉斯	13	3.70	巴拿马	10	0.09
土库曼斯坦	1	3.45	巴林	2	0.04
马达加斯加	1	3.36	瑞士	2	0.04
索马里	2	3.20	巴拉圭	2	0.01
中国香港	1 725	2.86	比利时	5	69美元
危地马拉	3	2.56	新西兰	3	35美元
马尔代夫	1	2.55	中国澳门	1	14美元
科威特	1	2.05	以色列	2	8美元
老挝	4	1.64	英国	1	3美元
突尼斯	1	1.63			
其他真空模塑机及其他热成型机器（84774090）					
合计	80 503	45 694.47	阿尔及利亚	347	637.95
越南	1 003	2 794.74	马来西亚	236	538.95
印度	5 550	1 368.52	埃及	12 428	424.73
印度尼西亚	314	1 197.71	美国	6 451	406.78
泰国	514	1 139.67	沙特阿拉伯	109	383.63
俄罗斯	282	1 057.24	阿联酋	187	368.07
墨西哥	2 278	1 027.58	日本	198	340.35
土耳其	218	944.12	乌兹别克斯坦	351	334.01

(续)

出口目的地	出口量/台	出口额/万美元	出口目的地	出口量/台	出口额/万美元
其他真空模塑机及其他热成型机器（84774090）					
巴西	678	277.68	加拿大	74	44.44
土库曼斯坦	7	265.03	埃塞俄比亚	300	40.00
菲律宾	124	246.87	利比亚	56	37.31
韩国	170	246.30	荷兰	550	36.84
中国台湾	124	231.00	卡塔尔	7	35.34
突尼斯	13	200.95	白俄罗斯	74	34.80
柬埔寨	63	198.70	坦桑尼亚	8 494	33.97
德国	1 500	184.46	葡萄牙	3	33.45
孟加拉国	49	164.88	也门	135	32.37
哥伦比亚	86	164.84	乌克兰	6	32.34
秘鲁	74	164.14	洪都拉斯	4	31.76
中国香港	172	152.74	安哥拉	34	31.26
伊朗	149	149.12	希腊	950	30.04
尼日利亚	194	136.26	委内瑞拉	12	29.70
巴基斯坦	284	125.49	比利时	50	26.31
新加坡	421	113.70	刚果民主共和国	68	24.23
哈萨克斯坦	536	111.66	新西兰	3	23.35
波兰	556	110.10	以色列	5 843	21.82
赞比亚	9	103.53	科威特	6	21.43
西班牙	420	94.83	阿曼	9	20.54
厄瓜多尔	192	92.92	伊拉克	8 987	20.41
阿根廷	14	92.58	塔吉克斯坦	6	19.60
南非	783	88.66	牙买加	4	19.53
英国	887	74.17	保加利亚	6	19.36
哥斯达黎加	6	70.72	格鲁吉亚	9	19.01
摩洛哥	117	67.57	约旦	23	18.10
吉尔吉斯斯坦	141	63.29	几内亚	23	17.31
肯尼亚	93	63.29	黎巴嫩	19	15.98
加纳	58	62.51	毛里求斯	4	15.02
巴拿马	4	60.57	缅甸	27	13.60
罗马尼亚	368	60.26	纳米比亚	3	10.35
匈牙利	53	59.04	斯里兰卡	1 892	10.15
法国	13	57.20	亚美尼亚	6	10.14
澳大利亚	59	55.27	圭亚那	2	9.90
科特迪瓦	14	53.01	苏丹	38	9.74
智利	319	52.37	阿塞拜疆	3	9.42
莫桑比克	12	48.99	多哥	72	9.00
危地马拉	8	48.80	尼加拉瓜	6	8.81
多米尼加	614	47.36	塞尔维亚	2	8.67
玻利维亚	37	47.30	立陶宛	2	7.56

(续)

出口目的地	出口量/台	出口额/万美元	出口目的地	出口量/台	出口额/万美元
其他真空模塑机及其他热成型机器（84774090）					
津巴布韦	3	7.48	巴林	1	1.80
克罗地亚	532	7.00	冈比亚	1	1.03
蒙古	33	6.97	老挝	4	0.87
阿尔巴尼亚	3	6.52	塞内加尔	8	0.85
特立尼达和多巴哥	6	6.45	巴拉圭	7	0.64
吉布提	14	6.04	瑞典	2	0.64
巴勒斯坦	2	6.01	巴布亚新几内亚	3	0.54
意大利	41	5.77	尼泊尔	6	0.53
马尔代夫	6	5.00	芬兰	2	0.52
拉脱维亚	1	4.59	布隆迪	40	0.41
斯洛文尼亚	104	4.46	爱尔兰	65	0.40
索马里	2	3.85	乌干达	21	0.32
喀麦隆	4 833	3.76	刚果共和国	1	0.27
波多黎各	3	3.32	萨尔瓦多	1	0.17
捷克	2	3.05	布基纳法索	1	0.16
斐济	4	3.02	阿富汗	1	0.16
马达加斯加	102	2.32	加蓬	1	0.06
乌拉圭	4	2.32	挪威	1	0.05
叙利亚	1	2.25	塞舌尔	1	0.02
贝宁	1	1.98	密克罗尼西亚联邦	2	35 美元
斯洛伐克	3	1.86			
用于充气轮胎模塑或翻新的机器及内胎模塑或用其他方法成型的机器（84775100）					
合计	4 080	14 175.45	罗马尼亚	1	119.56
越南	287	2 868.15	俄罗斯	25	103.67
泰国	102	1 972.61	阿根廷	123	101.03
柬埔寨	102	1 642.26	巴基斯坦	6	98.60
印度	506	1 520.70	秘鲁	3	85.79
巴西	823	1 454.43	尼日利亚	22	31.37
印度尼西亚	408	866.62	肯尼亚	6	17.58
土耳其	27	637.32	意大利	3	15.05
日本	48	446.25	菲律宾	23	11.53
美国	477	417.72	缅甸	1	10.50
墨西哥	43	291.87	埃塞俄比亚	1	8.91
法国	7	257.71	厄瓜多尔	16	8.67
西班牙	22	240.42	斯里兰卡	2	7.99
埃及	3	234.41	马来西亚	383	5.04
南非	40	201.67	赞比亚	1	2.78
塞尔维亚	6	178.17	哈萨克斯坦	123	2.61
中国台湾	10	167.18	科特迪瓦	5	2.40
加拿大	4	132.57	新加坡	2	1.38

(续)

出口目的地	出口量/台	出口额/万美元	出口目的地	出口量/台	出口额/万美元
用于充气轮胎模塑或翻新的机器及内胎模塑或用其他方法成型的机器(84775100)					
比利时	40	1.36	乌兹别克斯坦	10	0.31
坦桑尼亚	13	1.31	阿联酋	2	0.29
波兰	301	1.15	安提瓜和巴布达	4	0.27
马达加斯加	5	0.74	塔吉克斯坦	1	0.25
智利	2	0.68	塞拉利昂	2	0.19
老挝	7	0.55	巴布亚新几内亚	2	0.07
莫桑比克	3	0.53	新西兰	1	0.05
刚果民主共和国	4	0.52	毛里求斯	4	0.04
加蓬	1	0.51	津巴布韦	2	0.03
黑山	1	0.49	牙买加	3	0.02
哥斯达黎加	1	0.45	也门	3	0.02
挪威	2	0.40	白俄罗斯	1	0.02
北马其顿	1	0.33	布隆迪	1	0.01
波多黎各	1	0.31	文莱	1	0.01
其他模塑或成型机器(84775900)					
合计	**50 541**	**23 191.24**	新加坡	55	120.29
越南	6 088	5 219.97	菲律宾	49	106.57
印度	1 636	3 960.18	埃及	111	101.42
柬埔寨	341	1 614.02	澳大利亚	18	100.40
泰国	1 491	1 456.05	乌兹别克斯坦	179	100.34
哈萨克斯坦	6 727	1 303.72	法国	75	96.71
塞尔维亚	16	886.03	哥斯达黎加	7	95.19
马来西亚	499	798.96	中国台湾	112	94.91
美国	3 833	698.64	南非	79	83.83
俄罗斯	2 751	646.85	加纳	21	78.71
阿尔及利亚	110	469.04	刚果共和国	12	78.18
印度尼西亚	229	423.75	尼日利亚	204	68.64
墨西哥	202	408.50	白俄罗斯	1 703	68.32
阿根廷	41	402.97	多米尼加	21	60.71
土耳其	142	356.58	埃塞俄比亚	33	59.47
意大利	157	323.47	德国	832	59.00
波兰	588	306.85	巴基斯坦	79	58.61
韩国	3 861	271.53	哥伦比亚	13	53.29
巴西	11 107	228.26	科特迪瓦	16	50.33
荷兰	3 225	166.75	肯尼亚	32	48.47
伊朗	50	159.73	卡塔尔	1	47.77
阿联酋	59	144.53	中国香港	13	46.25
斯洛文尼亚	43	140.94	厄瓜多尔	19	43.55
日本	605	138.31	秘鲁	31	39.50
孟加拉国	95	123.78	乌干达	8	38.83

(续)

出口目的地	出口量/台	出口额/万美元	出口目的地	出口量/台	出口额/万美元
其他模塑或成型机器（84775900）					
吉布提	85	31.63	几内亚	3	6.77
罗马尼亚	22	31.50	马拉维	1	6.60
突尼斯	6	30.63	拉脱维亚	1	5.46
坦桑尼亚	10	29.79	摩洛哥	13	4.77
阿曼	11	29.14	也门	48	4.64
比利时	616	28.97	塔吉克斯坦	2	3.63
加拿大	388	24.90	斯洛伐克	4	3.25
布隆迪	1	24.13	洪都拉斯	1	2.74
沙特阿拉伯	225	23.19	智利	26	2.40
利比亚	4	22.74	缅甸	78	2.30
以色列	18	21.81	毛里求斯	255	2.04
蒙古	5	21.59	津巴布韦	4	2.04
英国	212	20.78	格鲁吉亚	26	1.92
吉尔吉斯斯坦	12	20.14	丹麦	23	1.78
莫桑比克	5	19.42	波斯尼亚和黑塞哥维那	3	1.53
喀麦隆	8	18.19	巴拉圭	1	1.51
约旦	9	15.45	摩尔多瓦	1	1.36
毛里塔尼亚	2	15.08	加蓬	2	1.24
伯利兹	1	15.08	巴巴多斯	2	1.17
塞拉利昂	3	15.07	苏里南	1	1.14
古巴	4	14.69	东帝汶	4	0.98
西班牙	86	14.45	萨尔瓦多	2	0.77
乌克兰	9	13.83	伊拉克	15	0.75
危地马拉	7	13.59	叙利亚	1	0.63
捷克	161	13.49	立陶宛	10	0.63
斯里兰卡	6	13.08	亚美尼亚	30	0.44
老挝	50	12.97	贝宁	4	0.44
安哥拉	15	12.79	阿尔巴尼亚	3	0.32
玻利维亚	1	12.35	乌拉圭	50	0.31
塞内加尔	5	11.44	尼泊尔	3	0.23
保加利亚	4	10.72	厄立特里亚	2	0.22
希腊	8	9.41	中非	1	0.20
纳米比亚	2	9.24	土库曼斯坦	2	0.14
巴拿马	6	9.08	爱尔兰	164	0.14
阿富汗	1	8.77	委内瑞拉	1	0.12
刚果民主共和国	2	8.71	圭亚那	2	0.12
巴布亚新几内亚	3	8.00	匈牙利	2	0.09
葡萄牙	98	7.53	卢旺达	3	0.05
新西兰	11	7.31	中国澳门	1	0.02
利比里亚	1	7.06	巴林	2	67美元

(续)

出口目的地	出口量/台	出口额/万美元	出口目的地	出口量/台	出口额/万美元
其他模塑或成型机器（84775900）					
黎巴嫩	1	48 美元	文莱	1	5 美元
其他橡胶或塑料及其产品的加工机器（84778000）					
合计	2 190 544	186 291.33	肯尼亚	923	983.57
越南	29 584	21 136.82	阿根廷	15 288	982.31
印度	58 897	19 225.12	伊拉克	4 279	934.03
俄罗斯	203 807	11 546.40	英国	23 791	901.97
泰国	31 461	9 511.60	斯里兰卡	1 399	899.20
柬埔寨	3 619	8 678.26	哥伦比亚	8 253	726.19
土耳其	58 042	8 262.39	摩洛哥	1 643	711.19
美国	432 345	7 533.27	加纳	10 462	603.52
印度尼西亚	20 590	7 098.96	坦桑尼亚	2 418	563.73
墨西哥	19 771	6 561.63	埃塞俄比亚	793	552.83
塞尔维亚	4 349	6 386.85	秘鲁	2 783	468.46
马来西亚	104 601	6 063.77	老挝	435	453.67
阿联酋	57 251	3 458.97	科特迪瓦	3 130	439.41
日本	10 843	3 386.39	中国香港	45 979	423.80
韩国	89 109	3 094.45	厄瓜多尔	1 764	412.72
巴西	8 236	2 981.16	吉布提	4 736	400.80
埃及	8 566	2 866.58	荷兰	17 433	397.82
阿尔及利亚	5 049	2 634.25	白俄罗斯	13 565	395.82
菲律宾	6 784	2 406.14	缅甸	649	383.97
沙特阿拉伯	19 853	2 265.71	希腊	14 252	367.73
澳大利亚	123 902	2 243.93	保加利亚	178	355.26
中国台湾	7 288	2 132.41	以色列	16 915	347.79
波兰	97 322	2 072.70	葡萄牙	5 849	335.16
尼日利亚	3 543	1 833.77	爱沙尼亚	1 335	331.56
乌兹别克斯坦	1 802	1 707.69	捷克	1 039	305.74
孟加拉国	2 150	1 701.17	约旦	7 607	299.91
罗马尼亚	1 798	1 688.27	安哥拉	6 623	282.13
德国	54 012	1 656.51	吉尔吉斯斯坦	4 222	279.99
哈萨克斯坦	273 351	1 625.54	乌干达	417	265.85
加拿大	29 438	1 565.36	委内瑞拉	234	265.38
伊朗	1 352	1 539.58	塔吉克斯坦	157	254.91
南非	3 792	1 525.38	利比亚	4 014	247.11
巴基斯坦	7 767	1 289.48	匈牙利	2 089	239.94
新加坡	60 887	1 152.25	多米尼加	535	239.02
西班牙	25 838	1 112.39	洪都拉斯	198	238.15
意大利	14 463	1 092.90	乌克兰	691	238.12
智利	3 221	1 084.29	多哥	311	220.73
法国	6 254	1 034.61	亚美尼亚	106	219.78

(续)

出口目的地	出口量/台	出口额/万美元	出口目的地	出口量/台	出口额/万美元
其他橡胶或塑料及其产品的加工机器（84778000）					
危地马拉	762	217.40	立陶宛	2 463	48.31
阿曼	251	213.79	伯利兹	19	46.87
玻利维亚	98	205.11	马达加斯加	7 406	46.04
哥斯达黎加	120	198.75	挪威	73	43.16
刚果民主共和国	8 029	194.38	卢旺达	30	42.52
比利时	6 860	189.66	巴林	1 225	41.28
突尼斯	464	184.29	南苏丹	11	39.41
黎巴嫩	262	181.71	毛里求斯	48	37.44
赞比亚	1 832	171.98	布基纳法索	43	37.21
土库曼斯坦	417	168.20	芬兰	367	36.99
斯洛伐克	82	167.11	马拉维	28	35.49
巴拉圭	124	165.57	布隆迪	18	34.44
喀麦隆	388	160.41	刚果共和国	52	32.60
卡塔尔	423	159.62	毛里塔尼亚	237	31.63
也门	213	144.24	索马里	27	29.57
新西兰	1 296	140.99	牙买加	141	28.11
塞内加尔	2 244	137.91	博茨瓦纳	21	26.61
阿尔巴尼亚	546	136.82	几内亚比绍	5	25.74
瑞典	2 043	126.82	圭亚那	22	25.16
阿塞拜疆	177	126.73	波斯尼亚和黑塞哥维那	24	24.47
莫桑比克	2 461	121.34	摩尔多瓦	41	24.27
格鲁吉亚	310	114.37	拉脱维亚	65	23.90
克罗地亚	752	112.03	加蓬	167	22.12
巴拿马	1 770	109.16	塞浦路斯	16	20.57
斯洛文尼亚	9 717	101.74	尼加拉瓜	101	20.34
阿富汗	71	101.34	帕劳	2	19.84
津巴布韦	339	97.08	贝宁	24	18.65
萨尔瓦多	98	90.64	东帝汶	3	17.65
苏丹	86	88.70	斐济	43	17.22
科威特	1 314	87.96	马尔代夫	35	15.60
蒙古	166	79.26	马里	17	14.98
尼泊尔	645	78.39	马绍尔群岛	2	12.48
奥地利	5 212	76.79	利比里亚	12	11.86
叙利亚	46	71.04	马耳他	75	9.39
爱尔兰	2 356	69.62	特立尼达和多巴哥	15	9.09
纳米比亚	22	68.72	巴布亚新几内亚	7	8.33
乌拉圭	1 138	67.59	丹麦	6 138	7.77
几内亚	93	64.37	苏里南	4	7.36
瑞士	244	59.39	塞拉利昂	13	7.31
北马其顿	20	50.49	海地	3	6.82

（续）

出口目的地	出口量/台	出口额/万美元	出口目的地	出口量/台	出口额/万美元
其他橡胶或塑料及其产品的加工机器（84778000）					
文莱	9	6.78	汤加	4	0.45
冈比亚	7	5.31	冰岛	3	0.43
新喀里多尼亚	75	4.59	莱索托	1	0.36
圣文森特和格林纳丁斯	5	4.00	安提瓜和巴布达	1	0.35
波多黎各	14	3.73	美属维尔京群岛	2	0.35
圣卢西亚	4	3.49	乍得	3	0.33
巴勒斯坦	18	3.14	中非	1	0.31
黑山	2	3.12	赤道几内亚	5	0.30
古巴	33	2.66	瓜德罗普	1	0.30
科摩罗	5	2.20	法属波利尼西亚	4	0.29
马约特	3	2.19	塞舌尔	1	0.28
巴哈马	91	2.00	马提尼克	1	0.24
阿鲁巴	3	1.63	所罗门群岛	7	0.20
尼日尔	3	1.23	圣基茨和尼维斯	3	0.14
佛得角	1	1.12	萨摩亚	1	0.11
瓦努阿图	1	1.12	开曼群岛	1	0.03
留尼汪	3	0.90	巴巴多斯	1	0.01
密克罗尼西亚联邦	2	0.69	法属圭亚那	1	0.01
中国澳门	257	0.60	多米尼克	1	41美元
用塑料或橡胶材料的增材制造设备（84852000）					
合计	3 489 313	79 192.29	阿根廷	41 193	627.96
美国	1 341 804	31 494.40	墨西哥	16 427	540.78
德国	546 306	14 739.69	法国	19 975	507.82
荷兰	127 143	3 408.85	中国台湾	10 521	489.68
英国	115 951	3 024.49	哈萨克斯坦	21 496	453.14
加拿大	93 238	2 637.10	比利时	18 877	442.51
澳大利亚	67 146	2 308.11	越南	125 404	320.54
俄罗斯	142 244	2 266.88	智利	13 583	290.13
日本	44 771	1 626.17	泰国	3 912	230.88
巴西	64 944	1 380.15	意大利	5 339	224.55
奥地利	58 433	1 317.90	南非	7 839	219.12
瑞典	38 876	1 165.08	印度尼西亚	7 930	207.00
波兰	165 936	992.76	西班牙	16 736	184.86
韩国	62 143	965.34	新加坡	34 912	181.81
土耳其	50 766	908.25	马来西亚	13 608	179.27
中国香港	6 972	756.74	新西兰	5 590	175.92
捷克	35 573	739.21	瑞士	9 259	158.20
印度	24 771	732.06	沙特阿拉伯	5 554	138.81
以色列	8 398	654.38	哥伦比亚	8 951	134.92
阿联酋	6 532	641.22	希腊	2 970	130.22

(续)

出口目的地	出口量/台	出口额/万美元	出口目的地	出口量/台	出口额/万美元
用塑料或橡胶材料的增材制造设备（84852000）					
斯洛文尼亚	18 437	126.54	卡塔尔	729	6.99
乌克兰	5 717	126.08	阿曼	142	6.23
丹麦	3 666	111.14	格鲁吉亚	74	4.44
菲律宾	3 322	94.85	尼泊尔	108	4.42
秘鲁	2 953	92.47	拉脱维亚	173	4.31
玻利维亚	2 958	74.73	萨尔瓦多	143	4.15
白俄罗斯	22 292	67.51	缅甸	66	4.13
中国澳门	52	60.46	委内瑞拉	8	3.64
塞尔维亚	1 571	60.31	斯里兰卡	755	3.43
厄瓜多尔	2 011	56.71	肯尼亚	36	3.36
阿塞拜疆	4 535	55.66	巴基斯坦	603	3.25
吉尔吉斯斯坦	4 829	49.15	摩尔多瓦	34	3.05
罗马尼亚	2 384	48.67	洪都拉斯	107	3.02
乌拉圭	2 253	43.78	斯洛伐克	49	2.95
约旦	227	32.32	亚美尼亚	47	2.94
爱尔兰	232	32.31	津巴布韦	4	2.62
挪威	3 253	30.90	塞浦路斯	98	2.61
摩洛哥	730	25.78	巴拿马	16	2.23
阿尔及利亚	387	24.34	柬埔寨	33	2.10
科威特	830	21.44	也门	22	1.91
埃及	1 405	21.00	尼加拉瓜	9	1.86
伊朗	177	20.24	波多黎各	25	1.75
乌兹别克斯坦	476	18.21	蒙古	15	1.73
危地马拉	609	17.13	巴巴多斯	3	1.66
黎巴嫩	459	16.33	孟加拉国	162	1.62
立陶宛	525	14.67	文莱	70	1.41
葡萄牙	113	14.30	科特迪瓦	3	1.33
伊拉克	436	14.15	法属波利尼西亚	40	1.26
哥斯达黎加	468	13.75	利比亚	5	1.26
匈牙利	1 157	12.45	中非	1 000	1.20
尼日利亚	143	10.54	卢旺达	14	1.16
芬兰	217	10.39	埃塞俄比亚	2	0.96
马拉维	3	10.36	关岛	2	0.90
克罗地亚	1 692	9.98	坦桑尼亚	2	0.90
留尼汪	270	9.49	毛里求斯	40	0.90
突尼斯	117	9.46	加纳	9	0.83
乌干达	5	9.18	塞内加尔	38	0.70
巴拉圭	255	9.02	圭亚那	3	0.64
阿尔巴尼亚	42	8.69	北马其顿	23	0.62
保加利亚	537	7.56	毛里塔尼亚	1	0.61

(续)

出口目的地	出口量/台	出口额/万美元	出口目的地	出口量/台	出口额/万美元
用塑料或橡胶材料的增材制造设备（84852000）					
马里	1	0.60	莫桑比克	1	0.19
塞拉利昂	8	0.59	特立尼达和多巴哥	1	0.18
土库曼斯坦	31	0.58	黑山	1	0.15
多米尼加	2	0.51	几内亚	11	0.15
老挝	720	0.50	南苏丹	2	0.14
叙利亚	2	0.43	多米尼克	1	0.12
卢森堡	1	0.40	圣马力诺	1	0.12
巴林	3	0.37	波斯尼亚和黑塞哥维那	1	0.09
冰岛	2	0.36	爱沙尼亚	1	0.08
马达加斯加	17	0.31	美属维尔京群岛	2	0.08
格恩西	2	0.30	安哥拉	2	0.07
刚果民主共和国	1	0.29	多哥	2	0.07
法罗群岛	1	0.29	吉布提	1	0.07
库克群岛	1	0.29	斯威士兰	2	0.07
马耳他	1	0.28	马尔代夫	1	0.05
塔吉克斯坦	4	0.28	博茨瓦纳	1	0.04
赞比亚	3	0.23	古巴	1	0.03

2023年中国塑料机械零件出口情况

出口目的地	出口量/kg	出口额/万美元	出口目的地	出口量/kg	出口额/万美元
品目8477所列机器的零件（84779000）					
合计	192 721 288	113 674.48	印度尼西亚	4 703 457	3 792.99
日本	39 137 157	15 834.50	俄罗斯	2 818 360	3 557.77
印度	18 228 009	8 600.49	墨西哥	3 823 448	2 767.30
美国	7 560 630	7 312.45	奥地利	15 379 200	2 594.98
越南	7 843 683	6 691.51	土耳其	4 590 197	2 467.81
韩国	13 668 311	5 294.45	中国台湾	6 222 799	1 986.43
德国	12 351 763	4 752.55	巴西	1 648 611	1 605.88
加拿大	6 464 951	4 651.77	新加坡	1 029 659	1 485.75
意大利	4 517 576	4 370.14	法国	808 226	1 437.67
泰国	5 700 041	4 221.11	巴基斯坦	2 392 040	1 111.50
马来西亚	3 629 849	4 013.57	阿联酋	1 523 534	1 080.75

(续)

出口目的地	出口量/kg	出口额/万美元	出口目的地	出口量/kg	出口额/万美元
品目 8477 所列机器的零件（84779000）					
尼日利亚	1 854 735	1 079.94	以色列	128 807	176.22
埃及	1 342 392	1 018.40	厄瓜多尔	168 292	175.05
伊朗	1 022 487	985.17	塔吉克斯坦	151 655	169.60
波兰	1 215 712	948.62	阿根廷	133 952	168.03
菲律宾	954 550	918.59	白俄罗斯	256 238	166.30
澳大利亚	631 347	879.54	莫桑比克	314 872	166.12
柬埔寨	929 243	855.57	葡萄牙	177 270	158.06
孟加拉国	675 943	773.05	埃塞俄比亚	161 410	156.15
南非	958 360	752.38	约旦	226 004	155.65
卢森堡	169 598	736.77	瑞士	915 624	145.34
沙特阿拉伯	881 415	685.46	乌克兰	120 922	135.73
阿尔及利亚	900 332	642.99	比利时	87 653	133.09
乌兹别克斯坦	1 300 665	627.04	缅甸	275 970	127.33
西班牙	693 413	600.84	瑞典	54 277	123.35
中国香港	194 476	572.55	多米尼加	160 456	109.19
英国	379 698	562.84	老挝	149 313	107.96
哈萨克斯坦	801 952	532.68	喀麦隆	268 224	106.85
荷兰	328 378	479.46	新西兰	119 415	100.69
捷克	287 115	446.11	黎巴嫩	136 244	99.84
肯尼亚	694 503	438.87	突尼斯	110 852	97.18
坦桑尼亚	574 976	425.29	也门	85 549	85.90
伊拉克	558 049	327.00	希腊	100 800	83.34
摩洛哥	402 359	306.55	几内亚	111 225	77.41
加纳	674 958	293.93	赞比亚	51 020	75.89
安哥拉	547 003	287.51	苏丹	84 251	72.77
哥伦比亚	328 532	256.35	塞内加尔	172 104	70.66
匈牙利	172 202	251.88	多哥	82 936	68.87
吉尔吉斯斯坦	177 517	250.72	阿曼	45 102	68.48
塞尔维亚	229 104	230.59	卡塔尔	45 731	66.13
斯里兰卡	188 517	224.72	利比亚	87 121	63.01
罗马尼亚	161 671	214.24	津巴布韦	29 841	62.22
秘鲁	209 861	213.84	刚果民主共和国	65 877	61.38
科特迪瓦	356 055	211.30	斯洛文尼亚	48 842	58.72
智利	163 574	209.27	贝宁	72 365	58.66
巴拿马	122 015	204.96	芬兰	33 630	57.16
吉布提	435 863	195.79	爱尔兰	33 853	56.98
危地马拉	125 298	181.04	纳米比亚	107 481	56.01
斯洛伐克	511 321	180.29	克罗地亚	69 391	55.40

(续)

出口目的地	出口量/kg	出口额/万美元	出口目的地	出口量/kg	出口额/万美元
品目 8477 所列机器的零件（84779000）					
保加利亚	36 831	50.76	阿富汗	10 749	7.35
委内瑞拉	58 459	50.56	爱沙尼亚	5 147	7.14
洪都拉斯	22 980	46.44	挪威	2 223	6.94
巴拉圭	31 271	42.28	乍得	2 844	6.70
丹麦	14 773	41.17	塞浦路斯	7 722	6.59
阿塞拜疆	45 192	41.10	南苏丹	14 393	6.57
玻利维亚	55 626	40.35	波斯尼亚和黑塞哥维那	4 007	5.97
牙买加	43 912	40.18	海地	1 076	5.33
乌干达	42 858	39.30	索马里	1 960	5.14
科威特	45 424	38.53	博茨瓦纳	2 212	3.75
马达加斯加	57 418	37.47	北马其顿	7 787	3.72
刚果共和国	43 320	37.15	所罗门群岛	5 945	3.06
蒙古	38 047	34.79	列支敦士登	211	3.00
阿尔巴尼亚	29 549	31.56	圭亚那	2 924	2.67
叙利亚	28 990	31.24	中国澳门	244	2.65
哥斯达黎加	10 943	25.78	苏里南	1 881	2.62
加蓬	48 796	22.35	马尔代夫	1 547	2.61
巴林	19 641	21.92	马里	2 492	2.54
斐济	20 862	21.46	黑山	7 166	2.14
亚美尼亚	22 283	18.65	巴哈马	512	1.54
萨尔瓦多	34 468	17.15	利比里亚	7 379	1.53
尼加拉瓜	23 514	17.11	安提瓜和巴布达	306	1.40
文莱	18 299	16.74	波多黎各	1 417	1.21
立陶宛	10 426	16.44	布基纳法索	1 305	0.95
摩尔多瓦	9 580	15.98	冈比亚	301	0.90
格鲁吉亚	8 017	15.85	巴布亚新几内亚	228	0.81
特立尼达和多巴哥	19 446	15.13	厄立特里亚	112	0.78
乌拉圭	12 975	15.01	古巴	490	0.74
巴勒斯坦	21 964	14.89	新喀里多尼亚	87	0.68
尼泊尔	17 239	14.64	马耳他	171	0.66
马拉维	11 825	13.48	东帝汶	539	0.43
拉脱维亚	8 621	13.46	瓦努阿图	692	0.34
毛里塔尼亚	12 742	13.41	圣卢西亚	62	0.30
卢旺达	11 913	12.68	伯利兹	187	0.29
布隆迪	8 795	10.68	赤道几内亚	260	0.22
毛里求斯	4 677	9.50	斯威士兰	151	0.19
塞拉利昂	15 522	9.48	几内亚比绍	306	0.14
土库曼斯坦	15 193	9.17	库拉索	190	0.14

出口目的地	出口量/kg	出口额/万美元	出口目的地	出口量/kg	出口额/万美元
品目 8477 所列机器的零件（84779000）					
佛得角	20	0.13	安道尔	42	0.04
冰岛	101	0.12	美属维尔京群岛	3	0.03
尼日尔	10	0.08	留尼汪	7	0.03
法属波利尼西亚	16	0.06	瓜德罗普	13	0.03
萨摩亚	96	0.05	巴巴多斯	4	0.03
塞舌尔	55	0.05	科摩罗	33	82 美元
不丹	13	0.04			

2023 年中国塑料机械整机进口情况

进口来源地	进口量/台	进口额/万美元	进口来源地	进口量/台	进口额/万美元
注塑机（84771010）					
合计	**9 297**	**365 461.26**	匈牙利	9	66.66
日本	3 550	27 864.49	新加坡	1	52.90
德国	397	6 533.81	斯洛伐克	2	43.44
韩国	252	3 316.26	印度	4	42.12
加拿大	15	2 369.59	荷兰	2	16.53
中国台湾	138	1 079.54	法国	1	9.27
奥地利	43	930.13	印度尼西亚	1	4.89
意大利	22	912.56	土耳其	1	2.33
中国大陆	190	709.15	阿根廷	2	0.36
瑞士	15	651.07	马来西亚	1	0.03
西班牙	25	79.11	英国	1	0.01
泰国	9	73.26			
其他注射机（84771090）					
合计	**88**	**1 077.57**	中国台湾	3	23.37
德国	17	461.40	中国大陆	7	21.43
日本	22	162.17	加拿大	1	12.62
奥地利	6	149.94	美国	7	9.37
印度	6	123.62	西班牙	1	3.93
意大利	13	57.97	韩国	1	1.88
法国	2	49.28	荷兰	2	0.61

(续)

进口来源地	进口量/台	进口额/万美元	进口来源地	进口量/台	进口额/万美元
塑料造粒机（84772010）					
合计	264	33 591.72	韩国	11	107.41
德国	112	14 417.85	中国台湾	4	27.35
日本	66	10 815.95	苏丹	1	7.49
美国	19	4 634.54	新加坡	1	5.25
奥地利	45	3 294.14	中国大陆	2	2.91
英国	2	278.39	泰国	1	0.44
其他挤出机（84772090）					
合计	1 085	53 440.06	荷兰	4	254.30
德国	339	27 306.33	印度	6	186.77
日本	107	13 432.17	英国	4	185.95
美国	44	3 907.26	中国大陆	34	163.72
意大利	88	1 842.85	泰国	7	59.16
奥地利	23	1 456.04	波兰	1	23.51
中国台湾	142	1 360.23	墨西哥	2	9.51
瑞士	9	1 302.54	土耳其	1	6.33
法国	8	987.86	加拿大	226	3.19
芬兰	22	616.59	马来西亚	1	0.02
韩国	17	335.72			
挤出吹塑机（84773010）					
合计	56	8 427.54	中国台湾	10	513.96
德国	28	6 206.46	奥地利	1	346.90
意大利	5	670.32	泰国	6	72.27
加拿大	5	611.63	墨西哥	1	6.00
注射吹塑机（84773020）					
合计	64	1 827.26	印度	19	382.55
德国	12	554.91	中国台湾	13	361.50
日本	19	467.97	意大利	1	60.34
其他吹塑机（84773090）					
合计	33	3 644.81	日本	1	49.01
德国	22	2 910.65	意大利	1	23.74
法国	4	600.57	中国台湾	3	7.58
泰国	2	53.25			
塑料中空成型机（84773090）					
合计	40	718.81	日本	2	73.95
中国台湾	16	598.18	德国	3	40.13

(续)

进口来源地	进口量/台	进口额/万美元	进口来源地	进口量/台	进口额/万美元
塑料中空成型机（84773090）					
丹麦	18	6.38	中国大陆	1	0.18
塑料压延成型机（84774020）					
合计	**50**	**629.93**	德国	13	73.71
美国	9	226.15	西班牙	1	37.46
法国	4	200.82	韩国	4	11.92
日本	18	74.46	中国台湾	1	5.42
其他真空模塑机及其他热成型机器（84774090）					
合计	**603**	**56 616.50**	土耳其	5	28.35
日本	139	34 743.14	马来西亚	3	21.10
德国	211	15 391.04	奥地利	6	12.27
韩国	33	4 143.57	丹麦	3	11.20
意大利	10	870.77	泰国	1	9.53
美国	57	676.43	英国	7	5.32
中国台湾	74	515.37	法国	7	1.94
中国大陆	20	81.70	印度	2	1.03
荷兰	4	43.56	加拿大	3	0.39
西班牙	5	30.31	瑞士	3	0.20
中国香港	10	29.28			
用于充气轮胎模塑或翻新的机器及内胎模塑或用其他方法成型的机器（84775100）					
合计	**25**	**377.66**	德国	5	7.38
日本	6	228.00	韩国	6	2.31
意大利	8	139.98			
其他模塑或成型机器（84775900）					
合计	**486**	**6 619.04**	韩国	5	55.69
意大利	74	3 222.54	中国大陆	14	39.78
日本	173	615.23	瑞典	7	33.81
法国	5	578.66	新加坡	2	13.48
德国	32	520.23	西班牙	2	12.87
中国台湾	102	512.35	荷兰	3	11.68
美国	28	359.06	泰国	1	6.02
克罗地亚	8	305.34	芬兰	1	2.93
瑞士	6	123.13	比利时	1	2.89
奥地利	12	119.89	俄罗斯	1	0.56
英国	9	82.92			

(续)

进口来源地	进口量/台	进口额/万美元	进口来源地	进口量/台	进口额/万美元
其他橡胶或塑料及其产品的加工机器（84778000）					
合计	6 343	110 644.26	罗马尼亚	12	70.09
日本	1 500	46 782.45	西班牙	3	59.04
德国	953	37 354.49	挪威	3	48.89
奥地利	42	6 748.76	印度	86	38.46
意大利	207	5 665.99	墨西哥	27	36.45
韩国	281	3 070.18	波兰	7	28.88
美国	715	2 195.46	希腊	2	28.52
中国台湾	740	1 705.22	俄罗斯	3	28.43
法国	64	1 653.80	斯洛伐克	4	27.28
捷克	24	1 478.41	加拿大	5	21.22
瑞士	53	1 272.98	澳大利亚	13	20.54
英国	249	920.12	葡萄牙	2	18.38
泰国	43	355.90	土耳其	9	18.10
荷兰	83	224.28	比利时	2	15.96
新加坡	21	192.81	阿尔及利亚	1	15.61
中国大陆	822	186.05	苏丹	1	8.97
丹麦	42	105.98	菲律宾	12	4.05
瑞典	49	81.49	以色列	5	3.69
芬兰	3	79.03	越南	198	1.50
马来西亚	57	76.79			
用塑料或橡胶材料的增材制造设备（84852000）					
合计	6 279	3 069.21	波兰	3	7.08
德国	91	1 250.47	匈牙利	57	6.56
以色列	104	667.99	西班牙	17	5.61
美国	117	495.73	捷克	22	2.85
新加坡	72	249.42	加拿大	1	2.06
中国大陆	5 226	185.41	韩国	7	1.85
荷兰	135	55.89	希腊	1	1.69
中国台湾	329	41.85	奥地利	1	0.98
澳大利亚	19	26.40	葡萄牙	1	0.64
卢森堡	24	24.62	土耳其	1	0.55
芬兰	10	16.55	越南	30	0.50
瑞典	4	15.08	英国	1	0.34
意大利	4	8.91	日本	2	0.19

2023年中国塑料机械零件进口情况

进口来源地	进口量/kg	进口额/万美元	进口来源地	进口量/kg	进口额/万美元
品目8477所列机器的零件（84779000）					
合计	10 636 983	49 392.71	俄罗斯	2 089	4.09
德国	5 467 458	23 762.36	印度尼西亚	898	3.89
法国	1 165 842	6 179.63	克罗地亚	1 151	3.87
日本	1 207 943	6 102.30	罗马尼亚	348	3.14
美国	225 843	2 850.66	斯洛文尼亚	400	2.12
意大利	424 666	2 372.08	塞尔维亚	125	2.09
荷兰	337 727	1 880.85	南非	1 383	1.74
奥地利	305 147	1 498.15	巴西	174	0.95
中国台湾	664 783	1 180.38	哥斯达黎加	380	0.81
韩国	264 666	824.88	摩洛哥	204	0.65
泰国	81 946	544.55	爱尔兰	53	0.65
瑞士	30 217	508.79	国家（地区）不明	33	0.50
加拿大	51 608	370.00	挪威	150	0.43
中国大陆	248 169	353.12	阿联酋	719	0.38
捷克	31 267	134.46	波多黎各	13	0.34
西班牙	15 090	103.83	多哥	520	0.33
新加坡	2 562	103.51	以色列	4	0.33
印度	21 535	93.01	波斯尼亚和黑塞哥维那	3	0.24
英国	11 944	65.66	布基纳法索	50	0.16
越南	8 361	64.73	北马其顿	2	0.15
中国香港	2 225	43.11	马拉维	70	0.15
斯洛伐克	11 868	42.08	危地马拉	120	0.13
葡萄牙	1 142	36.50	阿尔及利亚	83	0.13
丹麦	854	32.25	伊朗	230	0.11
瑞典	1 132	31.88	多米尼加	3	0.07
澳大利亚	6 372	30.26	圣马力诺	—	0.06
墨西哥	1 193	29.15	菲律宾	—	0.06
芬兰	1 708	26.88	巴基斯坦	840	0.05
比利时	1 715	16.89	埃及	38	0.04
卢森堡	322	15.38	尼日利亚	30	0.04
土耳其	6 348	15.20	立陶宛	1	0.03
希腊	12 672	14.81	斯里兰卡	—	0.03
马来西亚	6 508	14.47	保加利亚	2	0.01
波兰	5 260	11.96	爱沙尼亚	—	0.002
匈牙利	774	11.14			

2024年中国塑料机械整机出口情况

出口目的地	出口量/台	出口额/万美元	出口目的地	出口量/台	出口额/万美元
注塑机（84771010）					
合计	47 396	208 876.70	西班牙	171	1 333.97
越南	6 240	19 683.79	法国	100	1 258.68
印度	4 427	18 914.69	摩洛哥	261	1 152.15
墨西哥	1 569	15 917.13	澳大利亚	92	1 015.74
土耳其	2 612	14 046.25	坦桑尼亚	304	993.90
印度尼西亚	3 248	13 560.43	哈萨克斯坦	194	966.63
俄罗斯	2 191	11 559.16	加拿大	85	961.23
巴西	2 378	11 527.36	秘鲁	213	953.59
泰国	2 425	9 418.06	肯尼亚	381	931.01
美国	670	5 635.79	伊拉克	302	882.61
马来西亚	1 367	4 908.58	卢森堡	22	859.09
阿尔及利亚	1 190	4 137.19	加纳	249	834.45
阿联酋	1 084	3 778.01	英国	114	809.60
韩国	588	3 758.88	中国香港	208	673.02
埃及	946	3 302.78	白俄罗斯	163	657.33
德国	446	3 296.10	罗马尼亚	71	657.05
新加坡	574	2 934.73	缅甸	81	656.23
尼日利亚	1 573	2 704.65	埃塞俄比亚	153	612.96
伊朗	753	2 469.99	突尼斯	133	600.97
沙特阿拉伯	379	2 429.23	塞尔维亚	79	596.64
巴基斯坦	1 256	2 413.93	约旦	125	557.27
菲律宾	567	2 288.58	斯洛伐克	15	551.58
意大利	382	2 231.06	委内瑞拉	108	503.25
柬埔寨	704	2 189.69	乌干达	84	487.19
孟加拉国	617	1 929.37	乌克兰	121	483.00
南非	301	1 760.23	葡萄牙	59	470.10
捷克	166	1 738.24	喀麦隆	93	452.80
中国台湾	425	1 647.29	匈牙利	36	452.65
阿根廷	170	1 552.84	科特迪瓦	95	445.56
乌兹别克斯坦	413	1 485.81	智利	93	437.18
日本	370	1 477.28	安哥拉	124	428.00
哥伦比亚	299	1 410.71	危地马拉	73	378.32
波兰	257	1 386.89	多米尼加	72	372.10

（续）

出口目的地	出口量／台	出口额／万美元	出口目的地	出口量／台	出口额／万美元
注塑机（84771010）					
斯里兰卡	98	364.03	乍得	11	58.78
吉尔吉斯斯坦	181	344.61	洪都拉斯	14	58.26
以色列	49	323.47	索马里	8	53.04
塔吉克斯坦	74	276.72	布隆迪	11	50.89
吉布提	185	248.31	乌拉圭	5	46.19
莫桑比克	136	245.76	津巴布韦	120	44.63
塞内加尔	48	232.04	马达加斯加	62	44.39
厄瓜多尔	47	224.86	老挝	20	42.68
希腊	59	217.97	尼加拉瓜	15	42.07
保加利亚	51	217.55	塞拉利昂	39	40.05
利比亚	33	214.87	丹麦	15	39.32
阿富汗	56	208.15	芬兰	3	38.96
奥地利	13	203.19	瑞士	1	37.50
叙利亚	41	197.20	阿尔巴尼亚	10	36.99
尼泊尔	47	195.35	巴林	10	36.98
巴拉圭	54	192.44	巴勒斯坦	9	35.96
阿塞拜疆	50	191.76	亚美尼亚	9	34.79
黎巴嫩	61	177.44	爱尔兰	8	34.73
荷兰	35	172.01	爱沙尼亚	6	34.62
瑞典	22	163.03	科威特	11	30.57
刚果民主共和国	71	154.85	哥斯达黎加	5	30.22
萨尔瓦多	27	152.29	马耳他	10	24.28
玻利维亚	19	141.89	波斯尼亚和黑塞哥维那	3	23.55
阿曼	46	125.36	比利时	11	23.55
赞比亚	28	121.93	贝宁	9	22.25
新西兰	14	120.89	马尔代夫	1	19.87
克罗地亚	30	120.56	纳米比亚	3	18.78
斯洛文尼亚	15	119.47	布基纳法索	6	18.77
多哥	45	112.15	加蓬	5	18.56
刚果共和国	23	111.99	南苏丹	3	16.35
也门	23	109.03	马里	4	15.03
土库曼斯坦	28	104.68	斐济	3	12.58
古巴	20	94.83	北马其顿	6	11.16
苏丹	23	93.62	东帝汶	4	8.58
拉脱维亚	12	89.70	毛里求斯	3	8.07
蒙古	5	86.90	几内亚比绍	1	7.67
几内亚	24	85.85	塞浦路斯	4	7.67
巴拿马	10	81.60	毛里塔尼亚	7	7.32
格鲁吉亚	9	72.02	卡塔尔	9	6.42
马拉维	16	65.51	立陶宛	4	6.26

(续)

出口目的地	出口量/台	出口额/万美元	出口目的地	出口量/台	出口额/万美元
注塑机（84771010）					
卢旺达	2	5.57	巴布亚新几内亚	1	2.38
摩尔多瓦	3	3.88	圭亚那	2	2.28
法属波利尼西亚	1	3.69	冈比亚	1	1.93
美属维尔京群岛	1	3.57	佛得角	1	0.29
波多黎各	1	2.87	利比里亚	1	0.25
博茨瓦纳	1	2.68	巴巴多斯	3	0.07
特立尼达和多巴哥	1	2.44			
其他注射机（84771090）					
合计	6 376	6 919.52	韩国	370	43.47
越南	330	1 148.56	孟加拉国	22	40.52
中国台湾	14	532.83	中国香港	16	39.03
印度	122	448.38	捷克	10	39.03
墨西哥	204	425.87	沙特阿拉伯	55	29.47
印度尼西亚	361	354.70	奥地利	6	29.32
俄罗斯	47	288.98	埃塞俄比亚	9	28.27
巴西	18	253.44	危地马拉	7	27.94
瑞典	4	219.35	卡塔尔	39	24.25
阿联酋	49	197.04	约旦	7	22.43
波兰	25	195.86	黎巴嫩	3	21.57
阿尔及利亚	54	195.71	摩洛哥	10	21.55
泰国	718	159.37	伊拉克	3	17.07
葡萄牙	6	156.89	乌兹别克斯坦	4	15.83
西班牙	23	151.36	莫桑比克	7	15.50
马来西亚	1 693	145.89	吉布提	8	15.08
土耳其	25	143.59	哈萨克斯坦	9	14.36
埃及	30	138.11	希腊	3	14.32
德国	23	126.16	多米尼加	10	14.00
菲律宾	157	121.52	白俄罗斯	87	13.83
巴基斯坦	82	117.80	伊朗	12	13.52
新加坡	1 041	107.00	意大利	5	12.97
美国	56	84.36	保加利亚	2	12.27
肯尼亚	152	69.90	厄瓜多尔	6	11.76
坦桑尼亚	16	62.63	马拉维	1	11.50
秘鲁	10	56.70	也门	4	10.06
斯洛伐克	9	54.90	刚果共和国	2	10.00
科特迪瓦	13	54.37	罗马尼亚	1	9.54
哥伦比亚	12	52.81	缅甸	24	8.91
尼日利亚	39	48.55	斯里兰卡	5	8.65
柬埔寨	17	47.51	吉尔吉斯斯坦	12	8.35
安哥拉	16	44.66	日本	3	8.27

(续)

出口目的地	出口量/台	出口额/万美元	出口目的地	出口量/台	出口额/万美元
其他注射机（84771090）					
多哥	4	7.89	塞尔维亚	2	2.50
塞拉利昂	18	7.50	刚果民主共和国	1	2.40
萨尔瓦多	2	7.15	塔吉克斯坦	3	1.92
突尼斯	2	6.90	乌干达	3	1.80
克罗地亚	1	6.71	法国	48	1.20
玻利维亚	1	5.98	洪都拉斯	7	1.05
巴拉圭	1	5.95	澳大利亚	42	0.19
加拿大	24	5.57	毛里求斯	15	0.09
赞比亚	1	5.20	英国	16	0.08
喀麦隆	1	5.00	以色列	1	0.08
古巴	1	4.50	老挝	11	0.02
委内瑞拉	1	4.40	中国澳门	1	0.02
塞内加尔	2	4.10	匈牙利	4	0.01
南非	24	3.74	比利时	5	0.01
智利	1	3.59	卢森堡	1	97美元
阿根廷	1	3.43	爱尔兰	1	47美元
尼泊尔	1	3.16	荷兰	1	37美元
塑料造粒机（84772010）					
合计	8 209	23 866.68	中国台湾	71	171.80
俄罗斯	749	4 233.49	乌兹别克斯坦	186	157.10
阿联酋	166	3 601.88	匈牙利	9	148.70
越南	616	2 285.89	肯尼亚	166	133.35
印度	390	1 775.61	阿曼	39	132.88
土耳其	125	796.95	波兰	56	131.56
马来西亚	212	793.02	柬埔寨	53	131.03
印度尼西亚	315	657.79	巴基斯坦	55	130.91
日本	145	639.85	阿根廷	77	120.48
埃及	295	637.42	加拿大	12	108.72
墨西哥	893	596.21	哈萨克斯坦	84	101.84
泰国	311	585.06	新加坡	43	100.06
巴西	136	529.00	法国	5	98.80
美国	128	505.83	吉尔吉斯斯坦	36	96.35
沙特阿拉伯	90	319.41	哥伦比亚	31	93.05
尼日利亚	244	298.88	瑞典	4	81.36
阿尔及利亚	461	287.05	孟加拉国	46	80.60
伊朗	40	278.50	埃塞俄比亚	105	79.29
韩国	75	244.59	加纳	82	79.09
突尼斯	19	208.90	委内瑞拉	47	78.29
南非	69	191.06	摩洛哥	21	77.31
菲律宾	187	181.82	坦桑尼亚	62	75.48

(续)

出口目的地	出口量/台	出口额/万美元	出口目的地	出口量/台	出口额/万美元
塑料造粒机（84772010）					
中国香港	35	74.86	尼加拉瓜	6	16.10
澳大利亚	12	74.71	科威特	3	15.84
秘鲁	32	74.00	卢森堡	2	15.35
缅甸	24	66.26	保加利亚	5	13.82
智利	22	62.81	玻利维亚	7	13.77
西班牙	19	59.72	也门	49	12.67
英国	15	57.86	罗马尼亚	8	12.32
伊拉克	170	55.87	土库曼斯坦	29	11.84
多米尼加	14	47.18	阿尔巴尼亚	4	11.14
斯里兰卡	34	46.60	白俄罗斯	12	10.15
喀麦隆	26	43.79	老挝	12	10.00
安哥拉	65	43.21	比利时	2	9.88
尼泊尔	6	42.86	津巴布韦	5	9.36
约旦	16	42.48	洪都拉斯	19	7.13
克罗地亚	10	40.33	布基纳法索	3	7.05
赞比亚	12	38.28	佛得角	1	6.67
厄瓜多尔	17	37.83	巴林	14	6.47
塞尔维亚	6	36.16	阿塞拜疆	22	6.01
莫桑比克	35	35.88	乌拉圭	9	5.98
科特迪瓦	42	35.24	巴拿马	4	5.81
吉布提	42	34.90	塔吉克斯坦	5	5.28
葡萄牙	3	31.91	哥斯达黎加	8	5.25
乌干达	23	31.08	几内亚	6	5.22
捷克	6	29.84	南苏丹	2	5.17
新西兰	5	29.05	圭亚那	2	5.12
多哥	33	29.00	巴勒斯坦	3	5.01
卡塔尔	10	29.00	瑞士	2	4.63
意大利	36	28.08	阿富汗	2	4.61
德国	16	26.53	刚果共和国	1	3.95
巴拉圭	7	25.77	马拉维	1	3.93
荷兰	5	23.41	海地	1	3.87
利比亚	11	23.40	马达加斯加	5	3.49
黎巴嫩	8	21.09	加蓬	1	3.38
塞内加尔	33	20.81	贝宁	5	3.37
以色列	13	20.68	博茨瓦纳	3	3.13
危地马拉	11	19.43	苏丹	2	3.12
斯洛文尼亚	4	17.77	萨尔瓦多	2	2.40
北马其顿	2	17.76	刚果民主共和国	11	2.31
叙利亚	5	17.06	希腊	19	2.25
乌克兰	5	16.55	摩尔多瓦	2	1.92

（续）

出口目的地	出口量/台	出口额/万美元	出口目的地	出口量/台	出口额/万美元
塑料造粒机（84772010）					
尼日尔	2	1.90	斐济	1	0.55
巴布亚新几内亚	1	1.78	毛里求斯	1	0.50
斯洛伐克	2	1.70	索马里	4	0.49
苏里南	4	1.64	奥地利	1	0.44
塞舌尔	2	1.03	纳米比亚	1	0.38
黑山	1	0.98	卢旺达	1	0.36
东帝汶	15	0.95	亚美尼亚	2	0.18
蒙古	2	0.91	塞拉利昂	1	0.16
古巴	2	0.83	马里	1	0.14
格鲁吉亚	1	0.79	立陶宛	12	0.14
毛里塔尼亚	6	0.58	圣卢西亚	1	0.12
其他挤出机（84772090）					
合计	**17 901**	**68 513.72**	摩洛哥	86	538.99
越南	1 700	8 600.27	南非	114	496.51
印度	2 326	6 524.62	德国	327	478.13
俄罗斯	670	6 335.88	坦桑尼亚	114	447.81
印度尼西亚	873	4 416.83	乌克兰	58	424.92
泰国	776	4 001.66	日本	85	406.16
土耳其	1 308	2 433.10	伊拉克	244	391.85
美国	452	1 864.62	多米尼加	56	378.24
墨西哥	306	1 773.52	塞尔维亚	35	376.25
阿尔及利亚	322	1 607.49	阿根廷	64	359.70
沙特阿拉伯	243	1 586.48	新加坡	149	356.73
巴西	413	1 560.58	澳大利亚	39	291.20
乌兹别克斯坦	252	1 558.85	加拿大	28	290.87
埃及	473	1 493.78	肯尼亚	136	288.75
柬埔寨	117	1 418.57	哥伦比亚	70	271.82
马来西亚	261	1 291.05	加纳	138	252.28
韩国	583	1 142.23	吉尔吉斯斯坦	382	224.33
阿联酋	330	1 112.01	白俄罗斯	151	221.49
哈萨克斯坦	213	1 091.80	厄瓜多尔	42	210.76
孟加拉国	227	1 088.23	意大利	31	209.37
尼日利亚	346	894.61	希腊	18	195.62
巴基斯坦	253	876.35	土库曼斯坦	33	172.01
西班牙	74	668.03	北马其顿	8	169.68
伊朗	132	660.75	约旦	34	167.17
中国台湾	159	654.18	中国香港	18	163.54
波兰	156	543.58	阿曼	25	161.91
埃塞俄比亚	115	543.38	英国	61	145.53
菲律宾	191	540.52	安哥拉	59	136.97

(续)

出口目的地	出口量/台	出口额/万美元	出口目的地	出口量/台	出口额/万美元
其他挤出机（84772090）					
保加利亚	12	134.12	巴林	8	42.12
利比亚	34	131.71	圭亚那	5	37.26
多哥	20	115.32	丹麦	8	36.86
老挝	50	114.16	毛里塔尼亚	2	31.03
秘鲁	61	111.71	奥地利	8	30.90
智利	22	110.33	巴拉圭	12	30.55
亚美尼亚	112	109.47	缅甸	50	30.25
塔吉克斯坦	33	107.78	哥斯达黎加	9	29.97
乌干达	27	106.70	贝宁	2	29.63
斯里兰卡	49	103.83	摩尔多瓦	4	29.31
捷克	7	103.17	尼加拉瓜	3	28.89
突尼斯	25	97.89	卢旺达	32	28.10
新西兰	14	97.64	几内亚	18	27.69
喀麦隆	108	95.19	科威特	4	27.56
阿富汗	31	89.20	危地马拉	10	26.83
科特迪瓦	33	83.61	萨尔瓦多	22	26.72
刚果民主共和国	38	81.81	叙利亚	34	24.27
吉布提	22	79.97	克罗地亚	8	24.24
以色列	13	78.87	加蓬	187	24.15
洪都拉斯	17	72.97	阿尔巴尼亚	7	23.79
比利时	22	70.91	苏丹	9	23.50
玻利维亚	9	67.60	斯洛文尼亚	6	23.15
葡萄牙	7	66.95	也门	23	22.08
罗马尼亚	27	65.23	纳米比亚	1	19.45
津巴布韦	14	64.73	塞拉利昂	1	17.40
赞比亚	12	63.31	索马里	5	11.28
卡塔尔	7	62.49	挪威	3	10.99
塞内加尔	64	59.44	瑞典	1	9.00
乌拉圭	11	59.02	波斯尼亚和黑塞哥维那	1	8.80
巴拿马	6	58.76	巴哈马	1	8.30
尼泊尔	37	57.38	布基纳法索	2	8.06
莫桑比克	148	55.34	马达加斯加	2	6.88
委内瑞拉	29	51.98	冈比亚	7	6.86
黎巴嫩	29	51.19	塞浦路斯	2	6.77
斐济	2	50.20	荷兰	204	6.60
阿塞拜疆	15	49.81	巴勒斯坦	1	6.41
法国	9	48.94	爱沙尼亚	4	6.10
格鲁吉亚	13	47.04	尼日尔	1	5.93
蒙古	75	45.93	斯威士兰	4	5.70
博茨瓦纳	3	43.56	匈牙利	2	5.30

(续)

出口目的地	出口量/台	出口额/万美元	出口目的地	出口量/台	出口额/万美元
其他挤出机（84772090）					
立陶宛	2	4.56	佛得角	2	0.67
古巴	2	4.47	瑞士	1	0.54
斯洛伐克	1	3.67	几内亚比绍	1	0.43
东帝汶	8	3.41	黑山	8	0.31
马里	1	2.50	赤道几内亚	3	0.18
芬兰	2	1.96	波多黎各	1	0.18
拉脱维亚	3	1.59	牙买加	2	0.14
乍得	2	1.36	爱尔兰	1	0.10
特立尼达和多巴哥	1	1.13	马拉维	1	0.06
布隆迪	2	0.94	塞舌尔	1	0.06
挤出吹塑机（84773010）					
合计	**4 866**	**17 147.73**	南非	117	149.17
越南	484	1 325.78	科特迪瓦	42	145.08
俄罗斯	142	1 158.13	加纳	174	140.27
印度	89	1 142.56	阿根廷	15	132.23
阿联酋	94	965.58	摩洛哥	193	131.38
墨西哥	135	953.33	哈萨克斯坦	107	126.64
印度尼西亚	209	868.82	伊朗	29	113.37
泰国	151	659.48	柬埔寨	51	107.72
沙特阿拉伯	81	586.17	叙利亚	4	101.10
韩国	42	552.05	波兰	21	98.80
阿尔及利亚	140	505.28	危地马拉	21	98.63
马来西亚	85	469.74	斯里兰卡	52	88.23
巴西	50	408.30	新加坡	11	84.28
尼日利亚	157	386.65	坦桑尼亚	32	76.11
土耳其	40	370.26	埃塞俄比亚	26	71.50
菲律宾	49	338.94	立陶宛	16	69.89
澳大利亚	21	293.91	苏丹	98	69.38
埃及	84	284.48	吉尔吉斯斯坦	51	67.28
美国	56	274.95	利比亚	7	64.68
秘鲁	34	269.41	津巴布韦	13	63.04
孟加拉国	66	239.56	也门	129	62.03
约旦	44	212.97	德国	88	60.29
白俄罗斯	11	199.63	保加利亚	13	60.02
伊拉克	87	194.34	尼泊尔	2	54.85
巴基斯坦	26	170.70	玻利维亚	3	53.47
乌兹别克斯坦	66	161.95	日本	4	52.13
肯尼亚	92	160.28	厄瓜多尔	29	51.77
塞内加尔	21	157.62	缅甸	28	48.92
哥伦比亚	21	151.32	阿曼	7	47.64

（续）

出口目的地	出口量/台	出口额/万美元	出口目的地	出口量/台	出口额/万美元
挤出吹塑机（84773010）					
老挝	9	43.19	阿塞拜疆	63	12.27
以色列	5	40.90	索马里	4	12.13
加拿大	7	40.01	瑞典	2	10.56
罗马尼亚	14	39.12	哥斯达黎加	3	10.38
匈牙利	4	38.19	乌克兰	6	10.07
多米尼加	32	37.90	阿尔巴尼亚	2	9.35
多哥	200	37.25	加蓬	3	9.08
喀麦隆	49	37.21	圭亚那	3	7.78
黎巴嫩	60	36.78	塔吉克斯坦	4	7.54
智利	50	36.14	古巴	5	7.38
委内瑞拉	17	35.15	斯洛伐克	2	7.35
安哥拉	42	33.14	布基纳法索	1	7.30
希腊	25	32.45	斐济	1	6.60
乌干达	19	32.45	蒙古	4	6.58
西班牙	7	32.32	塞舌尔	1	6.31
马里	5	30.53	意大利	26	5.85
巴拉圭	9	28.65	中国香港	3	5.51
吉布提	17	28.02	马达加斯加	3	4.72
利比里亚	2	28.00	尼加拉瓜	3	4.70
莫桑比克	71	25.52	尼日尔	3	4.69
巴勒斯坦	4	24.89	洪都拉斯	2	4.67
突尼斯	10	23.61	英国	3	4.02
塞尔维亚	5	21.13	巴林	1	3.49
克罗地亚	3	20.79	卡塔尔	3	3.15
科威特	9	20.77	阿富汗	2	2.51
摩尔多瓦	4	19.02	阿鲁巴	1	2.19
牙买加	2	17.45	巴拿马	1	2.16
巴布亚新几内亚	2	17.43	捷克	1	1.97
乌拉圭	2	16.49	南苏丹	1	1.86
北马其顿	3	15.84	苏里南	3	1.72
中国台湾	5	15.60	莱索托	1	1.50
几内亚	7	15.12	特立尼达和多巴哥	1	1.35
格鲁吉亚	11	14.62	毛里塔尼亚	2	1.32
葡萄牙	1	14.62	荷兰	1	1.31
马拉维	2	14.11	比利时	1	1.02
博茨瓦纳	4	13.93	土库曼斯坦	8	0.20
赞比亚	8	13.33	刚果民主共和国	2	0.15
萨尔瓦多	1	13.10	塞拉利昂	3	0.12
注射吹塑机（84773020）					
合计	**521**	**2 294.11**	印度	72	410.34

(续)

出口目的地	出口量/台	出口额/万美元	出口目的地	出口量/台	出口额/万美元
注射吹塑机（84773020）					
墨西哥	31	142.51	澳大利亚	2	9.99
越南	55	117.50	希腊	3	9.15
印度尼西亚	32	112.80	葡萄牙	2	8.90
俄罗斯	13	104.26	智利	2	8.83
哥伦比亚	5	80.32	罗马尼亚	1	8.80
孟加拉国	15	79.19	加拿大	1	8.80
土耳其	31	77.97	萨尔瓦多	1	8.24
巴西	13	76.22	西班牙	2	8.00
阿联酋	11	73.94	克罗地亚	2	7.84
乌兹别克斯坦	4	69.36	菲律宾	4	7.74
尼日利亚	14	65.03	斯里兰卡	3	7.58
巴基斯坦	10	59.06	韩国	3	6.87
多哥	7	54.17	以色列	1	6.65
阿尔及利亚	19	52.34	波兰	1	6.38
泰国	9	51.83	厄瓜多尔	3	5.71
委内瑞拉	13	50.57	伊朗	1	4.45
美国	6	46.09	苏丹	1	3.65
南非	7	35.91	利比里亚	1	3.55
坦桑尼亚	5	24.66	摩洛哥	1	3.20
喀麦隆	5	23.29	赞比亚	2	2.83
科特迪瓦	3	22.91	叙利亚	2	2.70
肯尼亚	4	21.80	多米尼加	4	2.60
新加坡	3	20.77	阿根廷	5	2.38
刚果民主共和国	2	20.33	布基纳法索	1	1.64
沙特阿拉伯	1	19.97	萨摩亚	2	1.53
塞内加尔	2	18.87	缅甸	4	1.39
埃及	7	18.12	索马里	1	0.97
法国	2	18.08	安哥拉	2	0.96
哈萨克斯坦	23	17.84	几内亚比绍	1	0.94
马来西亚	2	17.04	利比亚	1	0.88
埃塞俄比亚	1	15.43	巴拿马	1	0.85
危地马拉	3	15.29	中国台湾	1	0.80
乌干达	2	14.60	莫桑比克	3	0.79
黎巴嫩	4	14.09	加纳	1	0.68
突尼斯	2	13.63	老挝	1	0.50
布隆迪	1	13.60	海地	1	0.49
英国	2	12.31	津巴布韦	1	0.28
玻利维亚	4	11.84	塔吉克斯坦	1	0.21
吉布提	2	11.65	阿尔巴尼亚	1	0.04
约旦	3	10.78			

(续)

出口目的地	出口量/台	出口额/万美元	出口目的地	出口量/台	出口额/万美元
其他吹塑机（84773090）					
合计	**30 821**	**15 243.70**	刚果民主共和国	56	81.70
印度尼西亚	8 682	1 242.76	塔吉克斯坦	88	78.71
泰国	408	1 135.41	中国台湾	40	78.63
美国	217	977.75	多米尼加	29	77.07
越南	444	802.14	阿曼	30	76.43
沙特阿拉伯	207	719.55	加纳	79	75.57
印度	68	659.69	中国香港	807	73.31
马来西亚	170	523.59	苏丹	33	67.92
伊朗	310	519.84	突尼斯	42	67.73
尼日利亚	592	504.42	韩国	13	63.79
孟加拉国	158	437.81	吉布提	30	59.16
俄罗斯	1 758	382.37	乌干达	11	58.80
埃及	152	365.81	利比亚	107	58.09
阿联酋	146	274.05	塞尔维亚	4	56.91
埃塞俄比亚	45	253.59	巴西	5 209	56.62
墨西哥	107	239.78	智利	39	52.55
菲律宾	423	223.13	约旦	206	52.45
乌兹别克斯坦	337	218.08	喀麦隆	26	52.32
柬埔寨	372	204.57	巴林	1	48.80
南非	90	204.48	新加坡	28	47.72
摩洛哥	135	199.38	多哥	11	47.20
也门	1 160	191.69	黎巴嫩	16	45.99
哥伦比亚	73	191.36	巴拿马	23	45.92
委内瑞拉	32	177.26	毛里塔尼亚	42	42.92
秘鲁	141	174.82	萨尔瓦多	11	41.62
肯尼亚	124	166.37	希腊	4	41.08
土耳其	4 085	157.58	澳大利亚	6	39.98
哈萨克斯坦	54	146.45	斯里兰卡	17	37.47
安哥拉	131	128.14	莫桑比克	25	37.26
阿根廷	92	127.54	洪都拉斯	7	36.17
伊拉克	177	120.00	葡萄牙	1	33.44
阿尔及利亚	69	116.97	加拿大	9	31.88
科特迪瓦	34	113.57	布基纳法索	26	31.47
赞比亚	24	105.34	亚美尼亚	17	30.04
以色列	37	103.49	波兰	22	28.01
塞内加尔	156	102.77	佛得角	3	27.67
缅甸	1 422	99.88	保加利亚	10	27.04
坦桑尼亚	113	98.69	乍得	4	26.94
巴基斯坦	190	88.22	危地马拉	11	26.82

(续)

出口目的地	出口量／台	出口额／万美元	出口目的地	出口量／台	出口额／万美元
其他吹塑机（84773090）					
玻利维亚	20	26.66	意大利	6	7.64
厄瓜多尔	21	25.01	索马里	64	7.39
匈牙利	4	23.43	巴勒斯坦	5	7.14
津巴布韦	13	22.62	波斯尼亚和黑塞哥维那	3	7.04
法国	1	22.15	古巴	5	6.81
卡塔尔	6	21.96	巴布亚新几内亚	186	6.76
白俄罗斯	15	21.90	日本	4	6.63
巴拉圭	9	20.17	伯利兹	2	6.54
尼泊尔	21	19.88	贝宁	8	6.44
大洋洲其他国家（地区）	2	19.78	瓜德罗普	2	6.00
西班牙	10	19.63	刚果共和国	19	5.82
乌拉圭	8	19.21	英国	2	5.78
乌克兰	20	18.99	巴哈马	7	5.52
几内亚	18	17.59	利比里亚	2	5.52
海地	5	17.25	马拉维	4	5.33
阿尔巴尼亚	6	16.99	赤道几内亚	7	4.74
哥斯达黎加	4	16.30	冈比亚	4	4.56
圭亚那	9	16.11	尼日尔	3	4.40
南苏丹	5	15.67	加蓬	10	4.33
罗马尼亚	10	15.54	东帝汶	3	3.82
毛里求斯	3	14.19	布隆迪	4	3.69
中非	1	14.18	格林纳达	3	3.57
苏里南	3	13.77	塞舌尔	1	3.54
土库曼斯坦	5	13.12	摩尔多瓦	3	3.40
新西兰	1	12.94	叙利亚	2	3.37
斯洛文尼亚	4	12.15	马里	1	3.37
纳米比亚	7	10.57	阿塞拜疆	3	3.05
科威特	6	10.55	所罗门群岛	2	2.97
德国	29	10.53	尼加拉瓜	2	2.89
塞拉利昂	10	10.36	博茨瓦纳	3	2.53
科摩罗	5	10.16	蒙古	3	2.38
马达加斯加	6	9.99	几内亚比绍	1	2.32
斯洛伐克	4	9.98	斯威士兰	3	2.31
格鲁吉亚	7	9.84	圣基茨和尼维斯	5	2.12
吉尔吉斯斯坦	19	8.70	黑山	1	2.02
斐济	2	8.46	马尔代夫	1	1.85
北马其顿	7	8.46	特立尼达和多巴哥	2	1.67
牙买加	5	8.08	瓦努阿图	1	1.59
汤加	4	7.70	克罗地亚	3	1.53
塞浦路斯	3	7.66	老挝	6	1.08

(续)

出口目的地	出口量/台	出口额/万美元	出口目的地	出口量/台	出口额/万美元
其他吹塑机（84773090）					
波多黎各	1	0.95	立陶宛	1	0.52
圣卢西亚	2	0.81	丹麦	1	0.48
安提瓜和巴布达	1	0.63	新喀里多尼亚	1	0.33
阿富汗	1	0.55	萨摩亚	1	0.18
塑料中空成型机（84774010）					
合计	3 024	7 808.76	智利	21	55.94
越南	101	657.30	刚果民主共和国	6	54.58
印度	113	587.53	多哥	5	49.14
墨西哥	949	486.19	菲律宾	20	47.24
印度尼西亚	68	382.90	哈萨克斯坦	6	47.05
泰国	89	289.23	南非	12	46.76
沙特阿拉伯	36	288.99	西班牙	11	46.17
孟加拉国	35	279.12	保加利亚	6	44.28
土耳其	35	276.67	秘鲁	6	42.21
俄罗斯	42	261.34	厄瓜多尔	4	42.14
阿联酋	34	259.71	塞内加尔	14	39.15
阿尔及利亚	29	224.57	伊朗	8	37.65
巴西	20	200.87	中国台湾	6	36.52
英国	11	161.45	摩洛哥	6	36.45
罗马尼亚	11	153.41	卡塔尔	5	33.15
美国	340	152.22	津巴布韦	2	33.03
埃及	36	146.85	日本	192	32.77
尼日利亚	33	142.64	柬埔寨	11	31.61
澳大利亚	18	121.99	法国	2	29.86
波兰	20	120.78	喀麦隆	8	29.28
约旦	15	111.21	突尼斯	8	28.86
加纳	47	106.44	新加坡	4	28.68
缅甸	40	98.51	新西兰	22	28.15
哥伦比亚	13	88.54	吉尔吉斯斯坦	3	28.12
韩国	18	87.09	也门	17	27.61
巴基斯坦	15	85.61	埃塞俄比亚	4	25.71
乌兹别克斯坦	18	73.65	巴拿马	4	25.62
科特迪瓦	12	72.44	苏丹	3	23.63
葡萄牙	3	72.31	黎巴嫩	5	22.03
乌干达	49	71.99	克罗地亚	2	21.46
伊拉克	12	66.64	匈牙利	6	20.04
马来西亚	19	63.57	莫桑比克	10	19.58
阿根廷	12	63.50	塞浦路斯	2	18.59
希腊	7	60.52	坦桑尼亚	7	15.46
委内瑞拉	6	59.64	毛里塔尼亚	5	15.22

(续)

出口目的地	出口量/台	出口额/万美元	出口目的地	出口量/台	出口额/万美元
塑料中空成型机（84774010）					
危地马拉	2	15.14	斯里兰卡	1	4.97
荷兰	121	15.12	特立尼达和多巴哥	1	4.32
德国	4	14.96	乌克兰	1	3.67
肯尼亚	5	14.58	苏里南	1	3.57
塞尔维亚	1	13.53	加拿大	4	2.92
萨尔瓦多	3	13.47	哥斯达黎加	2	2.77
多米尼加	2	12.45	马拉维	1	2.46
格鲁吉亚	4	12.21	赞比亚	2	2.38
塔吉克斯坦	23	11.46	瑞典	2	2.15
土库曼斯坦	2	10.41	斯洛文尼亚	1	2.11
吉布提	3	10.39	白俄罗斯	1	1.98
尼泊尔	2	10.35	拉脱维亚	1	1.61
阿曼	4	9.73	老挝	1	1.53
安哥拉	4	9.46	意大利	32	1.23
科威特	2	8.24	加蓬	1	0.79
瑞士	2	8.06	蒙古	1	0.76
布隆迪	1	7.70	巴布亚新几内亚	2	0.50
以色列	10	6.92	伯利兹	1	0.31
亚美尼亚	3	6.85	玻利维亚	4	0.21
芬兰	2	6.78	比利时	1	0.06
叙利亚	1	5.90	塞舌尔	1	0.03
马里	1	5.58	波斯尼亚和黑塞哥维那	1	0.02
塑料压延成型机（84774020）					
合计	2 266	2 277.43	委内瑞拉	6	35.94
印度尼西亚	216	261.68	波兰	3	31.67
柬埔寨	11	206.86	秘鲁	9	31.08
埃及	16	206.61	乌兹别克斯坦	6	30.09
印度	127	181.85	菲律宾	22	30.08
越南	64	176.18	缅甸	1	29.98
泰国	24	105.03	多米尼加	29	26.77
墨西哥	25	102.36	吉布提	2	24.20
马来西亚	211	79.66	日本	3	22.11
中国台湾	16	67.66	伯利兹	1	22.00
孟加拉国	16	65.62	格鲁吉亚	3	19.77
乌克兰	1	55.30	意大利	1	19.04
伊拉克	20	54.58	哥斯达黎加	2	16.80
俄罗斯	151	44.88	哥伦比亚	1	16.30
土耳其	21	37.95	阿尔及利亚	94	15.35
美国	44	36.46	阿联酋	7	14.24
巴基斯坦	14	36.37	肯尼亚	7	13.73

(续)

出口目的地	出口量/台	出口额/万美元	出口目的地	出口量/台	出口额/万美元
塑料压延成型机（84774020）					
伊朗	4	13.19	喀麦隆	3	2.71
韩国	13	12.67	中国香港	1	1.44
新加坡	22	11.70	厄瓜多尔	1	1.30
土库曼斯坦	3	9.94	坦桑尼亚	2	1.04
吉尔吉斯斯坦	6	9.88	蒙古	6	1.00
尼泊尔	2	8.68	特立尼达和多巴哥	1	0.99
约旦	6	8.28	布基纳法索	1	0.93
沙特阿拉伯	407	7.58	摩洛哥	40	0.86
巴拉圭	30	7.50	刚果民主共和国	3	0.84
巴拿马	11	6.49	乌干达	1	0.50
洪都拉斯	2	5.68	尼日利亚	1	0.49
以色列	2	5.10	塞内加尔	1	0.39
巴西	13	5.04	德国	480	0.37
危地马拉	3	4.80	捷克	1	0.29
卡塔尔	1	4.62	葡萄牙	1	0.24
英国	2	4.59	加拿大	4	0.17
比利时	1	4.58	阿根廷	1	0.06
巴勒斯坦	1	4.49	希腊	1	0.05
保加利亚	1	4.25	爱沙尼亚	1	0.04
南非	3	3.56	澳大利亚	3	0.01
哈萨克斯坦	6	2.92			
其他真空模塑机及其他热成型机器（84774090）					
合计	**47 541**	**23 942.52**	菲律宾	326	314.94
越南	2 260	6 004.13	新加坡	809	301.24
印度尼西亚	11 010	2 279.19	美国	3 565	272.99
泰国	2 173	1 849.59	白俄罗斯	46	253.22
印度	857	1 650.91	伊朗	76	230.99
俄罗斯	259	1 254.31	柬埔寨	227	222.75
土耳其	692	761.90	乌兹别克斯坦	108	220.69
马来西亚	6 054	751.62	哈萨克斯坦	336	183.07
中国台湾	139	601.54	南非	183	144.65
巴西	137	562.18	秘鲁	69	122.98
墨西哥	1 677	550.40	巴基斯坦	157	117.59
阿尔及利亚	235	530.53	伊拉克	158	114.13
孟加拉国	107	500.58	约旦	103	99.22
阿联酋	374	421.57	加拿大	103	97.63
日本	235	375.79	危地马拉	12	85.87
韩国	178	358.09	乌干达	7	78.13
埃及	154	348.29	智利	4 543	77.34
沙特阿拉伯	110	336.22	突尼斯	32	72.70

（续）

出口目的地	出口量/台	出口额/万美元	出口目的地	出口量/台	出口额/万美元
其他真空模塑机及其他热成型机器（84774090）					
尼日利亚	272	68.60	苏里南	1	14.49
玻利维亚	20	60.19	马达加斯加	5	14.39
塔吉克斯坦	49	59.26	法国	105	14.22
加纳	29	57.28	阿曼	9	14.14
厄瓜多尔	75	55.24	阿塞拜疆	159	13.78
波兰	244	55.05	阿根廷	8	13.39
哥斯达黎加	15	54.82	德国	1 270	12.52
吉尔吉斯斯坦	238	49.26	津巴布韦	8	12.03
克罗地亚	1 218	48.54	安哥拉	54	11.47
坦桑尼亚	383	47.56	黎巴嫩	392	10.90
肯尼亚	79	47.38	波多黎各	3	10.83
荷兰	249	41.82	古巴	3	10.78
匈牙利	394	39.80	喀麦隆	26	9.92
斯里兰卡	65	37.38	苏丹	11	9.41
中国香港	178	37.25	尼泊尔	9	9.34
哥伦比亚	680	36.13	利比亚	7	8.98
保加利亚	8	35.70	索马里	3	8.79
塞尔维亚	8	34.51	希腊	7	8.72
卡塔尔	8	33.70	塞内加尔	62	8.58
西班牙	20	33.05	老挝	5	8.57
委内瑞拉	21	32.43	斐济	1	8.40
澳大利亚	56	32.22	莫桑比克	18	7.95
摩洛哥	134	31.44	毛里塔尼亚	317	7.88
阿尔巴尼亚	6	31.29	萨尔瓦多	2	7.87
新西兰	17	30.96	洪都拉斯	4	7.69
多米尼加	56	30.84	蒙古	37	7.38
科威特	4	30.73	缅甸	13	6.47
丹麦	1	29.76	萨摩亚	1	6.46
赞比亚	3	28.61	多哥	6	5.97
亚美尼亚	12	28.36	布基纳法索	1	4.64
埃塞俄比亚	16	28.02	格鲁吉亚	3	4.58
几内亚	7	25.16	文莱	10	4.36
罗马尼亚	12	24.38	特立尼达和多巴哥	1	4.03
以色列	3	23.48	刚果民主共和国	84	3.81
乌克兰	12	20.12	马耳他	5	3.68
意大利	751	18.85	叙利亚	2	3.28
英国	957	18.85	加蓬	3	3.03
吉布提	220	18.62	爱沙尼亚	1	2.80
巴拉圭	4	14.88	捷克	305	2.80
阿富汗	4	14.55	也门	51	2.53

（续）

出口目的地	出口量/台	出口额/万美元	出口目的地	出口量/台	出口额/万美元
其他真空模塑机及其他热成型机器（84774090）					
芬兰	2	2.42	汤加	8	0.32
斯洛文尼亚	3	1.93	瑞士	1	0.30
葡萄牙	41	1.89	摩尔多瓦	2	0.25
刚果共和国	97	1.68	厄立特里亚	1	0.13
科特迪瓦	3	1.64	佛得角	1	0.12
立陶宛	2	1.32	巴布亚新几内亚	10	0.06
瑞典	8	1.18	贝宁	3	0.05
纳米比亚	2	0.93	斯洛伐克	1	0.04
乌拉圭	201	0.78	所罗门群岛	2	0.04
塞拉利昂	2	0.73	东帝汶	1	0.03
卢旺达	5	0.63	波斯尼亚和黑塞哥维那	1	0.03
博茨瓦纳	1	0.59	毛里求斯	1	0.02
法属波利尼西亚	1	0.59	巴巴多斯	1	0.02
比利时	86	0.51	北马其顿	1	0.01
巴林	1	0.38	冰岛	1	9美元
用于充气轮胎模塑或翻新的机器及内胎模塑或用其他方法成型的机器（84775100）					
合计	2 662	32 690.34	澳大利亚	19	53.19
柬埔寨	517	8 945.67	尼日利亚	35	33.85
越南	377	6 588.99	埃及	17	26.41
印度尼西亚	132	3 180.30	南非	2	20.57
阿尔及利亚	56	1 888.75	马来西亚	23	18.15
泰国	84	1 757.56	韩国	3	10.29
巴基斯坦	76	1 392.56	厄瓜多尔	12	5.29
俄罗斯	31	1 333.94	捷克	24	4.86
美国	569	1 074.45	秘鲁	2	3.89
巴西	28	986.86	塞内加尔	10	3.51
白俄罗斯	8	933.02	英国	1	3.50
墨西哥	55	871.82	巴拿马	28	3.48
法国	24	849.11	斯里兰卡	16	3.47
土耳其	11	528.28	喀麦隆	1	3.45
印度	27	481.55	几内亚	1	3.44
塞尔维亚	7	264.32	卢旺达	1	3.34
哥斯达黎加	7	250.93	菲律宾	5	2.61
日本	19	228.84	新加坡	6	2.48
加拿大	15	227.39	牙买加	4	2.40
葡萄牙	10	219.88	伊朗	1	2.23
意大利	1	211.44	中国台湾	5	1.85
斯洛伐克	6	136.31	刚果民主共和国	5	1.51
波兰	18	57.05	乌兹别克斯坦	6	1.26
坦桑尼亚	53	53.44	乌拉圭	3	1.15

(续)

出口目的地	出口量/台	出口额/万美元	出口目的地	出口量/台	出口额/万美元
用于充气轮胎模塑或翻新的机器及内胎模塑或用其他方法成型的机器（84775100）					
老挝	35	1.01	刚果共和国	2	0.18
新西兰	1	1.00	乌干达	2	0.18
比利时	26	0.78	巴拉圭	1	0.17
纳米比亚	1	0.78	玻利维亚	106	0.16
也门	16	0.61	德国	10	0.15
加蓬	16	0.56	格鲁吉亚	20	0.14
西班牙	1	0.55	科特迪瓦	2	0.11
挪威	2	0.54	阿联酋	1	0.09
希腊	1	0.49	加纳	5	0.08
塔吉克斯坦	3	0.46	荷兰	10	0.08
爱尔兰	1	0.44	津巴布韦	1	0.07
阿根廷	3	0.43	缅甸	11	0.05
莫桑比克	6	0.40	哥伦比亚	1	0.05
以色列	2	0.34	斐济	1	0.04
吉尔吉斯斯坦	1	0.33	哈萨克斯坦	1	0.03
萨尔瓦多	1	0.30	黎巴嫩	1	0.03
蒙古	4	0.28	中国香港	1	0.03
孟加拉国	1	0.27	埃塞俄比亚	1	0.02
安提瓜和巴布达	1	0.23	马达加斯加	1	0.01
多米尼加	1	0.20			
其他模塑或成型机器（84775900）					
合计	**50 219**	**22 565.15**	乌兹别克斯坦	48	172.38
越南	1 859	5 034.01	阿联酋	101	165.04
印度	711	2 483.71	日本	90	131.86
泰国	879	1 947.46	孟加拉国	107	128.83
印度尼西亚	340	1 311.77	意大利	63	127.91
阿尔及利亚	83	1 292.31	韩国	231	122.83
巴西	2 063	1 177.87	菲律宾	255	120.90
俄罗斯	24 413	1 032.34	新加坡	490	116.10
墨西哥	1 493	980.16	尼日利亚	86	95.56
柬埔寨	135	730.70	中国台湾	52	95.20
土耳其	519	521.06	坦桑尼亚	713	92.61
美国	2 308	502.37	秘鲁	31	91.32
马来西亚	1 544	385.23	埃及	59	90.37
斯洛伐克	24	378.40	智利	32	86.06
伊朗	44	369.28	摩洛哥	21	83.23
塞尔维亚	10	329.83	白俄罗斯	3	83.13
荷兰	384	299.48	哥伦比亚	16	73.12
巴基斯坦	421	274.56	津巴布韦	7	71.41
法国	59	209.17	塞内加尔	15	65.02

(续)

出口目的地	出口量/台	出口额/万美元	出口目的地	出口量/台	出口额/万美元
其他模塑或成型机器（84775900）					
肯尼亚	35	64.23	冰岛	1	8.35
吉布提	10	59.08	缅甸	42	8.18
波兰	1 259	53.51	斯里兰卡	202	8.16
埃塞俄比亚	17	53.51	乌克兰	16	7.60
沙特阿拉伯	456	53.44	塔吉克斯坦	2	6.35
刚果共和国	6	53.18	新西兰	34	5.62
捷克	124	49.24	阿根廷	7	5.37
南非	30	47.88	厄瓜多尔	7	4.32
葡萄牙	9	45.85	拉脱维亚	1	4.01
几内亚	13	42.14	马达加斯加	2	4.01
乌干达	5	41.77	叙利亚	2	4.00
也门	53	40.98	多哥	1	3.98
德国	993	39.16	土库曼斯坦	8	3.94
中国香港	51	37.50	匈牙利	5	3.65
安哥拉	2	34.78	洪都拉斯	3	3.44
老挝	20	33.99	卡塔尔	11	3.43
澳大利亚	29	31.89	阿曼	3	2.88
科特迪瓦	62	31.21	格鲁吉亚	271	2.29
吉尔吉斯斯坦	3 317	26.07	西班牙	10	2.27
奥地利	2	25.92	蒙古	16	2.23
刚果民主共和国	8	25.50	保加利亚	8	2.00
莫桑比克	17	25.35	挪威	1	1.95
哈萨克斯坦	39	25.15	萨尔瓦多	2	1.60
突尼斯	4	24.79	黎巴嫩	4	1.00
喀麦隆	11	20.55	希腊	3	0.89
英国	267	20.51	乌拉圭	231	0.85
委内瑞拉	6	19.17	纳米比亚	2	0.81
以色列	155	18.29	毛里求斯	1	0.75
多米尼加	2	15.65	伊拉克	164	0.74
罗马尼亚	6	15.42	巴拉圭	2	0.74
玻利维亚	2	13.54	爱尔兰	2	0.71
巴布亚新几内亚	5	12.72	斯洛文尼亚	1	0.68
加拿大	1 298	10.93	阿尔巴尼亚	1	0.66
丹麦	22	10.43	马尔代夫	2	0.65
南苏丹	1	9.93	亚美尼亚	1	0.53
尼泊尔	62	9.56	东帝汶	1	0.52
赞比亚	5	9.24	哥斯达黎加	3	0.50
巴林	16	9.12	危地马拉	2	0.46
约旦	5	8.81	卢森堡	1	0.44
加纳	7	8.74	尼加拉瓜	1	0.36

(续)

出口目的地	出口量/台	出口额/万美元	出口目的地	出口量/台	出口额/万美元
其他模塑或成型机器（84775900）					
科威特	12	0.34	牙买加	1	0.10
斐济	26	0.31	斯威士兰	1	0.07
几内亚比绍	1	0.29	中国澳门	2	0.07
阿塞拜疆	861	0.28	中非	1	0.06
索马里	1	0.26	莱索托	1	0.06
北马其顿	1	0.26	佛得角	1	0.06
伯利兹	1	0.26	圭亚那	1	0.02
塞浦路斯	1	0.25	阿富汗	29	0.01
比利时	55	0.11	布基纳法索	1	0.01
芬兰	1	0.11	瑞士	4	57美元
其他橡胶或塑料及其产品的加工机器（84778000）					
合计	1 871 897	223 528.74	哈萨克斯坦	85 469	1 891.76
越南	24 216	26 803.60	波兰	34 034	1 865.25
印度	56 144	19 264.93	西班牙	49 181	1 699.18
泰国	63 287	16 753.01	加拿大	24 920	1 591.75
柬埔寨	8 981	11 850.83	南非	16 318	1 528.35
印度尼西亚	36 007	11 340.15	伊朗	2 825	1 493.94
俄罗斯	216 928	9 534.65	乌兹别克斯坦	1 393	1 432.30
土耳其	63 996	7 997.14	德国	32 223	1 147.67
摩洛哥	3 331	6 763.04	伊拉克	2 193	1 044.19
墨西哥	13 303	6 462.21	哥伦比亚	4 858	1 039.04
塞尔维亚	10 799	6 123.73	肯尼亚	7 271	1 022.02
美国	186 295	6 006.07	智利	5 859	827.93
马来西亚	184 343	5 831.03	埃塞俄比亚	1 059	796.17
韩国	51 495	5 723.78	科特迪瓦	495	778.71
阿尔及利亚	5 260	4 256.25	阿根廷	9 966	717.96
阿联酋	19 459	4 202.59	约旦	739	715.49
巴西	22 464	3 959.98	吉尔吉斯斯坦	25 718	706.71
日本	5 315	3 360.04	斯里兰卡	744	701.73
沙特阿拉伯	9 361	3 342.52	坦桑尼亚	6 421	686.87
巴基斯坦	3 070	3 156.35	加纳	915	666.73
埃及	10 296	3 081.04	秘鲁	2 655	592.22
中国台湾	3 232	2 335.22	英国	33 394	588.10
尼日利亚	10 417	2 292.68	突尼斯	309	586.54
新加坡	102 775	2 266.28	白俄罗斯	609	578.40
罗马尼亚	23 800	2 185.58	法国	9 592	562.08
澳大利亚	124 076	2 079.82	乌克兰	1 560	557.52
菲律宾	24 379	2 052.19	捷克	2 024	554.01
孟加拉国	2 366	1 920.44	阿曼	269	455.11
意大利	17 890	1 915.82	老挝	737	453.00

(续)

出口目的地	出口量/台	出口额/万美元	出口目的地	出口量/台	出口额/万美元
其他橡胶或塑料及其产品的加工机器（84778000）					
利比亚	1 192	451.43	巴拿马	961	137.00
中国香港	6 510	441.89	黎巴嫩	519	127.75
以色列	7 676	415.28	科威特	189	125.21
新西兰	1 119	399.25	毛里塔尼亚	46	119.94
危地马拉	1 069	381.32	蒙古	163	112.16
斯洛伐克	65	378.72	亚美尼亚	138	110.61
土库曼斯坦	64	375.82	津巴布韦	169	107.68
厄瓜多尔	2 123	366.37	巴林	166	106.59
葡萄牙	17 613	333.07	爱沙尼亚	145	104.23
荷兰	42 137	326.86	几内亚	264	98.25
希腊	3 544	322.13	萨尔瓦多	116	94.68
多哥	824	310.25	卢旺达	72	90.76
多米尼加	864	295.68	丹麦	14 736	79.96
缅甸	545	291.82	摩尔多瓦	105	79.94
匈牙利	6 054	291.81	乌拉圭	786	71.32
保加利亚	4 012	291.03	瑞典	2 155	70.01
乌干达	372	278.27	苏丹	124	68.94
克罗地亚	7 364	267.09	波斯尼亚和黑塞哥维那	36	60.81
吉布提	1 289	265.42	巴勒斯坦	22	60.72
斯洛文尼亚	4 276	249.50	北马其顿	39	50.48
尼泊尔	374	242.39	刚果民主共和国	1 802	49.78
塔吉克斯坦	161	227.28	卢森堡	2	47.94
巴拉圭	245	225.14	拉脱维亚	87	44.67
委内瑞拉	491	221.93	特立尼达和多巴哥	42	43.28
卡塔尔	649	220.78	立陶宛	54	39.49
阿尔巴尼亚	2 106	218.77	芬兰	685	38.56
哥斯达黎加	172	216.21	利比里亚	39	36.99
莫桑比克	14 976	215.47	毛里求斯	399	36.21
也门	193	215.36	马达加斯加	8 499	36.07
安哥拉	507	204.14	奥地利	1 075	35.55
比利时	29 737	190.04	索马里	172	34.77
赞比亚	182	187.77	加蓬	94	29.83
格鲁吉亚	785	174.94	苏里南	29	29.26
叙利亚	51	165.51	挪威	303	28.35
玻利维亚	109	151.59	博茨瓦纳	26	26.64
阿塞拜疆	102	150.80	马拉维	21	25.81
喀麦隆	1 201	147.98	塞拉利昂	40	25.42
塞内加尔	769	145.35	斐济	28	25.18
阿富汗	114	140.90	尼加拉瓜	140	25.12
洪都拉斯	121	138.39	刚果共和国	36	22.11

（续）

出口目的地	出口量/台	出口额/万美元	出口目的地	出口量/台	出口额/万美元
其他橡胶或塑料及其产品的加工机器（84778000）					
爱尔兰	662	21.45	美属萨摩亚	8	1.82
塞浦路斯	63	19.94	巴巴多斯	16	1.29
布隆迪	38	19.43	布维岛	227	1.01
马里	14	16.44	瓦努阿图	9	0.96
布基纳法索	15	16.12	伯利兹	2	0.84
巴哈马	10	15.71	东帝汶	1 293	0.65
马耳他	55	15.56	图瓦卢	1	0.65
圭亚那	55	15.22	塞舌尔	4	0.59
瑞士	109	14.69	多米尼克	2	0.58
贝宁	16	13.60	所罗门群岛	1	0.56
中国澳门	4 047	12.92	汤加	274	0.55
科摩罗	1	11.57	库拉索	2	0.44
牙买加	42	10.36	格陵兰	1	0.40
纳米比亚	80	9.78	波多黎各	9	0.40
冈比亚	7	9.09	圣卢西亚	1	0.35
马尔代夫	41	8.10	阿鲁巴	2	0.33
尼日尔	7	7.66	摩纳哥	49	0.33
海地	1	6.90	马绍尔群岛	5	0.22
巴布亚新几内亚	24	6.58	赤道几内亚	5	0.18
文莱	1 284	5.24	英属维尔京群岛	3	0.13
留尼汪	5	5.08	萨摩亚	1	0.12
古巴	73	4.51	法属波利尼西亚	2	0.12
黑山	2	3.71	新喀里多尼亚	1	0.09
乍得	4	3.69	关岛	2	0.09
南苏丹	1	3.36	佛得角	1	0.08
几内亚比绍	1	3.28	莱索托	1	0.01
斯威士兰	2	2.40			
用塑料或橡胶材料的增材制造设备（84852000）					
合计	**3 761 380**	**106 864.28**	波兰	176 008	1 136.41
美国	1 378 932	42 453.47	奥地利	34 883	940.23
德国	701 510	25 391.50	俄罗斯	38 302	920.10
英国	168 747	4 504.48	哈萨克斯坦	41 654	907.17
加拿大	151 114	3 554.42	瑞典	27 839	901.16
荷兰	169 625	3 229.37	阿联酋	13 198	795.78
澳大利亚	101 779	3 179.00	中国台湾	13 581	709.92
日本	65 399	2 442.99	墨西哥	24 964	685.83
巴西	97 798	2 094.48	印度	22 782	617.45
中国香港	16 909	1 336.63	阿根廷	46 348	602.76
土耳其	42 184	1 268.11	以色列	19 514	578.67
韩国	51 987	1 179.43	新加坡	35 871	540.34

(续)

出口目的地	出口量/台	出口额/万美元	出口目的地	出口量/台	出口额/万美元
用塑料或橡胶材料的增材制造设备（84852000）					
捷克	19 398	511.21	立陶宛	1 762	26.08
越南	43 500	460.29	摩洛哥	721	25.66
法国	13 185	412.57	玻利维亚	814	25.39
印度尼西亚	7 652	366.07	巴拉圭	716	24.76
智利	16 617	361.80	黎巴嫩	723	24.28
南非	13 941	357.74	伊拉克	480	19.51
马来西亚	14 519	347.47	科威特	364	17.90
泰国	7 737	319.38	斯洛文尼亚	393	15.82
意大利	8 556	309.53	孟加拉国	3 991	15.59
比利时	15 780	257.30	哥斯达黎加	349	15.33
吉尔吉斯斯坦	17 020	238.75	突尼斯	178	14.21
菲律宾	7 290	235.25	委内瑞拉	226	12.54
新西兰	6 888	222.71	巴拿马	1 079	12.34
乌克兰	6 984	198.64	卡塔尔	159	12.33
沙特阿拉伯	8 556	191.72	克罗地亚	417	9.25
秘鲁	5 805	166.39	留尼汪	246	8.97
西班牙	5 271	157.77	摩尔多瓦	54	7.87
白俄罗斯	29 187	126.14	格鲁吉亚	312	7.56
瑞士	3 067	117.40	坦桑尼亚	12	6.81
哥伦比亚	3 504	117.38	斯里兰卡	192	6.48
乌拉圭	5 445	116.50	爱尔兰	391	6.38
丹麦	2 673	84.78	柬埔寨	297	5.64
葡萄牙	1 647	68.80	叙利亚	4	5.55
希腊	1 947	58.79	尼泊尔	95	5.49
赞比亚	97	57.65	中国澳门	142	5.32
厄瓜多尔	1 546	55.57	缅甸	45	5.23
罗马尼亚	6 326	53.48	阿尔巴尼亚	21	5.07
约旦	537	53.42	亚美尼亚	103	4.78
埃及	2 706	48.54	加纳	10	4.41
阿曼	326	45.18	波斯尼亚和黑塞哥维那	9	4.19
阿塞拜疆	5 460	44.59	多米尼加	11	4.17
乌兹别克斯坦	979	44.15	萨尔瓦多	75	4.14
危地马拉	1 292	40.70	文莱	110	4.07
巴基斯坦	267	39.23	肯尼亚	93	3.81
塞尔维亚	1 014	36.03	北马其顿	45	3.76
伊朗	789	34.58	尼加拉瓜	14	3.10
匈牙利	117	31.75	也门	13	2.98
阿尔及利亚	15 047	28.93	吉布提	5	2.76
保加利亚	825	27.19	尼日利亚	58	2.72
挪威	1 650	27.16	波多黎各	5	2.37

(续)

出口目的地	出口量/台	出口额/万美元	出口目的地	出口量/台	出口额/万美元
用塑料或橡胶材料的增材制造设备（84852000）					
拉脱维亚	3	2.28	津巴布韦	3	0.27
马尔代夫	219	1.86	刚果共和国	3	0.27
洪都拉斯	8	1.78	多米尼克	1	0.25
毛里求斯	18	1.67	库拉索	1	0.23
巴林	18	1.50	新喀里多尼亚	3	0.22
科特迪瓦	37	1.37	土库曼斯坦	4	0.19
芬兰	3	1.22	斐济	2	0.13
蒙古	5	1.15	佛得角	1	0.13
埃塞俄比亚	6	1.02	马达加斯加	2	0.09
巴巴多斯	2	0.98	塔吉克斯坦	1	0.09
利比亚	12	0.91	纳米比亚	2	0.07
塞浦路斯	3	0.82	马里	8	0.07
博茨瓦纳	14	0.82	几内亚	3	0.06
斯洛伐克	5	0.81	科摩罗	2	0.06
卢旺达	39	0.78	布隆迪	1	0.06
乌干达	26	0.71	加蓬	1	0.05
塞内加尔	3	0.66	贝宁	1	0.05
布基纳法索	9	0.63	中非	1	0.04
塞舌尔	3	0.56	莱索托	9	0.02
斯威士兰	1	0.45	冈比亚	6	65美元
安哥拉	8	0.44	利比里亚	6	42美元
冰岛	1	0.39	圣多美和普林西比	11	37美元
马耳他	3	0.39	毛里塔尼亚	3	17美元
卢森堡	10	0.36	几内亚比绍	1	13美元
阿富汗	7	0.35	南苏丹	8	11美元
巴勒斯坦	7	0.34	马拉维	1	5美元
古巴	8	0.32	乍得	1	4美元
刚果民主共和国	5	0.29	苏丹	1	3美元
圭亚那	1	0.27			

2024年中国塑料机械零件出口情况

出口目的地	出口量/kg	出口额/万美元	出口目的地	出口量/kg	出口额/万美元
品目8477所列机器的零件（84779000）					
合计	217 410 646	121 012.53	日本	39 530 615	14 394.71

(续)

出口目的地	出口量/kg	出口额/万美元	出口目的地	出口量/kg	出口额/万美元
品目8477所列机器的零件（84779000）					
印度	25 282 294	11 935.20	塞尔维亚	262 073	468.69
越南	8 339 899	7 308.16	哥伦比亚	881 848	466.25
俄罗斯	3 964 007	6 684.16	斯里兰卡	434 612	430.53
美国	7 651 341	6 504.29	加纳	914 405	346.40
韩国	16 458 333	5 883.44	吉尔吉斯斯坦	402 468	344.25
德国	13 976 221	5 049.54	伊拉克	805 239	331.93
加拿大	6 564 328	4 757.91	乌兹别克斯坦	433 897	325.29
泰国	6 071 067	4 692.56	科特迪瓦	612 204	324.95
意大利	3 708 837	4 449.59	白俄罗斯	283 768	311.69
马来西亚	4 382 226	3 908.19	摩洛哥	441 778	292.88
印度尼西亚	5 758 401	3 550.07	秘鲁	325 800	277.48
墨西哥	5 184 105	3 090.29	安哥拉	536 781	271.35
奥地利	17 336 772	2 788.28	以色列	109 225	264.93
中国台湾	7 397 619	2 436.70	塔吉克斯坦	374 521	248.36
巴西	2 314 763	1 977.78	智利	198 318	243.69
土耳其	3 018 199	1 976.18	坦桑尼亚	569 079	242.19
法国	1 282 516	1 636.89	阿根廷	220 473	218.81
柬埔寨	2 939 779	1 557.10	乌克兰	178 194	199.15
阿联酋	1 860 603	1 447.17	吉布提	394 150	194.75
新加坡	1 231 488	1 391.29	多米尼加	177 660	173.81
罗马尼亚	624 799	983.09	新西兰	125 958	164.58
埃及	1 415 465	973.31	埃塞俄比亚	252 556	155.80
尼日利亚	2 139 535	946.66	阿曼	151 202	154.37
菲律宾	1 432 001	838.69	约旦	219 203	154.33
沙特阿拉伯	1 135 904	835.55	莫桑比克	342 808	150.84
伊朗	1 976 166	789.29	希腊	195 820	150.61
卢森堡	205 760	755.66	委内瑞拉	234 904	141.85
波兰	751 790	720.41	葡萄牙	66 326	141.73
澳大利亚	658 760	686.08	匈牙利	48 351	139.75
阿尔及利亚	1 219 539	648.38	喀麦隆	286 627	135.14
孟加拉国	791 263	641.25	斯洛伐克	241 459	131.99
巴基斯坦	1 391 271	582.11	厄瓜多尔	171 607	117.66
哈萨克斯坦	682 815	530.87	突尼斯	179 366	110.51
捷克	375 264	523.77	危地马拉	98 117	103.74
中国香港	499 314	478.59	瑞士	701 137	101.81
荷兰	417 667	478.11	赞比亚	112 449	96.59
南非	791 186	473.47	卡塔尔	98 145	96.31
英国	409 336	473.25	也门	232 580	87.32
肯尼亚	1 206 478	470.02	缅甸	171 633	81.46
西班牙	452 666	469.12	黎巴嫩	110 550	80.92

(续)

出口目的地	出口量 /kg	出口额 / 万美元	出口目的地	出口量 /kg	出口额 / 万美元
品目 8477 所列机器的零件（84779000）					
尼泊尔	98 499	75.10	贝宁	18 815	14.35
塞内加尔	202 841	71.33	毛里求斯	3 093	13.86
老挝	116 041	67.58	巴林	25 145	13.55
芬兰	37 127	66.77	土库曼斯坦	38 245	13.29
丹麦	34 623	64.28	苏丹	9 284	13.25
瑞典	27 720	61.19	卢旺达	19 418	13.16
刚果民主共和国	37 858	59.22	刚果共和国	15 393	13.15
洪都拉斯	44 176	59.07	拉脱维亚	8 517	13.12
保加利亚	31 546	56.72	马拉维	10 564	12.81
乌干达	69 477	56.63	利比里亚	13 675	10.69
比利时	29 209	54.80	阿尔巴尼亚	9 107	9.98
津巴布韦	22 568	52.78	挪威	3 730	9.88
科威特	46 438	49.33	纳米比亚	19 694	9.86
爱尔兰	33 755	49.31	马尔代夫	12 466	8.68
利比亚	143 808	47.51	阿富汗	17 194	8.18
斯洛文尼亚	43 318	41.61	东帝汶	3 108	7.89
多哥	53 684	41.08	北马其顿	3 087	6.61
巴拉圭	30 029	38.34	南苏丹	777	6.48
立陶宛	42 676	34.57	马耳他	1 602	6.45
几内亚	53 579	32.11	牙买加	8 488	6.11
叙利亚	33 514	29.91	塞浦路斯	2 880	6.00
萨尔瓦多	27 040	28.42	博茨瓦纳	9 452	5.64
玻利维亚	26 556	27.39	赤道几内亚	8 324	5.63
哥斯达黎加	17 041	27.09	波斯尼亚和黑塞哥维那	3 383	4.96
尼加拉瓜	56 850	26.88	乍得	6 954	4.51
乌拉圭	37 898	26.78	巴哈马	1 755	4.44
加蓬	28 963	26.38	特立尼达和多巴哥	3 111	4.37
蒙古	13 703	25.90	列支敦士登	392	4.10
斐济	28 114	24.79	塞拉利昂	3 855	3.98
阿塞拜疆	32 250	23.86	马里	1 625	3.53
爱沙尼亚	12 735	23.56	伯利兹	11 567	3.34
克罗地亚	15 794	22.49	萨摩亚	4 268	3.14
巴拿马	16 979	22.09	圭亚那	9 754	2.88
布隆迪	8 083	19.14	中国澳门	1 231	2.70
格鲁吉亚	24 822	17.57	巴布亚新几内亚	1 348	2.15
亚美尼亚	17 910	17.40	海地	328	1.79
马达加斯加	19 484	16.83	冈比亚	1 278	1.74
索马里	6 099	16.50	毛里塔尼亚	2 680	1.34
巴勒斯坦	18 792	15.60	布基纳法索	4 556	1.33
摩尔多瓦	8 813	14.99	古巴	1 066	1.20

(续)

出口目的地	出口量/kg	出口额/万美元	出口目的地	出口量/kg	出口额/万美元
品目8477所列机器的零件（84779000）					
所罗门群岛	2 118	0.89	波多黎各	463	0.11
马绍尔群岛	899	0.87	冰岛	33	0.11
佛得角	1 664	0.77	北马里亚纳群岛	23	0.09
塞舌尔	379	0.62	阿鲁巴	229	0.07
斯威士兰	500	0.60	格林纳达	25	0.06
文莱	1 595	0.60	布维岛	18	0.06
苏里南	801	0.53	开曼群岛	96	0.06
中非	376	0.49	几内亚比绍	46	0.05
法属波利尼西亚	2	0.46	黑山	36	0.04
莱索托	1 074	0.41	瓜德罗普	2	0.03
科摩罗	101	0.20	尼日尔	2	71美元
巴巴多斯	155	0.19	不丹	1	62美元
瓦努阿图	504	0.17	圣文森特和格林纳丁斯	4	0.003
厄立特里亚	196	0.16			

2024年中国塑料机械整机进口情况

进口来源地	进口量/台	进口额/万美元	进口来源地	进口量/台	进口额/万美元
注塑机（84771010）					
合计	**5 715**	**43 713.50**	泰国	25	104.23
日本	4 713	27 062.83	新加坡	1	78.00
加拿大	24	4 714.52	斯洛伐克	8	70.69
德国	238	3 544.07	法国	1	60.20
韩国	196	2 617.94	英国	1	50.52
奥地利	53	1 553.47	荷兰	2	24.83
中国大陆	248	1 125.78	匈牙利	3	24.68
中国台湾	155	1 023.63	西班牙	5	18.92
意大利	15	886.65	美国	2	10.00
瑞士	23	734.91	中国香港	2	7.62
其他注射机（84771090）					
合计	**52**	**1 101.36**	法国	6	94.11
德国	16	726.49	中国台湾	4	44.82
日本	9	120.99	意大利	1	44.68

（续）

进口来源地	进口量/台	进口额/万美元	进口来源地	进口量/台	进口额/万美元
其他注射机（84771090）					
奥地利	2	30.09	加拿大	1	6.44
中国大陆	5	24.30	韩国	1	1.91
美国	6	7.24	荷兰	1	0.31
塑料造粒机（84772010）					
合计	**347**	**31 558.62**	美国	4	71.66
日本	219	16 743.20	泰国	1	29.80
德国	67	10 117.23	中国大陆	11	29.65
奥地利	24	2 592.12	新加坡	2	11.58
瑞士	4	1 205.61	韩国	1	4.82
中国台湾	13	752.02	英国	1	0.92
其他挤出机（84772090）					
合计	**822**	**40 799.60**	中国大陆	22	213.64
德国	198	16 923.26	印度	12	184.37
日本	117	14 596.77	泰国	11	133.61
意大利	59	2 282.78	法国	1	79.40
美国	24	2 010.18	加拿大	237	77.83
奥地利	13	1 159.84	波兰	1	54.43
中国台湾	63	1 026.46	荷兰	1	6.94
芬兰	26	875.18	比利时	1	4.65
韩国	21	637.95	拉脱维亚	1	1.29
瑞士	7	290.20	马来西亚	1	0.12
英国	6	240.70			
挤出吹塑机（84773010）					
合计	**77**	**8 609.92**	印度	4	118.85
德国	34	6 729.41	韩国	2	60.44
中国台湾	13	795.57	瑞士	2	37.71
奥地利	2	302.17	泰国	4	36.08
日本	2	287.62	中国大陆	12	11.09
意大利	2	230.98			
注射吹塑机（84773020）					
合计	**94**	**2 597.13**	中国台湾	19	551.99
印度	40	860.97	日本	15	386.41
德国	18	704.45	意大利	2	93.32
其他吹塑机（84773090）					
合计	**57**	**6 200.65**	意大利	3	176.94
德国	39	5 127.43	印度	5	157.78
法国	2	421.68	中国台湾	5	67.09
日本	2	229.44	泰国	1	20.29

(续)

进口来源地	进口量/台	进口额/万美元	进口来源地	进口量/台	进口额/万美元
塑料中空成型机（84774010）					
合计	24	556.47	日本	1	31.75
意大利	3	277.07	丹麦	9	3.65
中国台湾	7	169.80	中国大陆	1	0.02
美国	3	74.19			
塑料压延成型机（84774020）					
合计	34	748.01	荷兰	2	15.67
意大利	2	381.96	泰国	1	6.95
美国	4	108.96	英国	1	0.66
中国台湾	3	77.29	韩国	6	0.60
法国	1	59.51	马来西亚	1	0.52
德国	3	57.46	新加坡	3	11美元
日本	7	38.43			
其他模塑或成型机器（84775900）					
合计	340	6 572.70	瑞典	7	48.01
意大利	46	3 553.73	日本	107	43.69
荷兰	6	697.75	新加坡	1	8.18
克罗地亚	14	590.76	中国大陆	11	7.34
韩国	15	569.97	爱尔兰	1	5.54
中国台湾	67	328.60	泰国	1	5.27
德国	21	283.60	匈牙利	1	2.17
美国	12	145.65	英国	2	1.42
瑞士	10	122.64	法国	2	0.51
丹麦	2	104.15	捷克	1	0.08
奥地利	13	53.65			
其他橡胶或塑料及其产品的加工机器（84778000）					
合计	6 736	82 579.37	加拿大	18	302.66
德国	817	36 643.43	捷克	5	297.71
日本	1 420	29 727.39	泰国	21	148.12
意大利	360	4 677.31	芬兰	9	104.13
中国台湾	239	2 293.18	中国大陆	993	83.39
奥地利	26	2 138.61	波兰	5	75.53
韩国	379	1 683.02	葡萄牙	5	62.41
英国	40	1 521.19	丹麦	30	54.01
美国	589	882.86	西班牙	8	51.01
法国	61	749.10	新加坡	6	48.82
瑞士	51	491.39	墨西哥	88	44.40
荷兰	81	323.59	马来西亚	2	41.82

(续)

进口来源地	进口量/台	进口额/万美元	进口来源地	进口量/台	进口额/万美元
其他橡胶或塑料及其产品的加工机器（84778000）					
瑞典	29	26.58	印度	54	3.82
澳大利亚	2	22.28	保加利亚	3	2.47
希腊	1	20.36	比利时	2	2.37
斯洛伐克	1	16.57	挪威	1	1.76
越南	1 372	11.17	菲律宾	1	1.33
俄罗斯	1	10.53	巴西	1	0.91
土耳其	5	8.90	中国香港	1	0.02
以色列	9	5.24			
用塑料或橡胶材料的增材制造设备（84852000）					
合计	4 425	2 349.29	加拿大	4	8.83
德国	45	917.39	西班牙	31	8.24
美国	62	508.17	捷克	40	5.77
中国大陆	3 851	366.69	奥地利	2	5.07
以色列	28	173.50	丹麦	1	0.86
新加坡	28	128.02	波兰	4	0.62
中国台湾	256	71.30	中国香港	1	0.37
卢森堡	1	58.96	韩国	1	0.27
法国	3	30.83	意大利	2	0.17
瑞士	1	25.10	葡萄牙	1	0.16
荷兰	42	24.47	冰岛	1	0.15
澳大利亚	19	14.26	马达加斯加	1	0.08

2024年中国塑料机械零件进口情况

进口来源地	进口量/kg	进口额/万美元	进口来源地	进口量/kg	进口额/万美元
品目8477所列机器的零件（84779000）					
合计	9 248 108	44 227.01	法国	442 980	2 804.28
德国	3 292 560	18 805.23	荷兰	665 282	2 705.09
日本	1 075 686	5 109.99	意大利	351 721	1 962.96
美国	303 901	4 031.83	奥地利	275 226	1 510.38

(续)

进口来源地	进口量/kg	进口额/万美元	进口来源地	进口量/kg	进口额/万美元
品目 8477 所列机器的零件（84779000）					
韩国	370 426	1 467.84	塞尔维亚	183	2.40
泰国	736 591	1 295.73	爱尔兰	56	2.21
中国台湾	761 179	1 295.24	国家（地区）不明	1 315	2.19
瑞士	33 424	858.90	罗马尼亚	38	1.87
中国大陆	219 578	372.81	沙特阿拉伯	3 600	1.81
加拿大	53 947	355.28	乌克兰	363	1.34
葡萄牙	72 113	307.50	斯里兰卡	3 410	1.23
捷克	35 122	221.32	俄罗斯	740	1.21
斯洛伐克	5 146	207.96	埃及	16	1.03
马来西亚	378 992	169.37	肯尼亚	7 983	1.00
印度	24 088	134.69	菲律宾	199	1.00
西班牙	6 123	70.04	阿根廷	135	0.95
英国	10 128	63.43	以色列	104	0.80
越南	6 853	55.30	澳大利亚	4	0.61
新加坡	1 486	54.67	希腊	32	0.57
中国香港	3 590	50.51	塞拉利昂	40	0.42
墨西哥	1 706	47.69	马耳他	4	0.33
土耳其	8 744	46.98	波斯尼亚和黑塞哥维那	41	0.31
丹麦	1 003	36.44	蒙古	132	0.25
斯洛文尼亚	78 047	33.62	波多黎各	8	0.24
波兰	3 604	23.38	危地马拉	1 470	0.22
卢森堡	1 001	21.64	多米尼加	1	0.20
瑞典	1 160	20.17	摩尔多瓦	4	0.19
巴西	946	16.03	保加利亚	22	0.11
比利时	1 036	14.57	阿联酋	22	0.10
芬兰	319	12.84	爱沙尼亚	20	0.07
印度尼西亚	3 441	7.90	白俄罗斯	39	0.06
克罗地亚	267	5.09	巴基斯坦	20	0.05
匈牙利	513	4.65	伊朗	15	0.02
挪威	125	2.85	马拉维	38	0.004

中国塑料机械工业年鉴 2024

企业概况

行业优势企业名单及其运行分析，塑料机械行业上市公司情况分析，企业管理人士访谈

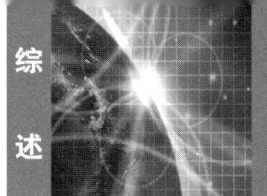
综述

专文

中国塑料机械工业协会成立30周年

市场专题

统计资料

企业概况

产品项目与技术

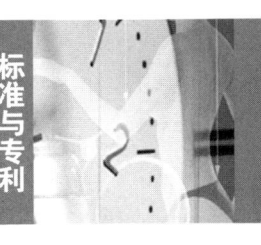
标准与专利

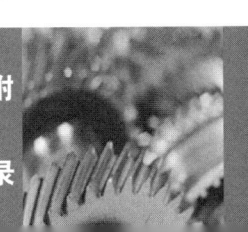
附录

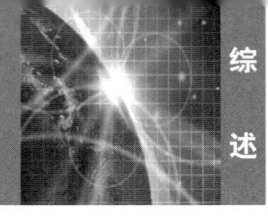
综述

专文

协会成立30周年 中国塑料机械工业

市场专题

统计资料

企业概况

2022 中国塑料机械行业优势企业名单
2023 中国塑料机械行业优势企业名单
2024 中国塑料机械行业优势企业名单
2022—2024 中国塑料机械行业优势企业经济运行分析
2022—2024 年塑料机械行业企业运营情况
  2023 年塑料机械行业上市公司主要指标
  我国塑料机械行业上市公司 2022—2024 年发展情况

企业访谈

加大原创技术研发投入 力争实现跨越式发展
  ——南京创博机械设备有限公司总经理李东生
砥砺奋进三十载 携手同行向未来
  ——海天集团董事长、时任中国塑料机械工业协
   会会长张静章
震雄 65 年 启航百年征程
  ——震雄集团主席兼总裁蒋丽婉
宝捷 为你我塑造美好
  ——佛山市宝捷精密机械有限公司总经理杨伟杰
打造海天机械产业生态链 为客户提供全方位一站
  式解决方案
  ——海天集团常务副总裁兼海天国际行政总裁张斌
笃行 40 载 厚植向新 前无止境
  ——宁波弘讯科技股份有限公司 CEO 熊明慧、
   CTO 熊仕杰
精业机器：以技术创新驱动发展
  ——柳州市精业机器有限公司副总经理李晖
数智化，赢未来
  ——博创智能装备股份有限公司董事长朱康建
力劲塑机：以精密注塑技术驱动汽车产业升级

产品项目与技术

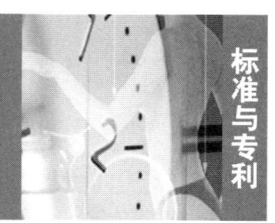
标准与专利

附录

2022 中国塑料机械行业优势企业名单

2022 中国塑机制造业综合实力 30 强企业
（按 2021 年度主营业务收入排序）

Top 30 Comprehensive Strength Enterprises of
China Plastics Machinery Manufacturing Industry in 2022
（Sorted by Main Business Income in 2021）

排序 Ranking	企业名称 Company Name	排序 Ranking	企业名称 Company Name
1	海天塑机集团有限公司 Haitian Plastics Machinery Group Co.,Ltd.	14	宁波甬华塑料机械制造有限公司 Ningbo Yonghua Plastic Machinery Manufacturing Co.,Ltd.
2	广东伊之密精密机械股份有限公司 Guangdong Yizumi Precision Machinery Co.,Ltd.	15	伯乐智能装备股份有限公司 Bole Intelligent Machinery Co., Ltd.
3	上海金纬机械制造有限公司 Shanghai Jwell Machinery Co.,Ltd.	16	广东金明精机股份有限公司 Guangdong Jinming Machinery Co., Ltd.
4	震雄集团有限公司 Chen Hsong Holdings Limited	17	宁波创基机械有限公司 Ningbo Chuangji Machinery Co.,Ltd.
5	大连橡胶塑料机械有限公司 Dalian Rubber & Plastics Machinery Co., Ltd.	18	宁波海雄塑料机械有限公司 Ningbo Haixiong Plastics Machinery Co., Ltd.
6	力劲科技集团有限公司 L.K. Technology Holdings Limited	19	浙江申达机器制造股份有限公司 Zhejiang Sound Machine Manufacturing Co., Ltd.
7	山东通佳机械有限公司 Shandong Tongjia Machinery Co.,Ltd.	20	宁波海星机械制造有限公司 Ningbo Haixing Machinery Manufacturing Co.,Ltd.
8	泰瑞机器股份有限公司 Tederic Machinery Co.,Ltd.	21	佛山市宝捷精密机械有限公司 Powerjet Plastic Machinery Co.,Ltd.
9	宁波市海达塑料机械有限公司 Ningbo Haida Plastic Machinery Co.,Ltd.	22	江苏贝尔机械有限公司 Jiangsu Beier Machinery Co.,Ltd.
10	博创智能装备股份有限公司 Borch Machinery Co.,Ltd.	23	南京越升挤出机械有限公司 Useon (Nanjing) Extrusion Machinery Co.,Ltd.
11	宁波华美达机械制造有限公司 Ningbo Hwamda Machinery Manufacturing Co.,Ltd.	24	苏州同大机械有限公司 Suzhou Tongda Machinery Co.,Ltd.
12	富强鑫精密工业股份有限公司 Fu Chun Shin Machinery Manufacture Co.,Ltd.	25	浙江金鹰塑料机械有限公司 Zhejiang Golden Eagle Plastic Machinery Co.,Ltd.
13	东华机械有限公司 Donghua Machinery Ltd.	26	江苏维达机械有限公司 Jiangsu Victor Machinery Co.,Ltd.

（续）

排序 Ranking	企业名称 Company Name	排序 Ranking	企业名称 Company Name
27	新乐华宝塑料机械有限公司 Xinle Huabao Plastic Machinery Co.,Ltd.	29	丰铁机械（苏州）有限公司 Fomtec Plastic Machinery(Suzhou)Co.,Ltd.
28	德科摩橡塑科技（东莞）有限公司 Dekuma Rubber and Plastic Technology (Dongguan) Ltd.	30	南京科亚化工成套装备有限公司 Nanjing Ky Chemical Machinery Co., Ltd.

2022 中国塑机制造业综合实力 30 强企业
（按 2021 年度净利润排序）

Top 30 Comprehensive Strength Enterprises of China Plastics Machinery Manufacturing Industry in 2022
（Sorted by Net Profit in 2021）

排序 Ranking	企业名称 Company Name	排序 Ranking	企业名称 Company Name
1	海天塑机集团有限公司 Haitian Plastics Machinery Group Co.,Ltd.	12	江苏贝尔机械有限公司 Jiangsu Beier Machinery Co.,Ltd.
2	上海金纬机械制造有限公司 Shanghai Jwell Machinery Co.,Ltd.	13	宁波华美达机械制造有限公司 Ningbo Hwamda Machinery Manufacturing Co.,Ltd.
3	广东伊之密精密机械股份有限公司 Guangdong Yizumi Precision Machinery Co.,Ltd.	14	博创智能装备股份有限公司 Borch Machinery Co.,Ltd.
4	震雄集团有限公司 Chen Hsong Holdings Limited	15	宁波海雄塑料机械有限公司 Ningbo Haixiong Plastics Machinery Co., Ltd.
5	泰瑞机器股份有限公司 Tederic Machinery Co.,Ltd.	16	南京越升挤出机械有限公司 Useon (Nanjing) Extrusion Machinery Co.,Ltd.
6	宁波市海达塑料机械有限公司 Ningbo Haida Plastic Machinery Co.,Ltd.	17	宁波创基机械有限公司 Ningbo Chuangji Machinery Co.,Ltd.
7	力劲科技集团有限公司 L.K. Technology Holdings Limited	18	苏州同大机械有限公司 Suzhou Tongda Machinery Co.,Ltd.
8	宁波甬华塑料机械制造有限公司 Ningbo Yonghua Plastic Machinery Manufacturing Co.,Ltd.	19	广东金明精机股份有限公司 Guangdong Jinming Machinery Co., Ltd.
9	伯乐智能装备股份有限公司 Bole Intelligent Machinery Co., Ltd.	20	宁波海星机械制造有限公司 Ningbo Haixing Machinery Manufacturing Co.,Ltd.
10	富强鑫精密工业股份有限公司 Fu Chun Shin Machinery Manufacture Co.,Ltd.	21	新乐华宝塑料机械有限公司 Xinle Huabao Plastic Machinery Co.,Ltd.
11	山东通佳机械有限公司 Shandong Tongjia Machinery Co.,Ltd.	22	佛山市宝捷精密机械有限公司 Powerjet Plastic Machinery Co.,Ltd.

企业概况

（续）

排序 Ranking	企业名称 Company Name	排序 Ranking	企业名称 Company Name
23	浙江金鹰塑料机械有限公司 Zhejiang Golden Eagle Plastic Machinery Co.,Ltd.	27	东华机械有限公司 Donghua Machinery Ltd.
24	江苏维达机械有限公司 Jiangsu Victor Machinery Co.,Ltd.	28	丰铁机械（苏州）有限公司 Fomtec Plastic Machinery(Suzhou)Co.,Ltd.
25	杭州大禹机械有限公司 Hangzhou Tayu Machinery Co.,Ltd.	29	江苏诚盟装备股份有限公司 Jiangsu Cenmen Equipment Corp.,Ltd.
26	南京科亚化工成套装备有限公司 Nanjing Ky Chemical Machinery Co., Ltd.	30	大连三垒科技有限公司 Dalian Sunlight Technology Co.,Ltd.

2022 中国塑料注射成型机行业 19 强企业
Top 19 Enterprises of China Plastics Injection Molding Machinery Industry in 2022

排序 Ranking	企业名称（按2021年度主营业务收入排序） Company Name(Sorted by Main Business Income in 2021)	企业名称（按2021年度净利润排序） Company Name(Sorted by Net Profit in 2021)
1	海天塑机集团有限公司 Haitian Plastics Machinery Group Co.,Ltd.	海天塑机集团有限公司 Haitian Plastics Machinery Group Co.,Ltd.
2	广东伊之密精密机械股份有限公司 Guangdong Yizumi Precision Machinery Co.,Ltd.	广东伊之密精密机械股份有限公司 Guangdong Yizumi Precision Machinery Co.,Ltd.
3	震雄集团有限公司 Chen Hsong Holdings Limited	震雄集团有限公司 Chen Hsong Holdings Limited
4	力劲科技集团有限公司 L.K. Technology Holdings Limited	泰瑞机器股份有限公司 Tederic Machinery Co.,Ltd.
5	泰瑞机器股份有限公司 Tederic Machinery Co.,Ltd.	宁波市海达塑料机械有限公司 Ningbo Haida Plastic Machinery Co.,Ltd.
6	宁波市海达塑料机械有限公司 Ningbo Haida Plastic Machinery Co.,Ltd.	力劲科技集团有限公司 L.K. Technology Holdings Limited
7	博创智能装备股份有限公司 Borch Machinery Co.,Ltd.	宁波甬华塑料机械制造有限公司 Ningbo Yonghua Plastic Machinery Manufacturing Co.,Ltd.
8	宁波华美达机械制造有限公司 Ningbo Hwamda Machinery Manufacturing Co.,Ltd.	伯乐智能装备股份有限公司 Bole Intelligent Machinery Co., Ltd.
9	富强鑫精密工业股份有限公司 Fu Chun Shin Machinery Manufacture Co.,Ltd.	富强鑫精密工业股份有限公司 Fu Chun Shin Machinery Manufacture Co.,Ltd.
10	东华机械有限公司 Donghua Machinery Ltd.	宁波华美达机械制造有限公司 Ningbo Hwamda Machinery Manufacturing Co.,Ltd.
11	宁波甬华塑料机械制造有限公司 Ningbo Yonghua Plastic Machinery Manufacturing Co.,Ltd.	博创智能装备股份有限公司 Borch Machinery Co.,Ltd.

(续)

排序 Ranking	企业名称（按2021年度主营业务收入排序） Company Name(Sorted by Main Business Income in 2021)	企业名称（按2021年度净利润排序） Company Name(Sorted by Net Profit in 2021)
12	伯乐智能装备股份有限公司 Bole Intelligent Machinery Co., Ltd.	宁波海雄塑料机械有限公司 Ningbo Haixiong Plastics Machinery Co., Ltd.
13	宁波创基机械有限公司 Ningbo Chuangji Machinery Co.,Ltd.	宁波创基机械有限公司 Ningbo Chuangji Machinery Co.,Ltd.
14	宁波海雄塑料机械有限公司 Ningbo Haixiong Plastics Machinery Co., Ltd.	宁波海星机械制造有限公司 Ningbo Haixing Machinery Manufacturing Co.,Ltd.
15	浙江申达机器制造股份有限公司 Zhejiang Sound Machine Manufacturing Co.,Ltd.	浙江金鹰塑料机械有限公司 Zhejiang Golden Eagle Plastic Machinery Co.,Ltd.
16	宁波海星机械制造有限公司 Ningbo Haixing Machinery Manufacturing Co.,Ltd.	东华机械有限公司 Donghua Machinery Ltd.
17	浙江金鹰塑料机械有限公司 Zhejiang Golden Eagle Plastic Machinery Co.,Ltd.	佛山市宝捷精密机械有限公司 Powerjet Plastic Machinery Co.,Ltd.
18	佛山市宝捷精密机械有限公司 Powerjet Plastic Machinery Co.,Ltd.	浙江申达机器制造股份有限公司 Zhejiang Sound Machine Manufacturing Co., Ltd.
19	宁波双盛塑料机械有限公司 Ningbo Shuangsheng Plastic Machinery Co.,Ltd.	宁波双盛塑料机械有限公司 Ningbo Shuangsheng Plastic Machinery Co.,Ltd.

2022 中国塑料挤出成型机行业 12 强企业

Top 12 Enterprises of China Plastics Extrusion Molding Machinery Industry in 2022

排序 Ranking	企业名称（按2021年度主营业务收入排序） Company Name(Sorted by Main Business Income in 2021)	企业名称（按2021年度净利润排序） Company Name(Sorted by Net Profit in 2021)
1	上海金纬机械制造有限公司 Shanghai Jwell Machinery Co.,Ltd.	上海金纬机械制造有限公司 Shanghai Jwell Machinery Co.,Ltd.
2	大连橡胶塑料机械有限公司 Dalian Rubber & Plastics Machinery Co.,Ltd.	江苏贝尔机械有限公司 Jiangsu Beier Machinery Co.,Ltd.
3	山东通佳机械有限公司 Shandong Tongjia Machinery Co.,Ltd.	山东通佳机械有限公司 Shandong Tongjia Machinery Co.,Ltd.
4	广东金明精机股份有限公司 Guangdong Jinming Machinery Co.,Ltd.	南京越升挤出机械有限公司 Useon (Nanjing) Extrusion Machinery Co.,Ltd.
5	江苏贝尔机械有限公司 Jiangsu Beier Machinery Co.,Ltd.	广东金明精机股份有限公司 Guangdong Jinming Machinery Co.,Ltd.
6	南京越升挤出机械有限公司 Useon (Nanjing) Extrusion Machinery Co.,Ltd.	新乐华宝塑料机械有限公司 Xinle Huabao Plastic Machinery Co.,Ltd.
7	新乐华宝塑料机械有限公司 Xinle Huabao Plastic Machinery Co.,Ltd.	南京科亚化工成套装备有限公司 Nanjing Ky Chemical Machinery Co., Ltd.

（续）

排序 Ranking	企业名称（按2021年度主营业务收入排序） Company Name(Sorted by Main Business Income in 2021)	企业名称（按2021年度净利润排序） Company Name(Sorted by Net Profit in 2021)
8	德科摩橡塑科技（东莞）有限公司 Dekuma Rubber and Plastic Technology (Dongguan)Ltd.	江苏诚盟装备股份有限公司 Jiangsu Cenmen Equipment Corp.,Ltd.
9	南京科亚化工成套装备有限公司 Nanjing Ky Chemical Machinery Co., Ltd.	大连三垒科技有限公司 Dalian Sunlight Technology Co.,Ltd.
10	江苏诚盟装备股份有限公司 Jiangsu Cenmen Equipment Corp.,Ltd.	德科摩橡塑科技（东莞）有限公司 Dekuma Rubber and Plastic Technology (Dongguan)Ltd.
11	大连三垒科技有限公司 Dalian Sunlight Technology Co.,Ltd.	大连橡胶塑料机械有限公司 Dalian Rubber & Plastics Machinery Co.,Ltd.
12	四川中旺科技有限公司 Sichuan Advance Technology Co.,Ltd.	四川中旺科技有限公司 Sichuan Advance Technology Co.,Ltd.

2022中国塑料中空成型机行业5强企业
Top 5 Enterprises of China Plastics Hollow Molding Machinery Industry in 2022

排序 Ranking	企业名称（按2021年度主营业务收入排序） Company Name(Sorted by Main Business Income in 2021)	企业名称（按2021年度净利润排序） Company Name(Sorted by Net Profit in 2021)
1	苏州同大机械有限公司 Suzhou Tongda Machinery Co.,Ltd.	苏州同大机械有限公司 Suzhou Tongda Machinery Co.,Ltd.
2	江苏维达机械有限公司 Jiangsu Victor Machinery Co.,Ltd.	江苏维达机械有限公司 Jiangsu Victor Machinery Co.,Ltd.
3	广东乐善智能装备股份有限公司 Guangdong Leshan Intelligent Equipment Corp., Ltd.	山东通佳智能装备有限公司 Shandong Tongjia Intelligent Equipment Co.,Ltd.
4	山东通佳智能装备有限公司 Shandong Tongjia Intelligent Equipment Co.,Ltd.	广东乐善智能装备股份有限公司 Guangdong Leshan Intelligent Equipment Corp., Ltd.
5	柳州市精业机器有限公司 Liuzhou Jingye Machinery Co.,Ltd.	柳州市精业机器有限公司 Liuzhou Jingye Machinery Co.,Ltd.

2022中国立式塑料注射成型机行业5强企业
Top 5 Enterprises of China Vertical Plastics Injection Molding Machine Industry in 2022

排序 Ranking	企业名称（按2021年度主营业务收入排序） Company Name(Sorted by Main Business Income in 2021)	企业名称（按2021年度净利润排序） Company Name(Sorted by Net Profit in 2021)
1	丰铁机械（苏州）有限公司 Fomtec Plastic Machinery(Suzhou)Co.,Ltd.	杭州大禹机械有限公司 Hangzhou Tayu Machinery Co.,Ltd.

(续)

排序 Ranking	企业名称（按2021年度主营业务收入排序） Company Name(Sorted by Main Business Income in 2021)	企业名称（按2021年度净利润排序） Company Name(Sorted by Net Profit in 2021)
2	杭州大禹机械有限公司 Hangzhou Tayu Machinery Co.,Ltd.	丰铁机械（苏州）有限公司 Fomtec Plastic Machinery(Suzhou)Co.,Ltd.
3	广东百赞智能装备有限公司 Guangdong Baizan Intelligent Equipment Co.,Ltd.	余姚华泰橡塑机械有限公司 Yuyao Huatai Rubber & Plastics Machinery Co.,Ltd.
4	余姚华泰橡塑机械有限公司 Yuyao Huatai Rubber & Plastics Machinery Co.,Ltd.	苏州立注机械有限公司 Suzhou Lizhu Machinery Co.,Ltd.
5	苏州立注机械有限公司 Suzhou Lizhu Machinery Co.,Ltd.	广东百赞智能装备有限公司 Guangdong Baizan Intelligent Equipment Co.,Ltd.

2022中国塑机辅机及配套件行业5强企业

Top 5 Enterprises of China Plastics Auxiliary Equipment and Accessories Industry in 2022

排序 Ranking	企业名称（按2021年度主营业务收入排序） Company Name(Sorted by Main Business Income in 2021)	企业名称（按2021年度净利润排序） Company Name(Sorted by Net Profit in 2021)
1	宁波弘讯科技股份有限公司 Ningbo Techmation Co.,Ltd.	艾尔发智能科技股份有限公司 Alfa Industrial Corporation
2	信易集团 Shini Group	信易集团 Shini Group
3	艾尔发智能科技股份有限公司 Alfa Industrial Corporation	宁波弘讯科技股份有限公司 Ningbo Techmation Co.,Ltd.
4	宁波伊士通技术股份有限公司 Ningbo EST Technology Co.,Ltd.	广东拓斯达科技股份有限公司 Guangdong Topstar Technology Co.,Ltd.
5	广东拓斯达科技股份有限公司 Guangdong Topstar Technology Co.,Ltd.	宁波伊士通技术股份有限公司 Ningbo EST Technology Co.,Ltd.

2023 中国塑料机械行业优势企业名单

2023 中国塑机制造业综合实力 35 强企业
（按 2022 年度主营业务收入排序）

Top 35 Comprehensive Strength Enterprises of China Plastics Machinery Manufacturing Industry in 2023
（Sorted by Main Business Income in 2022）

排序 Ranking	企业名称 Company Name	排序 Ranking	企业名称 Company Name
1	海天塑机集团有限公司 Haitian Plastics Machinery Group Co.,Ltd.	14	宁波甬华塑料机械制造有限公司 Ningbo Yonghua Plastic Machinery Manufacturing Co.,Ltd.
2	伊之密股份有限公司 Yizumi Holdings Co.,Ltd.	15	伯乐智能装备股份有限公司 Bole Intelligent Machinery Co., Ltd.
3	上海金纬机械制造有限公司 Shanghai Jwell Machinery Co.,Ltd.	16	广东金明精机股份有限公司 Guangdong Jinming Machinery Co., Ltd.
4	震雄集团有限公司 Chen Hsong Holdings Limited	17	宁波海星机械制造有限公司 Ningbo Haixing Machinery Manufacturing Co.,Ltd.
5	大连橡胶塑料机械有限公司 Dalian Rubber & Plastics Machinery Co.,Ltd.	18	江苏贝尔机械有限公司 Jiangsu Beier Machinery Co.,Ltd.
6	泰瑞机器股份有限公司 Tederic Machinery Co.,Ltd.	19	江苏越升科技股份有限公司 Useon Technology Limited
7	力劲科技集团有限公司 L.K. Technology Holdings Limited	20	宁波海雄塑料机械有限公司 Ningbo Haixiong Plastics Machinery Co., Ltd.
8	山东通佳机械有限公司 Shandong Tongjia Machinery Co.,Ltd.	21	浙江金鹰塑料机械有限公司 Zhejiang Golden Eagle Plastic Machinery Co.,Ltd.
9	富强鑫精密工业股份有限公司 Fu Chun Shin Machinery Manufacture Co.,Ltd.	22	佛山市宝捷精密机械有限公司 Powerjet Plastic Machinery Co.,Ltd.
10	宁波市海达塑料机械有限公司 Ningbo Haida Plastic Machinery Co.,Ltd.	23	宁波创基机械有限公司 Ningbo Chuangji Machinery Co.,Ltd.
11	宁波华美达机械制造有限公司 Ningbo Hwamda Machinery Manufacturing Co.,Ltd.	24	苏州同大机械有限公司 Suzhou Tongda Machinery Co.,Ltd.
12	博创智能装备股份有限公司 Borch Machinery Co.,Ltd.	25	江苏维达机械有限公司 Jiangsu Victor Machinery Co.,Ltd.
13	东华机械有限公司 Donghua Machinery Ltd.	26	杭州大禹机械有限公司 Hangzhou Tayu Machinery Co.,Ltd

(续)

排序 Ranking	企业名称 Company Name	排序 Ranking	企业名称 Company Name
27	新乐华宝塑料机械有限公司 Xinle Huabao Plastic Machinery Co.,Ltd.	32	大连三垒科技有限公司 Dalian Sunlight Technology Co.,Ltd.
28	丰铁机械（苏州）有限公司 Fomtec Plastic Machinery(Suzhou) Co.,Ltd	33	余姚华泰橡塑机械有限公司 Yuyao Huatai Rubber & Plastics Machinery Co.,Ltd.
29	德科摩橡塑科技（东莞）有限公司 Dekuma Rubber and Plastic Technology (Dongguan)Ltd.	34	南京创博机械设备有限公司 Nanjing Chuangbo Machinery Co.,Ltd.
30	江苏诚盟装备股份有限公司 Jiangsu Cenmen Equipment Corp.,Ltd.	35	广东百赞智能装备有限公司 Guangdong Baizan Intelligent Equipment Co.,Ltd.
31	广东乐善智能装备股份有限公司 Guangdong Leshan Intelligent Equipment Corp., Ltd.		

2023 中国塑机制造业综合实力 35 强企业
（按 2022 年度净利润排序）

Top 35 Comprehensive Strength Enterprises of China Plastics Machinery Manufacturing Industry in 2023

（Sorted by Net Profit in 2022）

排序 Ranking	企业名称 Company Name	排序 Ranking	企业名称 Company Name
1	海天塑机集团有限公司 Haitian Plastics Machinery Group Co.,Ltd.	9	山东通佳机械有限公司 Shandong Tongjia Machinery Co.,Ltd.
2	伊之密股份有限公司 Yizumi Holdings Co.,Ltd.	10	力劲科技集团有限公司 L.K. Technology Holdings Limited
3	上海金纬机械制造有限公司 Shanghai Jwell Machinery Co.,Ltd.	11	宁波市海达塑料机械有限公司 Ningbo Haida Plastic Machinery Co.,Ltd.
4	震雄集团有限公司 Chen Hsong Holdings Limited	12	宁波华美达机械制造有限公司 Ningbo Hwamda Machinery Manufacturing Co.,Ltd.
5	泰瑞机器股份有限公司 Tederic Machinery Co.,Ltd.	13	江苏越升科技股份有限公司 Useon Technology Limited
6	宁波甬华塑料机械制造有限公司 Ningbo Yonghua Plastic Machinery Manufacturing Co.,Ltd.	14	博创智能装备股份有限公司 Borch Machinery Co.,Ltd.
7	江苏贝尔机械有限公司 Jiangsu Beier Machinery Co.,Ltd.	15	佛山市宝捷精密机械有限公司 Powerjet Plastic Machinery Co.,Ltd.
8	富强鑫精密工业股份有限公司 Fu Chun Shin Machinery Manufacture Co.,Ltd.	16	宁波海星机械制造有限公司 Ningbo Haixing Machinery Manufacturing Co.,Ltd.

（续）

排序 Ranking	企业名称 Company Name	排序 Ranking	企业名称 Company Name
17	伯乐智能装备股份有限公司 Bole Intelligent Machinery Co., Ltd.	27	南京创博机械设备有限公司 Nanjing Chuangbo Machinery Co.,Ltd.
18	宁波创基机械有限公司 Ningbo Chuangji Machinery Co.,Ltd.	28	丰铁机械（苏州）有限公司 Fomtec Plastic Machinery(Suzhou) Co.,Ltd.
19	宁波海雄塑料机械有限公司 Ningbo Haixiong Plastics Machinery Co., Ltd.	29	余姚华泰橡塑机械有限公司 Yuyao Huatai Rubber & Plastics Machinery Co.,Ltd.
20	苏州同大机械有限公司 Suzhou Tongda Machinery Co.,Ltd.	30	德科摩橡塑科技（东莞）有限公司 Dekuma Rubber and Plastic Technology(Dongguan)Ltd.
21	江苏维达机械有限公司 Jiangsu Victor Machinery Co.,Ltd.	31	浙江金鹰塑料机械有限公司 Zhejiang Golden Eagle Plastic Machinery Co.,Ltd.
22	杭州大禹机械有限公司 Hangzhou Tayu Machinery Co.,Ltd.	32	柳州市精业机器有限公司 Liuzhou Jingye Machinery Co.,Ltd.
23	大连三垒科技有限公司 Dalian Sunlight Technology Co.,Ltd.	33	宁波双盛塑料机械有限公司 Ningbo Shuangsheng Plastic Machinery Co.,Ltd.
24	新乐华宝塑料机械有限公司 Xinle Huabao Plastic Machinery Co.,Ltd.	34	广东百赞智能装备有限公司 Guangdong Baizan Intelligent Equipment Co.,Ltd.
25	江苏诚盟装备股份有限公司 Jiangsu Cenmen Equipment Corp.,Ltd.	35	苏州立注机械有限公司 Suzhou Lizhu Machinery Co.,Ltd.
26	大连橡胶塑料机械有限公司 Dalian Rubber & Plastics Machinery Co., Ltd.		

2023 中国塑料注射成型机行业 18 强企业
Top 18 Enterprises of China Plastics Injection Molding Machinery Industry in 2023

排序 Ranking	企业名称（按 2022 年度主营业务收入排序） Company Name(Sorted by Main Business Income in 2022)	企业名称（按 2022 年度净利润排序） Company Name(Sorted by Net Profit in 2022)
1	海天塑机集团有限公司 Haitian Plastics Machinery Group Co.,Ltd.	海天塑机集团有限公司 Haitian Plastics Machinery Group Co.,Ltd.
2	伊之密股份有限公司 Yizumi Holdings Co.,Ltd.	伊之密股份有限公司 Yizumi Holdings Co.,Ltd.
3	震雄集团有限公司 Chen Hsong Holdings Limited	震雄集团有限公司 Chen Hsong Holdings Limited
4	泰瑞机器股份有限公司 Tederic Machinery Co.,Ltd.	泰瑞机器股份有限公司 Tederic Machinery Co.,Ltd.
5	力劲科技集团有限公司 L.K. Technology Holdings Limited	宁波甬华塑料机械制造有限公司 Ningbo Yonghua Plastic Machinery Manufacturing Co.,Ltd.

（续）

排序 Ranking	企业名称（按2022年度主营业务收入排序）Company Name(Sorted by Main Business Income in 2022)	企业名称（按2022年度净利润排序）Company Name(Sorted by Net Profit in 2022)
6	富强鑫精密工业股份有限公司 Fu Chun Shin Machinery Manufacture Co.,Ltd.	富强鑫精密工业股份有限公司 Fu Chun Shin Machinery Manufacture Co.,Ltd.
7	宁波市海达塑料机械有限公司 Ningbo Haida Plastic Machinery Co.,Ltd.	力劲科技集团有限公司 L.K. Technology Holdings Limited
8	宁波华美达机械制造有限公司 Ningbo Hwamda Machinery Manufacturing Co.,Ltd.	宁波市海达塑料机械有限公司 Ningbo Haida Plastic Machinery Co.,Ltd.
9	博创智能装备股份有限公司 Borch Machinery Co.,Ltd.	宁波华美达机械制造有限公司 Ningbo Hwamda Machinery Manufacturing Co.,Ltd.
10	东华机械有限公司 Donghua Machinery Ltd.	博创智能装备股份有限公司 Borch Machinery Co.,Ltd.
11	宁波甬华塑料机械制造有限公司 Ningbo Yonghua Plastic Machinery Manufacturing Co.,Ltd.	佛山市宝捷精密机械有限公司 Powerjet Plastic Machinery Co.,Ltd.
12	伯乐智能装备股份有限公司 Bole Intelligent Machinery Co., Ltd.	宁波海星机械制造有限公司 Ningbo Haixing Machinery Manufacturing Co.,Ltd.
13	宁波海星机械制造有限公司 Ningbo Haixing Machinery Manufacturing Co.,Ltd.	伯乐智能装备股份有限公司 Bole Intelligent Machinery Co., Ltd.
14	宁波海雄塑料机械有限公司 Ningbo Haixiong Plastics Machinery Co.,Ltd.	宁波创基机械有限公司 Ningbo Chuangji Machinery Co.,Ltd.
15	浙江金鹰塑料机械有限公司 Zhejiang Golden Eagle Plastic Machinery Co.,Ltd.	宁波海雄塑料机械有限公司 Ningbo Haixiong Plastics Machinery Co.,Ltd.
16	宁波创基机械有限公司 Ningbo Chuangji Machinery Co.,Ltd.	浙江金鹰塑料机械有限公司 Zhejiang Golden Eagle Plastic Machinery Co.,Ltd.
17	佛山市宝捷精密机械有限公司 Powerjet Plastic Machinery Co.,Ltd.	宁波双盛塑料机械有限公司 Ningbo Shuangsheng Plastic Machinery Co.,Ltd.
18	宁波双盛塑料机械有限公司 Ningbo Shuangsheng Plastic Machinery Co.,Ltd.	东华机械有限公司 Donghua Machinery Ltd.

2023中国塑料挤出成型机行业12强企业

Top 12 Enterprises of China Plastics Extrusion Molding Machinery Industry in 2023

排序 Ranking	企业名称（按2022年度主营业务收入排序）Company Name (Sorted by Main Business Income in 2022)	企业名称（按2022年度净利润排序）Company Name (Sorted by Net Profit in 2022)
1	上海金纬机械制造有限公司 Shanghai Jwell Machinery Co.,Ltd.	上海金纬机械制造有限公司 Shanghai Jwell Machinery Co.,Ltd.
2	大连橡胶塑料机械有限公司 Dalian Rubber & Plastics Machinery Co., Ltd.	江苏贝尔机械有限公司 Jiangsu Beier Machinery Co.,Ltd.

企业概况

（续）

排序 Ranking	企业名称（按2022年度主营业务收入排序） Company Name (Sorted by Main Business Income in 2022)	企业名称（按2022年度净利润排序） Company Name (Sorted by Net Profit in 2022)
3	山东通佳机械有限公司 Shandong Tongjia Machinery Co.,Ltd.	山东通佳机械有限公司 Shandong Tongjia Machinery Co.,Ltd.
4	广东金明精机股份有限公司 Guangdong Jinming Machinery Co., Ltd.	江苏越升科技股份有限公司 Useon Technology Limited
5	江苏贝尔机械有限公司 Jiangsu Beier Machinery Co.,Ltd.	大连三垒科技有限公司 Dalian Sunlight Technology Co.,Ltd.
6	江苏越升科技股份有限公司 Useon Technology Limited	新乐华宝塑料机械有限公司 Xinle Huabao Plastic Machinery Co.,Ltd.
7	新乐华宝塑料机械有限公司 Xinle Huabao Plastic Machinery Co.,Ltd.	江苏诚盟装备股份有限公司 Jiangsu Cenmen Equipment Corp.,Ltd.
8	德科摩橡塑科技（东莞）有限公司 Dekuma Rubber and Plastic Technology (Dongguan)Ltd.	大连橡胶塑料机械有限公司 Dalian Rubber & Plastics Machinery Co.,Ltd.
9	江苏诚盟装备股份有限公司 Jiangsu Cenmen Equipment Corp.,Ltd.	南京创博机械设备有限公司 Nanjing Chuangbo Machinery Co.,Ltd.
10	大连三垒科技有限公司 Dalian Sunlight Technology Co.,Ltd.	德科摩橡塑科技（东莞）有限公司 Dekuma Rubber and Plastic Technology (Dongguan)Ltd.
11	南京创博机械设备有限公司 Nanjing Chuangbo Machinery Co.,Ltd.	四川中旺科技有限公司 Sichuan Advance Technology Co.,Ltd.
12	四川中旺科技有限公司 Sichuan Advance Technology Co.,Ltd.	广东金明精机股份有限公司 Guangdong Jinming Machinery Co., Ltd.

2023中国塑料中空成型机行业5强企业
Top 5 Enterprises of China Plastics Hollow Molding Machinery Industry in 2023

排序 Ranking	企业名称（按2022年度主营业务收入排序） Company Name(Sorted by Main Business Income in 2022)	企业名称（按2022年度净利润排序） Company Name(Sorted by Net Profit in 2022)
1	苏州同大机械有限公司 Suzhou Tongda Machinery Co.,Ltd.	苏州同大机械有限公司 Suzhou Tongda Machinery Co.,Ltd.
2	江苏维达机械有限公司 Jiangsu Victor Machinery Co.,Ltd.	江苏维达机械有限公司 Jiangsu Victor Machinery Co.,Ltd.
3	山东通佳智能装备有限公司 Shandong Tongjia Intelligent Equipment Co.,Ltd.	山东通佳智能装备有限公司 Shandong Tongjia Intelligent Equipment Co.,Ltd.
4	广东乐善智能装备股份有限公司 Guangdong Leshan Intelligent Equipment Corp.,Ltd.	柳州市精业机器有限公司 Liuzhou Jingye Machinery Co.,Ltd.
5	柳州市精业机器有限公司 Liuzhou Jingye Machinery Co.,Ltd.	广东乐善智能装备股份有限公司 Guangdong Leshan Intelligent Equipment Corp.,Ltd.

2023 中国立式塑料注射成型机行业 5 强企业

Top 5 Enterprises of China Vertical Plastics Injection Molding Machine Industry in 2023

排序 Ranking	企业名称（按 2022 年度主营业务收入排序） Company Name(Sorted by Main Business Income in 2022)	企业名称（按 2022 年度净利润排序） Company Name(Sorted by Net Profit in 2022)
1	杭州大禹机械有限公司 Hangzhou Tayu Machinery Co.,Ltd.	杭州大禹机械有限公司 Hangzhou Tayu Machinery Co.,Ltd.
2	丰铁机械（苏州）有限公司 Fomtec Plastic Machinery(Suzhou)Co.,Ltd.	丰铁机械（苏州）有限公司 Fomtec Plastic Machinery(Suzhou)Co.,Ltd.
3	余姚华泰橡塑机械有限公司 Yuyao Huatai Rubber & Plastics Machinery Co.,Ltd.	余姚华泰橡塑机械有限公司 Yuyao Huatai Rubber & Plastics Machinery Co.,Ltd.
4	广东百赞智能装备有限公司 Guangdong Baizan Intelligent Equipment Co.,Ltd.	广东百赞智能装备有限公司 Guangdong Baizan Intelligent Equipment Co.,Ltd.
5	苏州立注机械有限公司 Suzhou Lizhu Machinery Co.,Ltd.	苏州立注机械有限公司 Suzhou Lizhu Machinery Co.,Ltd.

2023 中国塑机辅机及配套件行业 7 强企业

Top 7 Enterprises of China Plastics Auxiliary Equipment and Accessories Industry in 2023

排序 Ranking	企业名称（按 2022 年度主营业务收入排序） Company Name(Sorted by Main Business Income in 2022)	企业名称（按 2022 年度净利润排序） Company Name(Sorted by Net Profit in 2022)
1	信易集团 Shini Group	海特克动力股份有限公司 Hytek Power Co.,Ltd.
2	浙江华业塑料机械股份有限公司 Zhejiang Huaye Plastics Machinery Co.,Ltd.	浙江华业塑料机械股份有限公司 Zhejiang Huaye Plastics Machinery Co.,Ltd.
3	宁波弘讯科技股份有限公司 Ningbo Techmation Co.,Ltd.	信易集团 Shini Group
4	海特克动力股份有限公司 Hytek Power Co.,Ltd.	宁波弘讯科技股份有限公司 Ningbo Techmation Co.,Ltd.
5	广东拓斯达科技股份有限公司 Guangdong Topstar Technology Co.,Ltd.	艾尔发智能科技股份有限公司 Alfa Industrial Corporation
6	宁波伊士通技术股份有限公司 Ningbo EST Technology Co.,Ltd.	宁波伊士通技术股份有限公司 Ningbo EST Technology Co.,Ltd.
7	艾尔发智能科技股份有限公司 Alfa Industrial Corporation	广东拓斯达科技股份有限公司 Guangdong Topstar Technology Co.,Ltd.

2024 中国塑料机械行业优势企业名单

2024 中国塑机制造业综合实力 40 强企业
（按 2023 年度主营业务收入排序）

Top 40 Comprehensive Strength Enterprises of China Plastics Machinery Manufacturing Industry in 2024

（Sorted by Main Business Income in 2023）

排序 Ranking	企业名称 Company Name	排序 Ranking	企业名称 Company Name
1	海天塑机集团有限公司 Haitian Plastics Machinery Group Co.,Ltd.	13	广东佳明机器有限公司 Guangdong Kaiming Engineering Co.,Ltd.
2	伊之密股份有限公司 Yizumi Holdings Co.,Ltd.	14	伯乐智能装备股份有限公司 Bole Intelligent Machinery Co.,Ltd.
3	上海金纬机械制造有限公司 Shanghai Jwell Machinery Co.,Ltd.	15	东华机械有限公司 Donghua Machinery Ltd.
4	大连橡胶塑料机械有限公司 Dalian Rubber & Plastics Machinery Co.,Ltd.	16	宁波甬华塑料机械制造有限公司 Ningbo Yonghua Plastic Machinery Manufacturing Co.,Ltd.
5	震雄集团有限公司 Chen Hsong Holdings Limited	17	佛山市宝捷精密机械有限公司 Powerjet Plastic Machinery Co.,Ltd.
6	广东力劲塑机智造股份有限公司 L.K. Technology Holdings Limited	18	广东金明精机股份有限公司 Guangdong Jinming Machinery Co.,Ltd.
7	泰瑞机器股份有限公司 Tederic Machinery Co.,Ltd.	19	江苏贝尔机械股份有限公司 Jiangsu Beier Machinery Co.,Ltd.
8	宁波华美达机械制造有限公司 Ningbo Hwamda Machinery Manufacturing Co.,Ltd.	20	浙江金鹰塑料机械有限公司 Zhejiang Golden Eagle Plastic Machinery Co.,Ltd.
9	博创智能装备股份有限公司 Borch Machinery Co.,Ltd.	21	宁波海星机械制造有限公司 Ningbo Haixing Machinery Manufacturing Co.,Ltd.
10	山东通佳机械有限公司 Shandong Tongjia Machinery Co.,Ltd.	22	宁波海雄塑料机械有限公司 Ningbo Haixiong Plastics Machinery Co., Ltd.
11	富强鑫精密工业股份有限公司 Fu Chun Shin Machinery Manufacture Co.,Ltd.	23	宁波创基机械股份有限公司 Ningbo Chuangji Machinery Co.,Ltd.
12	宁波市海达塑料机械有限公司 Ningbo Haida Plastic Machinery Co.,Ltd.	24	江苏越升科技股份有限公司 Useon Technology Limited

（续）

排序 Ranking	企业名称 Company Name	排序 Ranking	企业名称 Company Name
25	苏州同大机械有限公司 Suzhou Tongda Machinery Co.,Ltd.	33	大连三垒科技有限公司 Dalian Sunlight Technology Co.,Ltd.
26	江苏维达机械有限公司 Jiangsu Victor Machinery Co.,Ltd.	34	南京科亚化工成套装备有限公司 Nanjing Ky Chemical Machinery Co.,Ltd.
27	新乐华宝塑料机械有限公司 Xinle Huabao Plastic Machinery Co.,Ltd.	35	广东乐善智能装备股份有限公司 Guangdong Leshan Intelligent Equipment Corp.,Ltd.
28	杭州大禹机械有限公司 Hangzhou Tayu Machinery Co.,Ltd.	36	南京创博机械设备有限公司 Nanjing Chuangbo Machinery Co.,Ltd.
29	丰铁机械（苏州）有限公司 Fomtec Plastic Machinery(Suzhou) Co.,Ltd	37	广东百赞智能装备有限公司 Guangdong Baizan Intelligent Equipment Co.,Ltd.
30	德科摩橡塑科技（东莞）有限公司 Dekuma Rubber and Plastic Technology(Dongguan)Ltd.	38	宁波双盛塑料机械有限公司 Ningbo Shuangsheng Plastic Machinery Co.,Ltd.
31	江苏诚盟装备股份有限公司 Jiangsu Cenmen Equipment Corp.,Ltd.	39	广东聚诚智能科技有限公司 CGC Technology International Limited
32	余姚华泰橡塑机械有限公司 Yuyao Huatai Rubber & Plastics Machinery Co.,Ltd.	40	苏州立注机械有限公司 Suzhou Lizhu Machinery Co.,Ltd.

2024 中国塑机制造业综合实力 40 强企业
（按 2023 年度净利润排序）

Top 40 Comprehensive Strength Enterprises of China Plastics Machinery Manufacturing Industry in 2024
（Sorted by Net Profit in 2023）

排序 Ranking	企业名称 Company Name	排序 Ranking	企业名称 Company Name
1	海天塑机集团有限公司 Haitian Plastics Machinery Group Co.,Ltd.	5	大连橡胶塑料机械有限公司 Dalian Rubber & Plastics Machinery Co., Ltd.
2	伊之密股份有限公司 Yizumi Holdings Co.,Ltd.	6	震雄集团有限公司 Chen Hsong Holdings Limited
3	上海金纬机械制造有限公司 Shanghai Jwell Machinery Co.,Ltd.	7	泰瑞机器股份有限公司 Tederic Machinery Co.,Ltd.
4	宁波甬华塑料机械制造有限公司 Ningbo Yonghua Plastic Machinery Manufacturing Co., Ltd.	8	宁波华美达机械制造有限公司 Ningbo Hwamda Machinery Manufacturing Co.,Ltd.

（续）

排序 Ranking	企业名称 Company Name	排序 Ranking	企业名称 Company Name
9	山东通佳机械有限公司 Shandong Tongjia Machinery Co.,Ltd.	25	大连三垒科技有限公司 Dalian Sunlight Technology Co.,Ltd.
10	江苏贝尔机械股份有限公司 Jiangsu Beier Machinery Co.,Ltd.	26	宁波创基机械股份有限公司 Ningbo Chuangji Machinery Co.,Ltd.
11	佛山市宝捷精密机械有限公司 Powerjet Plastic Machinery Co.,Ltd.	27	余姚华泰橡塑机械有限公司 Yuyao Huatai Rubber & Plastics Machinery Co.,Ltd.
12	江苏越升科技股份有限公司 Useon Technology Limited	28	杭州大禹机械有限公司 Hangzhou Tayu Machinery Co.,Ltd.
13	伯乐智能装备股份有限公司 Bole Intelligent Machinery Co.,Ltd.	29	丰铁机械（苏州）有限公司 Fomtec Plastic Machinery(Suzhou)Co.,Ltd.
14	博创智能装备股份有限公司 Borch Machinery Co.,Ltd.	30	新乐华宝塑料机械有限公司 Xinle Huabao Plastic Machinery Co.,Ltd.
15	富强鑫精密工业股份有限公司 Fu Chun Shin Machinery Manufacture Co.,Ltd.	31	德科摩橡塑科技（东莞）有限公司 Dekuma Rubber and Plastic Technology(Dongguan)Ltd.
16	广东佳明机器有限公司 Guangdong Kaiming Engineering Co.,Ltd.	32	广东聚诚智能科技有限公司 CGC Technology International Limited
17	宁波市海达塑料机械有限公司 Ningbo Haida Plastic Machinery Co.,Ltd.	33	南京创博机械设备有限公司 Nanjing Chuangbo Machinery Co.,Ltd.
18	苏州同大机械有限公司 Suzhou Tongda Machinery Co.,Ltd.	34	广东金明精机股份有限公司 Guangdong Jinming Machinery Co.,Ltd.
19	广东力劲塑机智造股份有限公司 L.K. Technology Holdings Limited	35	宁波双盛塑料机械有限公司 Ningbo Shuangsheng Plastic Machinery Co.,Ltd.
20	浙江金鹰塑料机械有限公司 Zhejiang Golden Eagle Plastic Machinery Co.,Ltd.	36	柳州市精业机器有限公司 Liuzhou Jingye Machinery Co.,Ltd.
21	宁波海雄塑料机械有限公司 Ningbo Haixiong Plastics Machinery Co.,Ltd.	37	广东百赞智能装备有限公司 Guangdong Baizan Intelligent Equipment Co.,Ltd.
22	宁波海星机械制造有限公司 Ningbo Haixing Machinery Manufacturing Co.,Ltd.	38	南京科亚化工成套装备有限公司 Nanjing Ky Chemical Machinery Co.,Ltd.
23	江苏维达机械有限公司 Jiangsu Victor Machinery Co.,Ltd.	39	四川中旺科技有限公司 Sichuan Advance Technology Co.,Ltd.
24	江苏诚盟装备股份有限公司 Jiangsu Cenmen Equipment Corp.,Ltd.	40	苏州立注机械有限公司 Suzhou Lizhu Machinery Co.,Ltd.

2024 中国塑料注射成型机行业 18 强企业

Top 18 Enterprises of China Plastics Injection Molding Machinery Industry in 2024

排序 Ranking	企业名称 (按 2023 年度主营业务收入排序) Company Name(Sorted by Main Business Income in 2023)	企业名称（按 2023 年度净利润排序） Company Name(Sorted by Net Profit in 2023)
1	海天塑机集团有限公司 Haitian Plastics Machinery Group Co.,Ltd.	海天塑机集团有限公司 Haitian Plastics Machinery Group Co.,Ltd.
2	伊之密股份有限公司 Yizumi Holdings Co.,Ltd.	伊之密股份有限公司 Yizumi Holdings Co.,Ltd.
3	震雄集团有限公司 Chen Hsong Holdings Limited	宁波甬华塑料机械制造有限公司 Ningbo Yonghua Plastic Machinery Manufacturing Co.,Ltd.
4	广东力劲塑机智造股份有限公司 L.K. Technology Holdings Limited	震雄集团有限公司 Chen Hsong Holdings Limited
5	泰瑞机器股份有限公司 Tederic Machinery Co.,Ltd.	泰瑞机器股份有限公司 Tederic Machinery Co.,Ltd.
6	宁波华美达机械制造有限公司 Ningbo Hwamda Machinery Manufacturing Co.,Ltd.	宁波华美达机械制造有限公司 Ningbo Hwamda Machinery Manufacturing Co.,Ltd.
7	博创智能装备股份有限公司 Borch Machinery Co.,Ltd.	佛山市宝捷精密机械有限公司 Powerjet Plastic Machinery Co.,Ltd.
8	富强鑫精密工业股份有限公司 Fu Chun Shin Machinery Manufacture Co.,Ltd.	伯乐智能装备股份有限公司 Bole Intelligent Machinery Co.,Ltd.
9	宁波市海达塑料机械有限公司 Ningbo Haida Plastic Machinery Co.,Ltd.	博创智能装备股份有限公司 Borch Machinery Co.,Ltd.
10	广东佳明机器有限公司 Guangdong Kaiming Engineering Co.,Ltd.	富强鑫精密工业股份有限公司 Fu Chun Shin Machinery Manufacture Co.,Ltd.
11	伯乐智能装备股份有限公司 Bole Intelligent Machinery Co., Ltd.	广东佳明机器有限公司 Guangdong Kaiming Engineering Co.,Ltd.
12	东华机械有限公司 Donghua Machinery Ltd.	宁波市海达塑料机械有限公司 Ningbo Haida Plastic Machinery Co.,Ltd.
13	宁波甬华塑料机械制造有限公司 Ningbo Yonghua Plastic Machinery Manufacturing Co.,Ltd.	广东力劲塑机智造股份有限公司 L.K. Technology Holdings Limited
14	佛山市宝捷精密机械有限公司 Powerjet Plastic Machinery Co.,Ltd.	浙江金鹰塑料机械有限公司 Zhejiang Golden Eagle Plastic Machinery Co.,Ltd.
15	浙江金鹰塑料机械有限公司 Zhejiang Golden Eagle Plastic Machinery Co.,Ltd.	宁波海雄塑料机械有限公司 Ningbo Haixiong Plastics Machinery Co., Ltd.
16	宁波海星机械制造有限公司 Ningbo Haixing Machinery Manufacturing Co.,Ltd.	宁波海星机械制造有限公司 Ningbo Haixing Machinery Manufacturing Co.,Ltd.

（续）

排序 Ranking	企业名称（按2023年度主营业务收入排序）Company Name(Sorted by Main Business Income in 2023)	企业名称（按2023年度净利润排序）Company Name(Sorted by Net Profit in 2023)
17	宁波海雄塑料机械有限公司 Ningbo Haixiong Plastics Machinery Co., Ltd.	宁波创基机械股份有限公司 Ningbo Chuangji Machinery Co.,Ltd.
18	宁波创基机械股份有限公司 Ningbo Chuangji Machinery Co.,Ltd.	宁波双盛塑料机械有限公司 Ningbo Shuangsheng Plastic Machinery Co.,Ltd.

2024 中国塑料挤出成型机行业 14 强企业
Top 14 Enterprises of China Plastics Extrusion Molding Machinery Industry in 2024

排序 Ranking	企业名称（按2023年度主营业务收入排序）Company Name(Sorted by Main Business Income in 2023)	企业名称（按2023年度净利润排序）Company Name(Sorted by Net Profit in 2023)
1	上海金纬机械制造有限公司 Shanghai Jwell Machinery Co.,Ltd.	上海金纬机械制造有限公司 Shanghai Jwell Machinery Co.,Ltd.
2	大连橡胶塑料机械有限公司 Dalian Rubber & Plastics Machinery Co., Ltd.	江苏贝尔机械股份有限公司 Jiangsu Beier Machinery Co.,Ltd.
3	山东通佳机械有限公司 Shandong Tongjia Machinery Co.,Ltd.	大连橡胶塑料机械有限公司 Dalian Rubber & Plastics Machinery Co., Ltd.
4	广东金明精机股份有限公司 Guangdong Jinming Machinery Co., Ltd.	山东通佳机械有限公司 Shandong Tongjia Machinery Co.,Ltd.
5	江苏贝尔机械股份有限公司 Jiangsu Beier Machinery Co.,Ltd.	江苏越升科技股份有限公司 Useon Technology Limited
6	江苏越升科技股份有限公司 Useon Technology Limited	江苏诚盟装备股份有限公司 Jiangsu Cenmen Equipment Corp.,Ltd.
7	新乐华宝塑料机械有限公司 Xinle Huabao Plastic Machinery Co.,Ltd.	大连三垒科技有限公司 Dalian Sunlight Technology Co.,Ltd.
8	德科摩橡塑科技（东莞）有限公司 Dekuma Rubber and Plastic Technology(Dongguan)Ltd.	新乐华宝塑料机械有限公司 Xinle Huabao Plastic Machinery Co.,Ltd.
9	江苏诚盟装备股份有限公司 Jiangsu Cenmen Equipment Corp.,Ltd.	德科摩橡塑科技（东莞）有限公司 Dekuma Rubber and Plastic Technology(Dongguan)Ltd.
10	大连三垒科技有限公司 Dalian Sunlight Technology Co.,Ltd.	广东聚诚智能科技有限公司 CGC Technology International Limited
11	南京科亚化工成套装备有限公司 Nanjing Ky Chemical Machinery Co., Ltd.	南京创博机械设备有限公司 Nanjing Chuangbo Machinery Co.,Ltd.
12	南京创博机械设备有限公司 Nanjing Chuangbo Machinery Co.,Ltd.	广东金明精机股份有限公司 Guangdong Jinming Machinery Co., Ltd.
13	广东聚诚智能科技有限公司 CGC Technology International Limited	南京科亚化工成套装备有限公司 Nanjing Ky Chemical Machinery Co., Ltd.
14	四川中旺科技有限公司 Sichuan Advance Technology Co.,Ltd.	四川中旺科技有限公司 Sichuan Advance Technology Co.,Ltd.

2024 中国塑料中空成型机行业 5 强企业
Top 5 Enterprises of China Plastics Hollow Molding Machinery Industry in 2024

排序 Ranking	企业名称（按 2023 年度主营业务收入排序） Company Name(Sorted by Main Business Income in 2023)	企业名称（按 2023 年度净利润排序） Company Name(Sorted by Main Business Income in 2023)
1	苏州同大机械有限公司 Suzhou Tongda Machinery Co.,Ltd.	苏州同大机械有限公司 Suzhou Tongda Machinery Co.,Ltd.
2	江苏维达机械有限公司 Jiangsu Victor Machinery Co.,Ltd.	江苏维达机械有限公司 Jiangsu Victor Machinery Co.,Ltd.
3	山东通佳智能装备有限公司 Shandong Tongjia Intelligent Equipment Co.,Ltd.	山东通佳智能装备有限公司 Shandong Tongjia Intelligent Equipment Co.,Ltd.
4	广东乐善智能装备股份有限公司 Guangdong Leshan Intelligent Equipment Corp., Ltd.	柳州市精业机器有限公司 Liuzhou Jingye Machinery Co.,Ltd.
5	柳州市精业机器有限公司 Liuzhou Jingye Machinery Co.,Ltd.	广东乐善智能装备股份有限公司 Guangdong Leshan Intelligent Equipment Corp., Ltd.

2024 中国立式塑料注射成型机行业 5 强企业
Top 5 Enterprises of China Vertical Plastics Injection Molding Machine Industry in 2024

排序 Ranking	企业名称（按 2023 年度主营业务收入排序） Company Name(Sorted by Main Business Income in 2023)	企业名称（按 2023 年度主营业务收入排序） Company Name(Sorted by Main Business Income in 2023)
1	杭州大禹机械有限公司 Hangzhou Tayu Machinery Co.,Ltd.	余姚华泰橡塑机械有限公司 Yuyao Huatai Rubber & Plastics Machinery Co.,Ltd.
2	丰铁机械（苏州）有限公司 Fomtec Plastic Machinery(Suzhou) Co.,Ltd	杭州大禹机械有限公司 Hangzhou Tayu Machinery Co.,Ltd.
3	余姚华泰橡塑机械有限公司 Yuyao Huatai Rubber & Plastics Machinery Co.,Ltd.	丰铁机械（苏州）有限公司 Fomtec Plastic Machinery(Suzhou) Co.,Ltd
4	广东百赞智能装备有限公司 Guangdong Baizan Intelligent Equipment Co.,Ltd.	广东百赞智能装备有限公司 Guangdong Baizan Intelligent Equipment Co.,Ltd.
5	苏州立注机械有限公司 Suzhou Lizhu Machinery Co.,Ltd.	苏州立注机械有限公司 Suzhou Lizhu Machinery Co.,Ltd.

2024 中国塑机辅机及配套件行业 7 强企业
Top 7 Enterprises of China Plastics Auxiliary Equipment and Accessories Industry in 2024

排序 Ranking	企业名称（按 2023 年度主营业务收入排序）Company Name(Sorted by Main Business Income in 2023)	企业名称（按 2023 年度主营业务收入排序）Company Name(Sorted by Main Business Income in 2023)
1	信易集团 Shini Group	信易集团 Shini Group
2	浙江华业塑料机械股份有限公司 Zhejiang Huaye Plastics Machinery Co.,Ltd.	浙江华业塑料机械股份有限公司 Zhejiang Huaye Plastics Machinery Co.,Ltd.
3	宁波弘讯科技股份有限公司 Ningbo Techmation Co.,Ltd.	宁波弘讯科技股份有限公司 Ningbo Techmation Co.,Ltd.
4	海特克动力股份有限公司 Hytek Power Co., Ltd.	海特克动力股份有限公司 Hytek Power Co., Ltd.
5	宁波伊士通技术股份有限公司 Ningbo Est Technology Co.,Ltd.	艾尔发智能科技股份有限公司 Alfa Industrial Corporation
6	广东拓斯达科技股份有限公司 Guangdong Topstar Technology Co.,Ltd.	宁波伊士通技术股份有限公司 Ningbo EST Technology Co.,Ltd.
7	艾尔发智能科技股份有限公司 Alfa Industrial Corporation	广东拓斯达科技股份有限公司 Guangdong Topstar Technology Co.,Ltd.

2022—2024 中国塑料机械行业优势企业经济运行分析

2011 年以来，中国塑料机械工业协会连续 13 年推出中国塑机行业优势企业榜单。13 年来，入榜企业的影响力越来越大，带动作用也越来越强，不仅得到了行业的广泛关注和肯定，也成为国内外塑机相关产业及用户了解中国塑机企业发展的风向标。近年来行业持续快速发展，2024 年中国塑机行业优势企业评选范围扩大至中国塑机制造业综合实力 40 强企业、中国塑料注射成型机行业 18 强企业、中国塑料挤出成型机行业 14 强企业、中国塑料中空成型机行业 5 强企业、中国立式塑料注射成型机行业 5 强企业和中国塑机辅机及配套件行业 7 强企业。

从 2024 中国塑机行业优势企业看，49 家入榜企业的主要经济指标占行业同期规模以上企业（680 家）的比例分别为：主营业务收入占 42.72%，资产总额占 61.36%，利润总额占 56.52%，出口额占 20.53%[2023 年中国大陆塑机出口额按海关公布的 15 个税号产品（包括零部件、3D 打印设备以及橡胶机械等）总计 531 亿元]。中国塑机优势企业已成为塑料机械行业发展进程中名副其实的重要支柱。2011—2023 年中国塑料机械行业优势企业主要经济指标见表 1。2011—2023 年塑料机械行业优势企业主要经济指标在行业内的同期占比见表 2。2013—2023 年塑机行业重点企业利润率和资产负债率对比见表 3。

表 1 2011—2023 年中国塑料机械行业优势企业主要经济指标

指标名称	2011年	2012年	2013年	2014年	2015年	2016年	2017年	2018年	2019年	2020年	2021年	2022年	2023年
工业总产值/亿元	196.3	208.8	235.1	241.6	219.0	249.2	324.1	327.8	319.7	401.0	473.0	414.0	488.0
同比增长（%）	—	6.30	12.60	2.80	-9.40	13.80	30.10	1.10	-2.50	25.43	17.96	-12.47	17.87
工业销售产值/亿元	189.7	200.4	232.3	236.3	212.1	243.7	316.6	315.8	307.9	398.4	454.2	411.0	464.0
同比增长（%）	—	5.60	15.90	1.80	-10.30	14.90	29.90	-0.30	-2.50	29.39	14.01	-9.51	12.90
资产总额/亿元	230.9	267.7	314.2	336.2	375.3	421.3	486.3	456.1	510.0	601.2	696.0	620.0	726.0
同比增长（%）	20.90	16.00	17.40	7.00	11.60	12.20	15.40	-6.20	11.80	17.88	15.77	-10.92	17.10
主营业务收入/亿元	195.0	194.2	217.3	207.5	205.8	236.7	297.7	293.4	301.6	355.6	438.5	394.0	402.0
同比增长（%）	16.70	-0.40	11.90	-4.50	-0.80	15.00	25.80	-1.40	2.80	17.90	23.31	-10.15	2.03
净利润/亿元	20.8	20.6	24.6	22.4	20.2	28.1	36.6	35.3	32.3	53.4	62.5	46.0	46.0
同比增长（%）	1.80	-0.90	19.60	-8.90	-9.70	38.90	30.20	-3.60	-8.60	65.33	17.04	-26.40	0.00
纳税总额/亿元	9.1	10.6	12.7	12.8	12.7	16.1	18.2	18.1	20.8	15.0	23.5	19.0	19.0
同比增长（%）	-4.20	15.80	20.20	0.50	-0.30	26.50	13.40	-0.50	14.80	-27.88	56.67	-19.15	0.00
出口额/亿元	44.9	52.1	51.4	52.1	55.6	60.0	70.8	76.9	71.1	75.2	105.7	95.0	109.0
同比增长（%）	—	16.10	-1.40	1.30	6.80	7.90	18.00	8.60	-7.50	5.77	40.56	-10.12	14.74
研发费用/亿元	7.0	7.6	8.9	9.2	8.8	11.8	12.5	12.6	13.9	16.3	20.2	18.0	21.0
同比增长（%）	13.10	9.00	16.40	3.20	-4.20	34.90	5.90	0.80	10.10	17.27	23.93	-10.89	16.67
利润总额/亿元	23.7	23.1	29.0	26.8	24.8	33.4	43.7	43.4	38.1	68.5	72.6	53.0	52.0
同比增长（%）	—	-2.70	25.60	-7.40	-7.60	34.60	30.80	-0.70	-12.30	79.79	5.99	-27.00	-1.89
所有者权益/亿元	130.5	152.1	178.7	192.0	225.0	249.4	268.2	257.5	279.5	334.9	382.4	345.0	498.0
同比增长（%）	35.40	16.50	17.50	7.50	17.20	10.90	7.50	-4.00	8.60	19.82	14.18	-9.78	44.35
负债总额/亿元	—	—	126.8	127.8	151.1	165.4	205.7	197.2	233.4	266.1	301.3	314.0	357.0
同比增长（%）	—	—	—	0.70	18.30	9.50	24.30	-4.10	18.40	14.01	13.23	4.22	13.69

表2　2011—2023年塑料机械行业优势企业主要经济指标在行业内的同期占比　　　　（%）

年份	主营业务收入	资产总额	利润总额	出口额	负债
2011	44.2	52.3	56.1	67.0	—
2012	43.0	57.0	55.5	62.0	—
2013	43.5	60.0	64.7	69.8	50.6
2014	39.0	59.5	55.9	57.5	47.8
2015	39.4	63.2	50.2	66.0	56.6
2016	39.7	63.8	58.7	66.3	55.0
2017	44.4	67.6	63.2	64.7	59.5
2018	45.5	61.3	65.4	81.5	52.7
2019	46.3	65.6	66.1	75.0	61.7
2020	43.9	65.5	79.9	40.9	57.7
2021	46.2	67.3	76.4	43.1	57.7
2022	43.1	56.0	60.9	19.7	55.0
2023	42.7	61.4	56.5	20.5	57.5

表3　2013—2023年塑机行业重点企业利润率和资产负债率对比

年份	利润率（%）		资产负债率（%）	
	优势企业	行业规模以上企业	优势企业	行业规模以上企业
2013	13.20	9.00	40.40	47.90
2014	12.90	9.00	38.00	47.30
2015	12.10	9.50	40.30	45.00
2016	14.10	9.50	39.30	45.60
2017	14.70	10.30	42.30	48.00
2018	14.79	10.30	43.24	50.33
2019	12.62	8.85	45.77	48.60
2020	19.26	10.58	44.26	50.32
2021	16.56	10.00	43.29	51.00
2022	13.45	9.52	50.65	51.58
2023	12.94	9.79	49.17	52.47

注：优势企业利润率统计口径为主营业务收入利润率；规模以上企业利润率统计口径为营业收入利润率。

2021—2023年入选的优势企业分别有45家、46家、49家，员工数分别为35 304人、37 026人、38 513人，实现人均产值分别为133.98万元、109.95万元、126.77万元。2021—2023年塑机优势企业按行业分类人均产值见表4。2021—2023年塑机行业优势企业按行业分类产销情况见表5。

表4　2021—2023年塑机优势企业按行业分类人均产值　　　　（单位：万元/人）

细分行业	2021年	2022年	2023年
注塑机	168.00	121.37	123.41
挤出机	131.20	114.20	140.13
中空成型机	104.10	65.78	86.92
立式注塑机	76.00	86.77	89.02
辅机及配套件	49.70	74.34	115.30

表5 2021—2023年塑机行业优势企业按行业分类产销情况

	项目名称	注塑机	挤出机	中空成型机	立式注塑机
2021年	主营业务收入／万元	3 135 737	703 790	104 472	59 290
	产量／台（套）	129 045	12 489	3 538	5 130
	平均售价／（万元／台）	24.30	56.40	29.50	11.60
2022年	主营业务收入／万元	2 546 515	649 115	85 410	65 534
	产量／台（套）	88 497	17 917	2 969	4 605
	平均售价／（万元／台）	28.78	36.22	28.77	14.23
2023年	主营业务收入／亿元	305.00	65.60	9.03	6.86
	产量／台（套）	113 103	18 448	3 028	4 757
	平均售价／（万元／台）	26.98	35.58	29.83	14.42

我国塑机产业的集群化发展态势明显，这与当地良好的营商环境、完善的配套产业链、方便快捷的交通物流以及服务型政府支持等多方面因素有着密切关系。优势企业主要集中在华东和华南地区。在2024年入榜企业中，华东地区30家，其中浙江18家，江苏9家，上海2家，山东1家；华南地区15家，其中广东14家，广西1家。另有辽宁2家、河北1家、四川1家。

注塑机（含立式）优势企业主要位于浙江、广东两省，其中浙江15家，广东7家。另有江苏2家。

挤出机企业分布相对分散，江苏4家，上海1家，广东3家，辽宁2家，山东1家，河北1家，四川1家。

中空成型企业在江苏有2家，广东、广西、山东各有1家。

塑机辅机及配套件企业集中分布在苏浙粤三省，其中浙江2家，江苏1家，广东2家。

2022—2024年塑料机械行业企业运营情况

2023年塑料机械行业上市公司主要指标

2023年塑料机械行业上市公司主要经营指标

股票代码	股票名称	每股收益（摊薄）／元	营业收入／亿元	收入增长率（％）	毛利率（％）	费用率（％）	费用增长率（％）	归属母公司净利润／亿元	归属于母公司净利润增长率（％）	净利率（％）	净资产收益率（％）
00057.HK	震雄集团	0.21*	23.1*	-15.25	23.70	18.16	-5.58	1.3*	-38.92	5.63	3.30
00118.HK	大同机械	-0.05*	21.8*	-6.97	16.98	17.01	-2.30	-0.4*	亏损	-2.01	-3.38
00558.HK	力劲科技	0.39*	59.0*	9.96	27.08	18.96	18.37	5.3*	-14.91	9.03	16.77

(续)

股票代码	股票名称	每股收益（摊薄）/元	营业收入/亿元	收入增长率（%）	毛利率（%）	费用率（%）	费用增长率（%）	归属母公司净利润/亿元	归属于母公司净利润增长率（%）	净利率（%）	净资产收益率（%）
01882.HK	海天国际	1.56*	130.7*	6.18	32.14	15.99	12.55	24.9*	10.02	19.06	13.91
002209.SZ	达意隆	0.24	12.8	11.89	24.10	16.20	21.58	0.5	108.59	3.63	7.27
300124.SZ	汇川技术	1.78	304.2	32.21	33.55	10.66	30.94	47.4	9.77	15.59	19.37
300281.SZ	金明精机	0.02	4.5	-3.79	16.39	9.23	2.28	0.1	扭亏	1.48	0.53
300415.SZ	伊之密	1.02	41.0	11.30	33.25	15.40	10.57	4.8	17.66	11.65	18.63
300472.SZ	新元科技	-0.73	2.3	-58.76	17.01	45.06	15.37	-2.0	亏损	-86.31	-32.76
300607.SZ	拓斯达	0.21	45.5	-8.65	18.47	10.46	3.19	0.9	-44.86	1.93	3.65
300720.SZ	海川智能	0.19	2.3	12.62	50.84	19.61	55.36	0.4	-11.60	16.05	6.12
600232.SH	金鹰股份	0.10	13.7	5.17	16.31	9.64	32.46	0.4	-28.62	2.58	3.41
600579.SH	克劳斯	-5.56	116.1	11.27	16.59	25.64	27.44	-27.7	亏损	-23.85	-385.99
603015.SH	弘讯科技	0.16	7.2	-1.57	37.66	19.69	5.99	0.6	34.06	8.87	4.67
603289.SH	泰瑞机器	0.29	10.0	-15.51	31.97	13.43	15.03	0.9	-11.21	8.57	6.15
833284.BJ	灵鸽科技	0.20	2.6	-18.38	28.92	14.64	24.63	0.2	-61.16	6.48	4.97
834005.NQ	松湖股份	1.54	0.9	112.96	36.98	12.03	47.54	0.2	289.82	16.67	50.30
871695.NQ	乐善智能	0.07	1.3	-1.67	26.33	21.57	-1.02	0.02	70.33	1.67	4.16
6603.TWO	富强鑫	0.13△	38.6△	-16.16	26.23	1.49	52.30	0.2△	-87.08	0.53	0.15

注：*为港元，△为新台币。

2023年塑料机械行业上市公司财务指标

股票代码	股票名称	总资产周转率/次	应收账款周转率/次	存货周转率/次	流动比率	速动比率	资产负债率（%）	每股经营活动现金流净额/元
00057.HK	震雄集团	0.55	1.91	1.90	3.03	2.22	26.06	0.47*
00118.HK	大同机械	0.86	3.63	4.16	1.83	1.41	41.97	0.18*
00558.HK	力劲科技	0.74	2.60	2.41	1.30	0.87	54.85	0.04*
01882.HK	海天国际	0.48	3.96	2.65	2.46	1.99	35.24	1.26*
002209.SZ	达意隆	0.68	4.02	1.40	1.17	0.68	68.75	1.10
300124.SZ	汇川技术	0.69	4.00	3.40	1.59	1.27	48.93	1.26
300281.SZ	金明精机	0.31	14.11	1.36	3.95	2.54	14.88	0.06
300415.SZ	伊之密	0.70	4.73	1.85	1.60	0.97	57.95	0.37
300472.SZ	新元科技	0.14	0.42	0.88	1.17	0.86	64.03	-0.24
300607.SZ	拓斯达	0.66	2.20	2.61	1.53	1.33	64.54	0.46
300720.SZ	海川智能	0.35	6.76	1.36	9.62	8.05	9.32	0.14
600232.SH	金鹰股份	0.81	5.68	2.01	2.14	1.19	37.01	-0.14

（续）

股票代码	股票名称	总资产周转率/次	应收账款周转率/次	存货周转率/次	流动比率	速动比率	资产负债率（%）	每股经营活动现金流净额/元
600579.SH	克劳斯	0.59	5.49	2.01	1.14	0.67	82.37	-1.78
603015.SH	弘讯科技	0.35	3.22	1.32	3.21	2.29	32.63	0.33
603289.SH	泰瑞机器	0.46	2.75	1.69	1.34	1.01	40.35	0.35
833284.BJ	灵鸽科技	0.48	1.34	2.24	1.78	1.40	41.81	-0.59
834005.NQ	松湖股份	1.67	12.31	7.10	1.82	1.54	53.15	1.58
871695.NQ	乐善智能	0.82	20.06	2.43	0.74	0.39	67.29	0.45
6603.TWO	富强鑫	0.55	2.36	1.89	2.01	1.25	67.31	0.37△

注：*为港元，△为新台币。

2023年塑料机械行业上市公司各项费用指标

股票代码	股票名称	销售费用率（%）	管理费用率（%）	财务费用率（%）	期间费用率（%）
00057.HK	震雄集团	11.14	6.67	-0.48	17.33
00118.HK	大同机械	7.43	8.72	0.34	16.49
00558.HK	力劲科技	9.16	8.74	0.79	18.70
01882.HK	海天国际	8.62	6.79	-1.57	13.84
002209.SZ	达意隆	8.59	12.03	-0.03	20.60
300124.SZ	汇川技术	6.39	12.90	0.003	19.29
300281.SZ	金明精机	4.37	10.56	-0.37	14.56
300415.SZ	伊之密	9.89	10.50	0.19	20.59
300472.SZ	新元科技	6.37	55.32	6.85	68.53
300607.SZ	拓斯达	5.47	7.00	1.02	13.49
300720.SZ	海川智能	12.29	20.04	-3.47	28.86
600232.SH	金鹰股份	2.72	8.34	0.72	11.78
600579.SH	克劳斯	13.66	11.81	3.09	28.56
603015.SH	弘讯科技	5.42	23.48	0.40	29.30
603289.SH	泰瑞机器	9.21	10.94	-0.39	19.77
833284.BJ	灵鸽科技	6.91	11.70	0.21	18.81
834005.NQ	松湖股份	6.07	14.57	0.61	21.24
871695.NQ	乐善智能	13.26	13.06	1.15	27.47
6603.TWO	富强鑫	0.00	0.00	0.69	0.69

〔撰稿人：王帆〕

我国塑料机械行业上市公司 2022—2024 年发展情况

震雄集团有限公司
震雄集团 00057

生产经营 连续两个财政年度，世界政治经济受到新冠疫情、俄乌冲突、国际贸易博弈等一系列因素的影响，震雄集团的业绩也受到较大的影响。震雄集团 2022—2024 财政年度指标完成情况见表1。

表 1 震雄集团 2022—2024 财政年度指标完成情况

项目	2024 年	2023 年	2022 年
收入 / 万港元	200 954.5	231 258.4	272 876.3
除税前利润 / 万港元	12 514.2	15 894.1	23 856.8
权益持有人应占利润 / 万港元	10 085.3	13 028.9	21 330.9
资产总值 / 万港元	414 375.0	414 930.9	442 932.7
股东权益 / 万港元	305 753.0	304 914.0	320 904.9
已发行股本 / 万港元	6 305.3	6 305.3	6 305.3
流动资产净值 / 万港元	198 518.0	199 040.4	204 249.0
每股基本盈利 / 港仙[①]	16.0	20.7	33.8
每股现金股息 / 港仙	8.0	11.8	16.8
每股资产净值 / 港元	4.9	4.9	5.1
平均股东权益回报率（%）	3.3	4.2	6.9
平均资产总值回报率（%）	2.4	3.0	4.8

注：截至 2024 年 3 月 31 日财政年度。

① 1 港仙 =0.01 港元。

2023 年，震雄集团获 2021FITMI 创新科技成就大奖。

市场销售 震雄集团成功进入新能源汽车市场。2021 年下半年开始与比亚迪合作，提供高端注塑机，合约总值近 3.5 亿元。

总体来说，2022—2024 财年，震雄集团国际市场的营业额分别为 6.10 亿港元、5.79 亿港元和 5.22 亿港元，同比分别增长 64%、下降 5% 和 10%。

新产品 2021 年推出全线 MK6e 演化版型号产品，在中小型注塑机销量中的占比与上年相当。2022 年推出 MK6.6 系列，包括 MK6.6/A 匠心版、MK6.6/B 卓越版及 MK6.6/C 精工版。2023 年推出旗舰产品线 MK6 新一代系列（包括 MK6 PRO、MK6 Max、MK6 Plus）及 SPARK 新一代系列（包括 AE 全电动、EH 电动及 HB 混电）。2023/2024 财年推出很多行业专用机，如物流行业的果筐专用机及环保行业的压滤板专用机等；突破超大射胶量（60～250kg）预熔技术，36 000kN 大型二板注塑机顺利交付投产；推出 G 系列产品，弥补了既有产品线在中低端市场覆盖率的不足。

大同机械企业有限公司

大同机械 00118

生产经营 大同机械继续专注满足特定行业的独特复杂需求，提供相应产品与服务。2023 年由于全球经济复苏乏力，制造业需求停滞及消费者信心低迷，大同机械大部分业务板块的销售出现下跌。

注塑机制造业务在 2021 年上半年强劲增长，带动产能攀升至高峰，但自第三季度起，多个板块的客户面对原材料成本飙升、突发性电力短缺、货运成本大幅上涨及集装箱供应短缺，销售及投资意欲受到极大的打击，需求回落。这一情况延续至 2022 年，市场整体对机械需求愈趋疲弱，销售显著下跌。2023 年，注塑机行业竞争白热化，大同机械的注塑机制造业务销售额略有下降，在内地中小型标准机械的销量有所下滑。

2021—2023 年大同机械财务指标情况见表 2。

表 2 2021—2023 年大同机械财务指标情况

项目	2023 年	同比增长（%）	2022 年	同比增长（%）	2021 年	同比增长（%）
收入 / 万港元	217 690.0	-7.0	233 989.8	-23.9	307 530.5	26.5
毛利润 / 万港元	36 966.5	-0.7	37 230.4	-31.6	54 449.1	33.5
经营利润 / 万港元	474.3	-84.1	2 975.8	-75.2	11 981.3	140.0
本年利润 / 万港元	-5 951.5		1 883.7	-77.6	8 420.5	225.4
每股基本盈利 / 港仙[①]	-5.08		2.83		10.41	358.6

① 1 港仙 =0.01 港元。

大同机械被认定为 2021 年广东省专精特新中小企业。2021 年，多层尼龙复合管挤出生产线被评选为广东省名优高新技术产品。

市场销售 大同机械注塑机业务 2021 年持续增长，上半年订单量可观，全年销售以中小型机器系列为主，在日常消费用品、包装、PVC（聚氯乙烯）及家电等行业中取得稳健佳绩。聚对苯二甲酸乙二酯（PET）包装以及电子科技行业的专用机系列销售表现最好，源自于其特定的功能及解决方案均贴合客户复杂的需求。汽车及消费电子行业销售回升，出口业务显著增长。专为汽车制动组件设计的高度自动化的液压机系统取得重点客户群的突破。

2022 年来自基建、电子及通信等行业的订单明显下滑，医疗用品和日用品行业的专用定制化解决方案继续呈现较强劲的需求，薄壁食品包装和 PET 瓶坯应用有所增长，来自汽车及家电行业的订单持续回升。出口业务保持稳定，在拉丁美洲和东亚地区获得可观的订单和增长。PET 行业专用机、多物料成型机、高端通用机 SE Ⅲ 及大型二板机等系列的订单相对稳健。五层油管共挤挤出机、通信管挤出机的销售有所回升，汽车制动系统专用自动化液压机亦实现可观增长。

2023 年，消费品包装行业的专用定制化解决方案，特别是 PET 瓶坯应用机械系列的销量持续增长。D 系列全电机解决方案达到销售目标，获得以医疗应用行业客户的认可。随着家电和汽车行业客户订单的反弹，大型二板注塑机的销量也有所增加。汽车多层尼龙管材挤出生产线的销售强劲增长。未来，加强推动全电机系列的销售是主要的发展战略。

新产品 2021 年大同机械推出最新系列的全电机，满足节能、注塑精准度与稳定性、数字化转型方面多变的需求。2022 年推出具有更大锁模力的 D 系列全电动注塑机，受到医疗、电子和汽车等主要行业客户的欢迎。

产品研发方向 基于自主开发的数字智慧平台 iSee 4.0 开发的产品聚焦于降低能耗和深化特定

行业的定制应用两大主题。即将推出的全新标准机械系列，锁模力 30 000kN，配备具有成本效益且高效节能的注射装置。产品研发重点将涵盖多个关键领域，包括特大型橡胶履带机、高速橡胶履带机、自动化高效通信光纤管道生产线、多层复合汽车波纹管生产线等设备。

基建技改 2021 年下半年，大同机械新加工中心及生产设备完成安装调试且成功投产，全面切换为水性油漆喷涂。2022 年，全新大型龙门加工中心完成交付，全自动焊接生产线全面投产，新的水性喷涂车间处于组装和调试阶段。加快投资数字智能化工厂技术，进一步提高数字化生产管理效率。

力劲科技集团有限公司

力劲科技 00558

生产经营 2024 财年，力劲科技年度业绩保持平稳，展现出良好的抗风险能力和市场适应性，营业收入 583 737.3 万港元。盈利能力稳健。资产负债率为 63.2%。力劲科技 2022—2024 财政年度指标完成情况见表 3。

表 3　力劲科技 2022—2024 财政年度指标完成情况

项目	2024 年	同比增长（%）	2023 年	同比增长（%）	2022 年	同比增长（%）
收入 / 万港元	583 737.3	-1.0	589 634.9	10.0	532 647.4	33.4
毛利 / 万港元	158 826.0	-0.5	159 668.7	1.9	156 640.0	40.4
毛利率（%）	27.2	0.1 个百分点	27.1	-2.1 个百分点	29.2	1.5 个百分点
净利润 / 万港元	51 773.9	-2.7	53 223.5	-14.9	62 550.9	82.0
每股基本及摊薄盈利 / 港仙[①]	35.3	-8.8	38.7	-15.1	45.6	74.0

注：截至 2024 年 3 月 31 日财政年度。

① 1 港仙 =0.01 港元。

2023 年 9 月，力劲集团获 2023 香港 ESG 奖。2022 年 9 月，力劲科技 DREAMPRESS9000 智能压铸单元入选 2022 世界先进制造业大会先进制造业十大领航项目。

市场销售 2023 下半财年，力劲科技注塑机板块成立行业事业部，并根据各行业所处市场情况实施相应的销售策略。2024 财年，注塑机业务呈现强劲增长态势，营业收入 142 540.1 万港元，同比增长 19.7%。受相对复杂宏观环境的影响，压铸商用户产能未实现大规模扩张，压铸机业务营业收入 424 353.7 万港元，同比下降 4.2%。力劲科技已成功开拓工程总承包 EPC 模式与特制化生产仿真两大新兴领域。

2024 财年，力劲科技海外市场收入 133 561.8 万港元，同比增长 21.9%，是 2022 财年（97 117.1 万港元）的 1.38 倍。其中，北美市场收入 42 807.8 万港元，同比增长 9.5%；中南美洲市场收入 25 053.4 万港元，同比增长 97.7%。

2024 财年，汽车领域及民用品领域收入稳步上涨，同比分别增长 12.6% 和 11.9%。医疗用品和文具领域的业务显著增长，收入同比分别增长 183.1% 和 113.5%。

新产品 2023 财年，60 000～120 000kN 超大型智能压铸单元实现前舱、后地板、电池托盘等大型一体化结构件的量产。2022 年 4 月，力劲科技交付文灿股份的 DREAMPRESS9000 超级智能压铸单元试产下线首批一体化压铸汽车后底板。9 月，发布 DREAMPRESS12000 智能压铸单元。

2023 年 10 月，力劲集团在深汕特别合作区发布 160 000kN 超级智能压铸单元。该单元采用全新的直压式结构，显著减少润滑点位，减少润滑油用量，同时优化了铸造工艺和模板结构，提高了生产效率和能源利用率。此外，该产品还拥有先进的锁模结构和智能控制系统，以及LK-NET云压铸网络管理系统的支持，在大尺寸汽车一体化压铸结构件制造领域具有广泛的应用前景。

2024财年，力劲科技发布全球首个超万吨双压射工艺。该工艺由单个锁模机构和两个平行布置的压射系统组成，解决了填充最大距离限制导致的一系列问题。超万吨双压射工艺的问世，能够有效地满足整车底盘一体化压铸成型的市场需求，以及滑板底盘等先进理念的要求。

2024财年，力劲科技推出60 000kN超大型二板式注塑机并销往海外。该机是FA系列的一款定制产品，具有超大容模量和超大移模行程，理论射胶量83kg，适合超大型深型腔塑料制品生产。该机采用先进的锁模系统和射胶系统，具有更高的精度、更低的摩擦力、更强的稳定性和更高的生产效率。

一体化压铸技术　一体化压铸技术的发展势头依旧强劲。2022年9月上海交大、宁波力劲智能装备有限公司举行智能压铸装备与技术联合研究中心项目签约，在宁波合作共建产业研究院，重点围绕新能源汽车产业急需的超大型一体化智能压铸装备、先进轻合金材料与工艺技术等领域开展全面合作，共同开发具有优质市场竞争力的智能热加工装备新技术，促进新能源汽车制造产业高质量、高水平发展。

2023年12月，力劲集团与哪吒汽车在上海签署超大一体化压铸战略合作协议。双方将合作采购超大型压铸单元，共同研发200 000kN以上超大压铸设备，建立压铸示范基地和研究院。

2024财年，汽车底盘的一体压铸件已不再局限于在后底板上应用，将前、中、后三个大型压铸件进行焊接成型，实现了重大突破与发展。力劲科技发布了全新的底盘应用场景，即A00级车的底盘一体成型。汽车底盘一体压铸仍在持续加速的进程中稳步推进。

研发投入　2024财年，力劲科技研发投入2.14亿港元，同比增长58.3%。研发人员增至678人，同比增长23.95%。

基建　力劲集团高端智能装备及百吨级智能装备组件项目奠基开工。2023年5月，该项目在安徽省池州市青阳县奠基。该项目由池州鑫力达科技有限公司投资建设，占地面积20万m²，总投资约12.3亿元。一期用地面积12.7万m²（190亩），建筑面积约10万m²，包括铸件生产车间、办公楼等设施，拥有完善的工艺生产线。二期用地面积7.3万m²（110亩），建筑面积约9万m²。

广东鸿图广州生产基地投产暨力劲160 000kN智能压铸单元签约。2023年6月，广东鸿图汽车零部件有限公司在广州市黄埔区举行正式投产仪式。该公司目标是建设超大型一体化压铸灯塔工厂，规划6台（套）超大型智能压铸单元，建设自动化生产线和检验设备，导入一体化压铸技术，生产高强韧结构件。

安徽力劲智能超大型压铸装备生产基地奠基开工。2023年11月，力劲集团在合肥肥西县经济开发区举行智能超大型压铸装备生产基地奠基仪式。基地预计总投资10亿元，占地面积14.7万m²（221亩），将建设智能、绿色、低碳的智能制造基地，包括厂房、研发大楼等，年产智能压铸机1 000余台（套）。

2024财年，力劲科技的技术试验中心问世，总占地面积4 239m²，配备了多种不同吨位的试验设备，包括30 000kN与50 000kN压铸机、90 000kN智能压铸岛、130 000kN双压射压铸岛等，是全球最大且唯一的超万吨级压铸试验中心。

海天国际控股有限公司

海天国际01882

生产经营　在国内下游需求恢复不达预期和

全球产业链结构性调整的背景下，海天国际持续多年的投资和布局起到了关键作用，2023年实现逆势增长。2021—2023年海天国际主要指标完成情况见表4。

表4 2021—2023年海天国际主要指标完成情况

项目	2023年	同比增长（%）	2022年	同比增长（%）	2021年	同比增长（%）
收入/亿元	130.69	6.2	123.08	-23.2	160.18	35.7
毛利/亿元	42.00	7.2	39.18	-23.9	51.51	27.5
经营利润/亿元	27.88	5.9	26.32	-26.8	35.97	25.2
股东应占利润/亿元	24.92	10.0	22.65	-25.8	30.52	27.8
每股基本盈利/元	1.56	10.0	1.42	-25.8	1.91	27.8
全年股息/港元	0.66	20.0	0.55		0.95	-42.1

2023年度获得工业和信息化部绿色产品设计示范企业的认定。

市场销售 2023年上半年，国内市场下游消费需求放缓；从下半年开始，通过不断推进产品迭代创新、深耕细分市场，叠加民用品、日用品需求复苏的拉动，订单实现逆势增长。海外市场方面，受益于全球产业链结构性调整以及公司在海外持续多年的布局和投入，欧洲、北美洲和东南亚部分国家和地区销售同比增长显著。

2021年海天国际出口数量首次突破1万台。2022年，海天国际加快海外布局，提出"五五"战略，在资本开支、组织架构和人才投入等方面格外重视海外市场。2024年，继续坚定践行海外战略，加快海外市场的拓展和建设。

2023年海天国际按区域划分的销售额完成情况见表5。

表5 2023年海天国际按区域划分的销售额完成情况

项目	2023年			2022年			2021年		
	销售额/亿元	占比（%）	同比增长（%）	销售额/亿元	占比（%）	同比增长（%）	销售额/亿元	占比（%）	同比增长（%）
国内销售	79.17	60.6	0	79.16	64.3	-28.6	110.88	69.2	33.9
海外销售	51.53	39.4	17.3	43.92	35.7	-10.9	49.30	30.8	40.1
总计	130.69	100.0	6.2	123.08	100.0	-23.2	160.18	100.0	35.7

得益于持续推出的迭代和定制机型，2021年Mars系列销售额持续稳步上升。到2022年，受国内疫情反复、房地产市场下行、出口增速放缓等多重因素影响，家电、日用品、建材等行业需求较弱，Mars系列销售额同比下降33.4%。

得益于全球汽车行业尤其是新能源汽车市场的高景气度，Jupiter二板机系列销售额连年增长，2021年、2022年同比分别增长54.8%和20.9%。2021—2022年海天国际按产品系列划分的销售额完成情况见表6。

表6 2021—2022年海天国际按产品系列划分的销售额完成情况

产品系列	2022年			2021年		
	销售额/亿元	占比（%）	同比增长（%）	销售额/亿元	占比（%）	同比增长（%）
Mars系列（节能注塑机）	72.88	59.2	-33.4	109.44	68.3	33.2
长飞亚电动系列注塑机	19.61	15.9	-5.6	20.78	13.0	44.3
Jupiter系列（二板注塑机）	24.39	19.8	20.9	20.17	12.6	54.8

（续）

产品系列	2022年			2021年		
	销售额/亿元	占比（%）	同比增长（%）	销售额/亿元	占比（%）	同比增长（%）
其他系列	0.82	0.7	-82.9	4.78	3.0	-3.6
部件及服务	5.38	4.4	7.3	5.02	3.1	44.6
总计	123.08	100.0	-23.2	160.18	100.0	35.7

2023年下半年，得益于汽车产业链的支撑和民用、日用品行业需求的逐渐复苏以及产品持续迭代创新，海天国际各系列注塑机产品销售实现不同程度的环比增长。2022—2023年海天国际不同产品大类的销售额完成情况见表7。

表7 2022—2023年海天国际不同产品大类的销售额完成情况

产品类别	2023年			2022年	
	销售额/亿元	占比（%）	同比增长（%）	销售额/亿元	占比（%）
注塑机	124.47	95.2	5.7	117.70	95.6
部件及服务	6.23	4.8	15.7	5.38	4.4

新产品 2022年海天国际完成第五代机型的研发试制，2023年8月以来陆续在国内外市场推出。五代机利用AI算法和传感技术，在能耗管理、开合模、润滑、诊断及帮助等多个功能上实现了智能化，第五代液压机相比上一代至少节能20%以上，第五代Mars系列和Jupiter系列实测可节能20%～40%，并可大幅度节约冷却水。

2024年将持续优化第五代注塑机，并在不同细分系列上继续迭代和创新，更好地满足多层次、多行业的客户需求。未来，将继续积极布局智能技术、灵活集成、绿色节能和可持续发展等方面的产品方案和技术创新。

基建 2022年，海天国际在塞尔维亚和马来西亚购入土地，分别建设为欧洲/中东地区和东南亚的制造基地，正在按计划建设推进。印度金奈工厂计划2024年完成建设并投入使用。华南总部的一号厂房已于2022年下半年开始运行。

广州达意隆包装机械股份有限公司

达意隆 002209

生产经营 2021—2023年达意隆主要指标完成情况见表8。

表8 2021—2023年达意隆主要指标完成情况

项目	2023年	同比增长（%）	2022年	同比增长（%）	2021年
营业收入/万元	128 459.04	11.89	114 808.14	8.02	106 282.09
归属于上市公司股东的净利润/万元	4 662.29	108.59	2 235.17		-5 153.32
归属于上市公司股东的扣除非经常性损益的净利润/万元	2 667.00	169.62	989.17		-6 890.01
经营活动产生的现金流量净额/万元	21 858.03	161.74	8 350.99	135.46	3 546.60
基本每股收益/（元/股）	0.24	106.64	0.11		-0.26
稀释每股收益/（元/股）	0.24	105.76	0.11		-0.26
加权平均净资产收益率（%）	7.54	3.69个百分点	3.85	12.49个百分点	-8.64

(续)

项目	2023年	同比增长(%)	2022年	同比增长(%)	2021年
总资产/万元	205 113.31	19.00	172 367.57	-0.65	173 491.96
归属于上市公司股东的净资产/万元	64 094.02	8.38	59 137.88	3.87	56 935.69

2021年10月，被评为国家级服务型制造示范企业。2022年，获评创新型中小企业和专精特新中小企业。2023年，通过高新技术企业重新认定。2024年1月，被认定为国家级制造业单项冠军示范企业。

PET瓶大桶水生产线被评为2021年广东省名优高新技术产品，第六代全自动吹瓶机、高速食用油灌装生产线和无菌灌装生产线被评为2022年广东省名优高新技术产品，无菌灌装生产线获第三届全国机械工业设计创新大赛金奖。

市场销售 2021年根据市场实际情况，重点聚焦国内市场，通过继续巩固老客户、积极拓展新客户等方式，面向饮料、粮油、日化、调味品、乳品等行业积极进行拓展和布局，整体实现在手订单和销售收入的同步增长。

2022年，参加了慕尼黑国际饮料及液体食品技术博览会（Drinktec），进一步优化媒体平台、VI设计和设备外观设计，整体实现在手订单和销售收入的同步增长。

2023年，围绕重点产品和重点区域，加大市场开拓力度，达成全年订单目标；南亚市场、欧洲市场的订单量实现新突破。2021—2023年达意隆营业构成见表9。2021—2023年液体包装机械及自动化设备产销存见表10。

表9 2021—2023年达意隆营业构成

项目	2023年			2022年			2021年		
	金额/万元	占营业收入比重(%)	同比增长(%)	金额/万元	占营业收入比重(%)	同比增长(%)	金额/万元	占营业收入比重(%)	同比增长(%)
液体包装机械及自动化设备	127 672.04	99.39	11.98	114 018.30	99.31	8.21	105 363.07	99.14	14.29
其中：灌装生产线				45 330.53	39.48	6.68	42 491.88	39.98	29.68
全自动PET瓶吹瓶机				33 822.57	29.46	12.25	30 130.81	28.35	-2.58

表10 2021—2023年液体包装机械及自动化设备产销存

项目	2023年/台(套)	同比增长(%)	2022年/台(套)	同比增长(%)	2021年/台(套)	同比增长(%)
销售量	471	1.29	465	-2.92	479	26.05
生产量	493	4.89	470	-9.27	518	28.86
库存量	175	14.38	153	3.38	148	35.78

科技研发 2021年，达意隆研制了小节距高温含气灌装设备和高速理盖及盖缓冲装置、高速贴标机、纸/膜包机等；在PET瓶坯加温技术、高速吹瓶技术、干法杀菌工艺、冷链灌装、果粒灌装、高温含气灌装等方面取得突破。2022年实现在高速吹瓶技术、无菌灌装技术、吹贴灌旋技术、流量计含气灌装机上的突破。2023年，持续围绕吹瓶技术、加温技术、理坯技术、无菌杀菌工艺和装备、含气灌装、果料灌装、后段包装及自动化控制技术等展开研发和核心关键部件的创新和试验；围绕标准化、模块化，开展了全产品系列的优化、改进和创新。

2022年，达意隆检测中心获得中国合格评定国家认可委员会（CNAS）颁发的实验室认可证书。

2023年，达意隆累计申请专利123件，其中发明专利41件、实用新型专利67件；新增授权专利75件，其中发明专利27件；获得中国专利优秀奖2项。

2021—2023年达意隆研发投入情况见表11。2021—2023年达意隆研发项目进展见表12。

表11　2021—2023年达意隆研发投入情况

项目	2023年	2022年	2021年
研发经费/万元	5 656.28	5 088.82	4 076.83
同比增长（%）	11.15	24.82	34.4
占营业收入的比例（%）	4.40	4.43	3.84
比上年增加百分点/个	-0.03	0.59	0.58

表12　2021—2023年达意隆研发项目进展

主要研发项目名称	项目进展	拟达到的目标
面向机械制造、食品等行业"5G+工业互联网"公共服务平台	2023年已完成	在该平台内，实现公共服务功能并提供融合应用解决方案库、5G内网改造模板库、融合建设知识共享库等公共服务资源库服务。为各行业工业企业提供网络改造咨询、应用服务咨询、培训测试等公共服务
SCADA数据采集与监控研发	2022年已完成	可以使用远程监控系统将企业内部的信息网与控制网有效地结合起来，更好地实现对生产车间的产品生产情况管理，随时掌握产品整体的运营情况；通过远程监控软件实现现场运行数据的实时采集，能够获得现场的监控数据，当有异常情况的时候，能够为用户提供更好的故障诊断
智能化高速吹瓶机系列研发	2021年小试阶段	用于吹制0.25～10L的PET瓶，生产能力：4 000～70 000瓶/时
高精度定位贴标机的研发及智能管控服务系统提升项目	2021年小试阶段	研究贴标机柔性技术和节能技术，并进行可靠性验证，提升产品生产效率和稳定性；运用数据采集和分析平台，提升贴标机管控智能化
吹瓶机系列瓶形及模具的研发	2022年小试阶段	瓶型外观创新、性能指标优越、模具结构创新
智能化高速吹瓶机系列研发	2022年小试阶段	单模产能：2 500～2 800瓶/时
三代智能化无菌吹灌旋系列机型及关键技术和工艺的研发	2022年小试阶段	瓶口和瓶身紫外线杀菌；瓶坯过氧化氢蒸气杀菌；过滤器高温蒸汽杀菌；主机内部正气压和出瓶保护；瓶坯和瓶子搬移过程中接触到的零件精杀菌；吹瓶模具和封口部件的酒精杀菌
3～6L吹瓶机系列的研发	2023年小试阶段	单模产量：1 500～1 800瓶/时；适用瓶型：3～6L PET瓶
开放式把手瓶吹瓶机的研发	2023年中试阶段	研发瓶子与把手一体式的瓶型，把手为开放式；研发瓶坯与把手一体的瓶坯，把手为开放式；研发开放式把手瓶子的吹瓶机

深圳市汇川技术股份有限公司

汇川技术 300124

生产经营　2023年是汇川技术成立20周年。面对不确定的外部环境，汇川技术适时调整经营策略，进一步落实精细化管理，加大降本、控费、提效的管理力度，公司营业收入突破300亿元，利润再创新高，产品综合毛利率为33.55%。2021—2023年汇川技术主要指标完成情况见表13。

表13 2021—2023年汇川技术主要指标完成情况

项目	2023年	同比增长（%）	2022年	同比增长（%）	2021年
营业收入/万元	3 041 992.54	32.21	2 300 831.24	28.23	1 794 325.66
归属于上市公司股东的净利润/万元	474 186.33	9.77	431 976.24	20.89	357 340.46
归属于上市公司股东的扣除非经常性损益的净利润/万元	407 117.72	20.12	338 913.32	16.13	291 833.15
经营活动产生的现金流量净额/万元	336 991.59	5.28	320 083.05	81.25	176 602.40
基本每股收益/（元/股）	1.78	8.54	1.64	19.71	1.37
稀释每股收益/（元/股）	1.78	9.20	1.63	19.85	1.36
加权平均净资产收益率（%）	21.66	-2.65个百分点	24.31	-3.04个百分点	27.35
资产总额/万元	4 895 756.41	24.85	3 921 161.03	43.62	2 730 326.08
归属于上市公司股东的净资产/万元	2 448 189.39	23.55	1 981 588.69	24.76	1 588 326.40

市场销售 2022年，汇川技术全面开启国际化战略，构建了全面国际化的体系框架。设立欧洲研发中心，承接面向自动化、数字化、智能化等领域的前沿技术开发；欧洲多地、印度研发中心得到强化，启动欧洲匈牙利工厂建设项目。2023年已在全球设立15家子公司及办事处，其中德国斯图加特为公司欧洲研发中心，匈牙利为公司欧洲生产基地。截至2023年底，海外分销商超过百家，分布于东南亚、东亚、欧洲、印度、中东北非、美洲等地区；落地16个联保中心、4个备件中心和2个维修中心服务平台。

2023年，公司"行业线出海"与"借船出海"策略逐渐形成系统的行业化运作模式，成功实现部分行业的头部客户突破。在印度、韩国、东南亚等市场，通过行业线出海的方式在电梯、注塑机、电子、车用空调、物流等行业获得批量订单；在欧洲市场，与测试台、纺织、空调与制冷、注塑机等行业海外国际大客户建立了良好的合作关系，部分项目开始初步合作。

2021—2023年汇川技术营业收入按类别构成见表14。2021—2023年汇川技术智能制造（通用自动化、智慧电梯等）产品产销存情况见表15。

表14 2021—2023年汇川技术营业收入按类别构成

	项目	2023年 金额/万元	占营业收入比重（%）	同比增长（%）	2022年 金额/万元	占营业收入比重（%）	同比增长（%）	2021年 金额/万元	占营业收入比重（%）
分行业	智能制造（通用自动化、智慧电梯等）	2 049 750.73	67.38	17.43	1 745 576.23	75.87	21.02	1 442 352.81	80.38
	新能源&轨道交通	992 241.80	32.62	78.70	555 255.01	24.13	57.76	351 972.85	19.62
分产品	通用自动化类	1 503 845.45	49.44	24.17				898 158.97	50.06
	智慧电梯电气类	529 120.88	17.39	2.50	516 193.88	22.43	3.92	496 720.45	27.68
	新能源汽车&轨道交通类	992 029.26	32.61	78.69	555 155.11	24.13	57.80	351 819.16	19.61

(续)

项目		2023 年			2022 年			2021 年	
		金额／万元	占营业收入比重（%）	同比增长（%）	金额／万元	占营业收入比重（%）	同比增长（%）	金额／万元	占营业收入比重（%）
分产品	工业机器人类				56 086.30	2.44	54.96	36 194.40	2.02
分地区	国内	2 868 010.64	94.28	29.64	2 212 301.77	96.15	27.69	1 732 617.71	96.56
	海外	173 981.90	5.72	96.52	88 529.48	3.85	43.47	61 707.95	3.44

表 15　2021—2023 年汇川技术智能制造（通用自动化、智慧电梯等）产品产销存情况

项目	2023 年／万元	同比增长（%）	2022 年／万元	同比增长（%）	2021 年／万元	同比增长（%）
销售	2 160.81	39.22	1 552.05	-1.52	1 575.93	43.43
生产	2 198.29	44.34	1 522.98	-7.51	1 646.63	44.27
库存	153.49	32.30	116.02	-20.03	145.08	95.03

科技研发　截至 2023 年底，汇川技术累计获得 3297 件专利及软件著作权。2021—2023 年汇川技术研发投入情况见表 16。2021—2023 年汇川技术研发项目见表 17。

表 16　2021—2023 年汇川技术研发投入情况

项目	2023 年	2022 年	2021 年
研发投入／亿元	26.24	22.29	16.85
占营业收入的比例（%）	8.63	9.69	9.39
比上年增加百分点／个		0.3	0.5
研发人员／人	5 482	4 793	3 560

表 17　2021—2023 年汇川技术研发项目

主要研发项目名称	项目进展	拟达到的目标
小功率多传变频器	2021 年验证阶段	提高产品可靠性、功率密度、性能
中压 IGCT 变频器	2021 年验证阶段	完善公司三电平产品系列
高压变频器	2021 年验证阶段	优化产品设计、提功率密度
高性能通用变频器平台	2021 年验证阶段	提升芯片计算能力与平台产品性能
新一代伺服平台	2021 年验证阶段	提升伺服系统性能、功能，优化产品成本
高性能小型 PLC	2021 年开发阶段	提升公司小型 PLC 产品性能
高性能中型 PLC	2021 年开发阶段	丰富产品轴数，提高产品性能，提供丰富的产品组合
SV680P/N	2021 年验证阶段	提升性能，扩展功能
SV680L	2021 年开发阶段	完善直驱伺服驱动器产品的性能，满足市场需求
注塑机全电一体柜	2023 年验证阶段	打造中小型全电注塑机的标准化＋模块化＋数字化＋智能化的电气系统集成解决方案
全新一代注塑机控制器	2023 年开发阶段	完善注塑机控制器产品系列

在产品与技术方面：深入洞察行业发展及行业 TOP 客户的战略方向，基于行业/客户需求和痛点，为客户提供创新的 TCO/TVO 解决方案；快速迭代主力产品竞争力，加大气动、传感器、视觉产品、工业电源等新产品的布局和系列完善；继续落实"做强控制器"战略，以控制器产品作为切入点，推动控制类产品在多行业的批量应用，增强客户黏性；围绕新质生产力相关的绿色、创新、智能等方向，将工业互联网、人工智能、无线技术、边缘计算等技术融入工业场景，为下游客户提供创新性解决方案，继续推动产业升级。

基建 2021年，继续推进苏州汇川 B 区二期工程项目和苏州吴淞江三期工程项目的建设工作。陆续启动苏州工厂变频器、伺服系统扩建项目，常州工厂电驱/电源系统扩建项目，岳阳工厂工业电机建设项目。

广东金明精机股份有限公司

金明精机　300281

生产经营　金明精机 2021 年起深入搭建"新材料－智能装备－智慧工厂－大数据云平台－特种薄膜"新产业链布局，在塑料机械领域提升核心部件工艺精度和设备智能化水平，构建"吹塑＋流延＋双向拉伸"全系列薄膜机组产品体系。2022 年，通过夯实高端智能塑机主业优势，调整优化薄膜业务结构，塑机业务运营情况较为稳健。2023 年立足于智能制造主业，强化产业链优势，坚持以先进技术驱动企业发展，以前瞻布局寻求业务突破，在科研、渠道、运营、数智化赋能等方面纵深发力，运营质量及盈利能力得到一定改善。2021—2023 年金明精机主要指标完成情况见表 18。

表 18　2021—2023 年金明精机主要指标完成情况

项目	2023 年	同比增长（％）	2022 年	同比增长（％）	2021 年
营业收入/万元	45 449.11	-3.79	47 240.86	-10.63	52 857.27
归属于上市公司股东的净利润/万元	671.55		-157.92		4 052.77
归属于上市公司股东的扣除非经常性损益的净利润/万元	-1 445.31		-2 033.91		2 802.48
经营活动产生的现金流量净额/万元	2 367.77	226.81	724.52	-90.49	7 617.13
基本每股收益/（元/股）	0.02		-0.004		0.10
稀释每股收益/（元/股）	0.02		-0.004		0.10
加权平均净资产收益率（％）	0.53	0.65 个百分点	-0.12	-3.31 个百分点	3.19
资产总额/万元	150 007.34	1.35	148 005.01	-0.02	148 028.87
归属于上市公司股东的净资产/万元	127 679.75	0.73	126 755.14	-1.45	128 626.60

市场销售　金明精机加速推进智能化塑机业务高水平发展，塑料机械业务将智能化、数字化、绿色化、人机交互等性能有机融合，已实现产品研发设计、工艺精度把控、品质质量控制、完善售后运维等产品全生命周期管理，产品价值不断提升。薄膜吹塑机 2021—2023 年产销分别为 70 台、76 台和 53 台，产品平均售价保持平稳。2023 年海外市场取得突破，实现海外销售 1.64 亿元，同比增长 50.86%。2022—2023 年金明精机营业收入构成见表 19。2021—2023 年金明精机塑料机械产销情况见表 20。

表 19　2022—2023 年金明精机营业收入构成

项目	2023 年			2022 年		
	金额 / 万元	占营业收入比重（%）	同比增长（%）	金额 / 万元	占营业收入比重（%）	同比增长（%）
营业收入合计	45 449.11	100.00	-3.79	47 240.86	100.00	-10.63
其中：塑料机械行业	27 771.44	61.10	3.42	26 853.72	56.85	-1.58
其中：薄膜吹塑机	25 641.92	56.42	7.69	23 810.95	50.41	3.94

表 20　2021—2023 年金明精机塑料机械产销情况

项目	2023 年金额 / 万元	同比增长（%）	2022 年金额 / 万元	同比增长（%）	2021 年金额 / 万元	同比增长（%）
销售	21 558.10	2.87	20 957.54	2.50	20 445.97	-39.26
生产	21 204.48	1.18	20 957.54	2.93	20 360.71	-40.12

新产品　2021 年，金明精机提出"薄膜技术 4.0Pro 助力循环包装产业发展"主题，成功研发五层共挤在线 MDO 拉伸高性能吹塑薄膜生产装备等多项新产品。2022 年，自主研发的 MX11B-1500Q-S 十一层共挤高阻隔薄膜智能装备研发及产业化项目在子公司顺利投产。该装备是国内首台十一层共挤吹膜生产线，项目研制中进行了多项技术创新，总体技术达到国际先进水平。2023 年成功研制下吹式水冷十一层高阻隔膜共挤关键技术及成套装备，产品通过广东省机械行业协会的科技成果鉴定，被认定为达到国际先进水平。

科技研发　2023 年已自主开发适用于塑料机械领域的工业大数据平台，实现全球 300 多台智能装备的并网服务，其中国外设备超过 100 台（套）。九层共挤高阻隔热收缩薄膜吹塑机组被认定为广东省 2021 年首台（套）重大技术装备。

截至 2023 年 12 月，金明精机获授权专利 442 件，其中发明专利 71 件、实用新型专利 348 件、外观专利 16 件、德国专利 7 件，申请 PCT 专利 11 件，获第十四届、第十五届、第十六届、第十九届、第二十一届、第二十二届、第二十三届中国专利优秀奖。2021—2023 年金明精机研发投入见表 21。2021—2023 年金明精机研发项目见表 22。

表 21　2021—2023 年金明精机研发投入

项目	2023 年	2022 年	2021 年
研发投入金额 / 万元	2 421.54	237.71	2 661.76
研发投入占营业收入比例（%）	5.33	5.03	5.04

表 22　2021—2023 年金明精机研发项目

主要研发项目名称	项目进展	拟达到的目标
VR 技术在售后服务端的应用	2021 年完成研发	通过该平台的实施，达到无须工程师到现场服务的目标，节省售后资源，提升售后服务的及时率，最大限度地提高人员利用效率
国产 C 型测厚仪及厚度控制系统在吹塑装备上的研发及应用	2021 年完成研发	2021 年 8 月完成第一台样机研发，在金佳 1 号机上使用测试，代替现在运行的进口测厚仪，实现薄膜在线测量及控制功能

（续）

主要研发项目名称	项目进展	拟达到的目标
M9B-1300Q-S 九层共挤高阻隔膜机组	2021 年完成研发交付	产品符合 CE 安全标准；各项技术指标达到合同要求；制品厚度均匀性 ±5%、薄膜宽度误差小于 ±3mm；申请专利 3 件
M5B-2800Q-C 五层共挤在线 MDO 薄膜吹塑装备	2022 年 10 月完成设计	形成系列化产品。其中离线 MDO 生产单元目标用户是现有客户，客户可对原有设备进行技术改造，改造后可生产 MDOPE；窄幅装备主要目标用户是该市场的新入企业，购买小型生产线主要目的是实验并培育市场；宽幅产品线主要目标用户是大型生产企业
MX11B-1500Q-S 十一层共挤下吹水冷高阻隔薄膜智能装备研发及产业化项目	2021 年底立项开发，2022 年 5 月 19 日在金明子公司金佳新材投产	装备投产后起到很好的示范效果，设备产能稳步提升，现阶段产品主要销往国外。获得发明专利 2 件、实用新型专利 5 件，申请发明专利 1 件、实用新型专利 2 件
宽幅多层在线 MDO 共挤吹塑先进装备研发与应用	2021 年研发并销售 M5B-1700Q-C 五层共挤在线 MDO 薄膜吹塑装备，该生产线幅宽较小 2022 年立项开发 M5B-2800Q-C 五层共挤在线 MDO 薄膜吹塑装备 2023 年研制销售 M3B-2800Q-C 在线 MDO 透气膜生产线，该生产线可生产 $12g/m^2$ 透气膜；研制 M9B-2500Q-C+ 九层共挤高阻隔膜装备；立项开发 M5B-3500Q-C+ 在线 MDO 牧草膜生产线，该生产线正在研制中，计划生产 10～25μm 牧草膜内膜和外膜；完成 M11B-2800Q-C+ 十一层共挤在线 MDO 先进装备图样设计	通过宽幅多层在线 MDO 共挤吹塑先进装备研发与应用，形成产品族。针对不同应用场景的不同功能需求，采用兼容性设计和顺应行业发展需求的柔性生产技术，更好实现"五化"创新发展
吹膜法干法隔膜生产装备研发及产业化项目	2023 年立项开发 M3B-1700Q-C 装备，2023 年底完成挤出系统测试，已制备幅宽 1 400mm、厚度 15μm 基膜	拟达到设备国产替代目的，通过项目的产业化，解决隔膜行业设备投资大、行业门槛高问题

基建　2021 年，金明精机投建的两条 BOPET 光学级聚酯薄膜生产线均顺利投产。

广东伊之密精密机械股份有限公司

伊之密　300415

生产经营　2023 年，伊之密围绕"客户与市场升级、产品与技术升级、运营与组织升级"三大战略主题，全球化进程进一步加快、客户结构不断优化，产品技术的高端化、智能化、绿色化稳步推进，运营效率显著提升，取得较为理想的经营成果。

在注塑机及压铸机行业景气度相对平稳的大背景下，伊之密通过推出新产品、改变销售策略、优化供应链管理等策略增强竞争力，市场份额进一步提升，总体收入平稳增长。与此同时，主要下游行业汽车行业尤其是新能源汽车行业快速发展，整体需求快速提升。2021—2023 年伊之密主要经济指标完成情况见表 23。

表23 2021—2023年伊之密主要经济指标完成情况

项目	2023年	同比增长（%）	2022年	同比增长（%）	2021年
营业收入/万元	409 581.69	11.30	367 989.44	4.16	353 286.93
归属于上市公司股东的净利润/万元	47 708.99	17.66	40 546.65	-21.43	51 604.43
归属于上市公司股东的扣除非经常性损益的净利润/万元	45 562.42	23.44	36 909.30	-22.06	47 355.75
经营活动产生的现金流量净额/万元	17 475.88	-49.76	34 783.58	9.86	31 662.61
基本每股收益/（元/股）	1.02	18.60	0.86	-27.12	1.18
稀释每股收益/（元/股）	1.02	18.60	0.86	-25.86	1.16
加权平均净资产收益率（%）	18.90	0.96个百分点	17.94	-10.18个百分点	28.12
资产总额/万元	619 139.67	13.86	543 779.89	21.07	449 148.33
归属于上市公司股东的净资产/万元	256 121.75	8.29	236 519.67	8.21	218 565.64

市场销售 2023年，伊之密工厂直营店（YFO）服务网络遍布中国96个城市和150个海外网点。外销收入继续保持平稳增长，已在印度设立工厂，在美国扩建HPM生产工厂，设立德国研发中心、德国服务中心、印度服务中心、巴西服务中心、越南服务中心等。目前已有40多个海外经销商，业务覆盖70多个国家和地区。

2023年伊之密注塑机销售收入同比增长3.86%。这受益于汽车行业尤其新能源汽车行业的快速发展，汽车行业客户快速增长；3C行业在2023年下半年开始回暖，客户订单量提升较快。

压铸机销售收入同比增长35.44%，主要原因有：2023年初推出的新系列压铸机，包括中高端系列的HⅡ系列冷室压铸机及高端系列的LEAP系列压铸机，订单量快速增加；受益于汽车行业尤其新能源汽车行业的快速发展，高端压铸机受到欢迎，汽车行业客户需求增加。

2021—2023年金明精机不同产品营业收入见表24。

表24 2021—2023年金明精机不同产品营业收入

产品类别	2023年			2022年			2021年		
	金额/万元	占营业收入比重（%）	同比增长（%）	金额/万元	占营业收入比重（%）	同比增长（%）	金额/万元	占营业收入比重（%）	同比增长（%）
注塑机	276 027.35	67.39	3.86	265 765.74	72.22	2.83	258 454.37	73.16	27.70
压铸机	78 013.83	19.05	35.44	57 598.38	15.65	0.63	57 238.25	16.20	32.20

新产品 2022年上半年，伊之密完成重型压铸机60 000kN、70 000kN、80 000kN、90 000kN的产品研发，研制出重型压铸机LEAP系列70 000kN并有效运行；与一汽铸造形成战略合作，为一汽铸造提供90 000kN压铸整体解决方案。

2023年，全新SKⅢ产品系列精密伺服注塑机全面上市，生产效率、精密稳定性、节能效果全方位提升。全系列中大型全电动注塑机全面投放市场，最大锁模力13 800kN，在海外市场实现销售。超大型注塑机85 000kN正式出机并交付客户，突破了国产超大型二板式注塑机关键技术。超大型压铸机LEAP系列70 000kN交付长安汽车，用于长安新一代新能源汽车的前舱和后底板的生产。

2024年3月，全球最大的32 000kN半固态镁合金注射成型机交付客户。

科技研发 2023年在中央研究院引领下，伊之密持续完善以技术路线图为驱动核心的三级研发体系。2021—2023年伊之密研发投入见表25。2021—2023年伊之密研发项目见表26。

表25 2021—2023年伊之密研发投入

项目	2023年	2022年	2021年
研发投入金额/万元	21 235.79	18 056.47	15 546.79
研发投入占营业收入比例（%）	5.18	4.91	4.40

表26 2021—2023年伊之密研发项目

主要研发项目名称	项目进展	拟达到的目标
超大型压铸单元关键技术的研究及产业化	2021年完成图样设计、样机试制	项目主要研发超大型冷室压铸机主机、压铸机周边自动化技术、智能集成系统、超大型压铸成型工艺，以实现超大型压铸成型工艺生产过程的全自动化生产，使超大型压铸件的生产进入工业4.0时代
超大型高端注射成型装备的关键技术研究及产业化	2021年出样机	项目主要研发超大型二板式注塑机，最大锁模力可达到85 000kN，为国内锁模力最大的注塑机首台（套）产品。项目产品可解决外形复杂、尺寸精确或带有金属嵌件的质地致密的超大型塑料制品的成型，解决国内超大型塑料件成型难的问题
新能源汽车结构件一体化压铸成型解决方案	2022年出样机	项目从智能压铸岛集成、模具设计和铸造工艺优化等方面出发，在关键性能上对标国际先进水平，自主研发锁模力超过90 000kN的超大型压铸岛，以满足新能源汽车超大型一体化压铸件的严苛生产工艺要求，抢占新能源汽车市场
超大型高端注射成型装备的关键技术研究及产业化	2022年完成交付	项目主要研发超大型二板式注塑机，锁模力达到90 000kN，为国内锁模力最大的注塑机首台（套）产品。具备超大锁模力、超大注射量的特点，可成型超大尺寸、超厚度差、超重量的透明高分子塑料件
新能源汽车轻量化专用大型半固态镁合金注射成型装备	2023年完成交付	项目研发了全球最大吨位半固态镁合金注射成型装备，设备锁模力达到34 000kN，注射压力可达100MPa，解决半固态注射工艺大型件成型中补缩薄弱问题，160mm螺杆，最大稳定出料量大于11kg。该设备的压射能力、熔供料能力、锁模力三大关键参数都达到全球领先水平。产品主要应用于汽车高精度零部件生产，满足客户对半固态镁合金成型装备高精度、高效率、高稳定性以及数智化的需求，推动镁合金在汽车轻量化领域的规模化应用
高性能碳纤维树脂与高分子材料精密复合成型装备	2023年完成交付	项目研制了高性能碳纤维树脂与高分子材料精密复合成型装备，装备最大机型锁模力36 500kN 项目针对新型碳纤维树脂与高分子材料精密复合成型工艺需求，开发了碳纤维树脂与高分子材料树脂内传递技术、磁致伸缩闭环控制技术，结合多轴伺服全闭环运动控制技术及碳纤维复合材料压缩成型智能控制系统，实现了整机装备的自感知、自诊断、自适应、自决策功能，同时承载各种远程诊断、故障识别、在线监测、智能试模、工艺参数智能设定、智能优化等功能

基建技改 2023年全球创新中心全面投入使用，包括研发综合大楼、汇展报告厅和新材料新工艺技术测试中心。在海外，2022年美国俄亥俄生产工厂投入使用；2023年印度古吉拉特邦新工厂投入使用，主要用于生产注塑机。

2023年，伊之密注塑引入QMS质量管理平台，压铸中小机总装流水线上线，推动ISC集成供应链变革，深化CRM系统建设，启动IPD

（集成产品研发）2.0。成立集团经营管理委员会（EMT），加速集团专业平台能力建设。

广东拓斯达科技股份有限公司

拓斯达 300607

生产经营　2021年底，拓斯达调整经营思路，通过"调业务、调组织、调分配"将重心转移至"业务聚焦""组织升级""增质提效"，更加聚焦工业机器人、注塑机、数控机床三大产品。2023年，项目体量逐渐收缩，整体收入和利润减少，但运营效率提升；产品出货量和市场份额逐渐增加，但还没有实现规模化。2021—2023年拓斯达主要经济指标完成情况见表27。

表27　2021—2023年拓斯达主要经济指标完成情况

项目	2023年	同比增长（%）	2022年	2021年
营业收入/万元	455 270.63	-8.65	498 377.26	329 273.42
归属于上市公司股东的净利润/万元	8 803.34	-44.86	15 966.15	6 550.99
归属于上市公司股东的扣除非经常性损益的净利润/万元	7 235.87	-46.70	13 575.76	2 890.32
经营活动产生的现金流量净额/万元	19 401.28	39.30	13 927.74	-32 881.17
基本每股收益/（元/股）	0.21	-43.24	0.37	0.15
稀释每股收益/（元/股）	0.21	-43.24	0.37	0.15
加权平均净资产收益率（%）	3.71	-3.32个百分点	7.03	2.98
资产总额/万元	709 324.64	6.64	665 186.48	627 939.14
归属于上市公司股东的净资产/万元	241 105.32	2.73	234 694.02	221 041.32

拓斯达入选2023广东省制造企业500强。

市场销售　拓斯达布局全电动注塑机的研发及生产，2021年持续推进对全电动注塑机的研发投入，2021年11月在客户现场试机，2022年实现产品销售。2022年在注塑机用于光学透镜、车灯生产等方面进行了尝试。2023年注塑机出货量同比增长28%，TE系列电动注塑机实现批量交付。电动注塑机在航空连接器、汽车、精密医疗等领域均实现突破。

2023年自产多关节工业机器人出货约1 700台，收入同比增长48.55%。机器人下游结构调整以3C行业为主，年内3C客户订单大幅增长；加快布局新产品的研发，年内新增4款SCARA机器人及5款六轴机器人，产品力持续提升。

截至2023年12月31日，拓斯达在全国拥有约30家办事处，拥有50余家国内代理商及经销商、30余家国际代理商及经销商，海外销售遍及50多个国家和地区，触达客户超过20万家。相继成立越南北宁分公司、墨西哥办事处、印度尼西亚首个技术中心，并于多国成功交付样板工厂。

2021—2023年拓斯达不同业务板块营业收入情况见表28。2021—2023年拓斯达不同产品产销存情况见表29。

表28　2021—2023年拓斯达不同业务板块营业收入情况

项目	2023年营业收入/万元	同比增长（%）	2022年营业收入/万元	同比增长（%）	2021年营业收入/万元	同比增长（%）
工业机器人及自动化应用系统	96 853.20	-24.80	128 793.39	15.29	111 710.11	-42.24
其中：工业机器人	24 473.59	-31.82	35 892.96	-31.31	52 253.73	35.75

（续）

项目	2023年营业收入/万元	同比增长（%）	2022年营业收入/万元	同比增长（%）	2021年营业收入/万元	同比增长（%）
自动化应用系统	72 379.61	-22.09	92 900.43	58.53	58 602.35	154.11
注塑机、配套设备及自动供料系统	43 079.63	0.11	43 033.36	-17.18	51 960.70	120.78
其中：注塑机	20 330.81	16.32	17 479.09	-24.31	23 094.00	229.58
配套设备及自动供料系统	22 748.82	-10.98	25 554.27	-11.47		

表29　2021—2023年拓斯达不同产品产销存情况

项目	2023年/台（套）	同比增长（%）	2022年/台（套）	同比增长（%）	2021年/台（套）	同比增长（%）
工业机器人及自动化应用系统						
销售量	9 635	-7.36	10 401	-16.81	12 502	-17.42
生产量	9 294	-9.55	10 275	-5.57	10 881	-34.10
库存量	858	-28.44	1 199	-9.51	1 325	-43.50
注塑机、配套设备及自动供料系统						
销售量	17 707	-0.07	17 720	-6.42	18 936	20.79
生产量	15 731	-14.28	18 352	10.20	16 653	-7.61
库存量	1 390	-58.70	3 366	23.12	2 734	-24.31

新产品　2021年拓斯达推出TMⅡ中小型伺服机铰式注塑机。该产品包括TM90Ⅱ、TM130Ⅱ、TM170Ⅱ、TM220Ⅱ、TM260Ⅱ、TM330Ⅱ、TM400Ⅱ、TM470Ⅱ共8款机型，采用强劲的伺服动力系统、稳定的机铰合模结构、精准的注射塑化组件、人性化的计算机控制系统，生产更高效、运行更稳定、操作更简单。

2022年拓斯达的SCARA机器人和六轴机器人分别有3款新产品上市，应用于3C、新能源、汽车、医疗等领域；TE系列全电动注塑机成功推出并逐步实现销售。

2023年，新增4款SCARA机器人，适用于3C、包装、新能源等领域。SCARA机器人中的TRH010-800-400-S、TRH010-1000-400-S着重轻量化及速度加速度平衡处理，特别适合高节拍场景；TRH010-800-400-H、TRH010-1000-400-H在末端采用减速机直连及支撑杆加强设计，具有重载高刚性，适合负载较重偏心较大的应用场景。新增5款六轴机器人可应用于3C、汽车、新能源等行业。

科技研发　截至2023年12月31日，拓斯达获得授权专利590件，其中发明专利152件（另有处于实审阶段的发明专利209项），各类软件著作权77件。2021—2023年拓斯达研发投入见表30。2021—2023年拓斯达研发项目见表31。

表30　2021—2023年拓斯达研发投入

项目	2023年	2022年	2021年
研发投入金额/万元	13 799.73	13 005.16	14 165.22
研发投入占营业收入比例（%）	3.03	2.61	4.30

表31　2021—2023年拓斯达研发项目

主要研发项目名称	项目进展	拟达到的目标
注塑机控制器	2021年客户小批量应用	规模化量产
22kW电液伺服驱动器	处于客户β测试阶段	规模化量产
37kW电液伺服驱动器	已通过TR4评审，完成小批量样机生产	规模化量产
TMCP1000系列注塑机控制器平台	2022年客户小批量应用；2023年批量应用于TMⅡ、TS和TH系列的液压注塑机上，开始在TE系列电动注塑机上进行相关控制和工艺功能的验证	规模化生产

2021年，拓斯达底层技术储备研发主要是机器人控制器，注塑机控制器，五合一伺服驱动器，电液伺服驱动器，面向数控机床、机器人及工业自动化应用的高性能、轴数可灵活组装的模块化驱动器、视觉定位算法、视觉相关性匹配、视觉平台等。2023年，在控制系统、伺服驱动、视觉应用等技术领域实现多项新突破。

基于拓斯达当前运动控制器平台研发的TMCP系列注塑机控制器，实现与拓斯达机械手、模温机、冰水机和三机一体的数据互联互通，并联合注塑机事业部提出了工序机理念，用一体化开放式的系统实现主机、辅机和自动化操控的融合，从而提高生产效率。

电动注塑机是研发的核心产品，TE系列电动注塑机已转入批量交付阶段。持续完善TS系列中小型伺服机铰式注塑机矩阵，该系列产品具备注射高压高速的特点，配置公司自研控制系统，主要生产用于3C、汽车、家电、包装、玩具、建材、日用品等行业的塑料制品。

基建　2019年，拓斯达公开增发募集资金净额约6亿元用于建设江苏拓斯达机器人有限公司机器人及自动化智能装备等项目（简称江苏募投项目）；2022年11月8日，董事会、监事会审议通过了《关于变更部分募集资金投资项目实施内容、募集资金用途暨新增募投项目的议案》，将部分募集资金2.8亿元变更使用于广东拓斯达科技股份有限公司智能设备及注塑和CNC机床设备增资扩产项目注塑机子项目。

江苏募投项目主要用于工业机器人及自动化应用系统业务和注塑机、配套设备及自动供料系统等生产，2022年12月26日，江苏募投项目达到预定可使用状态，产品线陆续投产。

2022年12月，拓斯达智能设备总部基地项目一期主体结构建设完成。

广东海川智能机器股份有限公司
海川智能 300720

生产经营　2023年，海川智能稳步推进计量设备和检测设备两大板块业务。2021—2023年海川智能主要指标完成情况见表32。2021—2022年海川智能仪器仪表制造产销存情况见表33。

表32　2021—2023年海川智能主要指标完成情况

项目	2023年	同比增长（%）	2022年	2021年
营业收入/万元	22 549.95	12.62	20 022.70	25 267.27
归属于上市公司股东的净利润/万元	3 618.58	-11.60	4 093.23	7 688.89
归属于上市公司股东的扣除非经常性损益的净利润/万元	3 370.68	-14.47	3 940.94	7 314.25
经营活动产生的现金流量净额/万元	2 691.19	-32.51	3 987.33	7 233.18
基本每股收益/（元/股）	0.19	-11.57	0.21	0.40

（续）

项目	2023年	同比增长（%）	2022年	2021年
稀释每股收益/（元/股）	0.19	-11.57	0.21	0.40
加权平均净资产收益率（%）	6.18	-0.84个百分点	7.02	13.89
资产总额/万元	65 390.83	2.88	63 560.95	63 016.54
归属于上市公司股东的净资产/万元	59 128.61	1.17	58 442.88	57 588.55

表33　2021—2022年海川智能仪器仪表制造产销存情况

项目	2022年/台	同比增长（%）	2021年/台	同比增长（%）
销售量	40 888	75.47	23 302	492.62
生产量	41 099	61.03	25 522	514.25
库存量	2 954	7.69	2 743	424.47

科技研发　自动衡器的生产涉及软件技术、机械精密制造和电器控制等关键工艺，对技术水平要求较高。截至2023年底，海川智能拥有154件专利，其中发明专利10件、外观设计专利18件、实用新型专利87件、商标注册证6项、计算机软件著作权33件。2021—2023年海川智能研发投入见表34。2021—2023年海川智能研发项目见表35。

表34　2021—2023年海川智能研发投入

项目	2023年	2022年	2021年
研发投入金额/万元	2 083.73	2 145.93	1 862.45
研发投入占营业收入比例（%）	9.24	10.72	7.37

表35　2021—2023年海川智能研发项目

主要研发项目名称	项目进展
微量微机组合秤	2021年批量生产
带记忆功能微机组合计量秤	2021年批量生产
防黏稠微机组合秤	2021年批量生产
防水微机组合秤	2021年批量生产
低噪声微机组合秤	2021年批量生产
搅拌混料机	2022年样机试制
商用秤及其后台管理	2022年样机试制
六合一输送失重一体机	2022年样机试制
六合一大流量集成喂料系统	2022年样机试制
S140大流量防爆型喂料机	2022年样机试制
螺杆式微机组合秤	2022年批量生产
带式微机组合称	2022年批量生产
2L3层24斗组合秤	2023年样机试制中
四合一称重拌料机	2023年机械结构生产已经完成，程序初步测试完成
高端振动失重秤	2023年样机生产完成
第三代系列螺杆失重秤	2023年程序测试中、样机试制中

浙江金鹰股份有限公司

金鹰股份 600232

生产经营 2023年，金鹰股份积极有序推进企业各项工作发展，全面完成各项经济指标。不断深化ERP、5S、精益生产等先进管理方法应用，重研发、降成本、抢市场、增效益，人均产值200余万元。2022年实施员工持股计划，相应增加报告期管理费用中的股份支付，剔除此因素后，报告期归属于上市公司股东的净利润与上年同期基本持平。企业被认定为浙江省"专精特新"中小企业，2022年完成高新技术企业复评。2021—2023年金鹰股份主要指标完成情况见表36。

表36 2021—2023年金鹰股份主要指标完成情况

项目	2023年	同比增长（%）	2022年	同比增长（%）	2021年
营业收入/万元	137 007.45	5.17	130 271.94	7.76	120 890.36
归属于上市公司股东的净利润/万元	3 533.31	-28.62	4 949.85	0.89	4 906.28
归属于上市公司股东的扣除非经常性损益的净利润/万元	3 109.88	-36.73	4 914.99	86.39	2 636.92
经营活动产生的现金流量净额/万元	-4 981.73	-153.51	9 309.76	-50.00	18 621.03
归属于上市公司股东的净资产/万元	103 570.25	-1.53	105 181.99	0.66	104 489.37
总资产/万元	171 757.96	2.82	167 048.14	-3.74	173 538.94
基本每股收益/（元/股）	0.1	-28.57	0.14		0.14
稀释每股收益/（元/股）	0.1	-28.57	0.14		0.14
扣除非经常性损益后的基本每股收益/（元/股）	0.09	-35.71	0.14	100.00	0.07
加权平均净资产收益率（%）	3.43	-1.39个百分点	4.82	0.15个百分点	4.67
扣除非经常性损益后的加权平均净资产收益率（%）	3.01	-1.77个百分点	4.78	2.27个百分点	2.51

市场销售 金鹰注塑机以核心技术为支点，逐步形成各种细分行业的专业解决方案，如薄壁包装容器的高速注射成型解决方案、精密电子塑料元器件及通信接插件等的全电动精密注射成型解决方案、汽配注塑行业的二板机精密成型解决方案及多组分解决方案、超大注射量挤注成型解决方案，提供从售前到售后的一系列专业整套解决方案。2023年注塑机及配件完成营业收入40 963.62万元，相比2022年的35 631.14万元同比增长14.97%。2021—2023年金鹰股份注塑机产销存情况见表37。

表37 2021—2023年金鹰股份注塑机产销存情况

项目	2023年	同比增长（%）	2022年	同比增长（%）	2021年	同比增长（%）
生产量/台	1 453	11.00	1 309	-24.86	1 742	-1.69
销售量/台	1 478	15.02	1 285	-26.78	1 755	-6.45
库存量/台	467	-5.08	492	5.13	468	-2.70

新产品 2023年开发了GEK410WGSD油电混合高速机、GEK2600W大型注塑机、380-560中型三代机、GEK570WGS高速机以及GERS3-700I和GERS3-900I机械手等产品。

科技研发 GEK2800W/S 伺服节能大型 PVC 管件专用注塑机被认定为 2021 年度浙江省首台（套）装备，金鹰高速精密节能注塑机获 2021 年度浙江省级企业研究院认定。2023 年，内循环直压式精密高速机获得国家科技创新基金项目支持，已拥有多项国家专利。2022—2023 年金鹰股份研发投入见表 38。

表 38　2022—2023 年金鹰股份研发投入

项目	2023 年	2022 年
研发投入合计／万元	2 941.91	2 014.88
研发投入总额占营业收入比例（%）	2.15	1.55

克劳斯玛菲股份有限公司

克劳斯　600579

生产经营　2023 年，受多重因素影响，克劳斯主营塑料机械业务的海外子公司 KM 集团大幅亏损，导致归属于上市公司股东的净利润较上年同期大幅减少；化工装备和橡胶机械业务保持稳定增长。2021—2023 年克劳斯主要经济指标完成情况见表 39。

表 39　2021—2023 年克劳斯主要经济指标完成情况

项目	2023 年	同比增长（%）	2022 年	同比增长（%）	2021 年	同比增长（%）
营业收入／万元	1 160 548.43	11.27	1 042 959.26	5.83	985 490.20	0.39
扣除与主营业务无关的业务收入和不具备商业实质的收入后的营业收入／万元	1 148 094.62	12.06	1 024 507.57	4.08	984 390.71	0.81
归属于上市公司股东的净利润／万元	-276 828.16		-161 792.42		-24 596.74	
归属于上市公司股东的扣除非经常性损益的净利润／万元	-276 839.27		-165 617.69		-15 143.96	
经营活动产生的现金流量净额／万元	-88 515.41		-5 916.57		67 276.08	358.43
归属于上市公司股东的净资产／万元	71 718.39	-79.46	349 166.97	-28.08	485 494.26	-8.57
总资产／万元	1 950 889.32	-2.78	2 006 593.63	18.06	1 699 571.05	6.18
基本每股收益／（元／股）	-5.56		-3.24		-0.34	
稀释每股收益／（元／股）	-5.56		-3.24		-0.34	
扣除非经常性损益后的基本每股收益／（元／股）	-5.56		-3.32		-0.21	
加权平均净资产收益率（%）	-131.45	-91.46 个百分点	-39.99	-35.24 个百分点	-4.75	-0.50 个百分点
扣除非经常性损益后的加权平均净资产收益率（%）	-131.45	-90.52 个百分点	-40.93	-38.00 个百分点	-2.93	-0.95 个百分点

市场销售　2023 年克劳斯新签订单 112.16 亿元，同比下降 13.80%。在手订单 81.13 亿元，较 2022 年期末下降 5.22%。欧美高端注塑市场阶段性低迷，使克劳斯塑料机械业务及订单面临阶段性挑战，主营塑料机械业务的 KM 集团订单下降。新签订单 11.57 亿欧元（折合人民币约 88.51 亿

元，欧元汇率按照2023年平均汇率折算价7.65计算，下同），同比下降20.43%；在手订单8.47亿欧元（折合人民币约64.8亿元），较2022年期末下降13.31%。加上地缘政治导致的欧美供应链成本高企，搬迁后新工厂产能优势未充分利用，产品毛利率不及预期，出现较大亏损。

KM集团的业务领域分为新机器业务（分为注塑设备、挤出设备、反应成型设备）及数字服务解决方案两大板块。注塑设备和反应成型设备的主要客户是汽车零部件供应商，在医疗、消费电子和包装等行业发展迅速；挤出设备和整体解决方案主要服务于轮胎、橡胶、包装、建筑材料、化工原料等行业。全球汽车行业尤其是新能源汽车市场的高景气度以及新型包装、新材料应用和相关化工行业的设备需求增加，在此背景下，中长期公司塑料机械业务及订单仍具有良好的增长潜力。

KM集团致力于塑料回收利用的研究和开发，着力开发机械、溶剂和化学循环的工艺和产品，如使用回收的海洋塑料垃圾生产出更耐用和环保的隧道防水层支撑结构固定件，将以聚丙烯（PP）复合材料为主的地毯废料转化为高纯度的颗粒，生产的机器可使用回收塑料（如回收材料和生物可降解塑料）生产高质量产品。

2021年KM集团启动多个"中国增长项目"，布局中国市场。正式启用嘉兴工厂新的综合性设施，首次推出中文品牌。PXAgile系列更名为"领菲"（precisionMolding），2020年进入中国中端市场，2021年进入亚太地区和欧洲、中东和非洲地区。2021年推出的液压中端技术机器"腾菲"（powerMolding）全液压注塑机于第四季度在中国市场发布了销售版本。

2021—2023年克劳斯不同产品营业收入情况见表40。

表40 2021—2023年克劳斯不同产品营业收入情况

产品类别	2023年营业收入/万元	同比增长（%）	2022年营业收入/万元	同比增长（%）	2021年营业收入/万元	同比增长（%）
注塑设备	603 179.60	6.84	564 547.97	14.79	491 816.64	-0.16
挤出设备	254 079.84	27.61	199 111.16	1.78	195 638.25	-7.61
反应成型设备	96 918.39	24.38	77 923.55	-18.18	95 243.26	4.32
干燥设备	105 071.11	4.80	100 262.58	-4.06	104 502.29	13.41

新产品 2021年，KM中国发布2个系列新品：黄金动力（goldPower）双螺杆挤出机全系列新品，能够满足共混改性市场日趋多元化的需求；艾星系列聚氨酯发泡机具有灵活度高、降本增效、废品率低等明显的技术和工艺优势，为聚氨酯加工各应用领域提供新的选择。

2022年在德国杜塞尔多夫国际塑料及橡胶博览会（K展）上KM集团首次展示工业用大型3D打印系统，"precisionPrint"和"powerPrint"两款增材制造装备分别采用基于树脂和塑料颗粒的3D打印工艺，应用在医疗、建筑和铸造等领域。增材制造解决方案成为注塑、挤出和反应成型之外的第四类技术。

2023年，KM集团推出ZE28 BluePower高性能实验室挤出机、FiberForm热塑性复合材料与注塑一体成型技术、多组分和压缩成型新技术。推出新版本CX系列注塑机，产品配置最新自适应过程控制系统并通过新设计大幅减少能耗。成功产出首批次回收（PIR）材料制成的超纯回收（UPR）树脂；联合开发的水辅注射成型工艺，实现了高性能聚合物和再生碳纤维应用。

2023年黄金动力双螺杆挤出机系列新品11.4N·m/cm³系列全面上市。

科技研发 2021年，KM中国筹建中国中化汽车材料联合实验室。2021年，KM集团挤出业务获红点设计奖。2023年，新开发的短切纤维加工（CFP）技术获德国增强塑料联合会（AVK）纤维增强复合材料工艺与方法类创新奖一等奖第一名。2021—2023年克劳斯研发投入见表41。2022—2023年克劳斯研发项目进展见表42。

表41 2021—2023年克劳斯研发投入

项目	2023年	2022年	2021年
费用化研发投入/万元	33 855.97	28 183.54	25 646.27
资本化研发投入/万元	11 194.21	10 506.87	11 820.08
研发投入合计/万元	45 050.19	38 690.42	37 466.35
研发投入总额占营业收入比例（%）	3.88	3.71	3.80
研发投入资本化的比重（%）	24.85	27.16	31.55

表42 2022—2023年克劳斯研发项目进展

主要研发项目名称	项目进展	拟达到的目标
应用于长玻纤材料加工的高性能螺杆解决方案	2022年推广应用	形成批量化应用
混炼注射成型（IMC）技术和应用解决方案	2022年推广应用	形成批量化应用
塑料循环回收工艺技术和装备系统	2022年推广应用	形成批量化应用
领菲全电动注塑机系列	2022年推广应用	形成批量化应用
艾星系列发泡机系列	2022年推广应用	形成批量化应用
螺杆挤出压片机	2022年客户现场交付验证	推广应用
黄金动力双螺杆挤出机 11.4N·m/cm^3 系列	2023年推广应用	形成批量化应用
FiberForm 热塑性复合材料与注塑一体成型技术	2023年推广应用	形成批量化应用
ColorForm 一步式模内上漆工艺技术	2023年推广应用	形成批量化应用
IMC 混炼注射成型工艺技术	2023年推广应用	形成批量化应用
纪念版 CX 系列注塑机 RelaCX	2023年推广应用	形成批量化应用
ZE28 BluePower 高性能实验室挤出机	2023年推广应用	形成批量化应用
10万t/a POE脱挥系统项目	2023年客户现场交付验证	推广应用
60万t/a 聚丙烯大型环管反应器研制及应用	2023年客户现场交付验证	推广应用

KM中国GP145/180双螺杆挤出机产品开发、轮胎业务多复合挤出系统国产化、反应成型技术核心模块国产化等新产品项目按计划顺利推进。

基建 KM集团2022年陆续启动德国汉诺威工厂搬迁至拉岑新工厂项目、慕尼黑阿拉赫工厂搬迁至帕尔斯多夫新工厂项目。

结构调整 2023年，KM集团启动出售全资子公司瑞士耐驰特机械有限公司股权项目，并在2024年3月28日成功完成交割。

宁波弘讯科技股份有限公司

弘讯科技 603015

生产经营 弘讯科技数字化业务主要面向注塑行业，目前主要有塑机网络管理系统iNet、注塑加工信息化管理解决方案弘塑云（TPC）。控制系统类产品包括塑料机械控制系统、金属机械控制系统、其他智能型控制器等，塑机控制系统由人机界面与主控制器两部分组成。驱动系统类产品包括液压伺服系统、高端全电伺服系统总成、伺服驱动器与变频器等。液压伺服系统目前业务收入来源于塑料机械领域。高端全电伺服系统总成主要应用于全电动注塑机（含油电混合注塑机），主要包括控制系统、伺服驱动系统、运动控制装置、精密传动机械部件及其他相关组件。2021—2023年弘讯科技主要指标完成情况见表43。

表43　2021—2023年弘讯科技主要指标完成情况

项目	2023年	同比增长（%）	2022年	2021年
营业收入	72 142.17	-1.57	73 295.88	93 497.12
归属于上市公司股东的净利润／万元	6 396.78	34.06	4 771.55	8 882.97
归属于上市公司股东的扣除非经常性损益的净利润／万元	4 840.55	73.89	2 783.72	7 642.74
经营活动产生的现金流量净额／万元	13 489.45	84.36	7 316.77	9 645.84
归属于上市公司股东的净资产／万元	136 900.44	3.69	132 032.30	131 560.52
总资产／万元	205 488.48	-2.33	210 384.46	223 028.45
基本每股收益／（元／股）	0.16	33.33	0.12	0.22
稀释每股收益／（元／股）	0.16	33.33	0.12	0.22
扣除非经常性损益后的基本每股收益／（元／股）	0.12	71.43	0.07	0.19
加权平均净资产收益率（%）	4.77	1.14个百分点	3.63	6.89
扣除非经常性损益后的加权平均净资产收益率（%）	3.61	1.49个百分点	2.12	5.93

市场销售　弘讯科技自动化板块主营产品下游主要为塑料机械、金属加工机械等机械装备行业，2023年总体销售情况与国内宏观经济变化趋同，第四季度订单呈现加速向上趋势，单季度产品收入环比增长明显。2023年海外市场业绩贡献总体趋稳，印度市场收入总体取得较大突破，约占海外收入的6成。

2021年，弘讯科技针对注塑工厂力推"一机一手一系统"数字工厂方案。该方案采用弘讯自研SA Communication System通信标准，整合全电机控制系统（SANDAL Ⅱ）、机械手控制系统（THUJA）等硬件，搭载弘讯自研服务器，通过注塑管理软件弘塑云，实现设备管理、工艺管理、即时监控、过程追溯等功能，完整架构数字工厂。2023年弘塑云（TPC）已推广至多家注塑工厂使用。2021—2023年弘讯科技产销存情况见表44。

表44　2021—2023年弘讯科技产销存情况　　　　　　　　　　　　　　（单位：套）

产品类别	2023年			2022年			2021年		
	生产量	销售量	库存量	生产量	销售量	库存量	生产量	销售量	库存量
工业控制类	61 976	62 508	1 018	54 620	57 561	1 550	95 903	98 625	4 491
驱动系统类	13 549	13 351	609	13 533	13 991	411	15 129	15 821	869

注：工业控制类、驱动系统类产销存量仅分别指塑机控制系统、伺服节能系统成套，其他零组件均未计在内。

新产品　紧抓中国制造业高端化、智能化、数字化的发展趋势，围绕新一代控制系统、驱动器与系统集成，物联网平台，新能源产品，核心元器件进行持续开发。

2022年，弘讯科技推出tmIoT物联网云平台。tmIoT物联网云平台以自研NectarOS泛在工业数字化操作系统为基础，全域全量采集工厂内数据，把异构数据标准化，构建工厂数据中台，挖掘数据价值，并提供一整套工具做逻辑组态和可视化呈现。

2022年新一代i-TECH系列塑机控制系统已开始批量供货。

2023参与的精密永磁伺服电动机与控制关键技术及应用项目获浙江省科技进步奖一等奖。

研发投入 截至2023年末，弘讯科技拥有授权专利200余件，其中发明专利60余件。2021—2023年弘讯科技研发投入情况见表45。

表45 2021—2023年弘讯科技研发投入情况

时间	研发投入／万元	占营业收入的比例（%）
2023年	6 932.91	9.61
2022年	7 093.05	9.68
2021年	6 981.34	7.47

结构重组 2021年，弘讯科技原全资子公司广东伊雪松机器人更名为广东弘讯，定位为弘讯华南运营中心；台湾弘讯竹北先进制造基地厂建已完成。2022年，设立桥弘科技（成都）有限公司。

泰瑞机器股份有限公司

泰瑞机器　603289

生产经营 泰瑞机器注塑机主要产品为NEO系列及Dream系列注塑机，包括肘杆式注塑机、二板式注塑机、全电动注塑机、多组分注塑机。得益于公司近年来实施的战略调整，泰瑞机器自2021年起营业收入突破10亿元。2021—2023年泰瑞机器主要指标完成情况见表46。

表46 2021—2023年泰瑞机器主要指标完成情况

项目	2023年	同比增长（%）	2022年	2021年
营业收入／万元	100 194.51	-15.51	118 589.73	109 758.65
归属于上市公司股东的净利润／万元	8 583.68	-11.21	9 667.56	14 221.34
归属于上市公司股东的扣除非经常性损益的净利润／万元	9 253.78	-5.14	9 754.72	12 024.90
经营活动产生的现金流量净额／万元	10 456.87	1 262.67	767.38	20 991.04
归属于上市公司股东的净资产／万元	139 531.73	3.36	134 999.06	133 104.40
总资产／万元	233 926.37	17.58	198 952.95	188 850.89
基本每股收益／（元／股）	0.29	-12.12	0.33	0.49
稀释每股收益／（元／股）	0.29	-12.12	0.33	0.49
扣除非经常性损益后的基本每股收益／（元／股）	0.32	-3.03	0.33	0.42
加权平均净资产收益率（%）	6.27	-1.04个百分点	7.31	11.47
扣除非经常性损益后的加权平均净资产收益率（%）	6.76	-0.61个百分点	7.37	9.7

市场销售 外销是泰瑞机器的优势，也是重要的利润来源，2021年外销收入约占50%，产品出口累计覆盖超过130个国家和地区。2021—2023年泰瑞机器内外销营业收入情况见表47。

表47 2021—2023年泰瑞机器内外销营业收入情况

时间	内销营业收入／万元	同比增长（%）	外销营业收入／万元	同比增长（%）
2023年	57 268.21	-19.82	42 916.55	-9.00
2022年	71 426.16	9.13	47 163.58	6.44
2021年	65 449.48	16.16	44 309.17	43.09

新能源汽车应用领域是公司未来发展的重点战略领域。泰瑞大型二板精密多组分注塑机——NEO·Ms 高端水平转盘多组分注塑机（锁模力 8 800～19 200kN）和 NEO·Mv 全新高端垂直转盘多组分注塑机（锁模力 1 700～19 200kN）加上泰瑞领先的 SpinSure®-H 水平转盘技术、SpinSure®-V 独立转盘技术、MultiMold™ 多色大师技术、Addshot-E® 独立电动副射台技术、CellSure® 微发泡技术、GlosSure™ 高光成型、车灯多物料成型、功能件多物料成型技术是公司在汽配领域的优势产品，主要应用于车灯及灯罩、AB 柱、保险杠、仪表盘等需要创新的高光、微发泡、新材料高性能产品。

2021 年泰瑞机器中标新能源汽车头部企业大订单，中标机型以全电动及大型二板多物料多色等中高端机型为主，主要应用于车灯透镜及相关汽配件生产。2021 年下半年以来，公司连续中标比亚迪大订单，主要应用于车灯、透镜、导光条及内外饰相关汽配件生产，带动全电动及大型二板多色多物料等中高端机型切入新能源汽车供应链。2022 年，受益于下游新能源汽车产业发展，泰瑞机器在该应用领域订单大幅增长，形成规模化突破。2023 年，泰瑞注塑系列产品进入跨国汽配制造企业。首台 IKON 450 压铸机完成客户结构件产品的试生产，效果达到客户预期。

2021—2023 年泰瑞机器注塑机产销存情况见表 48。

表 48　2021—2023 年泰瑞机器注塑机产销存情况　（单位：台）

时间	生产量	销售量	库存量
2023 年	1 886	1 898	469
2022 年	2 075	2 196	481
2021 年	3 204	3 143	602

新产品　泰瑞机器 2022 年正式进军一体化压铸领域，聚焦大型中高端压铸机装备，重点为新能源汽车行业提供压铸一体化整体解决方案。首台 IKON 450 压铸机于 2023 年 8 月调试完成，并通过客户结构件试模和小批量生产，性能和稳定性达到设计目标和客户要求。2024 年初发布了第二台 IKON 450 压铸机，目前 IKON 全系列压铸机 14 000～92 000kN 已完成研发，2024 年陆续生产推向市场。

科技研发　光学级塑料零件形性控制技术与成型装备的研发及产业化项目获 2021 年度机械工业科技进步奖一等奖，特种工程聚合物高性能注射成型技术及装备获 2021 年度浙江省科学技术进步奖一等奖，与浙江大学合作的大型复杂聚合物产品智能化注塑装备研发及产业化项目获中国产学研合作创新成果奖一等奖。浙江省科技重点研发计划"纤维复合特种工程聚合物高端注射成形装备研发及产业化项目"通过项目验收。特种工程材料的微发泡成型装备被评为 2022 年度浙江省首台（套）装备。2021—2023 年泰瑞机器研发投入见表 49。

表 49　2021—2023 年泰瑞机器研发投入

项目	2023 年	2022 年	2021 年
研发投入合计 / 万元	6 356.71	6 206.42	5 465.17
研发投入总额占营业收入比例（%）	6.34	5.23	4.98

基建技改　泰瑞机器总部大楼和全电动智能化精密注塑机智慧工厂 2023 年正式投入使用，总部大楼作为泰瑞机器全球总部使用。

2022 年浙江桐乡配套基地项目投入生产运营；智能制造基地项目取得经济开发区 16.5 万 m²（247 亩）项目工业用地并完成规划许可和施工许可，正式投入工程建设，未来可以满足全系列注塑机产品及 150 000kN 以下全系列压铸机产品的生产制造。

可转债募投项目"大型一体化智能制造基地项目（年产 29 台压铸机、5 000 台注塑高端装备建设项目）"推进建设中。

广东东莞松湖智谷产业园三层共 5 000 m² 工业楼宇 2022 年交付投入使用。

无锡灵鸽机械科技股份有限公司

灵鸽科技　833284

生产经营　灵鸽科技产品包括自动化物料处理系统和单机设备。单机设备主要为动态计量器，包括失重式计量喂料机、固体流量计。自动化物料处理系统主要包括锂电池正负极材料自动化生产线、锂电池双螺杆连续制浆系统、食品智能微量配料系统以及精细化工、橡胶塑料行业等自动计量配混输送系统。

灵鸽科技不断深入拓展自动配料系统、物料输送系统、双螺杆连续匀浆合浆系统在塑料、橡胶、锂电池及其正负极材料行业中自动化产线领域的应用，同时新增智能小料配料系统，在食品行业中应用。2022 年在锂电行业的生产线收入实现突破性进展。

2023 年公司被认定为第五批国家级专精特新"小巨人"企业。2023 年 12 月 19 日，无锡灵鸽机械科技股份有限公司（证券代码：833284）在北交所上市。

2021—2023 年灵鸽科技主要指标完成情况见表 50。

表 50　2021—2023 年灵鸽科技主要指标完成情况

项目	2023 年	同比增长（%）	2022 年	同比增长（%）	2021 年
营业收入 / 万元	26 499.85	-18.38	32 467.90	54.43	21 024.74
毛利率（%）	28.92		27.64		27.53
归属于上市公司股东的净利润 / 万元	1 716.61	-61.16	4 419.35	136.54	1 868.32
归属于上市公司股东的扣除非经常性损益后的净利润 / 万元	1 562.72	-58.75	3 788.12	110.61	1 798.60
加权平均净资产收益率（依据归属于挂牌公司股东的净利润计算）（%）	6.41		19.99		14.48
加权平均净资产收益率（依据归属于挂牌公司股东的扣除非经常性损益后的净利润计算）（%）	5.84		17.13		13.94
基本每股收益 /（元 / 股）	0.20	-61.54	0.52	92.59	0.27
资产总计 / 万元	59 385.94	16.12	51 143.99	46.53	34 904.60
负债总计 / 万元	24 829.69	-1.65	25 246.01	52.31	16 575.07
归属于上市公司股东的净资产 / 万元	34 556.25	33.43	25 897.99	41.28	18 330.55
归属于上市公司股东的每股净资产 /（元 / 股）	3.37	13.85	2.96	30.97	2.26
资产负债率（母公司）（%）	40.62		45.37		42.11
资产负债率（合并）（%）	41.81		49.36		47.49
流动比率	1.78		1.49		1.83
利息保障倍数	30.44		108.27		160.32
应收账款周转率 / 次	1.34		2.67		3.31
存货周转率 / 次	2.24		3.79		3.27

市场销售 2021年灵鸽科技在新能源市场拓展实现重大突破，完成锂电正负极材料自动化产线、锂电池双螺杆连续匀浆智能合浆系统等多个订单。2022年，锂电池双螺杆连续匀浆智能合浆系统获得客户高度认可，与江苏国轩新能源科技有限公司签订10 200万元设备生产线；配混输送技术得到认可，与四川时代、浙江时代、宜丰时代签订采购合同，进入宁德时代的合格供应商目录。2023年公司面临国内整体经济结构持续调整、新能源市场环境复杂多变、竞争态势不断升级等诸多挑战，业务增长放缓、经营业绩下滑。公司及时调整经营策略，优化管理运营，积极布局锂电新能源海外市场，深挖橡胶塑料、精细化工、食品及医药行业市场。2021—2023年灵鸽科技不同产品营业收入见表51。

表51　2021—2023年灵鸽科技不同产品营业收入

产品类别	2023年营业收入/万元	同比增长（%）	2022年营业收入/万元	同比增长（%）	2021年营业收入/万元	同比增长（%）
自动化物料处理系统	21 270.23	-26.95	29 115.85	64.94	17 652.80	52.92
单机设备	3 092.79	32.12	2 340.83	-4.91	2 461.71	-1.54
配件及服务	1 538.23	78.05	863.91	10.86	779.28	48.68

研发投入　截至2023年底，灵鸽科技拥有专利117件（发明专利9件）。2023年，高精度连续计量装备研究与应用项目处于产品试制阶段，关键技术已申报专利；IBC移动式物料输送系统研究与应用项目处于产品试制阶段。2021—2023年灵鸽科技研发投入见表52。

表52　2021—2023年灵鸽科技研发投入

项目	2023年	2022年	2021年
研发支出金额/万元	1 107.12	1 018.25	897.24
研发支出占营业收入的比例（%）	4.18	3.14	4.27

结构调整　2021年3月11日，灵鸽科技与大族激光科技产业集团股份有限公司签署战略合作协议，大族激光成为灵鸽科技第二大股东。

东莞市松湖塑料机械股份有限公司

松湖股份　834005

生产经营　松湖股份提供中小型精密成套塑料挤出设备及塑胶产品3D打印耗材、3D打印机，2022年4月15日成为广东省2022年第一批入库科技型中小企业，2023年12月28日被重新认定为高新技术企业。2022—2023年松湖股份主要指标完成情况见表53。2023年松湖股份主要产品营业收入见表54。

研发投入　2021—2023年松湖股份研发费用见表55。

表53　2022—2023年松湖股份主要指标完成情况

项目	2023年	2022年	同比增长（%）
营业收入/万元	9 226.82	4 332.64	112.96
毛利率（%）	36.98	36.73	
归属于挂牌公司股东的净利润/万元	1 538.24	289.82	430.76

（续）

项目	2023年	2022年	同比增长（%）
归属于挂牌公司股东的扣除非经常性损益后的净利润/万元	1 317.59	217.71	505.20
加权平均净资产收益率（依据归属于挂牌公司股东的净利润计算）（%）	67.47	15.35	
加权平均净资产收益率（依归属于挂牌公司股东的扣除非经常性损益后的净利润计算）（%）	57.80	10.68	
基本每股收益/（元/股）	1.54	0.29	431.03
资产总计/万元	6 527.20	4 536.52	43.88
负债总计/万元	3 469.07	2 684.99	29.20
归属于挂牌公司股东的净资产/万元	3 058.14	1 635.62	86.97
归属于挂牌公司股东的每股净资产/（元/股）	3.06	1.64	86.97
资产负债率（母公司）（%）	48.62	33.47	
资产负债率（合并）（%）	53.15	59.19	
流动比率	1.82	1.75	
利息保障倍数	32.93	5.84	
经营活动产生的现金流量净额/万元	1 583.00	546.52	189.65
应收账款周转率/次	11.41	18.05	
存货周转率/次	7.10	3.45	
总资产增长率（%）	43.88	-3.13	

表54 2023年松湖股份主要产品营业收入

产品类别	营业收入/万元	同比增长（%）
3D打印耗材	5 619.61	238.67
塑料挤出生产线	2 752.98	61.75
3D打印机及其产品	742.53	21.47

表55 2021—2023年松湖股份研发费用

时间	研发费用/万元	占营业收入的比例（%）	同比增长（%）
2023年	850.04	9.21	84.68
2022年	460.28	10.62	49.04
2021年	308.82	11.17	

结构调整 2022年9月8日，控股子公司东莞一迈智能科技有限公司的子公司东莞市迈思增材制造有限公司注册成立。

2023年6月30日，第三届董事会第十次会议决议通过《关于在香港设立子公司香港半夏科技有限公司》的公告。10月11日，第三届董事会第十二次会议决议通过《关于在美国特拉华州设立子公司松湖控股有限公司》的公告。

广东乐善智能装备股份有限公司

乐善智能　871695

生产经营　2022 年 10 月，乐善智能被广东省科学技术厅认定为 2022 年第七批科技型中小企业入库企业。2022 年，公司被认定为广东省专精特新中小企业、广东省创新型中小企业。2023 年获得高新技术企业证书。2022 年，速龙高速挤出吹塑中空成型机被评为广东省名优高新技术产品。2021—2023 年乐善智能主要指标完成情况见表 56。

表 56　2021—2023 年乐善智能主要指标完成情况

项目	2023 年	同比增长（%）	2022 年	同比增长（%）	2021 年
营业收入 / 万元	13 215.17	-1.67	13 439.47	-29.54	19 074.53
毛利率（%）	26.33		28.03		25.14
归属于挂牌公司股东的净利润 / 万元	220.87	70.33	129.67	-87.14	1 008.58
归属于挂牌公司股东的扣除非经常性损益后的净利润 / 万元	-24.78		-28.85		846.60
基本每股收益 /（元 / 股）	0.07	70.26	0.04	-87.14	0.33
资产总计 / 万元	16 229.24	1.95	15 918.90	-4.61	16 688.23
负债总计 / 万元	10 920.31	0.45	10 870.95	5.68	10 286.42
归属于挂牌公司股东的净资产 / 万元	5 308.93	5.17	5 047.95	-21.15	6 401.81
归属于挂牌公司股东的每股净资产 /（元 / 股）	1.75	5.42	1.66	-21.33	2.11
资产负债率（合并）（%）	67.29		68.29		61.64
流动比率	0.74		0.73		0.91
利息保障倍数	1.67		1.58		18.50
经营活动产生的现金流量净额 / 万元	1 376.79		-453.03		2 338.47
应收账款周转率 / 次	15.68		25.27		37.98
存货周转率 / 次	2.55		2.26		2.78

市场销售　乐善智能产品出口哈萨克斯坦、尼日利亚、美国、俄罗斯、法国、马来西亚等国家，2021—2023 年的出口额分别为 4 658.30 万元、3 278.33 万元和 1 839.42 万元，出口业务收入占营业收入的比例分别为 24.42%、24.39%、13.92%。2021—2023 年乐善智能吹瓶机收入情况见表 57。

表 57　2021—2023 年乐善智能吹瓶机收入情况

时间	营业收入 / 万元	同比增长（%）
2023 年	12 319.80	-3.21
2022 年	12 728.90	-27.45
2021 年	17 545.11	12.54

研发投入　2022 年，乐善智能继续加大力度研发全电动高节能吹瓶机，运用 AI 技术，提升新产品的智能化。新增发明专利 2 件、实用新型专利 11 件、计算机软件著作权 5 件、外观设计专利 2 件。2021—2023 年乐善智能研发投入见表 58。

表 58　2021—2023 年乐善智能研发投入

时间	研发费用 / 万元	占营业收入比例（%）
2023 年	779.77	5.90
2022 年	823.95	6.13
2021 年	871.29	4.57

富强鑫精密工业股份有限公司

富强鑫　6603

生产经营　宁波富强鑫被认定为2021年度浙江省"专精特新"中小企业。2021—2023年富强鑫主要指标完成情况见表59。2021—2023年富强鑫塑料注射成型机生产情况见表60。

表59　2021—2023年富强鑫主要指标完成情况

项目	2023年/万元新台币	同比增长（%）	2022年/万元新台币	同比增长（%）	2021年/万元新台币	同比增长（%）
营业收入	386 100.5	-16.16	460 520.4	6.39	432 850.7	41.34
营业成本	284 813.7	-15.59	337 407.4	3.04	327 454.3	37.68
营业毛利	101 286.8	-17.73	123 113.0	16.81	105 396.4	54.04
营业费用	97 464.9	0.15	97 316.5	14.56	84 948.0	20.51
营业利益（损）	3 821.9	-85.18	25 796.5	26.15	20 448.4	1 087.65
营业外收支净额	1 960.4	586.69	-402.8	-124.05	1 674.7	-68.94
税前净利	5 782.3	-77.23	25 393.7	14.78	22 123.1	566.22
税后净利	2 332.3	-86.28	16 997.7	57.70	10 778.8	1 453.10
归属母公司净利	2 059.7	-87.08	15 945.5	35.54	11 764.2	896.04

表60　2021—2023年富强鑫塑料注射成型机生产情况

时间	产能/台	产量/台	产值/万元新台币
2023年	1 668	1 398	280 478
2022年	1 566	1 446	314 834
2021年	1 619	1 587	278 334

市场销售　富强鑫积极推动市场细分化，往更高附加价值的制造服务化体系发展。受惠于汽配业、民用精品、3C等主要产业客户，2023年富强鑫全电式塑料注射成型设备、超大型二板机和多色机等设备的订单大幅增长，汽配产业客户需求显著。2023年，塑料注射成型机营业收入净额356 578.4万元新台币，占比92.35%。

2023年，富强鑫多组分注塑机销量突破545台，销售额23.1亿元新台币，锁模力达270万kN。截至2023年底，富强鑫集团多组分射出机累计销售192亿元新台币，总锁模力2 094万kN，其中锁模力7 000kN以上的大型多色机及超大型水平对射机累计出货超过715台。

富强鑫近年来进入日系、美系、欧系等新客户的汽配供应链，获得运动、食品包装等不同产业客户，新客户整体订单保持良好成长态势。在ESG的推动下，食品包装、3C和民用精品等行业对全电式塑料注射成型设备的需求大幅提升，全电式注塑机一体化解决方案增长165.87%，订单金额占整体的5.4%。

新产品　2022年11月，富强鑫多组分成型技术解决方案增加全新成员——X型四射机；年内推出iMF 4.0-Lite，满足中小企业规模采用的需求。2023年8月，超大型五色二板式多组分注塑机顺利交机；12月，富强鑫发布SA-h PET多模穴医疗产品精密成型系统。2023年，富强鑫与天岗合作成功研发多功能物理发泡注射成型系统GENTREX，为交通及运动用品产业提供"净零"变革解决方案。

研发投入　2023年富强鑫成立绿色创鑫项目小组，推动以富强鑫为中心厂并协同水平、垂直的供应链业者，建立"1+10"低碳塑料注射生态，拟订注塑产业减碳路径与发展蓝图，从智慧节能优化、低碳设备及外围整合、回收料技术开发切入，协助客户节能减碳。具体行动计划包括自主碳盘查与减碳技术、整合注塑外围设备节能产线、提升回收料使用率、新机节能升级技术和旧机转型节能方案等。2021—2023年富强鑫研发投入见表61。

表61　2021—2023年富强鑫研发投入

项目	2023年	2022年	2021年
研发费用/万元新台币	10 294.9	11 456.1	9 316.0
研发费用占营业收入的比例（%）	2.67	2.49	2.15

基建技改　2023年，富强鑫扩建宁波杭州湾新厂并进入试产阶段。

企 业 访 谈

加大原创技术研发投入　力争实现跨越式发展
——南京创博机械设备有限公司总经理李东生

北京化工大学、南京创博机械设备有限公司（简称创博）、河北格瑞尔斯公司联合研发的超临界流体挤出发泡系列成套装备技术项目荣获2022年度机械工业科技进步奖一等奖。PET轻质结构芯材连续制备及应用关键技术获2022年度中国轻工业联合会科技进步奖一等奖。

请简要介绍一下创博。

李东生总经理（以下称李总）： 创博成立于2008年1月16日，一直致力于打造国内高聚物配混装备领域的现代化民族品牌，是高新技术企业、江苏省民营科技企业，拥有南京市企业技术中心。创博主要生产超临界二氧化碳连续挤出发泡设备、长纤维增强复合材料造粒设备、新能源锂电浆料专用混合设备、改性共混双螺杆挤出造粒设备、聚合后处理脱挥设备、火工行业专用双螺杆混合设备、连续挤出橡胶脱水设备等应用方向的成套装备。

请介绍一下创博近些年来运营取得的成果。

李总： 2019—2021年连续三年，创博主营业务收入徘徊在1亿元左右，但在2022年，全年签订各类设备销售合同超过1.6亿元，比2021年的1.08亿元增长48%，是历史上增长幅度最大的一年。这主要得益于创博一直以来深耕的领域——新能源锂电浆料混合设备需求量的爆发式增长。

2023年创博针对市场变化做了哪些准备？

李总： 2023年，我们积极抓住机遇，优化人力资源，提前布局年内各重要展会，比如Chinaplas国际橡塑展、各大协会的专业性展会等。同时，我们还积极参加各协会举办的专业会议，进一步提升创博的知名度，努力争取更好的销售业绩。另外，境外展我们也全力以赴，比如伊朗、印度、土耳其、巴西等境外展会，争取多开拓境外市场，寻求新的增长突破点。

2023年，新能源汽车板块之外，其他业务板块的恢复需要一个过程，缩小板块之间的销售差距是创博2023年需解决的一个问题。通过参加各大专业展会，希望能够取得一些突破和提升。2023年我们设定的销售目标是2亿元，将朝着这个目标不懈努力。

除了在销售上发力之外，我们还将在技术研发上继续加大投入，开发出更多的原创性新技术和新产品。目前，已经与何亚东教授团队合作，在超临界二氧化碳连续挤出发泡装备和连续纤维增强热塑性复合材料制备等方向实现突破，取得了非常不错的社会和经济效益。配套建设了中试车间，各类中试设备功能先进、种类齐全，面向中国塑料机械工业协会全行业开放。创博希望通过不断的技术创新和积累，在更多的细分市场上取得优异的成绩。

创博的超临界流体挤出发泡系列成套装备技术项目荣获机械工业科技进步奖一等奖。请介绍一下项目的基本情况。

李总：这个项目成果，是在北化何亚东教授团队的引领下取得的。他们在十多年前就对各种高分子材料开展了物料发泡的理论基础研究，并在实验室进行了大量的相关试验，在此基础上进行了产学研成果转化。河北格瑞尔斯主要承接了XPS发泡工业化设备的生产，创博主要承接了发泡难度更大的PP、PET、PLA、热塑性弹性体等聚合物的挤出发泡中试和工业化设备的开发生产，均在不同的应用领域取得了很好的销售业绩。

超临界流体挤出发泡系列成套装备技术取得了哪些技术突破？

李总：我们使用的发泡剂是更加安全、环保的二氧化碳，不像过去采用的是烷烃类发泡剂，大大降低了生产过程中的安全隐患；针对原料特性，开发专用混合双螺杆和高效冷却单螺杆，确保生产过程的稳定、安全、高效和低能耗。特别是创新研发的PET免干燥超临界二氧化碳挤出发泡工业化设备，实现了原料免干燥（减少了大量能耗，降低生产成本）、在线扩链反应（缩短了工艺流程）、发泡剂在高压环境下与PET熔体共混、熔体在二阶机（比进口设备操作弹性更大）实现冷却的全过程技术难点的突破。另外，我们提供的是成套装备及相关配方和工艺技术，相当于一个交钥匙工程。而且我们的成套设备也是模块化的，客户只需要根据自身需求做加减法，提高了投资的灵活性和选配的便利性。

超临界流体挤出发泡系列成套装备技术具有哪些经济及社会效益，推广前景如何？

李总：首先这一成果打破了我国风力发电行业叶片用材一直依赖进口PET泡沫块的被动格局，将PET泡沫块的价格由原来的每立方米5 500元左右降低到1 650～1 800元，按照每年使用20万～25万m^2计算，叶片生产商可节省7亿～8亿元，直接推动风电整机成本下行，为进一步扩大装机容量提供了条件。同时，带动国内聚酯生产行业、塑料及木工机械行业扩大销售、提升效益、增加就业，具有明显的经济和社会效益。

PS/SC-CO_2发泡挤塑板技术推动下游形成超过20万t/a的环保XPS保温板生产规模，主要应用于建筑节能保温，降低建筑能耗，满负荷生产及应用可以实现每年减少二氧化碳排放量200多万t。

另外，依托超临界二氧化碳系列成套设备，创博每年可实现3 500万～5 000万元的销售收入，为企业带来新的发展动力。

随着"双碳"战略的推进，超临界流体挤出发泡系列成套装备将会在建材、装饰用材、新能源交通工具等领域逐步扩大应用，推广前景可期。

Chinaplas 2023国际橡塑展创博带来哪些展品？

李总：CBF-50超临界二氧化碳连续挤出发泡中试线。设计产量：30～50kg/h；最高加工温度：320℃；可用于PET、PBAT、PA、PLA、PP、TPAE、TPEE等材料的挤出发泡板材、片材、珠粒等加工成型试验。

TSS-65/900-315-44 高速高扭矩双螺杆机组。扭矩等级（T/a^3）：12；转速：900r/min；设计产量：650～1 200kg/h。该机组产量高、占地面积小，利用双螺杆的高转速、高剪切、高混合分散优势，使物料达到较好的混合状态。

与国外同行相比，您认为国内挤出行业还需要在哪些方面多做努力，创博将在哪些方面发力？

李总：这其实也是一个老生常谈的话题了。德日在质量以及技术上还是有领先优势的。首先我们应该在产品质量方面下功夫，把质量追赶国际先进水平当作行业生存的基础。德国和日本设备零件的制造精度是非常高的，在挤出领域，我们的零件质量跟国外相比还有差距，当然这里面也涉及金属材料方面的差距，创博也将瞄准德国、日本同类设备设立追赶目标。另一方面，挤出设备生产工厂在质量监控方面的投入不如注塑设备生产工厂，还需要在质量监控方面加大投入。

第二，企业需要加大研发原创技术的力度，我们希望国家以及行业加大对知识产权的保护。之前总是感叹新设备总是在德国和日本率先推出，我们今后的目标就是在国内开发出这些全新的装备。恰如国内新能源汽车行业实现弯道超车，创博也将依托何亚东教授团队，加大在复合材料、发泡设备等多方面的合作，加大原创技术的研发力度，做好新技术的承载和转化落地。同时，创博希望国内同行也能加大技术研发投入，而不是简单的挖人挖技术，否则企业将缺乏增长原动力。

第三，在大型化挤出装备方面，我们跟国外相比还有较大差距，当然国内同行也在大型化挤出装备方面发力，以弥补市场空缺。以前国内大型石化企业不认可国产设备，不过，在欧美国家对中国出口设限后，国内也在推动国产替代，大型挤出装备方面或将迎来发展机遇。

创博搬迁至溧水新址已有两年时间，请您介绍一下公司的未来发展规划。

李总：我们希望在二氧化碳连续挤出发泡设备细分领域做到国际领先，力争在 2023 年通过江苏省专精特新企业的评审。2023 年也将积极申报中国塑料机械行业优势企业，希望进一步树立起创博的品牌效应。另外，创博将深耕复合材料领域，加大 LFT-G 设备、单向带设备、热塑性复合材料设备的研发。我们希望以原创技术、新产品等为依托，不断开拓市场，实现销售收入每年 20%～30% 的递增，进一步壮大企业实力。

砥砺奋进三十载　携手同行向未来
——海天集团董事长、时任中国塑料机械工业协会会长张静章

您是协会的元老，请问当时成立协会的初心是什么，以及当时筹备协会成立遇到了什么困难？

张静章董事长（以下称张董）：随着改革开放的深入，原来分布在机械、轻工、电子、化工、船舶、兵器、公安、高教等十多个部门的塑料机械厂家的发展都受到了很大限制，在国务院有关部门的协调下，中国塑料机械行业企业统一归属于国务院国有资产监督管理委员会下独立的全国性行业组织，隶属于机械工业部（机构改革后称中国机械工业联合会）。1993 年 6 月 15 日，中国塑料机械工业协会在大连成立。大连橡胶塑料机械厂是当时机械部所属国有重点企业，该厂为中国塑料机械工业协会第一任理事长单位，厂长王义丰为理事长；海天当选副理事长单位，我当选副理事长；上海塑料机械有限公司总经理耿雄虎、山东塑料橡胶机械总厂厂长王士范当选副理事长。

当时有会员单位160多家，第一次实现了中国塑料机械产业资源的大整合，第一次以独立的塑料机械行业出现在市场经济的大舞台。

作为行业功勋人物，请回顾一下您在协会工作的经历与感受。

张董：自中国塑料机械行业统一归属机械工业部，打破条块分割、部门割据，由封闭式生产经营向开放型的生产经营转变以来，中国塑料机械行业取得了长足发展。海天得益于改革开放，经艰苦努力初具规模，各项经济指标名列行业前茅，在国内外同行中有一定影响，被中国塑料机械工业协会第三届理事会推选为理事长单位。在当时中国机械工业联合会里五十多位"中国"字头的行业协会会长中，我是第一位由民营企业家担任的行业协会会长。当时的中国机械工业联合会会长派专人到海天调查情况，听取了调查人员汇报的海天各方面喜人成绩后，最终同意中国塑料机械工业协会破例由行业民营企业家领头的换届方案。

中国塑料机械行业的快速发展关键在人才。这些年来，行业涌现出不少优秀的技术管理人才以及一大批为此默默奋斗多年的产业工人队伍。我任第三、第四届协会理事会理事长期间，众多事件中印象较深的有几件。

第一，在任初期，借助协会平台理顺和制定了协会秘书处工作的相关规章制度，制定了《中国塑料机械行规行约》，为协会秘书处的工作以及行业企业与时俱进发展制定了共同遵守的准则。

第二，在中国机械工业联合会和宁波市政府的支持下，举办中国国际塑料机械高峰论坛，与会的国内外知名专家和企业家有300多名。中国塑料机械行业首次举办这种大型行业活动，并取得圆满成功。

第三，担任协会理事长期间，曾给张德江副总理写报告《振兴中国塑料机械工业》。不久之后，国家发展改革委召集行业代表开会，传达批复精神，将"塑料机械产业"列入"国家战略性新兴产业"。

第四，任协会理事长初期，秘书处人员在海天开会决定出版行业刊物，促进行业内外交流，自此由我题名的《中国塑机》行业专刊创刊近20年了，至今按时发行。

第五，节能是塑料机械产业始终追求的目标，由海天发明的伺服电动机驱动技术（有专利证书）无偿给行业企业使用。我任行业专家委员会主任委员期间，召集行业专家和塑料机械检测机构制定《塑料注射成型机能耗检测和等级评定的规范》，这是塑料机械行业第一部节能技术标准，为塑料机械企业和塑料制品企业争取到国家的节能补贴。

第六，为了促进中国塑料机械行业与国内外同行的交流，并扩大中国塑料机械行业的影响，协会开展行业优势企业评选活动，开始评选指标为销售额，后来增加了利润指标，这样更能反映企业的实际效益，得到广大企业的响应，这项活动坚持至今。优势企业成为中国塑料机械行业最重要的风向标。

协会成立30周年，您如何看待这30年中国塑料机械行业的发展？

张董：自1993年中国塑料机械行业实现资源整合，以独立的行业出现在改革开放市场经济的大舞台上以后，经过30年的努力改革创新，获得了巨大的发展。我想用几组数字来见证中国塑料机械行业30年发展的成就。首先，我们行业当初是由国家十余个部委所属的国有、集体、民营各种所有制企业组成，经30年的转制改革，现在民营企业已占行业的99%。其次，企业规模、产品结构、进出口规模都发生了巨大变化，当年全行业年销售额只有20多亿元，如今已达950多亿元；当年进口约3亿美元，如今是顺差37亿美元；当年出口0.5亿美元，如今是70多亿美元。这些惊人的数字凝聚着我们行业发展的硕果，放眼世界，展望未来，让我们行业同仁共同再努力，继续奋斗向前！

您如何看待中国塑料机械的国际地位？还应该在哪些方面发力？

张董：多年来，中国塑料机械行业蓬勃发展，是目前中国机械工业中增长最快、利润率最高的行业之一，具有世界同行中最大生产规模和比较先进的制造水平。据统计，中国塑料机械产量占世界的比例已经超过50%，我国已经成为名副其实的塑料机械制造大国和出口大国，在全球塑料机械市场上具有重要影响力。

当前我国塑料机械行业面临许多新的机遇和挑战，技术、数据、标准、知识产权已经成为影响我国塑料机械行业国际竞争力的重要因素，行业企业需要看清全球政治经济形势，充分把握机遇，不断优化企业的发展方向，全方面提升软硬实力，才能与国际同行一较高下。随着数字化时代的来临，我国塑料机械行业也必须与时俱进、转型升级，用数字化、网络化、智能化赋能生产制造，增强发展后劲，提高发展质量。

目前，行业内不少企业面临企业传承的问题，请您分享一下经验。

张董：海天是一个民营企业，发展的最终目的根植于中国人的传统文化观念，那就是希望家业传承长青、子孙兴旺发达、造福一方百姓，而这也是我的最大愿望。

民营企业传承发展的问题，归根结底是如何培养接班人的问题。首先，我一直强调坚守企业价值观与文化，在我们企业中，团结和谐始终是排在第一位的。其次，民营企业一定要做好代际传承的长期规划，如果没有十年以上的传承规划与过渡期，大概率会面临失败。

我有两个儿子，海天集团总裁张剑鸣、海天塑机总裁张剑峰。作为吃苦耐劳的创二代，他们与我一起并肩战斗了许多年。在他们的帮助下，进入新世纪的海天发展迅速，度过了效益最好的一段时期。现在海天的第三代，也就是我的孙子张斌也已经登场。海外留学归来加入海天后，他在不同产业和不同岗位经历了很多挑战和磨炼，目前担任集团常务副总裁，他即将带领海天走向新的时代。耄耋之年，看到海天事业后继有人，我感到无比欣慰和自豪。希望行业各位同仁都能实现基业长青的美好愿景，同时也为振兴中国民族工业做出应有贡献。

30周年，请您寄语行业以及协会。

张董：当前，我们正站在"两个一百年"的历史交汇点，中国塑料机械行业又将踏上新的发展征程，希望协会继续发挥好桥梁纽带作用，引领行业全体同仁坚定发展信心，增强发展动力，创新发展思路，开创塑料机械装备发展新局面。也希望中国塑料机械行业未来发展蒸蒸日上，在世界舞台代表中国制造发出最强音！

震雄65年　启航百年征程

——震雄集团主席兼总裁蒋丽婉

震雄集团由蒋震博士于1958年创立，至2023年已有65年的光辉历史。经过半个多世纪的风雨兼程，震雄一路坚持不懈，已由一间小规模的机械加工厂发展成为全球最大的注塑机生产企业之一，目前的年产量达到20 000台。凭借着对产品标准化、技术创新化的永恒追求，秉持着不断提升服务水平、力求完美的理念，震雄集团奠定了自己在注塑行业的地位。

请您简要回顾一下震雄集团的历史。

蒋丽婉主席（以下称蒋主席）：震雄集团成立

于 1958 年。从 1958 年到 2023 年，震雄 65 年的历程，是拼搏奋进的 65 年，也是风华正茂的 65 年。1958 年震雄的创立，开启了中国注塑机自主发展的道路。经过 65 年的创新发展，震雄已是全球领先的注塑机供应商。65 年，震雄坚守初心、传承匠心、不断创新，一直保持着活力，在技术与应用的路上不断创新前进。从 1966 年，震雄推出首台 10oz（1oz=28.35g）螺钉直射注塑机开始，震雄秉承自主研发精神，不断推陈出新，深入参与注塑机研发制造的每一个环节。

目前，我们在深圳、顺德、宁波、台湾建立了全球化的研发及生产基地。厂房面积超过 80 万 m^2，注塑机核心专利技术超过 200 项。2010 年与日本三菱达成全球战略伙伴关系，共同推进技术研发和应用，开发并制造最新一代 MMX 二板机。同时，邀请三菱前总工程师、人称"二板机之父"的盐田先生出任震雄顾问。从那时开始，震雄逐步引进日本最尖端的生产及品质管理模式，稳步推进精益生产（TPS）、三菱品质系统（M System）。始终围绕"完美品质"的初衷，构建完备的研发、采购、生产管理系统，丰富了行业的高端选择。其中，热销的 MK6 系列翻单率超过 98%，打破行业纪录。

2023 年震雄迎来 65 周年庆典，举办哪些活动？

蒋主席：4 月 16 日是震雄 65 周年庆典日。本次庆典以"以匠心致未来，以科技领时代"为主题，邀请到行业技术大咖、媒体协会、领军企业、生态伙伴等在内的 500 余位嘉宾。以未来视角，围绕智能注塑、精密注塑、绿色注塑，透视注塑行业发展趋势，充分、全方位地了解震雄在技术、产品、服务、管理、设备等诸多方面的全新升级。当天，震雄发布上半年全新注塑机产品及先进注射成型解决方案，也带领大家参观震雄全新落地的创新技术中心及全新的生产制造基地。

4 月 17—20 日，震雄在 Chinaplas 2023 国际橡塑展上推出六大全新产品。

震雄 2023 年重点布局哪几个细分市场？

蒋主席：目前来看，国产注塑机正在不断替代进口，我国塑料机械出口也屡创新高，成为全球塑料机械出口量最大的国家。基于这个好势头，震雄除了在既有市场领域，如家电、汽车、建材、电子、包装、玩具等领域继续深耕外，亦会积极响应国家的"双碳"战略和环保、可持续方针，在新能源汽车领域、绿色环保包装领域及高端医疗用品领域持续发力、积极布局，在技术上精益求精，以足够的专注度和研发投入，实现了环保科技的重大突破。未来在绿色能源、节能减排、节能塑料、节能工艺、驱动及控制技术上下狠功夫，赋能企业走向循环经济的快车道。

2021 年以来，我国新能源汽车产业快速发展，震雄审时度势，牢牢地把握住这一重大市场机遇，和比亚迪及其他品牌厂商建立起合作关系。当今对绿色环保的要求越来越高，催生包装新要求，加之可降解材料的不断涌现，倒逼注塑机行业紧跟市场，提供轻量化、绿色化的注塑机。震雄凭借着多年来对高端新技术、新产品的研发，积极布局新产业，主动应对快速变化的市场。未来，震雄集团将一如既往地坚持自主创新，继续与国内外汽车、绿色环保包装等领域企业携手前进，为"双碳"目标达成、行业发展添砖加瓦！

2023 震雄生态新品云发布会上新品频出，请问创新的动力源泉是什么？

蒋主席：其实，每个企业都不会故步自封，都会积极创新。对于震雄来说，创新的动力源泉就是我们一直以来坚守的"客人所要的，就是我们要做的"。"客户为先"是尊重市场需求，震雄非常重视每一个客户的诉求及反馈，通过不断分析客户的诉求及反馈，推动产品的更新迭代。65 年的发展，我们经历了许多，从 20 世纪 70 年代的石油危机到国际金融风暴，无一不是严峻的考验，但震雄稳立行业潮头，这离不开对技术创新、产品端升级的坚持。震雄拥有强大的研发能力和科学的管理体系，会深入参与注塑机大研发制造的每一个环节，从设计、开发再到生产，从售前、售中再到售后，力争做到让客户100%的满意。这也是震雄这么多年能在海内外拥有良好口碑的重要原因之一。

目前国内注塑机市场竞争日趋激烈，震雄集团是如何应对当下这种竞争的？

蒋主席：我们"用自己的确定性，应对外界的不确定性"来作为企业发展原则。

首先，"百家争鸣，百舸争流，百花齐放"是震雄喜闻乐见的。我们欢迎同行竞争，正是有了这种良性竞争，市场乃至行业才会得到更快速的发展，客户才能拥有优质的产品。面对市场良性竞争，震雄有自己的优势。

第一，震雄是一家成立65年的民族企业。65年里，我们经历过磨难，也拥有过多次成功。面对磨难，我们不会气馁；面对成功，我们也不会骄傲。这是一种精神优势，是65年一直贯穿震雄前后发展的。未来，这种精神优势将一直传承下去。

第二，创新。震雄拥有一个专门研究市场战略的机构，对于市场需求的转变能第一时间做出应对。举个例子，注塑机行业一直被欧系、日系产品占据绝对市场份额，客户迫切期待本土产品替代进口，震雄率先推出了65 000kN超大型二板式注塑机。现在各行各业都在提倡节能环保，注塑机行业也不例外，震雄的SPARK系列产品在耗电层面更省10%以上。震雄一直以来尊崇的发展理念都是大力推动科技和创新，用先进的科技努力实现生产力的跨越。

第三，客户服务。我们的团队中既有在震雄沉淀20年、30年深谙注塑行业、经验丰富的老员工，也有很多来自国内外头部制造企业的新鲜血液。现在的震雄，既传承了传统注塑行业的精髓，也吸收了很多先进的管理理念、方法和技术，团队的合作创新极大地促进了震雄的管理水平和技术进步。

震雄不惧怕越来越激烈的行业竞争，只有良性竞争才能为行业、企业、客户带来价值。因此，震雄专注于通过完美品质、创新科技和定制化服务来不断提升自身的市场竞争力。

您认为在与国际同行的竞争中，国内注塑机品牌还需要在哪些地方发力？

蒋主席：在激烈的行业竞争中碰到难题和挑战并非坏事，善于在困难中学习，这是震雄的一种精神。而在"天下太平"时，震雄上下都会保持一份清醒和危机感。

震雄在集团管理以及产品研发方面，一直坚持两个"凡是"：凡是对产品和技术创新有益的，我们都鼓励；凡是对客户需求与体验有提升的，我们都坚持。世界瞬息万变，面对无法预知、更无法控制的未来，我们要努力去适应，保持不骄不躁、灵活应变。企业要克服困难以及持续发展，依靠的是团队创新、灵活变通的精神、坚忍的意志和强大的凝聚力。

在创新层面，震雄不停地基于市场变化积极改变策略，取其精华，去其糟粕。近年推出的Mega Cloud智能注塑管理云平台，成功地为客户实现从线下人工到线上智能化的价值转换，将传统注塑制造业相关产业链上下连接，实现一体化管控，为客户提升生产效益，加强竞争力。在人才层面，震雄邀请各大型企业高管加盟，为管理层带来新的经营理念。我们认为工业生产除了关注如何提升产能及保持品质，工业制造的理念也很重要。此外，在管理层面上，除了因地制宜，亦必须与时并进，因此除了智能化，震雄亦认为须兼顾全球市场客户所重视的价值观，例如产品安全、环保、节能等。

企业成长永无止境，不管何时都存在巨大的上升空间。因此，企业需要在技术上根据市场需求不断取得创新突破，在市场运营上根据市场变化不断调整策略，在客户服务上根据实际情况，妥善且迅速地进行反馈并解决问题。

请您介绍一下集团的发展规划。

蒋主席：对于过去65年集团的发展，我最想用"感恩、奋进、革新、图强"这八个字来概括。感恩国家和时代给予奋斗的震雄实现企业价值的发展机会，感恩蒋震博士创办震雄企业，感恩海内外客户65年对于震雄始终如一的信赖和支持，感恩合作伙伴的勠力合作和共同发展，感恩员工为震雄发展所付出的青春和汗水。震雄人脚踏实地、诚实进取，长期坚持奋进，让震雄在65年的今天依然充满活力。技术在进步、时代在发展，震雄人将通过不断革新打造完美品质和先进科技，为全球客户创造最高价值，始终坚持走在注塑业的前方。

震雄作为注塑机头部企业之一，"创新不止，引领向前"是一直以来的战略目标。2023年是震雄65周年庆典，是对既往交出的一份答卷，也是对未来做出的一份承诺。震雄打破常规，一次性集中发布6款全新产品，包括最新的全电机型号、多物料机、高速机以及注塑云平台。震雄集团的愿景是以完美品质和先进科技为全球客户创造最高价值，不断创新，永远走在注塑业的前方！展望未来，震雄将不忘初心，一如既往坚持在注塑机领域深入发展，向愿景目标砥砺前行，全面开创注塑新时代，助力中国民族工业发展。我坚信，震雄具有极为强大的生命力，震雄的产品、震雄的理念、震雄的智慧将传承延续，跨越100年的漫漫长路！

我们期望震雄能够发展成为一家"社会所期待的企业"。正如蒋震博士最大的心愿一样，能够尽一己之力，贡献国家、回馈社会。"工业富民、民富国强"这一信念激励着震雄上上下下，成就了今天的震雄。震雄是民族的震雄、是世界的震雄。今天的中国和世界，处于百年未有之大变局，世界的经济重心、政治格局、科技与产业发展都在发生巨大变化，震雄唯有奋进、革新、图强，始终以客为先、创造价值，持续提升企业的商业价值和社会价值，为国家和社会贡献自己的力量！

宝捷　为你我塑造美好
——佛山市宝捷精密机械有限公司总经理杨伟杰

佛山市宝捷精密机械有限公司（简称宝捷）成立于2000年，总部坐落于佛山市三水区，拥有现代化厂房10多万 m^2，是一家集研发、制造、销售、售后服务于一体的注塑、吹瓶、管材等专用塑料机械的高新技术企业，是中国塑料机械行业优势企业之一。

请您简要介绍一下宝捷。

杨伟杰总经理（以下称杨总）：宝捷成立于2000年，至今已经有24年历史，引进了日本LGMAZAK柔性制造系统，Mitsubishi、OKUMA、韩国DOOSAN公司的数控加工中心等先进生产设备，是一家集研发、制造、销售、售后服务于一体的注塑、吹瓶等专用塑料机械的高新技术企业。设有伺服驱动注射成型工程技术研究中心，拥有80多件发明专利及实用新型专利，以及20多项著作权。

宝捷公司汇集了一大批塑料机械行业的专家和管理骨干，对客户需求、市场变化、技术与行业的发展有深刻的研究和认识。专业团队成就了宝捷塑机"精密、稳定、节能、高效"的优势，主导产品BJ系列节能型注塑机节电量可达25%～60%，成本效益明显。宝捷公司更关注客户的个性化需求，开发出针对 PET 瓶坯、PVC/PPR 管件、薄壁、硅胶、电木、多物料等制品的专用机，并为客户提供整体化的解决方案。

公司逐步构建和布局更为完善的全球营销网络和服务体系，把"以客户为中心"的经营理念和树立长期品牌战略结合起来。国内在华南、华东、华中和西南、华北等设立20多个办事处、经销点，海外在泰国、马来西亚、印度尼西亚、越南、伊朗、俄罗斯、土耳其、乌兹别克斯坦、美国、墨西哥、巴西、阿尔及利亚、埃及、巴基斯坦等国家设立办事处或经销商，产品远销100多个国家和地区。

请您介绍一下宝捷2023年运营情况。

杨总：2023年在面临全球经济低迷、经济形势严峻的情况下，宝捷内部通过战略引领、技术创新、营销变革、管理优化等方式，促进业绩增长；通过大力推行降本增效、精益改革、工艺改善等措施，实现稳健经营。长期坚定全球发展和海外战略布局，2023年在泰国、印度尼西亚、越南、伊朗、俄罗斯、乌兹别克斯坦、墨西哥、埃及、巴基斯坦、意大利、阿联酋等10多个国家成功参展，有效地宣传扩大宝捷品牌在全球的影响。海外出口业绩同比增长30%。

2024年，我们将加大研发投入进行技术革新，不断提升产品和服务的品质，满足客户多样化的需求，并持续推动智能制造和工业互联网的发展。在营业收入、利润实现、增长幅度、人才培养等各方面也提出了新目标、新要求，任重而道远。我们将继续保持高质量发展，围绕新技术、成本、人才、全球化战略，专注做好拳头产品的同时，拓展产品线，坚定地实现全年目标战略。

未来几年，宝捷将重点布局哪些细分市场？

杨总：宝捷再次明确企业专用机的发展方向，聚焦和抢占新赛道，提升专用机细分市场的占有率。以更加开放的姿态，勇于拥抱新时代变革，紧紧抓住发展机遇，拓宽国际视野，充分发挥企业的技术核心竞争力，加速全球化战略布局。

宝捷位于佛山，毗邻东南亚地区，一直与东南亚及周边国家有着紧密的经贸往来，频密的人员交流，货物产品互通，在区位上有着得天独厚的优势。我们会把东南亚、中东、非洲、美洲等作为重点布局的市场，同时，对西亚、中亚、欧洲等国家（地区）进行同步的市场调研、开发。

宝捷是如何看待当下竞争并脱颖而出的？

杨总：企业竞争力主要来源于产品力以及品牌力。在机械行业，产品创新是企业的核心竞争力之一。通过不断改进现有产品的功能和性能，开发出具有独特竞争优势的新产品，企业将能够在市场中获得更高的份额。为了取得技术创新方面的突破，企业可以积极引进国内外先进的研发技术和设备，加强与科研机构的合作，提高自身研发能力。

在竞争激烈的市场中，市场营销策略尤为重要。企业应该深入了解客户需求，根据市场反馈及时调整产品和服务。通过建立完善的渠道体系，企业能够更好地将产品推向市场并与客户建立紧密的联系。此外，通过有效的品牌推广和宣传，企业可以提高产品在消费者心目中的认知度和美誉度，从而脱颖而出。

宝捷在智能制造方面做出了哪些努力？

杨总：智能制造是基于新一代信息技术，贯穿设计、生产、管理、服务等制造活动的各个环节，具有信息深度自感知、自决策、精准控制自执行等功能的先进制造过程、系统与模式的总称。宝捷通过整合注塑智能生产线上注塑机及周边等智能设备，采集生产线的相关数据，运用工业物联、云计算技术进行分析，并反馈给工厂智能管理系统决策，可为注塑企业提供一整套量身定做的智能工厂管理系统，实现物料、设备、生产、管理、服务的智能化。随着智能技术与制造技术的深入融合，宝捷将不断探索智能制造的新领域和新应用，助力客户智能制造产业升级。

在硬件方面我们引进了马扎克柔性生产线、数控卧式加工中心等先进生产设备，软件方面进行了数字化智能工厂系统打造。智能设备投入和数字化管理系统的建设，将各业务系统进行互联互通，实现销售、生产、采购、质量、库存及财务全过程企业信息一体化管理。

比如我们的 MES 系统，可以实现对整个车间的生产监控和管理，实现人、机、料、法、环、测等重要生产要素信息化，同时与 ERP、WMS 等系统互联互通，打通销售、采购、仓储等关键环节，车间人员通过系统接收生产任务、调取 E-SOP、执行生产操作，通过系统实时跟踪生产进度，实现生产全流程信息化管理。

同时建立了综合管理平台，打通业务流、信息流等数据，实现运营全过程的数字化、可视化、透明化和规范化，实现车间可视化在线、设备可视化在线、生产可视化在线、管理可视化在线，实时掌握生产状态，实现精益生产，通过数据驱动人和设备，实现降本、增效、提质、节耗。

再有我们建设了能耗管理系统，在车间及设备上加装智能电表，收集设备状态能耗数据，通过收集数据对用电进行分析监控，达到节能减排的优化效果。

下一阶段宝捷将开展 5G 技术研究，利用 5G 技术实现车间 AVG 小车轨迹控制，并且完善原有系统的细化功能，投入数据中台，结合企业工业互联网平台能力，向产业链上下游企业提供产业大数据分析、供应链协同、协同设计等服务，基于平台实现研、产、供、销、服全生命周期数据贯通。

宝捷是如何加强质量管理的？

杨总：质量，是宝捷可持续发展的基础，我们建立了完善的质量管理体系，并且通过了 ISO 质量管理体系认证。俗话说"工欲善其事必先利其器"，我们引进了先进的加工设备，确保产品的零配件加工精度，并且使用行业先进的检测设备，如三坐标检测仪、光谱分析仪、锁模力检测仪等精密检测设备，确保产品零配件符合质量管理要求。

在产品生产过程中，针对每个部装生产环节设置了标准化检验工序，通过信息化平台将每个生产环节的质量检测数据展现在车间 BI 大屏幕以及每个管理人员的办公计算机上。在出厂检验环节，会根据订单配置模拟客户生产工况，差异化检测产品，确保满足质量要求，同时最大限度减少产品客户调试时间。在售后服务环节，通过 CRM 客户管理系统跟踪管理产品质量，定期收集产品运行数据，并随时解决客户诉求。

2024 年 Chinaplas 移师上海，宝捷带来哪些产品？

杨总：Chinaplas 是行业内最具规模的展会，宝捷展出大克重 KPET 小高速瓶坯专用注塑机、DP 系列大型二板式注塑机、EB 系列全自动挤出吹瓶机、JT 系列全自动注塑机四大系列机型。参展设备用于食品饮料包装、日用品、日化用品、医疗等多个领域，提供专业且高性价比的塑料包装成型方案。针对不同行业的热点领域及市场需求，给观众提供不同的实际应用体验。

请您介绍一下宝捷的未来发展规划。

杨总：首先，从市场层面来说，宝捷将会从粗放型的市场管理体系逐渐向精细化运营体系转变。精细化运营，包括渠道的体系化建立，全国、全球一张网，系统梳理渠道层级，从总部到分公司、从全球区域市场到地区渠道细分。同时，针对不同的生产场景，深耕专用机市场，进行行业应用方案升级，其中专用 PET 材料行业解决方案和汽配专用解决方案，都是获得广泛认可的成功案例。

其次，从技术研发层面，我们加大了技术研发的投入，分别从液压、电气等方面进行关键技术攻坚。2024 年也组建了新的研发团队，攻坚全电技术难题，研发全新的全电机型，以适应市场发展。

最后，从人才层面，除了坚持引进高素质人才，充实专业领域和管理体系的员工队伍以外，还重塑了培训体系。宝捷也看重各级管理候选人的培训，建立管培生制度，从各大高校引进40多名优秀毕业生，进行人员补充和培训。持续的人才引进和相对应的人才培养，是宝捷保证持续发展的基石。

未来，宝捷会保持一贯的优质产品质量，根据企业使命构建我们自己的售前、售中、售后服务平台。宝捷以前所未有的力度推进公司产品升级换代，实现中小型机器油电和全电化，中大型机器两板化，同时兼顾产品的智能、环保、信息化发展。

打造海天机械产业生态链　为客户提供全方位一站式解决方案
——海天集团常务副总裁兼海天国际行政总裁张斌

海天集团创建于1966年，经过半个多世纪的创业开拓，已发展成为全球领先的制造型跨国集团。

请简要介绍一下海天塑机集团2023年的运营情况。

张斌常务副总裁（以下称张总）：2023年，国际地缘政治冲突持续，形势复杂多变。面对全球经济复苏放缓、国内竞争激烈的不利局面，海天通过产品创新、海外布局、营销多元化等手段，在逆境中抢抓机遇，公司业绩实现逆势增长。2023年公司销售收入130亿元，比2022年增长6.2%。随着全球产业链结构性调整，海天持续推进"五五战略"，不断加强海外建设，海外销售同比增长17.3%，全球市场占有率持续攀升。

2023年，海天在经营中遇到的最大挑战是什么，海天是如何克服的？您对2024年的预期是什么？

张总：2023年是行业极度内卷的一年，无论是国内还是国外，我们都面临着激烈的竞争。海天始终坚持产品创新，并通过强化自身的产品线运营来提升市场竞争力，实现公司的良性发展。

一方面，推出全新的五代机，提升主力机型的市场竞争力，以更加节能、高效的注塑机产品，给客户带来更高的节能效率，降低客户的运营成本。另一方面，针对客户的个性化需求，通过专机研发以及高效的应用服务支持，为客户提供个性化的解决方案，实现快速响应。此外，通过积极布局海外，不断增强在海外市场的竞争力，实现了更为稳健的发展。即便在激烈的竞争环境下，我们的海外业绩仍然创造了历史新高。

2024年仍然是机遇与挑战并行的一年，我们会继续深化产品线运营，同时强化在一些特定行业线的布局。

请您介绍一下近年来海天国际化的进程。

张总：近年来，为发挥集团产业链优势，全面提升海天在全球市场的份额，我们制定了海外发展"五五战略"，从组织架构、硬件设施、人才培养等多个维度，全面提升海外市场的战斗力。目前，已经在全球核心枢纽地区布局了区域管理中心、制造中心及应用服务体验中心，通过"三位一体"的模式，全面实现区域化高效运营、本土化规模制造和全球化快速响应。

2023年，海天位于墨西哥的新工厂正式开业，全新的越南海防应用服务体验中心也于2023年底正式投入使用。目前，包括印度金奈工厂、塞尔维亚工厂在内的海外全新制造基地建设也在逐步推进过程中，预计将于近两年内陆续建成并投入使用，这将大幅提升我们在全球范围内的本地化交付能力。

请您介绍一下2023年海天发布的第五代技术的亮点。

张总：海天国际始终坚持履行社会责任、保护环境、实现资源节约利用。2023年，海天国际推出了第五代节能、智慧型注塑装备，探索绿色可持续的注塑形态，充分应对环境挑战。

一方面，在传统伺服液压注塑机上配置了电预塑装置，整机能耗大幅降低，塑化性能大幅增强，为新材料的注塑生产提供了更多可能。另一方面，全新五代机融合了大量智能化功能，从灵智能耗管理、灵智开合模、灵智润滑到灵智自诊断，以智慧赋能为引领，持续为客户降低运营成本、提升生产效率。

此外，海天智能化注塑机标配了灵活的开放式集成功能，支持多样化开放共享，可与周边设备、自动化单元等实现高效互联，构建灵智生态圈。我们将产业链上下游数据灵活集成于制造生态中，在设备状态、生产计划、工艺管控、质量追溯、全生命周期管理、能耗采集、决策分析等方面为企业提供全方位智慧赋能。

请您介绍一下Chinaplas 2024展示的新技术、新产品。

张总：Chinaplas 2024上，海天国际在五代机基础上展示了更加前沿的应用技术，展示了主力畅销机型在汽车、包装、医疗和光学等领域的丰富应用，基于五代技术的高速包装机首次亮相展会。除此之外，海天集团旗下的海天驱动、海天智联在Chinaplas 2024上展出。海天向塑料加工领域客户展示了从核心功能部件，到覆盖广泛应用的节能、智慧型注塑机以及一整套完善的智能制造解决方案，帮助客户提质增效。

海天集团目前各产业在塑料机械领域有怎样的协同优势？

张总：海天始终从客户和市场需求出发，围绕"产业相关、共性发展"的战略不断拓展集团业务，已形成集注塑机、数控机床、伺服驱动系统、压铸机、激光机械及智能制造服务于一体的海天机械产业生态链，可为制造业客户提供全方位的一站式解决方案。

在塑料加工领域，通过海天国际为客户提供质量卓越、品种齐全、应用广泛的节能智慧型注塑机，通过海天驱动保持在伺服驱动系统等核心技术领域的持续创新，依托海天智联为客户提供智能制造一站式服务与解决方案，通过海天教育为客户提供人才链支持。

海天在营销、服务以及开拓市场方面有哪些努力？

张总：从具有影响力的行业展会和地方性展会，到专业化程度更高的专业研讨会、客户专题研讨会等，结合海天遍及全球的工厂开放日活动，我们将通过一系列多元化的营销服务活动，拉近与全球各行业客户的距离。Chinaplas期间，也在宁波工厂举行开放日活动，客户朋友在宁波总部了解海天的生产制造实力，观看更前沿的注塑应用技术展示。

作为年轻的管理者，请分享一下您对海天集团的发展规划。

张总：海天是一家具有近60年历史的制造强企。面向未来，我们将进一步深耕机械制造领域，打造可持续发展的百年企业。我们深知自身在装备领域的积淀与优势，未来将继续加强自主创新，紧贴市场及客户，研发和制造质量更高、更符合前沿应用需求的机械装备。

同时，我们将积极发挥集团的产业链优势，围绕人、机、料、法、环，从客户生产所需的各个环节入手，为客户提供一站式的智能制造服务与解决方案。此外，我们将进一步完善集团的海外布局，打造全球化的集成供应链体系，让海天更好地服务于全球各地的客户，并为当地提供更具个性化的产品和服务。

笃行 40 载　厚植向新　前无止境
——宁波弘讯科技股份有限公司 CEO 熊明慧、CTO 熊仕杰

弘讯 2024 年迎来 40 周年庆典，请回顾一下 40 年来的发展。

弘讯：弘讯科技 40 年的发展大致以 10 年为界分为四个阶段：

第一个 10 年（1984—1993 年）：台湾创立，垒好基石。

1984 年台湾弘讯创立，成立之初非常明确地将经营业务锁定在工业控制领域。当年成功完成指拨式注塑机控制器的开发，并在 1986 年完成全球第一台中文显示的注塑机控制器，打破了当时高端工业计算机被国外品牌垄断的局面，为弘讯自身的发展奠定了坚实的基础，也为我国注塑机行业的发展走入新时代提供了有力的保障。

第二个 10 年（1994—2004 年）：走进大陆，两岸传承。

1993 年在宁波设立弘讯办事处，定位以市场开拓与售后维修为主，积极服务于包括海天塑机在内的当时中国大陆主要的塑机厂。2001 年正式成立宁波弘讯科技有限公司，租入厂房经营并逐步建立供应链体系与组装线，同步启动购地与自建厂房；2004 年于上海组建研发队伍，深耕研发与核心技术储备。在此期间，注塑机控制产品全面升级为双 CPU 系统架构与液晶显示，推进注塑机网络管理系统、伺服动力驱动系统、高端全电动控制系统等研发项目。

第三个 10 年（2005—2014 年）：扎根宁波，做大做强。

2005 年，宁波自建工厂投入使用，引进国际先进设备建设完整生产线，实现宁波制造，产业布局发生重大突破。2010 年筹划上市，完成内部组织架构重组，以宁波公司为上市主体，并于 2011 年完成股改。在此期间，推出具有全新接口的领航系列控制系统，成立软件公司为中长期数字化发展战略打下基础；自主研发完成以 ARM 为基础的 LINUX 软件系统；多系列驱动器产品、新一代集散式控制系统油电复合、全电动节能方案等纷纷面市。

第四个 10 年（2015—2024 年）：深化布局，打造生态。

2015 年在 A 股上市成功，上市之后自动化控制类产品向其他塑料机械行业及金属加工行业拓展应用，深化注塑加工信息化数字化平台打造。2016 年并购意大利 EEI，事业版图延伸到新能源，持续深化产业建立生态体系。同时内部优化管理，推动自动化、数字化、新能源三个业务板块协同发展。2022 年广东弘讯顺德基地启用，深化华南客户销售与服务；2022 年台湾竹北基地落成，进一步强化先导技术研发。

2024 年弘讯举办哪些活动？

弘讯：2024 年 4 月以"创造人机协作新可能"为主题参加 Chinaplas，除惯例展出弘讯科技各类塑机控制解决方案以外，还专门展出数字化业务板块各类产品与方案。随着 AI 时代的到来，普通消费者已经在日常生活中体验到大数据分析运用的价值，相信这类新兴技术的运用也必将助力工业产品与行业的升级发展，我们也将持续行进在这条路上。

40 周年之际，我们也整理行业与企业发展中有代表性的"故事"，并进行内外部传播。这些故事中有着公司一代代人及外部塑料机械厂客户共

同奋斗的身影，重现了大家共同努力的结晶。我认为整理这些故事很有意义，不仅是对历史的回顾同时也是对经验的总结，对于所有年轻一代来说都是一个重要的学习机会，也是企业文化传承的一环。弘讯科技这40年凭借"服务至上""与客户共成长"一步一个脚印地走过来，很多的技术经验都是这样累积下来。希望借由40周年历史资料的整理，留住弘讯的创立本质，即便未来布局或扩张至新的行业，仍能保持"饮水不忘挖井人"的一颗心。

近年来弘讯在经营中遇到的最大挑战是什么，是如何应对的？

弘讯：近些年外围环境不确定性很大，除了新冠疫情及中美贸易摩擦导致全球产业重组及经济下滑外，也需要面临供应链的重新建立、客户对新技术的要求、协同开发要求提升、下游竞争加剧、产品性价比提升与服务速度要求加快、国际化服务与供应布局广度要求增加等。但其实挑战往往是推动创新与进步的重要动力，它与机遇是并行不悖的，我们要做的反而是抓住这样的机会用积极的态度去思变谋变，从而不断精进与成长。

具体来说，我们着重做了几件事：

一是加快全球化布局的脚步。目前弘讯在巴西、中东、土耳其、马来西亚、越南、印度尼西亚、印度等地均设有基地与网点，其中在印度设有工厂，可以快速满足当地供货需求。2023年积极布局，强化各服务网点功能，同时规划于墨西哥、印度尼西亚雅加达等地增设服务点，持续与机械厂保持出海同步，确保供货及时性与服务在地化。

二是组织优化与管理变革。近些年调整优化生产、销售、研发工程、共通性管理组织，扩大专案组织管理，将销售、研发工程、供应链管理等进行职能化转变，以更高效的决策、更快速的反应来满足下游的需求。

三是强化产品核心竞争力。借助台湾弘讯竹北地域优势，通过与台湾芯片设计公司建立多方面深度合作，开展核心零件研发设计，现已完成工规的功率器件、MCU及通信相关芯片开发并批量导入控制与驱动类产品运用。这一方面确保产品供应链的安全，提升自主供给能力，减少进口依赖；另一方面也为后续新一代产品升级提供了坚实的保障，增强了产品的市场竞争力。

您如何看待未来控制系统产品发展方向？弘讯为此做了哪些准备？

弘讯：弘讯科技这40年持续深耕在塑机控制领域，是全球少数注塑专用行业成套解决方案供应商。公司掌握工业控制技术、驱动技术、通信总线技术、运动模组技术、机器人技术、物联网技术等，建构了自己的技术架构体系，打造了共同协作的研发技术团队。同时也开展产学研合作，增强技术功底。

我们认为下一个技术大跃进需要突破原有对于控制技术的设想框架。一直以来，控制系统都是以人为来定义控制逻辑，但新的控制技术或许是以沟通（communications，不只是通信）作为控制的精髓，我们跟机器沟通需要做的事情，但是过程与结论是由机器自行判断行动，这就是AI，因此我们提出了"创造一种新的人机协作可能"。在日常生活中，我们已经在电动汽车、手机、计算机的使用中，感受到新的人机协作方式的便捷性与无限可能。而做到这一点最重要的是机器设备的数字化，有了数据基础才能实现挖掘分析与运用，并产生数据价值，从而为后续AI化奠定基础。

近些年，应对数字化发展趋势，我们持续在控制系统、驱动单元做核心零件功能提升及通信软件开发，提出了全数字通信系统产品概念，以新一代控制系统为核心，实现与周边设备的全数字通信。这套整体解决方案已在部分工厂作验证并获得好评。

当然，产品的更新换代也非常需要集结行业内大家的力量一起推动。我们非常期待与优质的机械厂携手同行，共同助力行业发展，为整个产业创造永续价值。

请介绍一下 Chinaplas 2024 的亮点产品或技术。

弘讯：展览亮点很多，在这里重点提两点。一是承接前一个问题弘讯如何在新一代控制系统做好数字化通信的准备。展出的全数字控制系统解决方案就是依托弘讯40年的技术积累与行业应用经验，以SABUS全数字总线式架构，在控制系统上提供完善的软件功能并集成丰富的控制算法，实现智能开关模定位、射出闭环、智能储料等；将总线式伺服驱动器与控制系统作数字通信，实现整机数字化，可实时查看运行参数、调整常用参数，直观便捷高效；搭配弘讯的联网产品，则可将丰富的实时在线数据尽收眼底，是注塑加工数字化工厂非常好的选择。

第二个重点想提的是弘讯如何助力注塑机新生态的建立。弘讯专注注塑控制行业40年，深知终端客户的困扰，注塑机与机械手等周边设备因控制器相互独立而动作不协调、运行不同步，影响了产品的生产质量、设备稳定性等，因此弘讯在几年前提出"一机一手一系统"概念。这些年，弘讯基于自研SABUS通信标准架构，采用总线式控制方式，以注塑机控制器为核心，在数字平台下整合机械手、热流道、上料、烘烤等周边辅机设备。该整体控制方案具备位置补偿功能、过程随动、机械参数共储存、高速通信等优势，构建了新的生态圈，为机械厂完美赋能。

机械手作为自动化方案中最核心组件之一，其性能品质至关重要。基于此，2023年弘讯与注塑专用机械手团队深度合作成立了合资公司，着重开展注塑自动化整体解决方案业务，从源头控制机械手产品品质，便于客户快速导入自动化整体方案，解决了人为因素导致的设备稳定与协调性等痛点。此外，弘讯的"一系统"即TPC系统（弘塑云），是专为橡塑行业量身定做的信息化管理工具，如此架构了完整解决方案，助推注塑行业数字化工厂转型升级。

您认为协会还应该在哪些方面发挥作用，更好地团结会员、服务行业？

弘讯：2024年政府工作报告中提出新质生产力，中国塑料机械工业协会是国内重要的高端装备行业协会代表，有几个工作建议可以由协会带头来推动。

首先，召集国内塑料机械工业协会会员，依据国家新质生产力指引，研拟塑料机械行业新质生产力推动行动方案。中国塑料机械正处于产业转型期，可以透过新质生产力推动行动方案，进一步整理与罗列出后续重点技术攻坚项目；此外新质生产力比较强调的配套措施是创新思维还有高品质人才，所以也建议协会可以牵头产学研合作、引进或培养高端人才等，让塑料机械由制造驱动转型成创新驱动。

其次，地缘政治因素影响下，国际贸易与合作仍存在不确定性，但国际化是行业不得不走的路。在出海路径上，建议协会可以协助会员企业拟定出海战略与战术，并积极带头带团出海，争取海外新商机新订单。

谈谈你们对弘讯的发展规划。

弘讯：前辈们成功创立了弘讯科技，实现了从无到有、从小到大的发展。他们的拼搏与执着，为公司积累了宝贵的资源，包括员工团队、客户关系、产品与技术、供应链网、企业文化等，建立了弘讯科技的品牌形象，赢得了各相关方的信任和支持，为公司奠定了坚实的基础。当前我们还是弘讯新人，也是塑料机械行业的新人。在公司内部分工上，我哥（CTO熊仕杰）是计算机科学背景，后续会以产品与技术为主，我（CEO熊明慧）当前首要偏管理。我们希望在原有基础上，继续推动弘讯科技的发展。以下是我们对公司未来发展规划和布局的一些思考。

1. 继承优良传统与发扬企业文化

弘讯2024年正值创立40周年，我感受到的弘讯是一家有着扎实深厚的技术工程基础、有着深厚历史和文化底蕴的企业，期望可以不只传承父辈们的创业精神，同时继承他们对于创造卓越的坚持。

"弘济时艰，非我莫属；讯动机转，人定胜天。"这是一位长辈为弘讯所题。趁此40周年，再次强化这十六个字的含义：成为领航者，引领产业发展；以信息科技为核心，促进产业升级。我们将始终在"言必信 行必果 敦品笃实"的经营理念引导之下，继续坚持"忠恕廉明德，正义信忍公，博孝仁慈觉，节俭真礼和"核心价值观，并将这些企业文化与管理制度有机融合，在年轻一代里延续与发扬。

2. 洞察行业趋势与加强技术创新

作为一家技术导向型科技公司，在这行业变化与技术迭代迅速的大环境下，我们将保持对市场动态的敏锐，关注新兴技术和市场动态，尤其是消费市场的技术，结合消费市场技术的迭代去思考工业技术的创新发展。持续投入资源做好技术创新，内部整合研发资源，外部与高校、研究机构建立合作，引进先进技术和人才，从而建立高效的研发管理体系，鼓励创新思维，推动产品升级换代，增强公司的核心竞争力。在AI已渐行渐近的时代，灵活运用新技术特别是人工智能、大数据、云计算等前沿技术，推动公司的产品升级和服务创新，构建新的应用生态，满足客户的新需求，为用户带来更多增值体验，进而助力行业转型升级。

3. 壮大人才队伍与优化企业管理

公司上市后，依行业不同，业务板块做了区分，各板块所处的发展环境、发展阶段、商业模式都不尽相同，怎样打造高效的组织并运用适配的管理赋能各个业务板块是一个重要的课题。近年来，我们内部做了矩阵管理组织结构的优化，使各部门之间资源得到更优的配置，并能实现更好的沟通与协调，能更大程度地提高团队效益，提高企业的运营效率和市场响应速度。后续我们也将进一步深化人才队伍打造，优化人才选育用留，为员工提供多通道发展平台，不仅是让员工保持工作热情、激发无限创造力、实现个人价值，也是为企业发展储备人才，支持后续中长期战略的落地。同时，做好企业内部信息化数字化升级转型，不断提升信息与数据管理水平，实现信息共享互通，提高决策与管理效率。

4. 巩固行业地位与开拓更广市场

我们将始终保持"与客户共成长"的心态，与下游机械厂共同推动注塑机行业的发展。持续在产品与技术上不断精进、推陈出新，巩固在塑机控制系统行业的地位，保持行业市场份额。业务布局上，紧随下游"走出去"脚步，加大海外布局，借助海外多地服务网点，积极参与全球竞争，提升海外业务增量。同时横向不断探索新的市场和业务领域，拓宽工控产品的应用领域；纵向深化塑料加工数字化产品，拓宽企业的发展空间。

企业一代传一代，每一代人都有自己的发展机遇。您比较看好哪个领域，如何理解"二代"这个标签？

*弘讯：*在面对企业未来的规划和决策时，我们特别强调"长期主义"的重要性。长期主义不仅是一种战略思维方式，更是一种贯穿于我们企业文化和价值观的核心理念。这意味着，在做出任何决定时，我们都会从长远的视角出发，考虑其对企业可持续发展、对社会和环境的影响，而不仅仅是追求短期的利益和成果。

结合"长期主义"的思考，我特别看好数字化转型和绿色可持续发展这两个领域。随着全球经济环境的变化和科技的快速发展，这两个领域不仅代表了未来的发展趋势，也是企业能够在激烈的市场竞争中脱颖而出的关键。数字化转型可以帮助企业提升运营效率，更好地理解和服务客户，而绿色可持续发展则是响应全球环保趋势、保护地球资源的必然选择，对于工厂来说也有节能的效果。这两个方向不仅与企业的长期发展战略相契合，也能够体现我们对社会责任的担当。我相信，投资这些领域，不仅能够提升企业的核心竞争力，也能够为企业和社会创造长期的价值。在这个过程中，希望能够继承并发扬父母在产品和技术上的工匠精神，以及他们在事情决策上所秉持的长期主义思维。

关于"二代"这个标签，我觉得可能"创二代"更为贴切，我们继承的不仅是企业和财富，更是一种企业家精神和社会责任感。在继承父辈事业的同时，我们更需要面对新时代的挑战，去探索和创新，使企业能够适应时代的变迁，持续发展。我深知，这需要我们不断学习新知识、拥抱新技术，并勇于实践和创新，才能真正实现企业的跨代传承和发展。

精业机器：以技术创新驱动发展
——柳州市精业机器有限公司副总经理李晖

柳州市精业机器有限公司（简称柳州精业）专注于全自动一步法注吹、注拉吹中空成型机以及相关配套模具的研发生产，是国内中空成型领域五强企业之一。

请简要介绍一下柳州精业。

李晖副总经理（以下称李总）：柳州精业成立于1997年，由享受国务院政府特殊津贴专家文炳荣创办。公司自创立以来，始终坚持技术创新引领企业发展，专注全自动注吹、注拉吹中空成型机及相关配套模具的研发生产。公司占地面积2万m^2，拥有技术设计、加工、生产、组装、调试及交钥匙的一条龙服务能力，连续三年跻身中国塑机行业中空成型机五强企业。

公司产品应用领域涵盖医药包装、食品饮料包装、化妆品包装、运动水杯、婴儿奶瓶、LED灯球等。制品范围最小2mL，最大目前已经到15L。精业机器的优异品质得到众多客户的好评，其中部分产品可以替代国外同类产品。目前，精业机器已为多个国内外著名品牌的产品生产配套。

请简要介绍一下柳州精业2023年以来的运营情况。

李总：公司2023年运营稳定，稍有增长，2024年继续保持这一增长势头。2024年第一季度，签单量创历史同期新高，预计全年增长率约20%。虽然订单充足，但产能挑战大，扩大生产规模需考虑实际情况与品质标准。

请介绍一下柳州精业的技术优势，以及如何做好技术创新的。

李总：公司自成立以来，始终坚持以技术为企业发展的核心，一直以"精湛的中空成型技术探索者"为技术理念，获国家发明专利9件、实用新型专利13件。

公司生产的全自动注－吹、注－拉－吹中空成型机，性能可媲美进口产品，是首选的国产替代产品。公司在透明材料的应用上，比如PC、PCTG（Tritan）、PETG等，具有独特的优势，生产的产品晶莹通透、无流纹等，展现出柳州精业成熟的技术，该类机器已累计销售千余台。

柳州精业保持创新的动力，一方面得益于创始人文炳荣的创业理念，这一理念已成为公司文化传承的重要基因。另一方面公司也密切关注行业的发展动态，以及市场的需求方向，积极与客户应用端保持紧密联系，客户（市场）需要什么，柳州精业就研发什么。比如，早期为婴儿奶瓶市场开发的 WB-PC 系列机型，对国内婴童行业国产替代起到重要作用；疫情期间，为满足生物制剂行业的需求，迅速开发出 PET、PETG、PC 各种材料的试剂瓶；这两年为水杯行业成功开发的"吨吨桶"（带把手的水瓶）及双色瓶，是业内公认的技术领先产品。此外，柳州精业积极做好技术储备，力争做到人无我有、人有我精，生产一代、研发一代、储备一代。

请分享一个帮助客户解决"疑难杂症"的应用案例。

李总：正如上面谈到的，公司紧密配合市场需求，经常有针对性地为客户提供更理想的解决方案。例如吨吨桶水杯产品的案例：

运动水杯行业的新需求不断变化，有些制品厂开发出"吨吨桶"（一种有把手的饮水瓶），这个形状的产品之前没有用注拉吹工艺生产过，普遍采用挤吹工艺生产。但是，挤吹工艺有一些无法解决的难点：

（1）瓶口、瓶底都会产生飞边料，需要切除。瓶口是后切除的方式，很难做到光滑平整；瓶肩位置有很明显的溢料夹痕，影响外观。某些高端品牌生产使用的是进口食品级原料，飞边料不能浪费，需要破碎后重新利用，这种情况会影响瓶子强度，也会产生黑色颗粒等。

（2）瓶底的落料切除后会留下一条很明显的合模线，既影响外观美观，又很难通过跌落测试。

针对这些痛点难点，公司技术人员凭借着多年的技术经验，结合现场工艺特性，滑块的结构设计等，成功攻克若干技术难题，将机器、模具、工艺三者完美结合，不仅解决技术上的痛点难点，瓶口光滑平整，瓶底干净整洁，瓶子强度增加，通过抗跌落测试，外观更加美观，而且节省了原料，提高了产品品质。

请分享一下公司未来发展规划。

李总：目前市场环境下，公司运营还是以稳为主并不断突破。公司提供机器与模具的全流程服务，需全面考虑生产及售后。目前我们培养全面技能团队尚需时间，不宜过度扩张产能，因此要循序渐进、稳步发展。

柳州精业实施三大战略：一是海外拓展，积极参与海外推广，提升竞争力；二是技术储备，过去两年在技术研发上投入可观，维持市场领先地位；三是满足海外市场需求，海外销售份额有望超越国内市场。目前，我们将销售领域拓展至水杯、奶瓶、化妆品、医疗医药等多领域，并同步推进国内外市场发展。

数智化，赢未来

——博创智能装备股份有限公司董事长朱康建

博创智能装备股份有限公司（简称博创）成立于 2002 年，是塑料注射成型装备和智能制造服务系统的专业设计制造服务商。成立 22 年来，在技术创新、市场开拓和品牌建设等方面都起到了标杆作用。

请您谈一谈博创成立以来的产品技术创新。

朱康建董事长（以下称朱董）：长久以来，博创始终致力于促进产业进步，以技术创新作为引擎，以先进智能技术装备为标杆，紧密围绕"大机二板化、小机电动化、整厂智能化"开展研发，形成了 BU、BD、BE、Bi 等多个系列产品。

博创研制 BU6800 超大型二板式注塑机时，没有太多经验可以借鉴，有人说不可能真正研发成功。但中国人骨子里就是有一股倔强和不认输的精神，日夜兼程地努力，不畏艰难地向前，通向的是成功的道路。2013 年，BU6800 研制成功，成为当时亚洲地区生产制造的最大型二板式注塑机。沉浸电动注塑领域19年后，博创又研制出BD全新一代直驱电动注塑机。BD系列产品采用独创的直驱结构及智能数控技术，2023年被鉴定为整体技术居国际先进水平。在2024全球开放日中，博创又正式发布了全新的BE智能电动注塑机。

一个品牌的建立与持久发展，要得到行业、客户、供应链的认可，以及所有相关领域的认可，要能够为整个行业发展贡献力量。博创BU二板注塑机的研发，推动家电等行业进入新的发展阶段，为产业链的发展注入新的活力。BD系列打破电动注塑机技术垄断，惠及医疗大健康、新能源汽车、智能家电、3C数码等众多行业。BE产品为医疗、电子、汽配、家居、包装、日用品、国防等众多行业设备的升级换代提供更好选择。为行业着想、为国家着想，让中国塑机品牌屹立世界、让中国塑机技术走在世界前沿，是博创创立之初的信念，也是博创一直在坚持做的事。

科技创新体现在服务客户能力上。我们长期以来的研发投入、创新实践，建造了一个愈发优秀的博创，获得了广泛的肯定与认同。这样一个具备一流技术实力和产品品质的企业，才能与产业链的头部企业实现相匹配的协作。博创相继与美的、TCL这样的家电巨头，以及比亚迪这个新能源汽车头部企业开展合作。2024年，博创33 000kN大型三色对射注塑机正式交付比亚迪，这是国内领先的大吨位多物料注塑装备，融合了大型二板机、独立射台、水平转盘、叠模以及伺服驱动控制等多项先进技术。从接受任务到交付成品，我们仅用了不到100天，机型一次性通过验收，并随即投入运行。过去，车灯生产需要组装十几个零件，而博创通过技术创新，成功将其简化为单个的整体部件，注塑精度要求极高。当前，已有大批博创注塑机入驻比亚迪工厂，服务于比亚迪汽车内外饰件、前照灯面罩、装饰框等汽车零部件的生产。

2023年浙江工厂因拆迁返回广州总部，对博创有没有影响？

朱董：在杭州工厂返回后，曾有客户问我，能不能保障供应。说实话，上半年是有压力的。但到2024年10月，两个工厂的产能已远远超过之前三个工厂。

杭州工厂回归后，博创提出"倍增计划"，即广州两大工厂实现产能倍增。我们依仗的是智能化改造，把资金集中到广州进行智能化升级改造，实现产能提升。2024年前三季度，实现营业额同比增长25%，利润同比增长40%。

交付能力最能体现企业的整体制造水平。2020年起，博创先后增加了多条自动化生产线，实现从部件到总装的自动化，为提升产能、增强交付能力做好准备。随着自动化改造的完成和生产现场的改善，博创搭建起精益管理平台，加快智能制造生态体系建设。未来两年内，博创将投资数亿元对工厂的软硬件设施进行全面升级，数字化、智能化的特征将更加显著。

智能化升级改造在博创产能提升中起到了重要作用，您怎样看待制造业的转型升级？

朱董：精益化管理、智能化生产是企业未来可持续发展的必经之路，数智化是助力企业转型与发展的核心引擎。在智能制造领域，博创很多时候是在"无人区"进行探路。2010年，博创提出"数字博创"，全面实行精益生产、数字化管理，设立专项资金投入智能制造。2015年，入选国家首批46家智能制造试点示范企业。2018年上线IPHM注塑机全生命健康大数据平台，成立广州中和互联网技术有限公司，搭建平台化、系统化的智能制造产品。2021年，成为国家智能制造示范工厂揭榜单位。在内部，与全球优秀的软硬件供应商合作进行智能化升级。从数字化、自动化、先进工艺等多个方面进行研究和突破，提升注塑工厂的数字化和智能化管理水平，减少生产过程的高能耗环节，实现注塑生产零故障率，显著降低生产成本、提高生产效率。2024年博创凭借BU-V系列二板式注塑机入选广东省省级制造业单项冠军企业。

当今，行业企业面对贸易规则和体系的不确定变化，面对一个大变革的时代。国家提出新型消费拉动内需，用科技创新为经济注入持续力量，博创会坚持"塑造世界、成型未来"的使命，通过技术研发和不断创新的生产方式、管理理念，推动塑料全产业链的发展与进步。

国家于2023年起倡导的新质生产力，其核心是数智化发展。制造业的数智化转型融合发展，包括数字技术的广泛创新和应用，还包括数智化转型下企业文化与氛围的建设发展。企业运用新一代数字和智能技术转型升级、创新发展，在数字化基础上产生更高诉求，从企业战略和业务需求发展出发，结合企业特点和行业趋势制定符合企业需求的数字化、在线化、智能化的转型方案。数智化转型需要线上线下、内部外部优化升级，实现生产、经营管理的数字化及生产经营管理的一体化。

2024年是博创数智化建设的元年。这一年，博创的生产面积减少40%，人员瘦身120人，但是通过自动化生产线改造、信息化提升、生产模式改进、精益生产推进，总体产能提升50%，全公司人均效益提升30%。

把自己的方向确定了，专心致志地去做，才会有持续的动力和恒力，才能真正在市场上站稳脚。2019—2024年，博创投入数千万元用于数智化建设（软件投入），2025年还会投入更多资金用于软件升级更新和维护的投入。未来，博创将继续加大研发投入，提升自主创新能力，加快企业数智化转型，同时积极履行社会责任，关注环保和可持续发展。

〔供稿单位：博创智能装备股份有限公司〕

力劲塑机：以精密注塑技术驱动汽车产业升级

2024年，国家推动的大规模设备更新和消费品以旧换新行动，对力劲塑机的经营有什么促进作用？

1. 政策红利助推注塑机业务增长

力劲塑机（简称LKIMM）：2024年3月，国务院印发《推动大规模设备更新和消费品以旧换新行动方案》，明确实施设备更新、消费品以旧换新、回收循环利用、标准提升四大行动，有效地激发了市场的消费潜力，推动客户对注塑机需求的提升。力劲塑机是香港力劲科技集团（股票代码：HK00558）旗下的品牌，主要从事精密节能注塑机的研发、制造和销售，可制造800～70 000kN锁模力的多个系列注塑机，主要客户群体覆盖汽配、家电、医疗、电子等行业，拥有中山、宁波两大生产基地。

力劲注塑机以"精而专"闻名，自主研发的液压、直压、油电混合、二板机、双色、多色及全电动注塑机具有重复精度高、稳定性好、响应速度快、节能环保、易于操作保养等优势。受益于注塑机行业景气度回暖、需求回升及一系列政策的支持，力劲塑机在2024财年取得了注塑机营业收入30.1%增长的成绩，高产能机铰式POTENZA系列、FORZA系列及ELETTRICA系列注塑机销售得到很大的提升。

2. 深耕汽车轻量化，引领材料革新

LKIMM：面对国家对碳排放要求的提高，以及绿色发展、材料塑料化、以塑代钢的发展方向，力劲塑机与北京化工大学等高校共建先进注塑技术研发中心，研发高强度的塑料、塑料加玻纤和碳纤等市场迫切需求的新材料，提供定制化服务。

面对汽车工业转型升级和结构调整的发展机遇，公司将持续深耕汽车轻量化领域，开展前瞻性布局，探索镁合金、铝合金及高性能复合材料的研发与应用，以期引领未来新能源汽车制造的新方向，推动汽车制造技术的革新与进步。

我们也更看重未来塑料在轻量化方向的发展空间，典型的代表是微发泡塑料、低密度材料、薄壁化材料等，汽车轻量化也带动纤维复合材料的增长。事实上，注塑机领域的一个重要发展是：随着原材料的变动，机器设计要求需适时更新，尤其是注射系统和工艺。力劲塑机不断打磨技术和产品，联合产业链上下游，通过与客户、供应商的深度合作，一起创新工艺制造和新材料技术应用，为客户最大化地实现材料和人力成本的节省。

展望未来，公司将持续加大特制化生产模拟服务的推广力度，为客户创造更多元化的发展契机与可能性，共同探索制造业生产模式的创新边界，实现互利共赢的长远发展目标。

2024 年，力劲塑机与多家新能源汽车主机厂达成意向合作。在服务汽车领域方面，力劲塑机有哪些优势？

LKIMM：力劲塑机专注细分领域，构建竞争壁垒。公司在杭州湾建成全球最大的试模中心，提供从工艺仿真到生产线配置的特制化服务。在特制化生产模拟环节，公司提供高度的定制化生产编排模拟服务，依据特定的市场需求，精准开展生产线布局及设备配置仿真，进而生成完备的生产方案。目前，公司的特制化生产仿真项目已启动，得到下游企业的积极响应，初获成效。

随着新材料和新技术的不断应用，力劲塑机在汽配领域布局了 FORZA 系列二板机和 POTENZA-A 系列伺服节能注塑机。

FORZA 系列 FA750 大型二板式注塑机（见图 1）专为汽配行业光学制品设计，以节能、极速、高稳定性为核心，搭载光学专用橡胶筒组件与高扭矩电预塑节能系统，结合智能监控技术，成功突破传统生产模式中设备占地大、周期长、良率波动等瓶颈。通过 1 出 2 腔精密布局，单模成型 115g 车规级导光条，具有 160s 超短成型周期，效率直接对标国际一线品牌。其创新性 MES 系统实现熔体压力与温度波动毫秒级监测，联动模具智能监视器，0.1s 内精准控制热轧与异物风险，确保批次一致性达到 99.8% 以上。从注射成型、浇口处理到成品摆放全程"零干预"无人化生产，配合动态压力补偿技术，彻底解决光学件表面粗糙度与尺寸精度难题，成功应用于汽车车灯、家电及物流环卫领域，以智能化、集约化、高稳定性的生产范式，为精密光学注塑树立行业标杆。

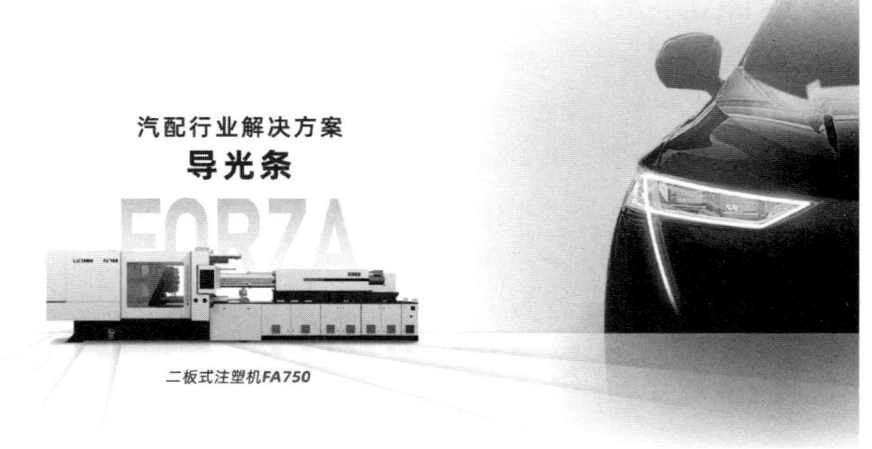

图 1　FORZA 系列 FA750 大型二板式注塑机

POTENZA-A 系列 PTA250 伺服节能注塑机（见图 2）进行了全新升级，通过分层注射工艺、配置高性能设备，成功攻克传统厚壁车灯制造的痛点。采用透镜专用熔胶筒组件、高扭矩低惯性熔胶电机及高性能伺服驱动系统，以"化整为零"的工艺理念，将厚壁透镜进行分层注射成型，显著降低单层厚度，大幅缩短冷却时间，提升生产效率。模块化设计大幅精简设备结构，节省场地空间，有效降低厂房空间与运营成本；分层注射技术精准控制注射压力与温度，彻底解决水口应力残留与料体发黄问题，良品率显著提升，品质稳定性与售后成本获得同步优化。PTA250 伺服节能注塑机被广泛应用于汽车车灯、LED 照明及 3C 行业，为高端精密注塑领域树立了高效、节能、可靠的智造标杆。

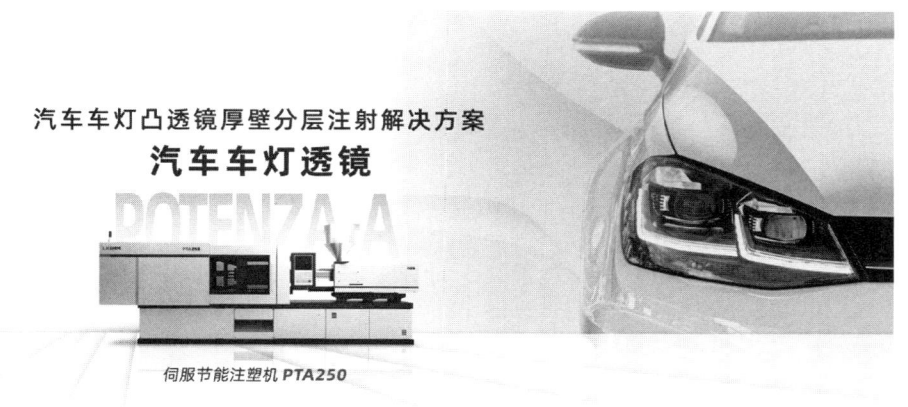

图 2　PTA250 伺服节能注塑机

如何看待出海？

LKIMM：力劲塑机的全球化 2.0 战略是：以技术领航，用服务覆盖全球。作为一家具有全球视野的企业，力劲塑机深知海外市场对于企业可持续发展的重要性。在国际市场的竞争中，我们始终秉持开拓创新、精益求精的精神，不断强化自身核心竞争力，以适应不断变化的市场环境。

公司持续深化全球化 2.0 战略布局，在原有生产基地的基础上，积极拓展全球版图。近年，我们携带设备亮相德国 K 展、FAKUMA 展、美国 NPE 等国际展会，充分展示创新技术与产品，进一步高品质地拓展全球市场。通过建立泰国服务中心与墨西哥快速响应团队，缩短设备交付周期，为全球客户提供实时技术支持。

在逆全球化的背景下，全球产业链本土化重构带来新的市场机遇。力劲塑机将继续加大海外市场布局力度，持续拓展全球版图，为客户及各大汽车制造商提供全方位的本土化支持与赋能，为实现企业长远发展奠定坚实的基础。

〔供稿单位：力劲塑机智造股份有限公司〕

中国塑料机械工业年鉴 2024

产品项目与技术

介绍获得国家及机械工业奖项的产品项目、2022—2024年塑料机械行业进入国家各类目录的产品

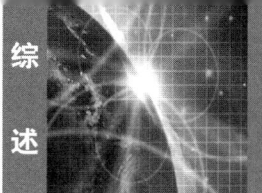
综述

专文

中国塑料机械工业协会成立30周年

市场专题

统计资料

企业概况

产品项目与技术

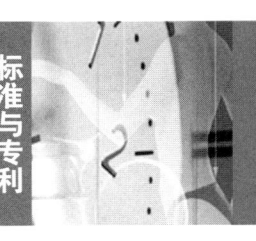
标准与专利

附录

综述

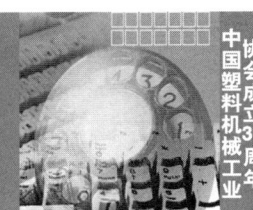
专文

协会成立30周年中国塑料机械工业

市场专题

统计资料

企业概况

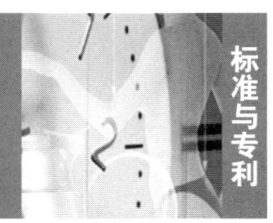
产品项目与技术

标准与专利

中国塑料机械工业年鉴 2024

产品项目与技术

2023年度国家科学技术奖

2022年度机械工业科学技术奖（塑料机械）
　　超临界流体挤出发泡系列成套装备技术
　　多源塑料固废再生压嵌增强建筑模板工艺及其成套生产装备

国家工业和信息化领域节能技术装备推荐目录（2022年版）

国家工业和信息化领域节能降碳技术装备推荐目录（2024年版）

产业结构调整指导目录（2024年本）（摘录）

2023年度国家科学技术奖

项目名称：聚合物熔体纳米纤维绿色高效制造技术及应用

奖项等级：技术发明奖二等奖

发明人：北京化工大学杨卫民、天津科技大学程博闻、北京化工大学李好义、天津工业大学康为民、北京化工大学阎华、天津泰达洁净材料有限公司杨文娟

项目简介：项目首创聚合物熔体微分静电纺丝新原理和新方法，创新发明多场耦合纤维细化、非均相熔体微纳纤维粗细交替和高压静电喷纺等关键技术，实现了聚合物熔体纳米纤维绿色制造的工业化。项目产品在航空航天、能源环保和生物医药等领域获得应用，在高端化纤高效绿色制造和功能纳米材料等领域的应用前景十分广阔。

2022年度机械工业科学技术奖（塑料机械）

项目编号	项目名称	完成单位	完成人	奖项及等级
2206007	超临界流体挤出发泡系列成套装备技术	北京化工大学、南京创博机械设备有限公司、河北格瑞尔斯塑机制造有限公司	何亚东、信春玲、任峰、李东生、闫宝瑞、周志军、吴大鸣、吴仲景、刘志辉、白健、郎俊杰、罗祎玮、杨兆平、张允、刘圣	科技进步奖一等奖
2206006	多源塑料固废再生压嵌增强建筑模板工艺及其成套生产装备	江苏贝尔机械有限公司、江苏科技大学、张家港江苏科技大学产业技术研究院	何德方、蔡李花、吴群彪、王牧笛、许侃雯、施卫俊、王琪、方海峰、施华军、高进可	科技进步奖二等奖

超临界流体挤出发泡系列成套装备技术

项目对挤出发泡过程中的核心单元操作和共性关键技术开展研究，实现关键装备技术的系列化和国产化，以及轻量化材料的批量化和规模化应用。

一、传质强化的高效混炼技术

创新性提出"剪切-拉伸-扩散"高效混炼机制，利用模拟和可视化技术，实现螺杆结构的优化设计和组合，构建剪切-拉伸交变流场，实现扩散面积的指数性增长，与间歇工艺相比传质效率提高2个数量级，从而奠定超临界流体连续挤出发泡的工艺基础。

二、含发泡剂高黏度熔体的强化传热技术

构建流动-黏度-温度耦合的面向非牛顿高

黏度、低热扩散体系的传热理论，确定传热强化机制，设计开发高效换热方法和结构。

三、超临界流体复合发泡体系的设计开发

通过分子动力学确定复合机制，研究 CO_2 与不同复合体系的相互作用；结合在线高压流变研究确定优化的复合比例，超声研究确定体系成核压力，最终阐明复合发泡剂协同作用机制，实现高发泡倍率及挤出工艺稳定可控。

四、构建基于流变行为的树脂可发泡性能评价体系

通过揭示加工历程和反应过程对聚合物材料流变行为及拓扑结构的影响规律，构建了基于流变和热性能的树脂可发泡性评价体系，为优化发泡工艺和筛选可发泡树脂提供依据。

五、反应扩链超临界流体挤出发泡一体化工艺技术

开发了在线干燥反应发泡一体化技术，在短的停留时间内完成耦合的多步单元操作，通过反应在线调控材料性能，达到适应超临界流体连续挤出发泡工艺的目标，并实现低能耗短流程加工。

六、发泡成型/加工系列关键装备技术开发

开发了高精度宽幅自动化发泡厚板定型系统，大尺寸块状材料热合工艺及装备、发泡材料在线封孔装置，实现发泡定型/加工全流程关键装备技术的系列化、国产化，为轻量化发泡材料的连续制备和规模化应用奠定基础。

项目开发了超临界流体挤出发泡平台技术，在此基础上针对不同聚合物体系开发出系列成套装备技术，包括超临界 CO_2 复合发泡 XPS 挤塑板材、超临界 CO_2 挤出发泡 PP 板片材和珠粒、超临界 CO_2 复合发泡挤出 PET 板片材、TPU 挤出发泡等系列生产线，显著推动聚合物轻量化技术的进步。开发成功 135/400 型 PS 发泡挤塑板生产线，产能超过 1.5t/h，板厚超过 150mm；开发成功 95/250 型 PET 免干燥反应发泡一体化板材生产线。目前除了德国，只有我国能够提供上述成套工艺设备。

项目成果已在安徽润象、安徽东远、埃克森美孚、鹤壁亚兴建筑节能材料有限公司等十余家企业投入生产使用，近三年超临界 CO_2 聚苯乙烯挤塑板成型装备销售超过 200 套生产线，实现新增销售额 60 675 万元，新增利润 3 124 万元，新增税收 635 万元。项目实施近三年共新增销售额 20.857 亿元，新增利润 20 289 万元，新增税收超过 3 000 万元，并在降低建筑能耗、汽车轻量化和风电新能源等领域取得了显著的社会效益。研究成果共获得国家授权发明专利 8 件（ZL201610606340.8、ZL201510250083.42 等）、实用新型专利 14 件（ZL201620674413.2 等）。

PS/超临界 CO_2 发泡挤塑板技术推动下游形成超过 20 万 t/a 的环保 XPS 保温板生产规模（600 万 m^3），主要应用于建筑节能保温，降低建筑能耗，可满足新建建筑全面严格执行 75% 节能标准的要求，满负荷生产及应用可实现每年减少 CO_2 排放量 200 万 t 以上。

2019 年以前我国 PET 发泡材料完全依赖进口，项目通过产学研用结合，解决了从高熔体强度原料、安全环保复合发泡剂、反应发泡一体化生产工艺到成型加工装备等系列关键技术，实现 PET 发泡材料国产化。项目成果批量应用于风电叶片，打破发达国家垄断，解决风能行业"卡脖子"关键技术。

多源塑料固废再生压嵌增强建筑模板工艺及其成套生产装备

项目研发的目标产品将回收的农地残膜、造纸废渣等塑料固废，通过破碎、分选、造粒、塑化、混炼、挤出、压嵌增强、成型压光、剪裁等一系列工序制备出工程建筑模板，可广泛用于代

替钢、木模板在建筑工程中使用。同时，该建筑模板在破损后还可继续回收，重新塑炼，再生使用，大大降低钢材、木材及工业塑料等资源消耗，提高资源的再生循环利用。

该项目通过产学研协同创新，历经7年攻关突破了农地膜高效撕碎、负压振动分离、多级复合清洗、高速高效单螺杆挤出、玻纤压嵌增强等关键工艺技术，研发了拆包撕碎装置、分选回收装置、大长径比高效高速单螺杆、玻纤压嵌装置、移动凸轮式自动供托盘装置等专利技术设备，实现了塑料固废再生建筑模板的高效、高速、节能、全自动化与智能化生产，填补了该领域的国内空白。

突破性技术成果如下：

（1）建立了塑料固废破清工艺流程，实现了拆包、撕碎、输送、除杂、上料、清洗、干燥过程的集成自动化控制，突破了农地膜高效撕碎、负压振动分离、多级复合清洗等关键工艺技术，研发了拆包撕碎、分选回收、复合清洗等专利技术设备与装置，解决了制约塑料固废清洗回收的技术瓶颈。

（2）基于双螺棱推动固体输送理论，研发了新型大长径比高速高效单螺杆挤出机，集成了前道混料及后道造粒功能，突破并实现了高速高效挤出、高转矩传动、双风机温度控制、集成造粒、整机智能控制等技术，解决了传统单螺杆挤出机产量低、效率低、自动化程度低、能耗高的问题。

（3）提出了建筑模板玻纤压嵌增强方法，实现了混炼、挤出、压嵌增强、成型压光、剪裁、转运、码垛等工序的连续化生产，研发了玻纤压嵌、三辊压光、跟踪切割、三级托辊输送、移动凸轮式自动供托盘等专利技术设备与装置，解决了贴合法无法实现连续生产及对原材料热熔性能要求高的难题，大幅提升了建筑模板的力学性能。

该项目获国家授权发明专利15件、实用新型专利36件，制定相关企业技术标准3项，发表相关学术论文6篇，培养了2名硕士研究生、3名博士后。项目成果已在骆驼集团（安徽）再生资源有限公司、珠海格力新材料有限公司等典型企业推广应用，提升了整个塑料固废回收机械及塑料挤出机械等相关产业链的创新与研发制造水平。项目经济和社会效益显著，近三年直接销售产值达5.32亿元，创汇3 200万美元，直接带动行业相关效益40亿元。

国家工业和信息化领域节能技术装备推荐目录（2022年版）

序号	申报单位	产品名称	产品型号	实测能效指标比能耗（kW·h/kg）
1	宁波海星机械制造有限公司	塑料注射成型机	HXF470J5	0.36
2	宁波华美达机械制造有限公司	塑料注射成型机	HMD268M8-S Ⅱ	0.36
3	伯乐智能装备股份有限公司	塑料注射成型机	BL280EKS/C1450	0.38
4	恩格尔机械（上海）有限公司	注塑机	DUO45050/4000	0.32
5	泰瑞机器股份有限公司	全电注塑机	NEO·E258	0.304
6	宁波长飞亚塑料机械制造有限公司	全电动塑料注射成型机	VE5500 Ⅲ	0.28

（续）

序号	申报单位	产品名称	产品型号	实测能效指标比能耗（kW·h/kg）
7	伊之密精密机械（苏州）有限公司	注射成型机	UN500D1	0.26
8	浙江舟山华亿机械制造有限公司	免烘料排气式注塑机	HY-268-60	0.40
9	江苏维达机械有限公司	塑料注吹中空成型机	MSZ135	0.38
10	苏州同大机械有限公司	塑料挤出吹塑中空成型机	TDB250	0.28
11	山东通佳智能装备有限公司	高速吹塑成型机	TJ-HB230L	0.30

国家工业和信息化领域节能降碳技术装备推荐目录（2024年版）

序号	申报单位	产品名称	产品型号	能效指标
1	震雄机械（深圳）有限公司	塑料注射成型机	JM168-MK6 PRO	优于1级能效
2	震雄机械（深圳）有限公司	全电动塑料注射成型机	SM100-SPARK	优于1级能效
3	博创智能装备股份有限公司	Bi全新一代互联网注塑机	Bi200	优于1级能效
4	西诺控股集团有限公司	低惯量高精度射出注塑机	DKM-250 DFT	优于1级能效
5	宁波市海达塑料机械有限公司	HDL系列伺服节能注塑机	HD100L-HD1100L	优于1级能效
6	宁波双盛塑料机械有限公司	伺服塑料注射成型机	SSF920-S	优于1级能效
7	宁波海星机械制造有限公司	塑料注射成型机	HXF130J5	优于1级能效

产业结构调整指导目录（2024年本）（摘录）

第一类 鼓励类

一、农林牧渔业

13.绿色农业：全生物降解地膜、高强度易回收地膜农田示范与应用，受污染耕地风险管控与修复，符合绿色低碳循环要求的饲料、饲料添加剂、肥料、农药、兽药等优质安全环保农业投入品及绿色食品生产允许使用的食品添加剂开发，农产品及其产地环境监测技术开发和应用，有机废弃物无害化、价值化处理及有机肥料产业化技术开发与应用

十一、石化化工

5.树脂：用于生产乙烯等产品的电加热蒸汽裂解技术，乙烯-乙烯醇共聚树脂等高性能阻隔树脂，聚异丁烯、乙烯-辛烯共聚物、茂金属聚

乙烯等特种聚烯烃及高碳α-烯烃等关键原料的开发与生产，芳族酮聚合物、聚芳醚醚腈、满足5G应用的液晶聚合物、电子级聚酰亚胺等特种工程塑料生产以及共混改性、合金化技术开发和应用，可降解聚合物的开发与生产，长碳链尼龙、耐高温尼龙等新型聚酰胺开发与生产

11.生物基材料：以非粮生物质为原料的高分子材料、试剂、芯片、干扰素、传感器、纤维素生化产品开发与生产

十二、建材

5.8万t/a及以上无碱玻璃纤维粗纱（单丝直径＞9μm）池窑拉丝技术，5万t/a及以上无碱玻璃纤维细纱（单丝直径≤9μm）池窑拉丝技术，超细（单丝直径≤5μm）、高强、高模、耐碱、低介电、低膨胀、高硅氧、可降解、异形截面、本体彩色、有机纤维复合等高性能及特种玻璃纤维开发与生产，玻璃纤维毡、布等制品生产；玄武岩纤维池窑拉丝技术；碳化硅纤维；航空航天、环保、海工、电工电子、交通、能源、建筑、物联网、农业等领域用纤维增强复合材料产品及其高效成型制备工艺和装备；连续缠绕成型复合材料管道；生物降解复合材料制造技术及装备；树脂基复合材料废弃物回收利用技术与装备；大型客机高性能次承力复合材料结构件关键技术、深海复合材料耐压舱段开发及应用、航空发动机叶片用大尺寸复杂结构三维机织复合材料预制体的制备与应用

十三、医药

3.生物医药配套产业：化学成分限定细胞培养基，新型纯化填料和过滤膜材料，高端药用辅料，疫苗新佐剂的开发和生产，特殊功能性材料等新型药用包装材料与技术，即混即用、智能包装等新型包装系统及给药装置的开发和生产；高端化、智能化制药设备，新型制剂生产设备，大规模生物反应器及附属系统，蛋白质高效分离和纯化设备，药品连续化生产设备；实验动物标准化养殖及动物实验服务

十四、机械

4.铸造装备：高紧实度黏土砂铸造成套装备，高效自硬砂铸造成套设备，消失模/V法/实型铸造工艺及装备，壳型铸造、精密组芯造型、硅溶胶熔模精密铸造工艺及装备，砂型3D打印/切削快速成型工艺与装备，轻合金高压/低压/挤压/差压/半固态等铸造工艺与装备，自动化智能制芯设备，外热风水冷长炉龄大吨位（10t/h以上）冲天炉，高温合金真空熔炼定向凝固设备，钛合金真空感应熔化设备，金属液自动化转运及定量浇注设备，金属液（铸铁、铸铝）短流程铸造工艺与设备，铸件高效自动化清理成套设备，铸造专用机器人；铸造用树脂砂、黏土砂等再生循环利用技术及设备，环保树脂、无机黏结剂造型和制芯技术及设备

5.大型石化装备：乙烯裂解三机，40万t级（聚丙烯等）挤压造粒机组，50万t级合成气、氨、氧压缩机等关键设备

13.关键模具：精密模具（冲压模精度≤0.02mm、型腔模精度≤0.05mm）、多工位自动深拉伸模具、多工位自动精冲模具，匹配60 000kN以上压铸机的超大型一体化压铸模具（半周长度＞4 500mm），搭载10个以上传感器智能复合材料模具，汽车高真空复合精密压铸模具、大型航空航天关键件压力成形模具、大型风电叶片模具，复合材料模具，热流道、氮气弹性元件、自润滑耐磨滑动元件、精定位模具零件等模具标准件

十六、汽车

2.轻量化材料应用：超高强度钢，高强韧低密度钢，ADI铸铁，高强度铝合金、镁合金、粉末冶金、高强度复合塑料、复合纤维及生物基复合材料；先进成形技术应用：3D打印成型、激光拼焊板的扩大应用，内高压成形，超高强度钢板（强度≥980MPa、强塑积20～50GPa·%）热成

形,柔性滚压成形,一体化压铸成型,异种材料先进连接技术

3.新能源汽车关键零部件:动力电池正极材料(比容量≥180mA·h/g,循环寿命2 000次不低于初始放电容量的80%),负极材料(比容量≥500mA·h/g,循环寿命2 000次不低于初始放电容量的80%),隔膜[厚度≤12μm,孔隙率35%～60%,拉伸强度MD≥800kgf/cm^2(1kgf/cm^2=0.098 1MPa),拉伸强度TD≥800kgf/cm^2]及负极氧化铝涂层材料;电动汽车驱动电机系统(高效区:85%工作区效率≥80%),车用DC/DC(输入电压100～400V),大功率电子器件(IGBT,电压等级≥750V,电流≥300A;SiC MOSFET,电压等级≥1 200V,电流≥600A);纯电动重型货车换电电池板系统;插电式混合动力机电耦合驱动系统;燃料电池发动机(质量比功率≥350W/kg),燃料电池堆(体积比功率≥3kW/L),膜电极(铂用量≤0.3g/kW),质子交换膜(质子电导率≥0.08S/cm),双极板(金属双极板厚度≤1.2mm,其他双极板厚度≤1.6mm),低铂催化剂,碳纸(电阻率≤3MΩ·cm),空气压缩机,氢气循环泵,氢气引射器,增湿器,燃料电池控制系统,双向DC/DC,70MPa氢瓶及输送管阀,车载氢气浓度传感器;电动汽车用热泵空调,电动压缩机;电机驱动控制专用32位及以上芯片(不少于2个硬件内核,主频不低于180MHz,具备硬件加密等功能,芯片设计符合功能安全ASILC以上要求);一体化电驱动总成(功率密度≥2.5kW/kg);高速减速器(最高输入转速≥12 000r/min,噪声＜75dB)

十七、船舶及海洋工程装备

7.配套设备及材料:海底采矿机器人、海底挖沟机等海底矿产资源开发装备及深海采矿系统、深海立管相关配套系统和设备,水下潜器,机器人及探测观测设备,海洋工程用高性能功能化复合材料,舰船上层建筑及内装用隔热、防腐、阻燃复合材料

十八、航空航天

4.航空航天用新型材料开发生产

十九、轻工

2.生物降解塑料及其系列产品开发、生产与应用,农用塑料节水器材,长寿命(三年及以上)功能性农用薄膜的开发、生产,全生物降解育苗钵、盘及相关农资包装材料

3.新型塑料建材(高气密隔音节能塑料窗、大口径排水排污管道、抗冲击改性聚氯乙烯管、地源热泵系统用聚乙烯管、非开挖用塑料管材、复合塑料管材、塑料检查井),防渗土工膜,塑木复合材料和分子量≥200万的超高分子量聚乙烯管材及板材生产,多腔室高功能塑料异型材

4.动态塑化和塑料拉伸流变塑化的技术应用及装备制造,应用电磁感应加热和伺服驱动系统的塑料加工装备

10.真空镀铝、喷镀氧化硅、聚乙烯醇(PVA)涂布型薄膜、功能性聚酯(PET)薄膜、无溶剂复合或热复合节能低碳聚丙烯薄膜、定向聚苯乙烯(OPS)薄膜及纸塑基多层复合等新型包装材料

16.采用新型制冷剂替代氢氯氟碳化物(HCFC-22或R22)和氢氟碳化物(HFCs)的空调器和配件开发、制造,采用新型发泡剂替代氢氯氟碳化物(HCFC-141b)和氢氟碳化物(HFCs)的家用电器生产,采用新型发泡剂替代氢氯氟碳化物(HCFC-141b)和氢氟碳化物(HFCs)的硬质聚氨酯泡沫的生产与应用

二十、纺织

1.差别化、功能性聚酯(PET)的连续共聚改性[阳离子染料可染聚酯(CDP、ECDP)、碱溶性聚酯(COPET)、高收缩聚酯(HSPET)、阻燃聚酯、低熔点聚酯、非结晶聚酯、生物可降解聚酯、采用绿色催化剂生产的聚酯等],聚对苯二甲酸丙二醇酯(PTT)、聚萘二甲酸乙二醇酯(PEN)、聚

对苯二甲酸丁二醇酯（PBT）、聚对苯二甲酸环己烷二甲醇酯（PCT）等新型聚酯及纤维的开发、生产，阻燃、抗静电、抗菌、导电、相变储能、智能温控、光致变色、原液着色、吸附与分离、生物医用等差别化、功能性化学纤维的高效柔性化制备技术，智能化、超仿真等功能性化学纤维生产，原创性开发高速纺丝加工用绿色高效环保化纤油剂

二十二、城镇基础设施

2.市政基础设施：城镇供排水工程及相关设备生产，地级及以上城市地下综合管廊建设，地下管网地理信息系统，城市燃气工程，城镇集中供热建设和改造工程（包括长距离集中供热管网应用工程），城市节水技术开发与应用，城市燃气塑料管道应用工程，海绵城市、排水防涝工程技术产品开发生产

四十六、人工智能

1.人工智能芯片，工业互联网、公共系统、数字化软件、智能装备系统集成化技术及应用

4.产业智能化升级：智能家居，智能医疗，医疗影像辅助诊断系统，智能安防，视频图像身份识别系统，智能交通，智能运载工具，智能教育，智慧城市，智能农业，智能口岸建设

四十七、智能制造

2.智能检测装备和仪器：数字化非接触精密测量、在线无损检测、激光跟踪测量等智能检测装备和仪器

4.增材制造装备和专用材料：金属增材制造装备及专用材料，非金属增材制造装备及专用材料，生物增材制造装备及专用材料，激光器、电子枪、扫描振镜等关键零部件，增材制造专用软件，增材制造综合解决方案和生产服务

13.分行业智能制造标准研制及试验验证平台建设

14.智能制造能力成熟度评价，智能制造发展水平评价体系

15.智能制造场景：互联网＋协同设计与制造、机器视觉及智能质检、智能生产排程、预测性维护、智慧库存管理、工业大脑等技术开发及应用

16.智能工厂：信息物理系统（CPS）、数据和知识驱动的优化与决策、制造装备与生产过程的实时优化与先进控制技术研发及应用，智能工厂综合管理与控制平台，面向离散行业的全生命周期智能工厂系统研发与应用，面向流程行业的全生命周期智能工厂系统研发与应用

第二类　限制类

十、医药

4.新建、改扩建药用丁基橡胶塞、二步法生产输液用塑料瓶生产装置

6.新建、改扩建充汞式玻璃体温计、血压计生产装置、银汞齐齿科材料，新建2亿支／年以下一次性注射器、输血器、输液器生产装置

十二、轻工

3.以含氢氯氟碳化物（HCFCs）和氢氟碳化物（HFCs）为制冷剂、发泡剂、灭火剂、溶剂、清洗剂、加工助剂等受控用途的聚氨酯泡沫塑料生产线、连续挤出聚苯乙烯泡沫塑料（XPS）生产线以及冰箱、冰柜、汽车空调器、工业商业用冷藏、制冷设备生产线

4.聚氯乙烯（PVC）食品保鲜包装膜

十三、纺织

1.单线产能小于20万t/a的常规聚酯（PET）连续聚合生产装置

第三类　淘汰类

一、落后生产工艺装备

（十二）轻工

4.超薄型（厚度低于0.025mm）塑料购物袋

生产

（十三）纺织

19.螺杆挤出机直径小于或等于90mm，2 000t/a以下的涤纶再生纺短纤维生产装置

二、落后产品

（五）建材

8.采用二次加热复合成型工艺生产的聚乙烯丙纶类复合防水卷材、聚乙烯丙纶复合防水卷材（聚乙烯芯材厚度在0.5mm以下），棉涤玻纤（高碱）网格复合胎基材料、聚氯乙烯防水卷材（S型）

（六）医药

5.输液用聚氯乙烯（PVC）软袋（不包括腹膜透析液、冲洗液用）

（九）轻工

16.一次性发泡塑料餐具、一次性塑料棉签；含塑料微珠的日化用品；厚度低于0.025mm的超薄型塑料袋；厚度低于0.01mm的聚乙烯农用地膜

中国塑料机械工业年鉴 2024

标准与专利

列举塑料机械行业现行标准，展示塑料机械相关专利获奖情况

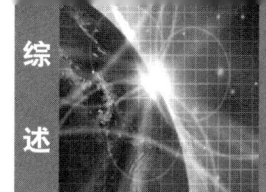
综述

专文

中国塑料机械工业协会成立30周年

市场专题

统计资料

企业概况

产品项目与技术

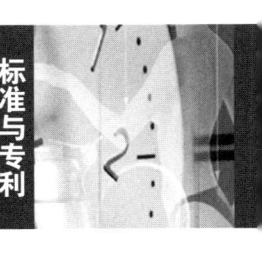
标准与专利

附录

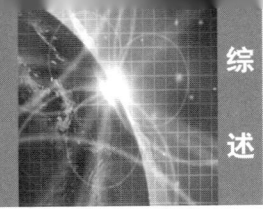

塑料机械行业标准目录

专利奖获奖项目（塑料机械）

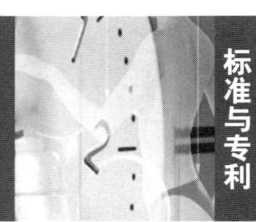

中国塑料机械工业年鉴 2024

标准与专利

塑料机械行业标准目录

序号	标准编号	标准名称	标准类别	备注
国家标准				
1	GB/T 9707—2010	密闭式炼胶机炼塑机	产品	代替 GB/T 9707—2000
2	GB/T 12783—2000	橡胶塑料机械产品型号编制方法	基础	代替 GB/T 12783—1991
3	GB/T 12784—2017	橡胶塑料加压式捏炼机	产品	代替 GB/T 12784—1991
4	GB/T 13577—2006	开放式炼胶机炼塑机	产品	代替 GB/T 13577—1992
5	GB/T 13578—2010	橡胶塑料压延机	产品	代替 GB/T 13578—1992
6	GB 20055—2006	开放式炼胶机炼塑机安全要求	安全	首次起草，非等效 EN1417:1997
7	GB/T 22530—2022	橡胶塑料注射成型机安全要求	安全	代替 GB 22530—2008
8	GB/T 24113.1—2009	机械电气设备 塑料机械计算机控制系统 第1部分：通用技术条件	基础通用	
9	GB/T 24113.2—2009	机械电气设备 塑料机械计算机控制系统 第2部分：试验与评价方法	方法	
10	GB/T 25156—2020	橡胶塑料注射成型机通用技术要求及检测方法	产品	代替 GB/T 25156—2010、GB/T 25157—2010
11	GB 25431.1—2010	橡胶塑料挤出机和挤出生产线 第1部分：挤出机的安全要求	安全	首次起草，等同 EN 1114-1:1996
12	GB 25431.2—2010	橡胶塑料挤出机和挤出生产线 第2部分：模面切粒机的安全要求	安全	首次起草，等同 EN 1114-2:1998
13	GB 25431.3—2010	橡胶塑料挤出机和挤出生产线 第3部分：牵引装置的安全要求	安全	首次起草，等同 EN 1114-3:2001
14	GB/T 25433—2024	密闭式炼胶机炼塑机安全要求	安全	代替 GB 25433—2010，2025-02-01 生效
15	GB 25434—2010	橡胶塑料压延机安全要求	安全	首次起草，修改 EN 12301:2000
16	GB/T 25936.1—2024	橡胶塑料粉碎机械 第1部分：刀片式破碎机安全要求	安全	代替 GB 25936.1—2012，2025-03-01 生效
17	GB/T 25936.2—2024	橡胶塑料粉碎机械 第2部分：拉条式切粒机安全要求	安全	代替 GB 25936.2—2012，2025-03-01 生效
18	GB/T 25936.3—2024	橡胶塑料粉碎机械 第3部分：切碎机安全要求	安全	代替 GB 25936.3—2012，2025-03-01 生效

(续)

序号	标准编号	标准名称	标准类别	备注
19	GB 25936.4—2010	橡胶塑料粉碎机械 第4部分：团粒机安全要求	安全	首次起草，等同 EN 12012-4：2006
20	GB/T 25941—2010	塑料真空成型机	产品	首次起草，行标 JB/T 5292—1991 已废止
21	GB/T 30200—2023	橡胶塑料注射成型机能耗检测方法	方法	代替 GB/T 30200—2013
22	GB/T 32456—2015	橡胶塑料机械用电磁加热节能系统通用技术条件	产品	首次起草
23	GB/T 32662—2016	废橡胶废塑料裂解油化成套生产装备	产品	首次起草
24	GB/T 33580—2017	橡胶塑料挤出机能耗检测方法	方法	首次起草
25	GB/T 35382—2017	塑料中空成型机能耗检测方法	方法	首次起草
26	GB/T 36587—2018	橡胶塑料机械 术语	基础	首次起草，行标 HG/T 3223—2000 及行标 JB/T 5438—2008 废止
27	GB/T 37662.2—2019	工业机械电气设备及系统 术语：第2部分：塑料机械	基础	
28	GB/T 38533—2020	橡胶塑料注射成型机 模具固定和联接尺寸	基础通用	首次起草
29	GB/T 38687—2020	橡胶塑料机械 外围设备通信协议	基础通用	首次起草
30	GB/T 39483.1—2020	橡胶塑料注射成型机 接口 第1部分：机械和电气接口	基础通用	首次起草
31	GB/T 39483.2—2020	橡胶塑料注射成型机 接口 第2部分：数据交换接口	基础通用	首次起草
化工行业标准				
1	HG/T 2148—2009	密闭式炼胶机炼塑机检测方法	方法	代替 HG/T 2148—1991
2	HG/T 2149—2004	开放式炼胶机炼塑机检测方法	方法	代替 HG/T 2149—1991
3	HG/T 2150—2009	橡胶塑料压延机检测方法	方法	代替 HG/T 2150—1991
4	HG/T 3108—2012	冷硬铸铁辊筒	产品	代替 HG/T 2400—1992、HG/T 3108—1998、HG/T 3118—1998
5	HG/T 3120—1998	橡胶塑料机械外观通用技术条件	通用	代替 HG 5-1541—1983
6	HG/T 3228—2001	橡胶塑料机械涂漆通用技术条件	通用	代替 HG/T 3228—1988、HG/T 3225—1986
7	HG/T 5115—2016	橡塑管板材发泡成型设备	产品	
机械行业标准				
1	JB/T 2627—2008	塑料挤出硬管辅机	产品	代替 JB/T 2627—1991
2	JB/T 5289—2004	鞋用转盘注射成型机	产品	代替 JB/T 5289—1991
3	JB/T 5290—2008	塑料圆织机	产品	代替 JB/T 5290—2000

(续)

序号	标准编号	标准名称	标准类别	备注
4	JB/T 5291—2007	塑料破碎机	产品	代替 JB/T 5291—1991
5	JB/T 5293—2013	可发性聚苯乙烯泡沫塑料自动成型机	产品	代替 JB/T 5293—1991
6	JB/T 5416—2005	塑料挤出干法热切造粒辅机	产品	代替 JB/T 5416—1991
7	JB/T 5417—2007	塑料排气挤出机	产品	代替 JB/T 5417—1991
8	JB/T 5418—2015	聚丙烯不织布机	产品	代替 JB/T 5418—1991
9	JB/T 5419—2008	塑料挤出平膜扁丝辅机	产品	代替 JB/T 5419—2000
10	JB/T 5420—2014	同向双螺杆塑料挤出机	产品	代替 JB/T 5420—2001
11	JB/T 5421—2013	塑料薄膜回收挤出造粒机组	产品	代替 JB/T 5421—1991
12	JB/T 6489—2014	塑料捏合机	产品	代替 JB/T 6489—1999
13	JB/T 6490—2015	塑料压力成型机	产品	代替 JB/T 6490—1992
14	JB/T 6491—2015	异向双螺杆塑料挤出机	产品	代替 JB/T 6491—2001
15	JB/T 6492—2014	锥形异向双螺杆塑料挤出机	产品	代替 JB/T 6492—2001
16	JB/T 6493—2015	塑料薄膜制袋机	产品	代替 JB/T 6493—1992
17	JB/T 6494—2014	料斗式塑料干燥机	产品	代替 JB/T 6494—2002
18	JB/T 6928—2014	塑料挤出带辅机	产品	代替 JB/T 6928—1993
19	JB/T 6929—2015	塑料挤出转盘制鞋机	产品	代替 JB/T 6929—1993
20	JB/T 7251—2014	塑料挤出拉丝辅机	产品	代替 JB/T 7251—1994
21	JB/T 7669—2004	塑料混合机	产品	代替 JB/T 7669—1995
22	JB/T 8061—2011	单螺杆塑料挤出机	产品	代替 JB/T 8061—1996
23	JB/T 8538—2011	塑料机械用螺杆、机筒	产品	代替 JB/T 8538—1997
24	JB/T 8539—2013	塑料挤出吹塑中空成型机	产品	代替 JB/T 8539—1997
25	JB/T 8698—2015	热固性塑料注射成型机	产品	代替 JB/T 8698—1998
26	JB/T 8703—2011	塑料挤出吹塑薄膜辅机	产品	代替 JB/T 8703—1998
27	JB/T 8943—2015	全塑鞋用注射机	产品	代替 JB/T 8943—1999
28	JB/T 10342—2014	塑料挤出异型材辅机	产品	代替 JB/T 10342—2002
29	JB/T 10464—2004	拉条式塑料切粒机	产品	首次起草
30	JB/T 10894—2008	注塑机计算机控制系统通用技术条件	产品	首次起草
31	JB/T 10898—2008	塑料挤出复合膜辅机	产品	首次起草
32	JB/T 10899—2008	塑料挤出双壁波纹管辅机	产品	首次起草
33	JB/T 11343—2013	锥形同向双螺杆塑料挤出机	产品	首次起草
34	JB/T 11344—2013	PVC塑料配混系统	产品	首次起草

(续)

序号	标准编号	标准名称	标准类别	备注
35	JB/T 11345—2013	可发性聚苯乙烯泡沫塑料板材成型机	产品	首次起草
36	JB/T 11346—2013	可发性聚苯乙烯泡沫塑料板材切割机	产品	首次起草
37	JB/T 11347—2013	可发性聚苯乙烯泡沫塑料预发机	产品	首次起草
38	JB/T 11348—2013	塑料挤出流延薄膜辅机	产品	首次起草
39	JB/T 11509—2013	聚氨酯发泡设备 通用技术条件	产品	首次起草
40	JB/T 11730—2013	工业机械电气设备及系统 注塑机交流伺服驱动系统技术条件	产品	首次起草
41	JB/T 11992—2014	工业机械电气设备及系统 塑料机械计算机控制系统用形象化图形符号	产品	首次起草
42	JB/T 12787—2016	塑料成型模具温度控制机	产品	首次起草
43	JB/T 12788—2016	塑料成型模具用冷水机	产品	首次起草
44	JB/T 12789—2016	转轮式塑料干燥机	产品	首次起草
45	JB/T 12986—2016	工业机械电气设备及系统 塑料机械控制系统接口与通信协议	产品	首次起草
46	JB/T 13022—2017	塑料挤出吹塑土工膜辅机	产品	首次起草
47	JB/T 13448—2018	螺杆柱塞式塑料注射成型机	产品	首次起草
48	JB/T 13449—2018	塑料注射成型机用自动取件机	产品	首次起草
49	JB/T 14120—2021	塑料挤出机械用换网器	产品	首次起草
团体标准				
1	T/CPMIA Z01—2019	全电动塑料注射成型机	产品	首次起草
2	T/CPMIA 0102—2020	多组分塑料注射成型机	产品	首次起草
3	T/CPMIA 0103—2021	高速精密塑料注射成型机	产品	首次起草
4	T/CPMIA 0104—2021	立式塑料注射成型机	产品	首次起草
5	T/CPMIA 0105—2023	二板式塑料注射成型机	产品	首次起草
6	T/CPMIA 0201—2022	聚丙烯熔喷料制备用同向平行双螺杆挤出机	产品	首次起草
7	T/CPMIA 0202—2022	熔喷法非织造布生产线	产品	首次起草
国际标准				
1	ISO 20430：2020	塑料和橡胶机械 注射成型机 安全要求	安全	首次起草
2	ISO 23582：2023	Plastics and rubber machines—Clamping systems—Part 1: Safety requirements for magnetic clamping systems	安全	首次起草

注：表中信息截至 2024 年 9 月 30 日。

专利奖获奖项目（塑料机械）

专利号	专利名称	专利权人	发明人	奖项类别
ZL201510278115.1	一种风机送料粉尘分离器	信易电热机械有限公司、东莞信易电热机械有限公司	徐永祥	第二十三届专利奖优秀奖
ZL201710988333.3	同心套筒式多层共挤吹膜机头	广东金明精机股份有限公司	李浩、黄一帆	第二十三届专利奖优秀奖
ZL201210352300.7	阀芯开度调节机构及其组件和包括该组件的插装阀	佛山市顺德区震德精密机械有限公司	蒋志坚、张贤宝、胡军、黄国良、李坚勇、张焯荣、章廷秋	第二十四届专利奖优秀奖
ZL201510874001.3	一种利用底部结构反转增加塑胶瓶内压力的底型结构	广东星联精密机械有限公司	谢国基、姜晓平、黄杨安、张刚强、胡青春	第二十四届专利奖优秀奖

附录

介绍与塑料机械行业相关的政策，以及行业主要出口市场的基本情况

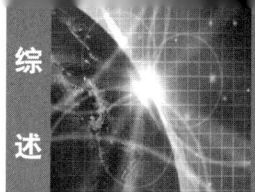
综述

专文

中国塑料机械工业协会成立30周年

市场专题

统计资料

企业概况

产品项目与技术

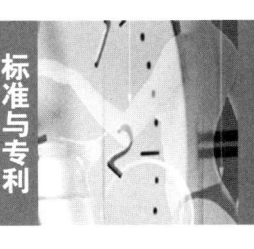
标准与专利

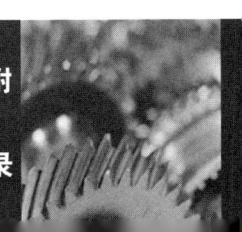
附录

综述

专文

协会成立30周年 中国塑料机械工业

市场专题

统计资料

企业概况

产品项目与技术

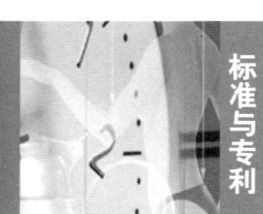
标准与专利

附录

塑料机械行业相关政策
中国塑料机械出口市场基本情况
　　印度尼西亚
　　印度
　　墨西哥
　　非洲

中国塑料机械工业年鉴2024

附录

塑料机械行业相关政策

名称	发文机关	成文时间	内容摘要
推动工业领域设备更新实施方案	工业和信息化部、国家发展改革委、财政部、中国人民银行、税务总局、市场监管总局、金融监管总局	2024-03-27	到 2027 年，工业领域设备投资规模较 2023 年增长 25% 以上，规模以上工业企业数字化研发设计工具普及率、关键工序数控化率分别超过 90%、75%，工业大省大市和重点园区规上工业企业数字化改造全覆盖，重点行业能效基准水平以下产能基本退出、主要用能设备能效基本达到节能水平，本质安全水平明显提升，创新产品加快推广应用，先进产能比重持续提高 实施先进设备更新行动、实施数字化转型行动、实施绿色装备推广行动、实施本质安全水平提升行动四项重点任务
推动大规模设备更新和消费品以旧换新行动方案	国务院	2024-03-07	到 2027 年，工业、农业、建筑、交通、教育、文旅、医疗等领域设备投资规模较 2023 年增长 25% 以上；重点行业主要用能设备能效基本达到节能水平，环保绩效达到 A 级水平的产能比例大幅提升，规模以上工业企业数字化研发设计工具普及率、关键工序数控化率分别超过 90%、75%；报废汽车回收量较 2023 年增加约一倍，二手车交易量较 2023 年增长 45%，废旧家电回收量较 2023 年增长 30%，再生材料在资源供给中的占比进一步提升
关于加快构建废弃物循环利用体系的意见	国务院办公厅	2024-02-09	到 2025 年，初步建成覆盖各领域、各环节的废弃物循环利用体系，主要废弃物循环利用取得积极进展。尾矿、粉煤灰、煤矸石、冶炼渣、工业副产石膏、建筑垃圾、秸秆等大宗固体废弃物年利用量达到 40 亿 t，新增大宗固体废弃物综合利用率达到 60%。废钢铁、废铜、废铝、废铅、废锌、废纸、废塑料、废橡胶、废玻璃等主要再生资源年利用量达到 4.5 亿 t。资源循环利用产业年产值达到 5 万亿元 到 2030 年，建成覆盖全面、运转高效、规范有序的废弃物循环利用体系，各类废弃物资源价值得到充分挖掘，再生材料在原材料供给中的占比进一步提升，资源循环利用产业规模、质量显著提高，废弃物循环利用水平总体居于世界前列
关于加快传统制造业转型升级的指导意见	工业和信息化部、国家发展改革委、教育部、财政部、中国人民银行、税务总局、金融监管总局、中国证监会	2023-12-28	到 2027 年，传统制造业高端化、智能化、绿色化、融合化发展水平明显提升，有效支撑制造业比重保持基本稳定，在全球产业分工中的地位和竞争力进一步巩固增强。工业企业数字化研发设计工具普及率、关键工序数控化率分别超过 90%、70%，工业能耗强度和二氧化碳排放强度持续下降，万元工业增加值用水量较 2023 年下降 13% 左右，大宗工业固体废物综合利用率超过 57%
关于强化金融支持举措 助力民营经济发展壮大的通知	中国人民银行、金融监管总局、中国证监会、国家外汇局、国家发展改革委、工业和信息化部、财政部、全国工商联	2023-11-27	提出支持民营经济的 25 条具体举措。总量上，通过制定民营企业年度服务目标、提高服务民营企业相关业务在绩效考核中的权重等，加大对民营企业的金融支持力度，逐步提升民营企业贷款占比。结构上，加大对科技创新、"专精特新"、绿色低碳、产业基础再造工程等重点领域以及民营中小微企业的支持力度

(续)

名称	发文机关	成文时间	内容摘要
关于提高集成电路和工业母机企业研发费用加计扣除比例的公告	财政部、税务总局、国家发展改革委、工业和信息化部	2023-9-12	集成电路企业和工业母机企业开展研发活动中实际发生的研发费用，未形成无形资产计入当期损益的，在按规定据实扣除的基础上，在2023年1月1日至2027年12月31日期间，再按照实际发生额的120%在税前扣除；形成无形资产的，在上述期间按照无形资产成本的220%在税前摊销。其中，锁模力≥60 000kN的高压压铸机、锁模力≥10 000kN挤压铸造成套设备符合先进工业母机产品基本标准
关于支持首台（套）重大技术装备平等参与企业招标投标活动的指导意见	工业和信息化部、国家发展改革委、国务院国资委	2023-08-16	规范招标要求、明确评标原则、加强监督检查
轻工业稳增长工作方案（2023—2024年）	工业和信息化部、国家发展改革委、商务部	2023-07-19	2023—2024年轻工业增加值平均增速4%左右，规上企业营业收入规模突破25万亿元。重点行业规模稳中有升，主要产品国际市场份额保持稳定。新增长点快速发展，推广300项以上升级和创新产品，轻工百强企业竞争力进一步增强，培育升级50个规模300亿元以上轻工特色产业集群。轻工业在扩内需、促消费中的作用更加凸显，高端化、数字化、绿色化发展稳步推进，"增品种、提品质、创品牌"成效扩大，产业发展质量效益不断提升 着力稳住重点行业，其中塑料制品行业，扩大特种工程塑料、高端光学膜、电池隔膜等在国防军工、航空航天、新能源、电子信息、交通等方面的应用。推广新型抗菌材料等医用塑料，在医疗器械、耗材及药品包装等方面发挥塑料制品优势。加快塑料节水器材、长寿命功能性农用薄膜、保温隔热板、特种管材、塑料门窗异型材等生产应用。开展加厚高强度地膜、全生物降解地膜达标行动，提升高质量农膜供应保障能力
关于推动铸造和锻压行业高质量发展的指导意见	工业和信息化部、国家发展改革委、生态环境部	2023-03-30	到2025年，铸造和锻压行业总体水平进一步提高，保障装备制造业产业链供应链安全稳定的能力明显增强。产业结构更趋合理，产业布局与生产要素更加协同。重点领域高端铸件、锻件产品取得突破，掌握一批具有自主知识产权的核心技术，一体化压铸成形、无模铸造、砂型3D打印、超高强钢热成形、精密冷温热锻、轻质高强合金轻量化等先进工艺技术实现产业化应用。建成10个以上具有示范效应的产业集群，初步形成大中小企业、产业链上中下游协同发展的良好生态。智能化改造效应凸显，打造30家以上智能制造示范工厂。培育100家以上绿色工厂，铸造行业颗粒物污染排放量较2020年减少30%以上，年铸造废砂再生循环利用达到800万t以上，吨锻件能源消耗较2020年减少5% 到2035年，行业总体水平进入国际先进行列，形成完备的产业技术体系和持续创新能力，产业链供应链韧性显著增强，绿色发展水平大幅提高，培育发展一批世界级优质企业集团，培育形成有国际竞争力的先进制造业集群

（续）

名称	发文机关	成文时间	内容摘要
扩大内需战略规划纲要（2022—2035年）	中共中央、国务院	2022-12-14	"十四五"时期实施扩大内需战略的主要目标：促进消费投资，内需规模实现新突破；完善分配格局，内需潜能不断释放；提升供给质量，国内需求得到更好满足；完善市场体系，激发内需取得明显成效；畅通经济循环，内需发展效率持续提升 加快培育完整内需体系，促进形成强大国内市场，支撑畅通国内经济循环
关于推动轻工业高质量发展的指导意见	工业和信息化部、人力资源社会保障部、生态环境部、商务部、市场监管总局	2022-06-08	加快关键技术突破：高速PET瓶旋转式吹瓶机、高速无菌纸灌装机、新型洗涤装备、液体食品无菌罐装包材及设备，毒害物质检测试剂及设备等 数字化发展推进工程：塑料机械、洗涤设备云控制平台，全自动吹贴灌旋一体化装备，液态产品包装生产线智能运维服务系统等 绿色低碳技术发展工程：超纤合成革制造、发泡塑料芯材清洁制备、生物质基复合制品短流程制造，塑料薄膜高值化利用等技术，全生物降解地膜、智能温控贴膜等多功能塑料制品，可循环、易回收的包装材料，超高阻氧透明膜、高阻隔食品收缩膜，环保型塑料添加剂
"十四五"智能制造发展规划	工业和信息化部、国家发展改革委、教育部、科技部、财政部、人力资源社会保障部、市场监管总局、国务院国资委	2021-12-21	大力发展智能制造装备。针对感知、控制、决策、执行等环节的短板弱项，加强用产学研联合创新，突破一批"卡脖子"基础零部件和装置。推动先进工艺、信息技术与制造装备深度融合，通过智能车间/工厂建设，带动通用、专用智能制造装备加速研制和迭代升级
"十四五"信息化和工业化深度融合发展规划	工业和信息化部	2021-11-17	提升智能制造供给支撑能力，开展设计、工艺、试验、生产加工等过程中关键共性技术攻关和集成应用，加速工业技术软件化，攻克一批重大短板装备和重大技术装备。围绕机械、汽车、航空、航天、船舶、兵器、电子、电力等重点装备领域，建设数字化车间和智能工厂，构建面向装备全生命周期的数字孪生系统，推进基于模型的系统工程（MBSE）规模应用，依托工业互联网平台实现装备的预测性维护与健康管理

中国塑料机械出口市场基本情况

印度尼西亚

概况 印度尼西亚被称为"千岛之国",是世界上最大的岛国、最大的群岛国家,包括苏门答腊岛、爪哇岛、苏拉威西岛以及婆罗洲和新几内亚的部分地区。印度尼西亚是东盟第一大国,人口、面积和经济总量均占其40%左右。

共有一级行政区(省级)38个,包括雅加达首都[⊖]、日惹、亚齐3个地方特区和35个省。二级行政区(县/市级)共514个。首都雅加达(Jakarta)是全国的政治、经济和文化中心。

大约有80个工会组织,全国性的工会联盟有全印度尼西亚劳工联盟(SPSI)和印度尼西亚工人福利联盟(SBSI)。印度尼西亚工商会馆(KADIN)是影响力比较大的非政府工商行业协会,其他比较有影响的协会组织包括:印度尼西亚雇主协会、印中经济文化社会协会(又称印中友协)、印度尼西亚中华总商会、印度尼西亚华商总会等。

中国已连续多年保持印度尼西亚第一大贸易伙伴地位,中国企业对印度尼西亚的投资涉及农业、矿冶、电力、房地产、制造业、产业园区、数字经济和金融保险等广泛领域。

宏观经济 根据世界银行公布的数据,2022年印度尼西亚国内生产总值(GDP)约1.32万亿美元,同比增长5.3%;人均GDP约为4 788美元,同比增长4.64%。工业增加值占GDP的41.43%。

重点/特色产业

1. 石油天然气

印度尼西亚油气资源丰富。政府公布的石油储量为97亿桶,折合13.1亿t,其中核实储量47.4亿桶,折合6.4亿t。印度尼西亚天然气储量176.6万亿标准ft^3(TCF),折合4.8万亿~5.1万亿m^3。

2. 农林渔业

印度尼西亚是农业大国,全国耕地面积约8 000万hm^2,主要经济作物有棕榈油、橡胶、咖啡、可可。森林覆盖率为54.25%,达1亿hm^2,拥有世界第三大热带森林。渔业资源丰富,海洋鱼类多达7 000种,政府估计潜在捕捞量超过800万t/a。

3. 采矿业

印度尼西亚矿产资源极为丰富,是国际煤炭及镍、铁、锡、金等金属矿产品市场供应的重要来源,矿业也是外商投资的传统热点行业。

4. 制造业

印度尼西亚的工业化水平相对不高,制造业有30多个不同种类的部门,主要有纺织、电子、木材加工、钢铁、机械、汽车、纸浆、纸张、化工、橡胶加工、皮革、制鞋、食品、饮料等。

5. 旅游业

印度尼西亚旅游资源非常丰富,拥有许多热

[⊖] 当地时间2024年11月19日,印度尼西亚议会通过一项法案,正式将雅加达设定为该国特区,取消其首都地位。该国首都现为努山塔拉。

带自然景观、民族文化和历史遗迹。2022年，印度尼西亚接待外国游客588.9万人次。

信用评级 三大国际信用评级机构标普、穆迪和惠誉给予印度尼西亚的主权信用评级都为投资级别。2023年7月，标普确认印度尼西亚主权信用评级为BBB，展望稳定。

投资优势 政局总体稳定，政府重视扩大投资并陆续放宽外商投资的准入门槛、简化审批流程；自然资源如棕榈油、橡胶等农林产品，矿产资源储量均十分丰富；地理位置重要，位于亚洲和大洋洲、太平洋和印度洋的交通枢纽；人口众多；市场化程度较高，金融市场较为开放；政府着力推动交通、通信等大型基础设施项目建设，出台中长期经济发展规划。世界知识产权组织发布的《2023年度全球创新指数》显示，在132个国家和地区中，印度尼西亚综合指数排名第61位，比上年上升14位。

法规政策 印度尼西亚主管贸易的政府部门是贸易部，其职能包括制定外贸政策、参与外贸法规的制定、划分进出口产品管理类别、进口许可证的申请管理、指定进口商和分派配额等事务。

印度尼西亚与贸易有关的法律主要包括《贸易法》《海关法》《建立世界贸易组织法》和《产业法》等。与贸易相关的其他法律还涉及《国库法》《禁止垄断行为法》和《不正当贸易竞争法》等。

（摘自中华人民共和国驻印度尼西亚共和国大使馆经济商务处网站）

印　　度

概况 印度是南亚次大陆最大的国家。首都新德里是全国的政治、经济和文化中心及最重要的铁路和航空交通枢纽。

印度科技优势主要集中在生物制药、材料、化学、药理学与病毒学、农业科学和材料学等领域，在工程学、物理学和计算机领域有一定科研影响力。

印度全国性工会组织有印度全国工会大会、印度劳工大会、全印度工会大会和印度工会中心等。

宏观经济 根据世界银行数据，2018—2022年，除2020年外，印度经济均保持增长态势。2020年，印度名义GDP同比下降5.8%，人均名义GDP下降6.7%。2022年，印度名义GDP为3.39万亿美元，同比增长7.5%，超越英国成为世界第五大经济体；人均名义GDP为2 388.6美元，同比增长6.7%。根据国际货币基金组织数据，2023年印度GDP为3.57万亿美元，同比增长7.8%；人均GDP为2 500美元。

重点/特色产业

1.农林牧渔业

2022年，印度农产品出口额550.3亿美元，同比增长8.5%，主要出口谷物、鱼类、糖、咖啡、茶、肉类等；进口额376.8亿美元，同比增长21.6%，主要进口动植物油脂、蔬菜、水果等。

2.工业

印度工业体系比较完善，医药、汽车零配件、钢铁、化工等产业水平较高，竞争力较强。近年来，汽车、电子产品制造、航空航天等新兴工业发展迅速。2022年，印度工业品出口额2 812.9亿美元，主要出口矿物燃料、珠宝、机械设备、钢铁、有机化学品和医药产品；工业品进口额3 682.5亿美元，主要进口矿物燃料、珠宝、电机、机械设备、有机化学品、塑料及制品。2023/2024财年印度工业生产指数同比增长5.8%，其中制造业同比增长5.5%。

3.服务业

服务业是印度的支柱产业，2020/2021财年，服务业对国民经济总增加值的贡献率为55.39%，2023/2024财年这一贡献率估算为54.86%。印度央行数据显示，2022年印度服务业出口额3 061.9亿美元，同比增长27.2%；进口额1 763.0亿美元，同比增长27.8%。印度服务业是外商直接投资流入最多的行业。随着软件出口和服务外包业的迅速发展，近年来，印度建成了班加罗尔、金奈、海德拉巴、孟买、普纳和德里等一批著名的软件服务业基地。

信用评级 2023年5月，国际评级机构标普对印度主权信用评级为BBB-，展望为稳定；国际评级机构穆迪对印度主权信用评级为Baa3，展望为稳定；国际评级机构惠誉对印度主权信用评级为BBB-，展望为稳定。

投资环境 印度政治相对稳定；经济增长前景良好；拥有超14亿人口的巨大市场；地理位置优越，辐射中东、东非、南亚、东南亚市场。2020年印度财政部宣布"生产关联激励计划"，2022年，印度宣布推出芯片及电子显示屏补贴计划。

印度推出"数字印度"计划，涵盖国家电子政务计划和e-Kranti电子政府计划等具体项目。电子信息技术部建立完善了信息通信基础设施，设立邦数据中心、邦广域网、邦服务交付网关和电子政务应用商店，超过12万个公共服务中心在各邦投入运营。e-Kranti电子政府计划遵循关键信息政府云存储、手机服务优先、审批事项快速追踪等原则，将所得税、中央消费税、护照签证、养老金、资产登记等44项央地政府服务电子化。

法规政策 印度商工部是印度国家贸易主管部门，下设商业部和产业政策与促进部两个分部。印度储备银行（央行）负责金融体系监管、外汇管制和货币发行。印度财政部下属的中央消费税和关税委员会负责关税制定、关税征收、海关监管和打击走私。

印度与贸易有关的法律主要包括《1962年海关法》《1975年海关关税法》《1992年外贸发展监管法》《2021年外贸发展监管法修正案》《1999年外汇管理法》《1995年特殊经济区法》《中央商品和服务税（CGST）法》《综合商品和服务税法（IGST）》《属地商品和服务税法（UTGST）》。

印度商工部于2021年4月1日起施行2021—2026年新外贸政策，有效期五年。2023年3月31日，印度商工部推出2023年对外贸易政策，主要方针是：促进减免；通过合作促进出口；营商便利化，降低交易成本和电子倡议；新兴地区-电子商务发展中地区作为出口中心和简化SCOMET政策。

（摘自中华人民共和国驻印度共和国大使馆经济商务处网站）

墨 西 哥

概况 墨西哥首都墨西哥城始建于500年前，是美洲最古老的城市，现为全国政治、经济、文化和交通中心。瓜达拉哈拉是哈利斯科州州府，全国第二大城市，西部地区最大的商业、工业、金融和文化中心。蒙特雷是新莱昂州州府，全国第三大城市，北部地区最大城市，全国第二大工业基地。韦拉克鲁斯是墨西哥东海岸最大城市，该市人工港为墨西哥对欧贸易基地，全国最大商港之一。

墨西哥工会组织众多，有全国工会、行业工

会，也有地方工会。工会组织在当地有较大影响力。除了工会组织外，墨西哥其他非政府组织也比较活跃，如墨西哥全国人权委员会、国家家庭全面发展体系、国家选举委员会等。

墨西哥能源矿产资源丰富，农牧资源得天独厚，海洋捕鱼业较发达，是全球前十大农产品出口国之一。工业体系较为完整，门类齐全，石化、电力、矿业、冶金和制造业较发达。汽车工业是支柱产业之一，墨西哥是全球第七大汽车生产国和第四大汽车零配件出口国。

墨西哥贸易自由化程度较高，是拉美地区重要的外国直接投资目的地，市场化程度较高，但法律内容较繁杂，工会力量强大，企业在墨西哥投资合作遇到的问题涉及签证、土地使用、税收政策、环保和社区等。墨西哥有关毒品和有组织犯罪的形势仍十分严峻。中国企业到墨西哥开展投资合作应做好市场风险评估调研。

近年来，墨西哥政府重视发展数字经济和绿色经济，大力推动电子商务、金融科技、在线教育、远程医疗等；积极推进零排放住宅和公共交通项目，加快水电等清洁能源发展。

宏观经济 墨西哥是《美墨加协定》（原北美自由贸易区）成员，已同50个国家签署自由贸易协定。2022年GDP为1.41万亿美元，同比增长3.1%；人均GDP为11 091.3美元，同比增长2.4%。第一、第二、第三产业占GDP的比例分别为4.10%、32.23%和58.72%。

重点/特色产业

1. 农业

农业是墨西哥经济支柱之一，出口优势明显。据墨西哥银行数据，2022年农产品出口额499.27亿美元，进口额443.27亿美元，顺差56亿美元，连续10年保持贸易顺差。

2. 工业

制造业是墨西哥经济产业支柱，80%以上的出口收入和约1/4的GDP总值源自制造业。制造业包括钢铁、汽车、化工、电子、金属加工、机器制造、食品、纺织、造纸、服装、橡胶、制药等20多个行业。2022年，墨西哥工业制成品（除石油产品外）出口额5 084.22亿美元，同比增长16.59%，占出口总额的近90%。

在工业领域中，较重大行业有石油、汽车、纺织服装和矿业。石油工业在其经济中占重要地位，石油产品出口收入是墨西哥财政收入的主要来源；汽车业是最大的制造业部门，墨西哥是全球汽车生产大国和出口大国，主要向美国出口；纺织服装业是传统优势产业，产品较为齐全，主要纺织品有各类纱线、面料、家用纺织品、无纺布及各类服装、窄幅混纺布、平纹布和针织布等。

3. 旅游业

墨西哥国家统计局数据显示，2022年旅游外汇收入263.47亿美元，同比增长42.5%。主要旅游目的地为坎昆、墨西哥城、巴亚尔塔港、洛斯卡沃斯及瓜达拉哈拉等。

信用评级 2022年6月，国际评级机构标普维持墨西哥主权信用评级为BBB，展望为稳定。2022年7月，国际评级机构穆迪下调墨西哥信用评级至Baa2，展望上调至稳定。2023年6月，国际评级机构惠誉维持墨西哥BBB-信用评级，未来展望为稳定。

投资环境 墨西哥以其独有的区位优势、资源优势、市场优势和投资环境优势，成为外国投资重点关注的拉美国家之一。

墨西哥是世界上签订自由贸易协定最多的国家之一。自然资源丰富，劳动力丰富。宏观经济整体运行顺畅，制造业持续发展，汽车业、纺织业、电子业和食品加工业等产业已具有国际竞争实力；国内基础设施比较完备，海陆空物流运输体系一应俱全，金融基础设施、投融资体制以及相关商业机构健全。

墨西哥与投资相关的法律主要包括《公司

法》《外国投资法》《经济竞争法》《工业产权法》和《劳工法》等。与贸易相关的法规包括《贸易法典》《对外贸易法》《海关法》《外国投资法》《2023年对外贸易总规定修正协定》。

（摘自中华人民共和国驻墨西哥合众国大使馆经济商务处网站）

非　洲

非洲的制造业高度集中在埃及、摩洛哥、尼日利亚和南非。中国企业在非洲的投资呈现多元化发展，出现市场导向型投资、基础设施投资、新领域投资等形式。截至2021年末，中国对非洲制造业直接投资存量达到59.3亿美元，占中国对非直接投资存量的13.4%。

非洲正处于重大转型阶段，其转型进程对营商环境产生了直接的影响。经济、政治和社会动态不断变化，治理、税收等领域发生重大结构性改革，投资大幅增长，这些因素都加快了非洲经济环境的现代化。

发展运输、能源和电信基础设施对于改善营商环境非常关键。运输走廊的现代化建设和电信网络的改善，既能提高效率，又能降低商业运营成本。此外，各国纷纷出台措施以确保能源供应的安全性和可持续性，进而提振投资者的信心。

在西非国家经济共同体（ECOWAS）和东非共同体（EAC）等组织的支持下，区域一体化也取得重大进展。各组织致力于协调经济政策和减少贸易壁垒，从而为非洲打造更趋一体化和更具竞争力的营商环境。非洲大陆自由贸易区是加强非洲内部贸易和建立大规模单一市场的重要举措。

与此同时，非洲各地建立经济特区，施行税收和海关优惠政策，简化行政程序，并提供现代化的基础设施。经济特区在刺激当地工业化和加大力度吸引投资者方面发挥着至关重要的作用。

北部非洲　非洲工业化程度最高的地区，拥有巨大的石油和天然气储量，在世界能源格局中发挥着十分重要的作用。

北非重点通过战略性改革来实现经济转型，改善营商环境。该地区在互联互通、运输和物流基础设施以及可再生能源转型方面取得了重大进展。阿尔及利亚加大改革力度，建强投资促进局，进一步明确国家投资委员会的宗旨，为营商环境注入活力。摩洛哥制定了2023—2026年路线图，聚焦统一的投资治理和投资管理的区域性方案。新的《摩洛哥投资章程》提出以促进就业、重点行业和可持续性为衡量标准的激励机制。突尼斯启动2025年专项战略，涉及229项具体措施，其中包括关于投资的第2016-71号法律和关于税收优惠的第2017-8号法律。埃及实施了大规模的国企私有化项目，并放开汇率管制以吸引更多外国投资。

北非国家在互联互通方面取得重大进展。例如，摩洛哥大规模投资运输和物流基础设施，建设工业区、现代公路和铁路网，以及地中海丹吉尔港等世界级港口。埃及利用苏伊士运河的现代化和新行政首都的建设，增强了联通水平。

东部非洲　东部非洲包括肯尼亚、乌干达、坦桑尼亚、埃塞俄比亚、卢旺达和苏丹等国，近年来保持了强劲的经济增长势头。经济发展得益于不断扩大的中产阶级群体、人口偏向年轻化、丰富的自然资源和有效的工业化举措。据国际货币基金组织预测，2024年该地区GDP增长率将达到5.4%。东非地区的经济特区和产业园区促进了工业化的发展，进一步推动了改革的步伐，改善了营商环境。税收措施和投资激励政策至关重要，肯尼亚、乌干达和坦桑尼亚引领地区改革进程。

尤其在肯尼亚，初创企业得到大力扶持，商业便利化举措较为完善。

东非共同体建立了共同市场和关税联盟，极大促进了资本、货物和人员的流动。同时，非洲自贸区提供的巨大市场也为企业带来了新的商业和投资机会。区域内基础设施建设不断增强，乌干达和坦桑尼亚之间的加热原油管道项目已提上日程。该地区还通过东非电力联盟加强跨国电网建设，拓展跨境公路、铁路和油气网络，如拉穆港—南苏丹—埃塞俄比亚运输走廊。

财政政策是改善东非营商环境的关键。区域内各国政府实施了多项税收改革，以减轻企业负担，鼓励创业。2023年，为吸引更多投资，相关国家调整了公司税。乌干达的公司税为30%，重点行业的税收减免30%，自贸区企业可享受10年期免税。坦桑尼亚于2024年降低了建筑材料和绿色技术的进口税。肯尼亚于2023年4月实施税收改革，信息通信技术和建筑等重点行业享受15%的下调税率，经济特区可享受长达10年期的免税政策。除税收外，该地区国家还通过提供补贴、贴息贷款和优惠土地政策等激励措施吸引投资。

西部非洲 立足经济多元化，塞内加尔和科特迪瓦率先在矿产开采和能源领域吸引投资；尼日利亚和加纳等国的免税区通过税收优惠和简化行政程序等措施发挥关键作用。西非国家致力于通过实施各类治理项目、设立委员会以及推出投资路线图和章程来改善营商环境。加纳投资促进中心（GIPC）、尼日利亚投资促进委员会（NIPC）和总统商业环境促进委员会（PEBEC）均实施改革措施，简化监管流程，吸引更多投资。塞内加尔设立投资促进与大型工程局（APIX）、改善营商环境总统委员会，旨在促进创业和吸引私人投资。多哥、贝宁和几内亚等国也采取了类似举措。

西非施行的免税区和经济特区政策对于刺激投资至关重要。尼日利亚的卡拉巴尔和莱基全球免税区，以及加纳的特马全球免税区，以税收和关税优惠吸引外国企业。科特迪瓦和塞内加尔也分别在阿比让和达喀尔建立免税区。与此同时，按行业设立的经济特区也不断发展，如贝宁的格鲁吉贝纺织品工业园，科特迪瓦在约普贡建设的农用工业免税区等。

中部非洲 自然资源丰富，致力于提高经济一体化水平，通过推动各类税收改革以吸引投资。中部非洲经济与货币共同体（CEMAC）覆盖区域超过300万km^2，包括喀麦隆、中非共和国、刚果（布）、加蓬、赤道几内亚和乍得6个国家。能源行业，尤其是石油和木材，占其出口的80%以上，是共同体经济发展的支柱。与非洲其他区域相比，中部共同体内部贸易量有待增长，经济一体化还有较大提升空间。

非洲商法协调组织（OHADA）在改善中部非洲的营商环境方面发挥着关键作用。该组织成立于1993年，旨在统一各国贸易法，加强其17个成员国，特别是中部非洲国家的法律制度建设。

税收方面，制定了区域性指导原则，将公司税率统一在25%～40%之间。然而，由于共同体成员国有权根据经济情况灵活调整税收政策，因此，国家间增值税税率的差异较大。

南部非洲 南部非洲自然资源丰富，经济多样化程度较高，吸引了大量外国投资者。为消除关税和非关税壁垒，南共体自由贸易区积极推动区域一体化。该区域国家优先发展多样化经济，集中发展关键基础设施和经济项目，如南部非洲电力联盟（SAPP）。出台激励政策和简化监管流程也是关键因素，如博茨瓦纳为投资者制定了更有吸引力的税收方案。

南部非洲各国家采取重大改革措施改善营商环境和制度，以吸引更多投资者。

莫桑比克2023年通过新的《投资法》，为投资者提供一站式服务，取消了相关行业限制，并加强了产权保护。南非 2022 年启动《营商环境改革愿景》，旨在创建更加现代和合理的制度环境，激励关键行业的私人投资。津巴布韦 2023 年 11 月颁布《津巴布韦投资发展局（一般投资）条例》，为投资者提供更多保障，包括投资许可证续期和提交年度报告的规定，以及争端解决机制。

除国家标准税率外，各国也制定了各类激励政策。

南非为研发支出提供有效期至 2033 年 12 月 31 日的 150% 税收信贷，并为控股公司提供优惠。纳米比亚出口免税区免税政策力度大，公司税为 18%。津巴布韦对 100 万美元以上的投资给予税收减免和关税豁免，投资者在经济特区前 5 年期享受零税率，5 年期满后税率为 15%。博茨瓦纳为经济特区和斯佩杜地区（SPEDU）的企业提供税收优惠。赞比亚向经济便利区和农业、工业等重要行业的企业提供税收优惠，包括利润免税和关税减免。

（摘自中非民间商会《中国企业投资非洲报告 2024》）

凝聚共识

中国塑料机械工业协会成立三十周年

中国塑料机械工业协会

广告

桂林格莱斯科技有限公司
双向拉伸薄膜生产线专业制造商

桂林格莱斯科技有限公司隶属于桂林电器科学研究院有限公司，从20世纪60年代开始双向拉伸薄膜设备的研究，目前已向国内外客户提供了180多条双向拉伸薄膜生产线，产品远销印度、中东等海外市场，包括：

- 8.7–10.4米BOPP薄膜生产线；
- 2.5–400微米厚BOPET膜生产线；
- 1.6米BOPI薄膜生产线；
- 600微米BOPS生产线；
- 可降解聚乳酸薄膜生产线；
- 湿法、干法锂电池隔膜生产线；
- BOPLA薄膜生产线；
- 超薄电容器薄膜生产线；
- 复合集流体用基膜生产线；
- 生产线维护与升级改造服务；
- 生产线链铗、导轨等备品备件服务。

BOPP生产线

BOPET生产线

BOPI生产线

生产线备件

BOPLA生产线

电话：0773-5888101 /5888287
手机：13978399116 /18107733692
邮箱：sales@glesi.com.cn
网站：http://www.glesi.com.cn
地址：广西桂林市七星区东城路8号
邮编：541004

深圳国际会展中心　4.15-4.18
欢迎莅临我司展位：3M21